KB252357

정보화와 지역발전

지역사회학 통권 제2호

지역사회학회 편

정보화와 지역발전 지역사회학 통권 제2호

특집: 지역정보화와 지역발전

지역정보화와 지역발전의 관계[*]

김영정
(전북대학교 사회학과)

1. 문제제기

1980년대 중반 이후 미국, 유럽, 캐나다, 그리고 일본 등 선진 산업국가
들은 한결같이 지역정보화사업을 국가발전의 가장 핵심적인 전략으로 채
택하고, 실용화를 위한 기술 및 제도 정비에 박차를 가하고 있다. 21세기
의 무한경쟁 국면에서 국가의 생존을 보장받을 수 있는 길은 정보산업의
육성과 이에 기초한 다차원적 정보체계의 구축 및 실용화를 통한 효율적
인 국가경영밖에 없다고 믿고 있기 때문이다.

"지역정보화의 기술적·제도적 기반 마련과 이의 실용화가 곧 지역발전"
이라는 인식은 이제 결코 새로운 것이 아니다. 세계적으로 확산되고 있는
정보화사회로의 이행추세에 맞추어 우리나라도 1990년대 초반 이후 관련
산업의 육성 및 제도적·법률적 장치를 마련하고자 심혈을 기울이고 있다.
그러나 거시적인 정책방향만 결정되어 있을 뿐, 지역 차원의 정보체계가
구축되어 실용화된 사례는 찾아보기 쉽지 않다.

본 연구는 지역정보화와 지역발전의 관계를 밝히고, 지역정보화의 실천

---

* 본 논문은 1999년 5월 전북대학교에서 개최된 '춘계 지역사회학대회'에서 발표된 초고
를 수정한 것이다. 심사 및 수정 과정에서 비판과 격려를 아끼지 않았던 익명의 논평자
두 분과 류성렬(전북대학교 사회학과 박사과정) 씨에게 깊은 감사를 드린다.

주체들이 맡아야 하는 규범적 역할 및 대응전략에 대하여 논의한다. 이러한 문제들은 '지역정보화 및 전자지역사회 구현' 사업의 국내외 사례들을 살펴봄으로써 자연스럽게 밝혀질 수 있다. 따라서 본 연구에서는 지역정보화의 대표적 성공사례로 꼽히고 있는 북유럽의 텔리커티지(Telecottage) 사업, 미국의 CTC(Community Technology Center) 사업, 그리고 아직까지는 초보단계에 머물러 있지만 미래의 성장 가능성이 돋보이는 우리나라의 몇몇 지역정보망구축 사업의 사례들—특히 충북 청주시의 CHAINS, 전남 해남군의 HINTS, 경남 함안군의 함안텔 등—에 대해서 살펴보고자 한다. 이러한 사례분석을 통해 지역정보화와 지역발전의 관계, 사업추진주체, 그리고 사업주체들이 맡아야 하는 규범적 역할 등이 보다 분명히 밝혀질 수 있을 것이다.

2. 지역정보화 논의의 등장배경

지역발전의 주요 전략으로서 지역정보화가 고려되기 시작한 것은 최근의 일이다. 특히 낙후지역의 경제적 활성화에 기여할 수 있고, 지역간 균형발전을 도모할 수 있다는 낙관적 전망이 확산되면서 지역정보화사업에 대한 관심은 높아지기 시작하였다. 사실 그 동안 지역연구는 주로 정치경제학적 관점에서 자본의 축적논리에 따른 지역구조의 공간적 재편 및 재구조화의 문제와 관련되어 설명되어왔다.[1] 그러나 이러한 연구들은 주로

---

[1] 정치경제학적 지역연구의 핵심내용은 자본주의 산업화과정에서 불가피하게 출현하는 자본축적방식의 변화가 지역구조를 어떻게 재편시켜 나가는가를 규명하는 데 있다(조명래, 1991; 김왕배, 1992; 초의수, 1993). 이 관점에 의하면, 한국사회의 지역문제는 1970년대 자본주의 산업화의 본격적인 진행과 더불어 자원의 차별적인 공간적 집적효과를 집중적으로 추구하면서 출현하게 된다. 특히 이 과정에 국가개입이 본격화되고, 포드주의적 노동과정이 불가피하게 도입됨에 따라 구상기능과 실행기능 간의 지역적 분리가 분명하게 나타나게 되었고, 이를 기초로 노동기능의 공간적 분화가 뒤따르게 되었다. 이러한 메커니즘에 따라 형성된 1970년대 이후 지역구조의 가장 커다란 특성은 구상기능이 집중된 지역(수도권)과 핵심생산기능이 집중된 지역(영남권)을 축으로 하는 뚜렷한 공간적 양극화 현상이 나타나고, 그밖의 모든 지역은 철저히 주변화되는 극심한 불균등 성장이 출

공간분업의 지역간 변이추세를 확인시켜 주는 데 그쳤을 뿐, 그러한 변이성(특히 불균등성)이 개별 지역사회에 미치는 구체적인 영향에 대한 분석은 경시하였다. 특히 이들은 자본의 운동논리를 지나치게 강조함으로써 지역사회의 구조변동에 영향을 미치는 다양한 지역 내적 요인을 규명하는 데 소극적이었다.

이러한 반성은 곧바로 지역사회 내부의 독특한 에너지와 동력, 그리고 권력관계가 어떻게 지역 나름대로의 특성화된 발전전략을 끄집어낼 수 있는 원동력으로 작동할 수 있을 것인가를 규명해보려는 새로운 시도들을 탄생시켰다. 이같은 연구동향의 탄생은 1990년대에 들어 한국사회에서 나타난 두 가지 중요한 사회적 변화와 무관하지 않다. 그 하나는 지방자치가 본격적으로 시행됨에 따라 지역정치(또는 도시정치)의 장이 열리게 되었고, 그에 따라 지역 나름대로의 특화된 발전전략의 구상과 지역주민의 삶의 질을 고양시키는 정책 마련이 제도적으로 가능하게 되었다는 점이다. 또 다른 하나는 봇물처럼 터져나온 정보화 논의와 관련되어 있다. 사실 정보화는 지역사회에 엄청난 파장으로 다가와 지역의 공간구조는 물론 지역주민들의 생활양식 전반을 뒤바꿔놓은 요인으로 간주되고 있다.

이러한 두 가지 파장이 일으킨 변화들은 지역발전 연구경향을 새롭게 변모시키는 계기가 되었다. 무엇보다도 정보화를 지역발전의 적극적인 동인으로 받아들이는 지역정보화 연구가 지역 연구의 가장 중요한 테제로 등장하는 계기를 만들어준 것은 가장 괄목할 만한 변화이다. 지역사회 정보인프라구축 사업과 이를 토대로 지역사회에 존재하는 사회·물리적 자원을 효과적으로 활용할 수 있는 정보체계를 구축하는 실천적 사업을 통해 지역발전의 새로운 길을 모색하고자 하는 시도들이 등장하고 있는 것은 바로 이러한 변화에 근거한 것이다.

지역정보화에 대한 관심은 아직은 정책(또는 전략)수립 차원에서 진행되고 있기는 하지만, 지역의 내적 기반을 중심으로 한 지역발전을 추구해보려는 하나의 구체적인 실천적 모색이라는 점에서 매우 긍정적으로 받아

현하였다는 점이다.

들여지고 있다. 그러나 지금까지 발표된 지역정보화 연구의 대부분은 지역정보화의 추진내용으로 정보기술이나 하드웨어적 기반확충을 강조하는 기술결정론적 논의에 치우쳐 있는 것이 사실이다. 더불어 지역정보화에 대한 뚜렷한 나름대로의 개념정의 없이 향후 지역정보화가 담아야 할 내용에 대한 당위성만을 강조하는(이수성·황주성, 1991) 동어반복적인 논의가 쏟아져 나오고 있는 것도 사실이다. 무엇보다도 지역정보화에 대한 기술결정론적인 사고는 지역정보화와 지역경제의 발전을 지나치게 단선적으로 규정하는 매우 잘못된 견해이다. 일본 오이타 현의 지방정보화에 대한 류승호(1996)의 지적에서 보듯이, 그 지역의 지역정보화전략은 처음부터 '정보화' 자체를 목적으로 출발한 것이 아니라 일촌일품(一村一品)운동, 지역인재 양성, 테크노폴리스 건설, 그리고 해양도시 건설 등의 개발전략을 추진하는 과정에서 이들 사업을 보다 효율적으로 운영하기 위한 방편으로 도입되었다는 사례는, 양자의 관계를 단선적으로 파악하려는 학자들의 견해가 얼마나 잘못된 것인가를 보여주는 훌륭한 예이다(이성철, 1999: 3).

3. 지역정보화의 내용 및 발전론적 위상

1) 지역정보화의 내용

지금까지의 논의에 근거할 때, 지역정보화는 지역의 경쟁력을 높이고, 지역특성화 발전을 달성해내기 위한 필수조건이다. 그러나 불행하게도 지역정보화에 대한 개념규정은 아직까지 불확실한 실정이다. 그 차원과 내용이 워낙 복잡하고 다양하여 이를 분절적으로 밝혀내는 일이 쉽지 않기 때문일 것이다. 다음 〈표 1〉은 그 동안 여러 학자들이 지역정보화라고 규정지었던 내용을 필자가 편의적으로 분류해본 것이다. 여기에 제시되어 있듯이, 지역정보화는 두 가지 차원으로 정리될 수 있다. 즉, '지역정보화 기반구축' 사업과 '지역현실에 대한 정보화' 관련 사업으로 크게 나눌 수 있다.

〈표 1〉 지역정보화의 차원과 내용

지역정보화의 차원	내 용	사업 주체	사업의 유형	비고
지역정보화 기반구축 사업(정보의 산업화)	① 지역의 정보산업 및 정보인프라 확장 사업	① 중앙정부 ② 각급 지자체 ③ 기업	① 정보통신 기반시설 확충 ② 정보통신 서비스 시설 확충 ③ 정보산업 공급 및 수요촉진사업 ④ 정보기술산업의 육성	
지역현실에 대한 정보화 사업 (전자지역사회 건설)	② 지역의 물리/지리정보체계 구축	① 중앙정부 ② 각급 지자체 ③ 지역대학	① 지하매설물 정보체계 구축 ② 건축, 철도, 항만, 도로, 수자원 등 물리/지리 정보체계 구축	
	③ 지역의 사회정보체계 구축 및 보급	① 각급 지자체 ② 공익단체 ③ 이익단체 ④ 지역대학	① 행정기관의 행정정보체계 구축 ② 공공기관의 사회정보체계(경제, 유통, 기업, 교육, 복지 및 기타 삶의 질과 관련된 정보의 정리, 보급) ③ 지역의 기업, 상공인, 이익단체 등이 구성하는 상용용 정보체계 ④ 지역주민, 중소기업, 민간단체 등의 정보기술 이용능력 제고를 위한 정보기술교육(정보관련지식 및 운용 교육)	

여기서 전자, 즉 '지역정보화 기반구축' 사업이란 중앙정부와 각급 지방자치단체들이 주도하는 '지역정보인프라 확장사업'을 총칭하는 개념이다. 구체적으로 통신 시설 및 서비스 확충사업, 정보기술산업 육성사업, 정보수요촉진사업 등이 이에 해당한다. 반면 후자, 즉 '지역현실에 대한 정보화' 관련 사업은 현존하는 사회·물리적 자원에 대한 실용적인 정보체계를 구축하는 실천적 사업을 말한다. 이 사업의 궁극적인 목적은 지역주민의 '삶의 질' 향상을 통한 지역발전 도모에 있다. 구체적으로 중앙정부 및 지자체가 주도하는 건축, 도로, 상가, 토지, 항만, 수자원, 그리고 지하매설물 등에 대한 '지리 및 물리 정보체계' 구축 사업과 지역사회의 경제, 유통, 기업, 교육, 복지, 문화자원 등에 대한 '사회정보체계' 구축 사업 등이 그 예이다. 이렇듯 두 가지 차원을 갖는 '지역현실에 대한 정보화' 사업 중 특히 지역대학 및 지역사회학자들이 관심을 갖고 참여할 수 있는 분야는 '지역사회정보체계' 구성 사업이다. 지역사회정보체계의 종류는 일반적으로 ① 각급 지자체 및 유관기관들이 주체가 되어 추진하고 있는 행정

정보체계 ② 지역사회의 공익 및 민간 기관들이 주체가 되어 구축하고, 보급하는 공공정보체계 ③ 지역의 이익단체 또는 기업 및 상공인들이 자신들의 이익추구를 목적으로 구성하는 상업용 정보체계 등 세 가지로 구분된다. 이러한 세 가지 사업이 성공적으로 추진되고 네트워크를 통하여 공유될 때 비로소 '전자지역사회'가 구현된 것으로 평가된다.

2) 지역정보화의 발전론적 위상 및 지역발전과의 관계

지방자치가 본격적으로 실시되면서 각급 지자체들은 다양한 지역발전 프로젝트를 경쟁적으로 선보이고 있다. 최근 제시되고 있는 지역발전 프로젝트들의 내용은 ① 현재의 자원과 조건을 그대로 활용하거나 개선하여 지역발전을 도모하는 전략(기초발전전략) ② 지역 나름대로의 독특한 전략을 구사하여 지역소득을 높이고 주민들의 삶의 질을 높이는 전략(특성화 발전전략) ③ 1960년대 이후 우리나라의 중앙 및 지방 관료들이 끊임없이 강조해온 제조업 중심의 발전전략 등 크게 세 가지로 분류될 수 있을 것이다(〈표 2〉 참조).

여기에서 '기초발전전략'이란, 예컨대 현존하는 자원의 재편을 통해 지역주민의 자원 활용도를 높이는 '지역정보화사업'이라든가, 현재의 행정제도를 개선함으로써 발전의 효과를 극대화하는 '행정시스템 개편사업' 등을 말한다. 또한 각급 지방자치단체들간의 이해관계를 조정하고 통제하는 제도적 메커니즘을 개발하는 것도 이에 해당한다.

한편 '특성화 발전전략'은 지역이 주도적으로(또는 중앙정부의 지원을 받아) 다른 지역과 구별되는 특수한 전략을 구상·실천함으로써 지역의 활성화와 경쟁력을 동시에 높이는 사업을 의미한다. 이러한 특성화 발전전략은 ① intelligence polis ② art polis ③ eco-polis 등 세 가지로 분류될 수 있다.

Intelligence Polis 건설의 구체적 내용으로는 ㉠ 신산업, 벤처산업, 지식정보산업의 육성을 목적으로 하는 테크노 폴(techno-park, research park, business park, science park 등)의 구축 ㉡ 중소기업 육성을 위한 특성화된 지원

<표 2> 지역발전 프로젝트와 지역정보화의 위상

내용			구체적 내용 또는 사례
기초 발전 전략	지역 정보화 사업	지역정보화 기반구축사업	① 지역 정보통신 인프라 및 시스템 확장 ② 첨단 정보통신 서비스 ③ 소프트웨어 지원센터 건립(전주시)
		지역 현실의 정보화 — 물리/지리 정보체계	① 선진 도시들의 GIS 구축 ② 국가기간시설 관리 정보체계
		지역 현실의 정보화 — 사회정보 체계	① 전주시 사회정보체계(전북대 추진) ② 산업관련(기업/농업/노동 등)정보통신망 ③ 행정정보체계
	행정 개혁	지방행정 시스템 개혁	① 행정서비스 '산업'(일본 이즈모 시) ② 시민합의 행정개혁(일본 무사시노 시) ③ 성과평가제도(미국 서니베일 시) ④ 이미지 전략(미국 샬럿 시)
지역 특성화 발전 전략	Intelligence Polis 건설	지역전통산업 재활성화	① 웨일즈 클리드 지역(영국)의 재건 ② 일본 고베의 포드 아일랜드 건설 ③ 가고시마 고쿠부하야토 테크노폴리스
		테크노폴 건설 (신산업, 벤처 기술 육성)	① 울름 과학단지(독일) ② 리서치 트라이 앵글(미국) ③ 캠브리지 과학단지(영국) ④ 루벤라누브 과학단지(벨기에) ⑤ 한국 KAIST 기술창업센터 ⑥ 베를린 기술창업센터 ⑦ 대만 전역의 중소기업 ⑧ '제3 이태리'
	Art Polis 건설	지역문화산업 특화/활성화	① 대학로/문화/청소년 거리조성 ② 지역축제, 이벤트사업, 음식박람회 등
		관광/레저 단지 개발	① 멕시코 깡꾼(Cancun), 디즈니 랜드 등 ② 대만 이란 현(縣) 둥산허(冬山河) 개발
	Eco-Polis 건설	Sun City 개발	① 미국 남부의 리타어먼트 커뮤니티 ② 오리건 코스트의 '퇴직자 마을'
		환경도시의 건설	① 자전거 거리, 하천공원화, 습지보호 ② 불량지구 재개발
전통적인 제조업 중심의 발전전략			① 대단위 공단 건설 ② 대규모 공장 유치

자료: 과학기술정책관리연구소(1995), 중앙일보 지방자치 특별취재팀(1995), 현재호(1998),
김영정(1998) 등 참고.

전략(이노베이션 센터, 인큐베이터 센터, 소프트웨어 지원센터 건립 등) ⓒ 지역전통산업의 현대화 또는 지식산업화 전략 등이 포함된다. Art Polis 건설은 ⓐ 지역문화산업의 특화 및 활성화 사업전략(문화거리조성, 청소년거리조성, 판소리 육성, 음식박람회, 지역축제 및 이벤트 산업화 등) ⓑ 관광, 예술, 오락 종합단지 개발 등의 사업을 이른다. 마지막으로 Eco-Polis의 건설은 ⓐ 환경친화적 도시 건설사업(도심하천의 공원화, 산림녹지보호, 불량지구 재개발, 습지보호운동, 자전거 타기 운동, 주거/정주 환경개선 사업 등) ⓑ Sun City 개발 사업 등이 이에 해당한다.

이들 프로젝트들에 대한 구체적인 전략은 지역마다 상이하지만, 대부분의 지자체들이 이들을 동시적으로 추진하겠다고 발표하고 있다. 예컨대 현재 전북/전주지역이 발표한 영상산업단지, 첨단산업단지 조성계획은 강원/춘천지역, 경남/부산지역, 전남/광주지역 등 전국의 거의 모든 지역/도시들에서 추진하겠다고 선언하고 있다. 또한 전국의 수많은 도시들이 자전거 도로를 개설하여 환경친화적인 도시를 만들겠다고 동시에 나서고 있다. 종합관광/오락단지를 조성하여 지역발전을 도모하겠다는 지역/도시들 또한 한 둘이 아니다. 더불어 청소년거리, 문화거리, 대학로 등을 만들어 문화도시의 면모를 갖춘다는 프로젝트도 여러 도시들이 정치구호처럼 동시적으로 발표하고 있다.

한마디로 우리나라의 모든 지역/도시들이 한결같이 intelligence polis, art polis, eco-polis를 동시적으로 지향하는 발전전략을 내세우고 있는 셈이다. 물론 이 중 일부는 중앙정부가 기획한 국책지원사업의 일환으로 추진되고 있기도 하지만, 대부분은 지자체가 독자적으로 내세운 프로젝트이다. 그러나 이들 사업의 대부분은 투자재원 마련의 어려움, 지역주민의 무관심, 이웃 지자체들과의 중복투자 또는 이해상충의 문제 때문에 엄청난 비용만 낭비한 채 사장되어버릴 가능성을 내포하고 있다.

한편 '전통적인 제조업 중심의 발전전략'은 대단위 공업단지를 조성하거나, 지역 내에 대규모 공장(중화학공업 등 포디즘적 산업)을 유치하여 이들을 지역발전의 성장축으로 삼고자 하는 전통적인 발전전략을 이른다. 우리는 이미 이러한 전략을 통해 국가차원의 성공을 크게 거둔 바 있다.

지역적으로 영남/수도권의 과도성장은 전적으로 이에 힘입은 것이다. 지난 30년 가까이 이 전략에 익숙해져온 낙후지역(호남 및 중부권)의 고위관리들과 여론주도층(언론인, 지역상공인, 지역정치인)들은 대규모 기업체 또는 중화학공장의 유치를 통한 지역발전을 도모하고 있다. 대부분의 지역주민 역시 이들이 제시하는 발전관을 무비판적으로 받아들여 대단위 공장유치가 지역발전의 최우선의 길이라고 믿고 있다. 그러나 이러한 전략은 극히 일부지역에서나 성과를 거둘 수 있는 발전전략이다. 대부분의 지역에서는 전혀 실효성 없는 정치선전에 그칠 가능성이 크다. 물론 대규모 제조업체의 지역유치는 그것 자체가 지역발전의 중심축(growth pole)이 되고, 또한 높은 고용창출 효과를 가져오기 때문에 발전의 중요한 토대가 될 수 있다. 그러한 점에서, 예컨대 지난 40여 년 동안 정책적으로 소외받아왔던 호남 일부지역(전남 광양, 전북 군산 등)에서 최근에 달성한 몇몇 대규모 제조업체 유치 성공사례는 주목받을 만하다. 그러나 미래에도 지속될 것으로 보이는 이러한 발전관의 확산을 경계해야 할 당위성은 충분히 존재한다.

〈표 2〉를 통해 우리는 지역정보화의 발전론적 위상 및 지역발전과의 관계를 보다 가시적으로 확인해볼 수 있다. 지역발전 프로젝트의 내용과 범주를 '기초발전전략'으로 한정할 때 지역정보화는 그 자체가 곧 지역발전을 의미하는 것으로 볼 수 있다.[2] 구체적으로 기초발전전략으로서의 지역정보화사업은 '정보의 산업화'와 '지역현실의 정보화' 등 두 가지 차원을 갖는다. '정보의 산업화'는 지역정보인프라의 확장을 통해 정보산업 및 서비스를 창출하기 때문에 지역발전을 직접적으로 유도한다. 지역의 사회·물리·공간 현실의 정보체계화, 즉 '지역현실의 정보화'는 현존하는 지역

---

2) 지역정보화 자체가 지역발전전략으로 받아들여지는 또 다른 이유는 그것이 '친환경적 발전' 문제와 관련되어 있기 때문이다. 정보화를 예찬하는 논자들이 흔히 주장하고 있듯이 정보화는 환경파괴와 오염문제와는 거리가 먼 발전양식이다. 정보화의 추진은 확실히 대규모 공장을 기치로 하는 공업화 발전방식과는 달리 환경파괴의 위험에 훨씬 덜 노출되어 있다. 그러한 점에서 지역정보화는 새로운 공동체적 생활을 가능하게 해주고, 지역의 시민사회를 활성화시키는 중요한 기제로 작동할 수 있다(한상진, 1998; 김성국, 1999).

자원의 활용도와 접근도를 높임으로써 질적 측면의 지역발전을 유도한다
는 점에서 그 효과는 '정보의 산업화'보다 간접적이라 할 수 있다. 그러나
'지역현실의 정보화'는 지역주민들은 물론 지역현실에 무지한 외지인들에
게까지도 현존하는 지역 내 사회경제적 자원의 효율적 활용방법과 접근
방법을 알려줌으로써 전반적인 지역활성화에 기여할 수 있다.

한편 지역발전 프로젝트의 내용과 범주를 '지역특성화 발전전략'으로
확대할 때 지역정보화는 이들 전략의 성공 여부를 결정하는 선결요인으
로 작용한다. 즉, 지역주도의 특성화 발전전략의 내용 자체가 지역정보화
사업을 의미하지는 않지만, 지역정보화의 달성 없이 이들 사업을 성공적
으로 완수한다는 것은 불가능한 일이다. 이 점은 '전통적인 제조업 중심
의 발전전략'의 경우에도 마찬가지이다. 모든 산업부문에서 '산업의 정보
화'가 우선적으로 요청되는 이유가 바로 여기에 있다.

4. 지역정보화를 통한 지역발전 구현의 사례[3]

지금까지 논의한 바와 같이 지역정보화 사업의 스펙트럼은 매우 넓고
다양하다. 때문에 지역정보화를 주도해나가는 사업주체 역시 다양하고,
광범위할 수밖에 없다. 앞의 〈표 1〉에 제시되어 있듯이 지역정보화의 사
업주체는 그 차원과 내용에 따라 달라진다. 지역정보화는 성격상 국가차
원의 정보화계획과 궤를 같이 하기 때문에 장기적으로는 국가 의지에 따
라 방향이 결정된다. 특히 우리나라의 경우, 시설 및 장비의 확충은 전적
으로 중앙정부의 부처별 지역정보화 추진계획에 의존하고 있는 것이 현
실이다.

그러나 지역정보화를 실현하는 데 있어서 시설 및 장비 확장 문제보다
훨씬 더 중요한 내용이 '지역현실의 정보화' 작업이다. 이것은 성격상 중

---

3) 본 장의 내용은 주로 인터넷사이트 http://www.ctcnet.org; http://www.most.org.pl/newcivi/
   gib/bov/bv-467.html; http://icc107.chains.or.kr; http://www.haenam.chonnam.kr 등의 내용
   을 정리, 분석한 것이다.

앙정부의 차원에서 성안되고 실천될 수 없는 사업영역이다. 그것은 당연히 지역단위에서 추진되고 달성되어야 한다. 기본적인 정보인프라의 보급이 상당 수준에 이르렀고, 정보관련 기초 지식과 기술이 이미 상당 부분 공유되고 있는 현재의 상황하에서 '지역현실의 정보화' 사업 추진주체는 당연히 지역단위의 각급 기관(지방정부, 공공 및 민간단체)들이 맡아야 한다. 구체적으로 〈표 1〉에서 보듯이, '지역정보의 산업화'는 중앙 및 지방정부, 그리고 관련 기업들이 주도하며, '지역현실의 정보화'의 경우에는 지방의 공익기관, 지자체, 그리고 지역대학의 주도적 역할이 요구되는 반면, 중앙정부의 역할은 보조적이다. 여기서 특히 주목해야 할 부분이 지역대학의 역할이다. 지역대학은 지역의 다른 어떠한 기관보다도 정보통신 분야의 기술력, 자원(시설), 그리고 지원세력(즉, 기술인력)을 풍부하게 지니고 있기 때문에 지역사회의 핵심적인 텔리커티지(telecottage) 또는 텔리센터(telecenter)의 역할을 담당할 수 있다.

본래 Telecottage란 지리적으로 오지에 위치한 농촌지역의 주민들이 공동으로 이용할 수 있는 다양한 정보기기 및 통신시설을 갖추어놓은 일종의 지역정보센터를 의미한다. Telecottage 건설사업은 1985년 스웨덴의 벰달렌(Vemdalen) 마을에서 처음 시작되었다. 이 마을은 노르웨이와 국경을 바로 접하고 있는 스웨덴 북부의 매우 조그마한 농촌마을이다. Telecottage 건설계획을 주도했던 알브레히첸(Henning Albrechtsen)은 농촌지역의 경제 활성화문제를 다룬 한 세미나에서 이와 관련된 아이디어를 발표한 미첼(Jan Michel)이라는 덴마크 사람으로부터 깊은 감명을 받고 불과 수개월 만에 그의 아이디어를 실천에 옮겨 벰달렌 마을에 최초의 Telecottage를 건설한 것으로 알려지고 있다. 이 최초의 Telecottage 건설 목적은 $1km^2$ 내에 단지 한 사람 정도밖에 살고 있지 않을 정도로 인구밀도가 낮은 오지 중의 오지인 벰달렌 농촌주민들이 공동으로 이용할 수 있는 컴퓨터 및 전자통신서비스 시설을 설치해줌으로써 그들에게 일자리를 만들어주고, 직업훈련을 실시해주자는 데 있었다(Stone, 1999).

최초의 Telecottage가 세워진 이후 불과 4년 만에 북유럽 3개 국에서 40여 개의 Telecottage 건설이 추진되었고, 그 중 20개는 본격적으로 사업을 전개할 정도로 반향이 컸다. 곧이어 이 조직을 키우기 위한 '북유럽 텔리커티지 연합'(The Association of Nordic Telecottages)이 결성되었고, 이는 영국을 비롯한 유럽의 각 지역으로 확산되었다. 예를 들어, 영국에는 현재 100여 개 이상의 Telecottage가 존재하고 있으며, 지역발전의 정도가 상대적으로 낮은 웨일즈(Wales) 지방의 경우만 하더라도, 40여 개의 Tele-cottage가 설립되어 있다. 영국 역시 북유럽과 마찬가지로 '텔리커티지 연합'이 결성되어 있으며, 세계적으로는 무려 75개 국가들이 참여한 '텔리커티지 국제연맹'(The International Union of Telecottages)이 결성되어 있다. 오늘날 텔리커티지의 활동은 초기 설립단계의 단순 사업영역을 넘어 기업서비스, 정보시스템운영, 정보기술관련 교육훈련, 인터넷 베이스 사이버 교육기능 등 지역사회가 필요로 하는 종합정보지원센터로서의 기능을 담당하고 있다. 특히 지역의 종합정보지원센터로서의 기능은 미국형 텔리커티지에 해당하는 CTC(Community Technology Center)에서 더욱더 발달된 형태로 나타난다.

미국의 CTC는 지역사회(농촌/도시지역 모두 포함)에서 정보통신기술에의 접근이 불가능한 지역주민들에게 정보 기술 및 기기를 제공하는 것을 기본 임무로 삼는다. 그러나 CTC의 역할은 이에 한정되지 않고 지역사회 봉사활동, 정보기술교육, 지역현실에 대한 정보체계운용, 지역의 중소기업 컨설팅 등 다양한 활동을 전개하고 있다. 유럽의 Telecottage들이 그러하듯이 CTC 역시 CTCNet(Community Technology Centers' Network)이라는 '전국연합'을 결성하고 있다. CTCNet 자체는 지역사회 정보기술센터는 아니며, 실제로 그러한 센터를 운용하고 있는 지역단체들간의 일종의 전자연결망이라고 할 수 있다. CTCNet은 회원의 권익과 이익을 위해 봉사하는 비영리단체로서 회원들과의 경험을 공유하게 만들어주는 가교 역할을 담당하고 있다.

미국의 CTCNet의 기원은 1980년 '컴퓨터에의 접근 가능성의 불평등' 구조를 해소키 위해 설립된 비영리집단인 PTW(Playing To Win)라는 단체로부터 시작된다. PTW는 1983년 빈민층 주거지역인 뉴욕의 할렘(Harlem) 지역에 '컴퓨터 공중이용센터'(public access computer center)를 최초로 설립하여 빈민층들에게 컴퓨터에의 접근 가능성을 열어주었다. 할렘의 빈민층 컴퓨터 이용센터는 크게 성공하였고, 언론의 대대적인 각광을 받았다. 곧이어 비슷한 프로그램을 운용해보려는 생각을 지닌 전국 방방곡곡의 수많은 사람들로부터 도움과 자문 요청이 쇄도하였다.

그후 1990년에 이르러 여러 지역사회에서 유사한 사업을 수행하고 있었던 6개의 센터들이 상호 경험공유와 정보교환을 위해 PTWNet이라는 네트워크를 결성하게 되었다. PTWNet은 1992년에 미국과학재단(National Science Foundation)의 연구기금을 받아 미국의 동북부지역을 중심으로 회원수(센터)를 45개로 확대하고, 회원간에 전자교류정보체계를 확립하는 프로젝트를 시도하였다. 더불어 사업이 완성되기도 전에 이 사업의 공공성과 유용성을 인정한 과학재단이 1995년에 또다시 400만 달러의 연구기금을 제공하게 됨으로써 PTWNet은 CTCNet으로 확대 개편되는 계기를 맞게 되었다(Stone, 1999).

현재 CTCNet의 회원수는 250여 개에 이르고 있다. 이들 CTC의 주요 활동은 더 이상 초기의 임무였던 '지역별·계층별 컴퓨터 이용의 불평등' 해소가 아니다. 오늘날 이들 센터의 활동영역은 매우 넓어졌다. 어떤 CTC는 지역사회의 정보화체계 구축과 보급을 목적으로 하고, 또 다른 CTC는 복지, 환경, 의료 등 지역주민들이 삶의 질을 높이기 위한 봉사활동의 전개를 목적으로 하는 등 활동내역은 참으로 다양하다. 또한 이들 활동을 복합적으로 수행하는 CTC들도 있다. 그러나 이들 집단이 모두 비영리민간집단(또는 재단)이라는 점과 그들의 궁극적인 목표가 지역의 정보화 및 이에 기초한 자원봉사활동을 통하여 지역발전을 도모하는 데 있다는 점은 모두 같다. 이러한 의미에서 미국의 CTC 활동은 지역활성화를 위한 하나의 '시민운동'으로 규정되어야 마땅하다.[4]

미국의 CTC가 지역사회의 발전을 위해 어떠한 사업을 전개하고 있는지를 보다 구체적으로 확인해보기 위하여 CTCNet 회원의 하나인 CyberLynx

---

[4] 지역정보화에 관한 최근의 연구들(이성철, 1999; 김원동, 1999; 국민호, 1999 등)은 지역정보화가 지역주민들의 주체적인 참여를 전제로 하는 민간주도의 시민운동으로서 발전될 때 그 미래가 확실히 보장된다는 전망을 강조하고 있다.

〈표 3〉 CyberLynx CTC의 조직적 특성과 사업내용

구 분	내　　　용	비고
① 조직이념	㉠ 'Bridging the digital divide'을 통한 지역발전 구현 ㉡ 구체적으로 지역주민들에게 정보통신기술 자원과 정보세계에의 접근기회를 높여줌으로써 지역발전에 기여함.	
② 조직 구성원	지역사회 자원봉사자(전문직업인, 퇴직자, 학부모, 학생 등)	
③ 후원자	지역 내 (대)학교, 시민단체 등 비영리조직, 기업체 등	
④ 사업목표	㉠ 지역정보화를 통한 지역발전 도모 ㉡ 지역사회 자원과 지식의 공유 ㉢ 세대간, 직능간 차이를 넘어선 사회교육 ㉣ 외부세계와의 cyber relationship 확대	
⑤ 구체적인 사업내용	㉠ 지역현실(자원)에 대한 다음 6개 정보사이트 운용 　— Virtual Learning Network 　— Oregon Coast Treasure 　— Ocean Policy Advisory Council 　— South Coast Drug Information 　— SWOCC(Southwestern Oregon Community College) 　　Business Development Center 　— Southwestern Oregon Education Service District ㉡ 컴퓨터 재활용 운동(PC2go Computer Recycling) ㉢ 컴맹 퇴치 교육(Computer Literacy Training) ㉣ 원격회의 (Teleconferencing) 지원	

CTC 센터의 사례를 살펴보기로 하자(〈표 3〉 참조). CyberLynx CTC는 미국 오리건 주 서남부 해안지대인 쿠스 베이(Coos Bay) 지역에 위치하고 있다. 이 지역은 오리건 코스트(Oregon Coast)를 접하고 있는 임해지역으로 인구밀도가 낮고 주민 소득이 낮은 전형적인 농어촌지역이다. 이러한 점에서 CyberLynx CTC의 입지조건은 북유럽과 영국 웨일즈 지방의 Telecottage의 경우와 매우 흡사하다. 이것 역시 비영리조직으로 오리건 코스트 지역경제 및 교육발전을 위한 지역현실(자원)의 정보화를 주도하고 있다.

CyberLynx CTC의 조직특성과 사업내용을 정리한 〈표 3〉 에서 보듯이 이 조직의 이념은 '분할된 디지털 세계를 연결하는 가교'(bridging the digital divide) 역할을 담당함으로써 지역발전에 기여하자는 것이다. 구체적으로

이 조직은 쿠스 베이 지역의 소외계층(저소득층, 노인 등)과 각급 학교 학생들을 대상으로 정보통신관련 기술교육을 실시하고, 정보세계에로의 접근기회를 넓혀줌으로써 디지털 세계 내부에 존재하는 지역주민들의 계층적 단층의식을 완화시켜 주자는 조직이념을 갖고 있다. 이는 뉴욕의 할렘에서 출발한 PTW이념을 그대로 계승한 것으로 평가된다. 이들은 자신들의 이념을 구체화하기 위하여 ① 지역정보화를 통한 지역발전 도모 ② 지역사회의 자원 및 그와 관련된 지식의 공유 ③ 세대간·직능간 차이를 넘어선 사회교육의 실시 ④ 외부세계와의 전자인간관계(cyber relationship)의 확장 등을 사업목표로 내세우고 있다.

이러한 목표를 달성하기 위해 Cyber Lynx CTC는 다음과 같은 구체적인 사업들을 추진하고 있다. 우선 이들은 지역현실의 정보화를 위한 6개의 정보사이트−가상학습 네트워크, 오리건 코스트 관광정보안내, 지역발전 정책자문위원회 정보사이트, 서부 오리건 대학 기업발전센터 정보사이트, 서부 오리건 교육위원회 정보사이트 등−를 관리·운영하고 있다. 이러한 정보사이트는 지역현실과 지역자원에 대한 정보를 공유케 하고, 지역현실에 대한 주민들의 관심을 집중시킴으로써 지역발전을 위한 에너지를 집중시키자는 데 그 목적이 있다. 그밖에 이들은 컴맹 주민들을 위한 컴퓨터 교육프로그램(Computer Literacy Training)을 마련해놓고 있으며, 낡은 컴퓨터를 수집하여 저소득층 주민들에게 제공하는 PC 재활용 프로그램(PC2go Computer Recycling)을 운용하는 등의 다양한 사업을 전개하고 있다.

한편 우리나라의 경우는 북유럽의 텔리커티지나 미국의 CTC의 경우처럼 성공적인 평가를 받고 있는 지역정보화시스템은 찾아보기 어렵다. 그러나 비교적 모범적으로 운영되고 있다는 평가를 받는 지역정보망이 없는 것은 아니다. 청주지역종합정보센터가 운영하는 CHAINS, 전남 해남군과 유관기관들이 주도하는 해남지역정보통신시스템(HINTS), 그리고 경남 함안군의 농업기술정보센터가 운영하는 함안텔 등이 그 대표적인 사례들이다.

청주지역의 CHAINS는 1994년 8월 충북대학교 경영정보학과 및 뜻을 같이하는 지역 단체와 유지들이 창립한 청주지역종합정보센터(Center for

Cheongju Area Information & Network Services)가 주도하고 있는 우리나라의 가장 대표적인 지역정보체계망의 하나이다. 청주지역종합정보센터는 충청북도의 공공기관, 민간단체 및 주민들이 공동으로 참여하는 소위 제3섹터 방식으로 운용되고 있다. 이 센터는 종합지역정보 데이터베이스를 구축하고, 지역정보수요의 자체 해결과 지역정보문화 창달을 구현함으로써, 지역주민의 생활향상과 경쟁력 제고에 기여함을 목적으로 설립된 정보통신부 산하 비영리 사단법인이다.

청주지역종합정보센터의 설립목적을 보다 구체적으로 정리하면 ① 지역정보수요의 자체 해결 및 외부지역에의 제공 ② 충북지역 정보화거점 역할 수행 ③ 지역주민 생활향상과 정보 경쟁력 제고 ④ 중소기업 정보부문 지원(S/W개발, 교육, 컨설팅) ⑤ 21세기 국가정보화사회의 구현 기여 등 다섯 가지이다. 이 센터는 이러한 목적을 달성하기 위한 실천방안의 하나로 체인스(CHAINS)라는 지역정보망을 창설하였으며, 그밖에 지역 중소기업의 정보시스템 구축 및 지역주민의 정보화마인드 확산과 정착을 위한 각종 행사를 지속적으로 개최하고 있다.

1995년 2월부터 전국서비스를 개시한 CHAINS는 무엇보다도 지리적으로 근접해 있는 수도권에의 정보의존도를 줄이고 지역 내 정보수요에 대한 자체적인 공급체계를 만들자는 인식으로부터 출발하였다. 충청권은 지리적 여건상 서울과 불과 한 시간 남짓한 거리에 위치하고 있어 경제·사회·문화적으로 수도권에 대한 의존도가 매우 높고 따라서 자원의 역외유출이 타지역에 비하여 매우 높은 편이다. 이러한 수도권에 대한 사회경제적 의존도를 낮추고, 지역정보의 자체 보급과 그에 기초한 특성화된 지역발전을 도모하기 위한 하나의 방편으로 CHAINS가 구축된 것이다. CHAINS의 구체적인 사업방향은 정보망의 구축을 통한 정보화기반 조성 및 기술력의 축적, 지역의 주요 자원 및 주민생활과 관련된 DB 구축, 주민 대상 전산정보통신교육의 실시 등이다. 현재 CHAINS가 제공하는 정보항목은 게시판 서비스, 전자회의 서비스, 전자메일 서비스, 자료실 서비스, 생활/관광 서비스, 산업/경제 서비스, 지역/학교소식, 동호회/소모임, 그밖에 청주시청 종합안내 등으로 충청권의 실질적인 종합정보망의 역할을 맡고

〈표 4〉 청주 CHAINS의 정보제공자

구 분	정 보 제 공 단 체	비 고
사회단체	① 청소년 상담실 ② 청주 YWCA ③ 충북 민예총 ④ 충주시민단체협의회 ⑤ 청주지역민주청년연합 ⑥ 청주환경운동연합 ⑦ 충북여성민우회 ⑧ 통일시대민주주의충북연대 ⑨ 충북사회발전연구소 ⑩ 한국선명회 충북지부 ⑪ 충북시민정치연대 ⑫ 새물결 여론연구회 ⑬ 무심천사랑 시민모임 ⑭ 국민승리21 충북본부	
학교	① 주성대학 ② 충주 노은초등학교 ③ 충주 삼원초등학교 ④ 음성 소이초등학교 ⑤ 청주상업고등학교	
방송/신문/잡지사	① 《동양일보》 ② 《충청리뷰》 ③ 《중부매일》 ④ 《타운신문 0431》 ⑤ 《도시생활》 ⑥ 청주MBC ⑦ 청주KBS ⑧ 불교청주방송(BBS),	
산업/경영/기업체	① 청주상공회의소 ② 신경영정보원 ③ 하이넷 ④ 서청주 전화국	
자치단체/기관	① 청주시청 ② 충청북도 교육청 ③ 한국전력공사 ④ 충청북도 선거관리위원회 ⑤ 청주우체국 ⑥ KOLAS ⑦ 서원대학교 중앙도서관(SEOWONLIS)	
종교	① 기독교 정보문화 ② 기독교 자교실 ③ 천주교 정의평화위원회	
전문/개인 포럼	① 2000년대 홍재형과 함께 ② 한의학 상식 ③ 도의원 임원용	

있다.

CHAINS의 성공은 지역 내의 살아 있는 정보를 제공하고 있는 '지역 내 정보제공자'의 헌신적인 노력에 힘입은 것이다. 〈표 4〉 에서 보듯이 현재 CHAINS에는 충청북도 관내 14개 사회단체, 5개 학교, 8개 언론기관, 4개 산업 및 경제 단체, 7개 자치단체 및 기관, 3개 종교관련 단체, 그리고 3개의 전문 및 개인 포럼이 정보제공자로 참여하고 있다. 이들 정보제공자는 충북뿐만 아니라 전체 충청권에 관한 정보를 제공하여 CHAINS의 전국적인 서비스를 가능케 해주고 있다. 이러한 의미에서 청주 CHAINS는 미국의 CTC와 마찬가지로 시민운동의 차원에서 확산되고 있는 지역 정보보급 운동이라고 규정될 수 있을 것 같다.

한편, 한반도 최남단에 위치한 전형적인 농어촌 혼합지역으로 주민소득이 낮고 지리적·정치적으로 소외된 전라남도 해남군은 자체적인 지역활성화 방안으로 지역정보화사업의 필요성을 느끼게 되었고, 그러한 인식이 1993년 12월 HINTS를 탄생시키는 원동력이 되었다. HINTS는 해남군 내

14개 읍면의 513개 마을에 농수산정보와 생활정보 제공을 목적으로 한다. HINTS는 해남군 및 유관기관들이 초기 기금과 비용을 충당하고 전남대학교 연구팀과 지역 전화국이 기술지원을 맡는 등 CHAINS와 마찬가지로 제3섹터 방식으로 운용되고 있다. HINTS는 1994년 7월부터 지역망 서비스를 개시하였고 같은 해 8월부터는 한국통신 공중망을 이용하여 전국으로 서비스를 확대하였다. 현재 HINTS가 제공하는 정보는 관광/교통, 교육/취업, 농수산/유통, 생활/관광, 문화/레저, 지역뉴스 등이다.

경상남도 함안군의 함안텔은 해남군의 HINTS와 마찬가지로 지역의 산업적 특성(특히 농축산업의 분포) 및 지리적 특성과 관련하여 태동되었다. 함안군은 인구 7만 명의 농촌지역이지만 벼농사보다는 각종 하우스 작물과 곶감, 포도 등의 과일단지, 그리고 낙농농가가 고루 분포된 지역이다. 새로운 영농기술에 관한 정보가 항상 요구되는 함안군의 농업분포가 다른 지역보다 빠른 정보시스템을 구축하게 된 기반이 되었다(이성철, 1999: 13). 수도권에서 멀리 떨어진 지리적 조건이나 정보시스템에 대한 주변 여건이 성숙되어 있지 않은 상황에서 설립된 함안텔과 HINTS는 매우 놀라운 시도임에 분명하다.

일종의 농업기술정보센터로서 출발한 함안텔의 주된 기능은 각종 농업관련 정보를 DB화하여 필요한 농가에 보급하고, 각종 영농관련 프로그램을 개발하는 것이다. 함안텔이 제공하는 정보내용은 군정종합정보, 농업기술종합정보, 전국농축산물 가격정보, 가락동 농축산물 가격정보, 기상정보, 농림수산정보, 농가소득정보, 농촌생활정보, 낙농농가정보, 표준소득정보, 생산동향, 가정/의학, 농기계응급조치, 수출입 동향 등 17개 항목으로 구성되어 있다. 다시 각 정보항목은 대체로 10여 개의 소항목으로 나뉘어 있다. 따라서 함안텔은 지역 살림과 밀접한 연관이 있는 무려 170여 가지의 정보아이템을 제공하고 있는 셈이다. 현재 함안텔이 제공하고 있는 정보아이템 중 지역주민들에게 가장 인기있는 프로그램은 농특산물 가격정보와 낙농농가를 위한 농장관리 프로그램으로 알려지고 있다. 농특산물 가격정보는 하우스 특산물을 많이 재배하는 함안지역의 농민들에게 적절한 출하시기를 알려줌으로써 높은 가격을 보장해주는 순기능을 하고 있다. 또한 낙농농가를 위해서 제공되는 농장관리 프로그램은 매일매일의 농장관리상황을 깔끔이 정리해주고, 연말에는 연간 소득분석까지 가능케 해주는 등 농장주에게 과학적인 낙농경영의 길을 열어주고 있다. 앞으로 함안텔은 낙농업뿐만 아니라 양돈이나 한우 농가를 위한 관리프로그램도 개발하여 제공할 계획인 것으로 알려지고 있다(이상철, 1999: 13-14).

5. 맺음말: 지역정보화 사업의 실천주체 및 역할

지금까지의 사례분석을 통하여 알 수 있듯이, '지역정보화'의 구현은 새로운 공업단지를 조성하거나 대기업 유치 등과 같은 대규모 투자 없이 현존하는 자원의 재편과 활용 방식을 극대화시킴으로써 지역주민들의 삶의 질을 고양시킬 수 있는 지역발전정책의 하나가 될 수 있다. 북유럽의 텔리커티지, 미국의 CTC, 그리고 한국의 CHAINS, HINTS, 함안텔 등은 공통적으로 지역현실의 정보화를 통한 지역발전과 주민들의 삶의 질 개선을 목적으로 탄생하였다. 우리나라의 경우, 예컨대 해남군이나 함안군 같은 소외된 지역에 대규모 신규자본이 투자되어 새로운 발전의 계기를 마련하는 것은 당분간 현실적으로 불가능하리라 보인다. 이러한 소외지역들이 현존하는 지원의 재편과 활용도를 높임으로서 다른 지역과는 차별적인 특성화 발전을 추구해야 하는 이유가 바로 여기에 있다.

최근 들어 우리나라는 중앙정부 부처별로 북유럽의 텔리커티지나 미국의 CTC와 같은 정보기술센터를 지방에 건설하겠다는 계획을 쏟아내고 있다. 정통부가 추진하고 있는 '농어촌 컴퓨터 교육, 농촌 정보화시범지역 육성, 지역정보센터 구축, 우체국단위 지역정보센터 설치, 지역홍보관 건립', 통상산업부가 추진하고 있는 '산업기술정보유통 지역정보센터, 지방 중소기업 정보화 사업', 행정자치부가 추진하고 있는 '농어촌 마을단위 정보이용센터 육성 사업' 등이 넓은 의미에서 북유럽의 텔리커티지나 미국의 CTC 구축사업과 유사한 것이다. 중앙정부가 이들 사업의 추진주체로 선정한 단체는 대부분 산하단체(예컨대 정통부-정보문화센터, 통산부-산업

기술정보원 등) 지방자치단체들이다.

　추진주체와 관련하여 분류할 때, 지역정보화 사업은 관(官)주도형과 민간주도형으로 나뉜다.5) 우리나라 경우 대부분의 사업은 일본과 마찬가지로 관주도로 추진되고 있다. 그러나 정부 산하단체 및 지방자치단체가 주관하는 관주도 사업은 크게 보아 다음 두 가지 이유 때문에 성공을 자신하기 어렵다. 우선 대부분의 경우 정부 산하단체는 지방현실을 제대로 파악하지 못하고 있다. 따라서 이들이 추진하는 '지역정보화'는 현실과 관련이 없을 가능성이 높다. 현재 이들의 사업방향은 단지 마을회관(또는 공공기관의 일부 공간) 등에 컴퓨터를 비롯한 몇몇 정보통신기기를 설치하는 정도의 생색내기 사업에 그치고 있는 것이 현실이다. 지방자치단체가 주체가 되어 추진하는 사업 또한 성공을 자신하기 어렵다. 왜냐하면 현재 지자체의 주요 구성원과 행정관료들의 정보화마인드 및 기술력의 수준이 매우 낮을 뿐만 아니라, 대부분의 경우 지역주민의 정보 욕구 및 관심을 등한시한 채 사업을 추진하고 있기 때문이다.6)

---

5) 지역정보화의 두 가지 추진 모형이 갖는 의미에 대해서는 한상진(1999: 58)을 참고할 것. 그는 우리가 지향해야 할 모형에 대해 다음과 같이 정리하고 있다. "지역정보화를 둘러싸고 두 가지 모형이 제기될 수 있다. 하나는 비정부기구, 비영리기구의 역할을 강조하는 민간주도형이고, 다른 하나는 지역개발을 위한 정책도구의 역할을 강조하는 정부주도형이다. …지역사회라는 물리적 공간과 가상공동체가 형성되는 '전자공간'을 겸비하는 지역사회 정보망의 성격에 주목하여… 하향식 정책수단의 성격보다는 커뮤니케이션 수단으로서의 기능이 두드러지기 때문에, 지역 내 시민단체의 역할을 강조하는 전자의 방식은 지역정보화의 궁극적인 지향점이라 할 수 있다. 그러나… 정부의 주도력이 배제된 이러한 방식은 상업적 논리에 지배되어 공공성을 상실할 위험 또한 내재한다. 그러므로 한국사회의 바람직한 지역정보화 모형은 지역주민의 활발한 참여를 강조하는 민간주도형과 정보격차 해소와 보편적 접근을 가능케 하는 정부주도형의 종합에서 찾아야 할 것이다."

6) 충북지역의 정보화 추진실태를 검토하고 있는 류승호(1996)는 지역주민들의 정보수요 조사결과에 근거하여 지역정보화 사업이 추진되어야 함을 강조하고 있다. 이는 지역주민을 대상으로 한 일반 수요조사는 물론, 정보의 실수요자들에 대한 보다 체계적인 조사결과에 근거하여 지역정보화가 추진되어야 함을 강조한 것이다. 더불어 그는 지역의 정보수요를 촉발하고 참여를 유도할 수 있는 정보체계의 내용구성도 중요함을 강조하고 있다. 구체적으로 정보체계 중 커뮤니케이션 부문(게시판 기능 등)의 활성화가 주민들의 관심을 유도하는 데 중요한 기여를 하고 있다고 지적하고 있다.

그렇다면 우리나라의 지역정보화, 특히 '지역정보화' 구현 주체는 누가 되어야 하는 것일까? 앞에서 살펴본 바와 같이 미국의 경우에는 대부분 비영리단체(재단)나 시민단체가 주체가 되어 일종의 시민운동 차원에서 사업을 전개하고 있으며, 유럽의 경우에는 나라마다 사정이 조금씩 다르다. 덴마크의 경우는 지방자치단체 주도하에 텔리커티지 사업이 전개되고 있으며, 노르웨이와 스웨덴의 경우에는 민간기업이 주체가 되고 있고, 핀란드의 경우에는 교육기관이 텔리커티지 사업을 주도하고 있다(설봉식 외, 1998: 315). 또한 영국의 경우는 미국과 유사하게 민간단체가 주축이 되어 사업을 전개하고 있다.

중앙정부나 지방자치단체 주도의 사업이 성공하기 어려운 우리나라의 상황하에서 미국과 일부 유럽국가처럼 민간단체나 민간기업이 주도하여 지역정보화를 달성해낼 수 있을까? 불행하게도 조직력이 빈약하고, 정보통신분야의 아이디어와 기술력을 결합해낼 수 있는 능력을 갖추지 못한 시민단체들이 주체세력으로 부상한다는 것은 전적으로 불가능한 실정이다. 그렇다면 노르웨이와 스웨덴의 경우처럼 민간기업이 주도해나갈 수도 있지 않은가? 하지만 이것 역시 쉽지 않을 것 같다. 민간기업의 지역정보화 사업 참여는 최소한 다음의 두 가지 조건이 구비될 경우에만 가능하다. ① 지역정보화 사업에 참여함으로써 자사 제품의 정보통신기기 및 소프트웨어가 대량으로 판매될 수 있는 가능성이 열려 있거나, ② 정보체계를 구축하여 돈을 받고 지역주민에게 정보를 판매할 수 있다는 확신이 설 경우에만 가능하다. 그러나 우리나라의 경우 이 두 가지 가능성이 모두 실현되기 어렵다. 특히 후자와 관련하여 이미 고도의 기술력과 다양한 경험을 쌓아온 천리안, 하이텔, 넷츠고, AOL, COMPSERVE 등의 국내외 민간기업이 '지역정보화' 사업에 참여하여 지역정보체계를 구축해낸다면 그 자체가 분명 혁신적인 지역발전에 해당한다. 그러나 이들 민간기업이 수익성 없는 사업에 뛰어들 리가 없다.

따라서 우리나라의 경우에는 핀란드의 경우처럼, 아이디어 및 이를 구현해낼 수 있는 기술력과 시설을 보유하고 있는 지역의 교육기관(특히 대학)이 '지역정보화' 사업을 주도해야 할 필요성이 제기된다. 특별한 대안이 없는 우리나라의 상황하에서, 지역의 물리·지리정보체계와 사회정보체계의 구성을 내용으로 하는 '지역정보화'의 실현을 위한 중심축은 지역대학이 되어야 할 것이다. 그러나 우리나라 중앙정부는 지역대학을 지역정보화의 주역으로 인정하지 않으려 하고 있으며, 지역대학 스스로도 그러한 임무를 맡아야 한다는 현실인식을 결여하고 있다. 하지만 청주의 CHAINS나 해남의 HINTS의 경우 충북대학교와 전남대학교 같은 지역거점 대학의 기술지원이 없었다면 성공하기 어려웠다는 사실을 교훈적으로 상기할 필요가 있다.

보론: 지역정보화에 대한 지역사회학자의 현실인식과 반성

본 연구에서 필자는 '지역정보화'의 중심축으로 지역대학의 역할을 강조하였다. 그럴 경우 대학 내부의 추진주체는 당연히 지역사회학자가 되어야 할 것이다. 지역사회발전 모델을 완전히 바꾸어놓고 있는 정보화의 힘에 대한 사회학자들의 관심의 폭이 다른 어떠한 학문영역의 전공자들보다도 넓고 깊기 때문이다. 그렇다면 이 문제와 관련하여 지역사회학자가 담당해야 할 구체적인 역할은 어떠한 것일까? 그것은 다음과 같이 세 가지로 정리될 수 있을 것 같다.

첫번째 역할은 '지역정보화'에 관한 연구의 폭을 넓혀야 한다는 점이다. 지역정보화에 대한 이론연구, 그것의 사회적 의미와 파장(영향) 분석, 외국의 사례소개, 관련국가 정책의 내용 분석과 비판, 새로운 추세의 분석과 그에 대한 의미 해석 등이 지역사회학자가 맡아야 할 임무이다. 이미 지역사회학자들은 이러한 유형의 연구에 매우 익숙해져 있고, 사실 괄목할 만한 성과를 거두고 있다.

지역사회학자의 두번째 역할은 '지역정보화' 사업의 정책결정과정에 적극 참여해야 한다는 점이다. 앞서 언급하였듯이, 우리나라의 경우 지역정보화 사업이 시민운동 차원에서 구현된 사례는 매우 찾아보기 어렵다. 청주의 CHAINS, 해남의 HINTS, 그리고 함안텔 등이 초보적 수준의 시민사회의 관심과 참여를 불러일으켰으나 북유럽의 텔리커티지나 미국의 CTC의 경우처럼 적극적인 시민참여는 이루어지지 못하고 있다. 현단계 우리나라의 지역정보화 사업은 전적으로 관(官)주도하에 계획·실천되고 있다. 그러나 항상 그러하듯이, 중앙정부나 지방자치단체가 주도하는 사업은 대부분의 경우에 비현실적이고, 비효율적이며, 비경제적이다. 지역현실에 능통해 있고 풍부한 아이디어를 가진 지역사회학자들이 사업주체가 될 때 정보화사업은 성공할 수 있다. 따라서 사회학자는 '지역정보화' 관련 정책결정에 적극 참여해야 할 필요가 있다.

지역사회학자의 세번째 역할은 지역단위의 구체적인 사업에 직접 참여하여 지역현실에 맞는 정보체계를 구성하는 일이다. 정보제공자의 역할로서 지역현실에 맞는 지역정보체계를 만들어내야 한다는 의미이다. 각종 지역현실과 관련된 정보를 수집, 분리, 분석하고, 이를 지역주민들이 쉽게 이용할 수 있도록 만들어주는 정보체계 및 네트워크를 구축하는 일에 지역사회학자들은 적극 참여해야 할 필요가 있다. 이것이 지역사회학자의 지역사회에 대한 가장 의미있는 실천적 기여임에 틀림없다.

지금까지의 추세에 비추어볼 때, 대부분의 지역사회학자들은 위에 제시한 세 가지 역할 중 오직 첫번째 역할에만 충실했고, 두 번째, 세 번째 역할에는 관심을 표명하지 않았다. 왜 이러한 현상이 지속되고 있을까? 그것은 다음과 같은 분명한 두 가지 이유 때문이다.

우선, '지역정보화'는 반드시 아이디어와 기술력의 결합이 요구되는 실천분야이다. 그러나 불행하게도 대부분의 지역사회학자들은 '기술력'의 부족을 겪고 있다. 여기서 기술력이란 첨단정보통신기기(H/W) 및 다양한 소프트웨어(S/W) 활용능력을 의미한다. 예컨대, 대부분의 지역사회학들은 지역정보체계 구축을 위해 필수적으로 요청되는 DB 구축능력, 서버 및 Network 관리능력, 그리고 Java, Html 등의 언어 활용능력을 갖추지 못하고 있다. 따라서 지역사회학자들은 자신들의 아이디어를 실체화하고자 할 때 반드시 외부 기술자의 도움을 필요로 하거나, 아웃소싱에 의존해야 한다. 그러나 '남의 머리를 빌려 자신의 아이디어를 구현해낸다'는 것은 참으로 구차스럽고, 비효율적이며 따라서 제대로 된 성과를 기대하기 어렵다. 둘째, 지역현실에 대한 정보체계를 만들기 위해서는 지역사회와 관련된 엄청난 양의 자료를 조사, 수집, 분류한 후 DB를 구축하고, 웹사이트를 설계해야 한다. 설령 기술력을 갖추고 있다고 하더라도 이 일에 선뜻 뛰어들 지역사회학자는 결코 많지 않을 것이다. 그들에게는 자신들의 아이디어를 구현해내는 데 필요한 경제력과 인적 자원이 전혀 주어져 있지 않기 때문이다.

이 두 가지 문제점은 현재의 상황하에서 바로 극복되기는 어려운 문제들이다. 그렇다고 하여 지역정보화 연구를 포기할 수는 없다. 왜냐하면 정체성의 위기를 심각하게 겪고 있는 사회학의 부활 및 실천사회학 영역의 확대에 기여를 할 수 있는 분야로 지역정보화가 크게 각광을 받고 있기 때문이다. 이제 '지역정보화' 특히 '지역현실에 대한 정보체계' 구축사업이 지역사회학의 고유 임무라는 사실을 정책입안자와 인접학문에 확실히 주지시켜야 하고, 더불어 우리들 자신도 크게 변해야 한다. 다음은 최소한의 것이다.

우선, '지역사회학' 또는 '조사방법론' 강의내용에 사회정보 DB구축방법, 인터넷 서베이, 지역사회 웹사이트 구축기법 등을 적극 지도해야 한다. 이것들을 독립 과목으로 설강한다면 더욱 좋다. 둘째, '정보사회학' 강의내용에 첨단정보통신기기(H/W) 및 관련 S/W 활용방법을 가르쳐야 한다. 이것을 '사회공학(가칭)'이라는 독립과목으로 설강할 수도 있을 것이다. 셋째, '지역사회학, 정보사회학, 사회발전론, 조사방법론' 분야의 신임 교수채용 방식이 혁신적으로 바뀌어야 한다. 신임교수는 반드시 정보통신분야의 첨단 H/W와 S/W, DB구축 능력, 서버 및 네트워크 관리 능력 등에 대한 풍부한 지식을 지닌 학자이어야 할 필요가 있다. 공학분야에서처럼 우리도, 예컨대, '사회과학을 전공한 사람으로서 정보통신분야에서 일정 기간 이상 근무한 경력이 있고, 첨단기기와 S/W를 활용할 수 있는 능력을 갖춘 실무형 전문가'를 신임교수로 채용할 수 있는 길을 열어 놓아야 한다. 넷째, 사회학분야 교수의 업적평가제도가 개선되어야 한다. 논문, 저서, 강의실적에 전적으로 근거한 현행 평가제도를 과감히 개선하여 정보체계 구축, 웹사이트 구축, 멀티미디어 강의 교재 제작 등의 사업에 참여하여 얻은 성과물을 연구업적으로 인정해야 한다. 특히 사회적 반향이 큰 성과물을 제작하였을 경우 가산점을 주는 방법도 적극 고려해봄직하다.

■ 참고문헌

강현수, 1999. 「정보, 사이버 도시론」, 한국공간환경연구회 엮음, 『현대도시
　　　이론의 전환』, 한울.
과학기술정책관리연구소, 1995. 「지방화시대에 대비한 지역 과학기술혁신
　　　체제 구축방안」.
국민호, 1999. 「정보화와 도시발전」, 『지역정보화와 지역발전』(1999년 춘계
　　　지역사회학대회 자료집).
김성국, 1997. 「사이버커뮤니티의 형성과 해방」, 《사회조사연구》 제12권 1
　　　호(부산대학교 사회조사연구소).
김영정, 1998. 「테크노폴 건립계획과 지역발전: 전북지역의 사례 및 평가」,
　　　지역사회학회(편), 『과학기술단지와 지역활성화』(1998년 학술심포지
　　　엄 자료집).
김왕배, 1992. 「한국의 자본축적과 지역의 구조화: 기업조직의 공간분화와
　　　관련하여」, 연세대 사회학과 박사논문.
김원동, 1999. 「사이버 스페이스를 통한 지역발전의 모색-강원도청 종합안
　　　내 시스템을 중심으로-」, 『지역정보화와 지역발전』(1999년도 춘계
　　　지역사회학회대회 자료집).
류승호, 1996. 「지역정보화정책과 지역정보의 위상」, 《한국사회학》 제30집
　　　겨울호, 한국사회학회.
이성철, 1999. 「국내 지역정보망의 현황과 과제」, 『지역정보화와 지역발전』
　　　(1999년도 춘계 지역사회학회대회 자료집).
이성호, 1998. 「공업적 저발전 지역에서의 지역체제의 형성과 전환-전북의
　　　산업·계급구조를 중심으로-」, 동국대 박사논문.
이수성·황주성, 1991. 「지역정보화 추진을 위한 종합대책」, 통신개발원.
설봉식 외, 1998. 『지방자치의 경영학』, 선학사.
전라일보·전북대 사회과학연구소, 1995. 『地方自治時代 元年-이제부터
　　　시작이다』.
중앙일보 지방자치특별취재팀, 1995. 『지방시대 문열기』, 오롬시스템(주).
조명래, 1991. 「후기 주변부 포드주의의 지역재구조화」, 학술단체협의회 편,
　　　『자본주의 세계체제와 한국사회』, 한울.
지역사회학회, 『지역정보화와 지역발전』(1999년도 춘계 지역사회학회대회 자
　　　료집).

초의수, 1993. 「한국자본주의의 전개와 지역구조의 변화」, 부산대 박사논문.

한국과학기술연구소, 1980. 「지역생산예측모형의 개발과 적용에 관한 연구」.

한국정보문화센터, 1993. 『일본 가나가와현의 지역정보화 계획』.

______, 1992. 『일본 오이타현의 지역정보화계획-일촌일품운동과 풍요로운 마을 네트워크』.

한상진, 1995. 「정보사회에서의 공동체의 변화」, 《경제와사회》 제27호, 가을호.

______, 1998. 「지역사회 정보망과 공동체의 실험」, 한국공간환경학회 엮음, 『현대 도시이론의 전환』, 한울.

현재호, 1998. 「세계의 테크노폴과 대덕연구단지의 성격」, 지역사회학회 편, 『과학기술단지와 지역활성화』(1998년 학술심포지엄 자료집).

황석만, 1999. 「지역민의 지역정보화의 참여방안 연구 시론-미국의 경험에 비추어서-」, 『지역정보화와 지역발전』(1999년도 지역사회학회대회 자료집).

Stone, Antonia, 1999. "CTCNet-History, Organization and Future," http://www.ctcnet.org

http://www.most.org.pl/new-civi/gib/bov/bv-467.html

http://icc107.chains.or.kr

http://www.haenam.chonnam.kr

경남지역정보화의 자리매김
-이론과 현실의 조화를 위하여-

이시화
(경남개발연구원)

1. 서론

정보화는 21세기 정보화시대의 새로운 발전전략으로 세계적인 관심을 받고 있는 분야이다. 최근 우리나라에서도 이러한 시대적 흐름에 발맞추어 정보화 10대 중점사업을 비롯하여 다양한 정보화사업을 추진하고 있다. 그 중에서도 지역정보화사업은 국가적으로는 지역간 불균형을 해소하기 위한 맥락에서, 지역적으로는 지역경제발전과 주민생활의 질을 향상시키기 위한 목적으로 중앙정부의 주도하에 추진되어왔다.

그러나 중앙정부 주도하의 지역정보화사업은 실질적인 파급효과가 미흡하여 최근에는 지방자치단체의 지역정보화사업 추진에 대한 역할이 점차 확대되어가는 추세이다. 하지만 대부분의 지방자치단체(특히 기초지방자치단체)는 열악한 재정상태, 명확하지 못한 지역정보화 개념 및 광범위한 사업범위와, 이에 따른 불명확한 사업추진주체 등 여러 가지 문제점으로 말미암아 계획수립단계에서부터 집행에 이르기까지 많은 문제에 봉착하고 있다.

이러한 문제점의 인식하에 본 사례연구는 최근에 입안된「경남지역정보화촉진기본계획」수립과 사업의 집행과정에서 나타난 현실적인 문제점을 알아보고 이를 해결하기 위한 바람직한 방향을 제시해본다. 따라서 본

연구는 지역정보화에 대한 국내외 사례연구, 경남도민을 대상으로 실시한 설문조사, 지역정보화 관련 전문가 및 담당자들과의 토론과 면담 등에서 얻은 경험적 사실을 바탕으로 작성되었다.

2. 지역정보화의 이론

세계 각국에서는 정보화를 통한 국가발전을 도모하기 위한 수단으로 다양한 정보화사업을 추진하고 있으나 지역정보화란 용어는 사회적으로나 학문적으로 그다지 일반화된 용어는 아니다.

지역정보화란 용어의 보편적인 사용은 최근 일본에서 그 유래를 찾아볼 수 있다. 일본은 1983년을 커뮤니케이션 원년으로 정하고 지역의 독자적 발전을 위해 다양한 지역정보화계획을 수립하였다. 주요 사업으로는 Tele-topia, New Media Community, Intelligent City, Greentopia 구상 등을 들 수 있다(한세억 외, 1997: 57-58).

또한 미국에서는 국가정보기반구축(National Information Infrastructure) 사업과 같은 연방정부 차원의 대규모 사업으로부터 지역단위별로 주민에게 다양한 정보기술의 혜택을 통한 공동체 형성을 위한 소위 전자공동체 (Electronic Community) 구축 등 다양한 사업이 전개되고 있다. 유럽은 1986년 유럽공동체 이사회에서 유럽지역 발전을 위하여 다국적으로 계획한 STAR(Special Telecommunications Action for Regional Development), 지리적으로 벽지에 위치한 지역의 주민에게 정보통신시설을 제공하기 위한 정보센터인 텔리커티지(Telecottage) 구축 등을 대표적인 사업으로 들 수 있다.[1] 하지만 이러한 정보화사업들은 지역정보화사업의 성격을 띠고 있으나 명확하게 지역정보화사업이란 명칭하에 추진되고 있는 것 같지는 않다.

---

1) 유럽의 지역정보센터는 Telecottage, Telecentre 등 다양한 명칭을 갖고 있다.

1) 지역정보화의 개념과 범위

지역정보화란 아직까지 공식화된 학문적 정의는 없으나 좁게는 정보통신시스템 구축이라는 하드웨어 기반정비를 의미하는 것으로부터, 넓게는 지역발전을 실현하기 위한 조직과 제도의 변화까지도 포함한 광의의 해석까지 가능하다. 초기의 지역정보화는 하드웨어 기반정비라는 협의의 개념에서 출발하여 최근에는 지역의 행정, 산업, 생활 분야를 포괄하는 광범위한 개념까지 포함하고 있는 추세이다. 따라서 일반적으로 지역정보화란 지역을 대상으로 하며, 지역사회의 복합적인 기능을 수행할 수 있도록 다양한 분야별 정보화를 의미한다고 볼 수 있다.

그러나 이러한 포괄적인 개념은 실제 사업을 추진하는 데 걸림돌이 되고 있다. 한 예로서, 정보화의 대상인 '지역'이란 단위가 명확하지 않아 사업추진주체 및 사업범위에 혼돈을 초래하고 있다(한국정보문화센터, 1998: 252).

지역이란, 공간적으로는 마을단위로부터 크게는 우리나라 전체가 하나의 지역이 될 수도 있는데 정보화사업 추진을 위한 바람직한 지역단위는 무엇일까? 예를 들면, 지역의 특색있는 생활정보는 기초자치단체가 지역이 될 수 있는 반면에 농업이나 산업과 같은 기존의 하나의 시·군 범위를 넘어선 광역 차원의 정보화는 복수의 시·군이 지역단위가 될 수 있을 것이다. 따라서 이상적인 지역단위는 정보의 특성, 정보수혜자의 범위, 추진주체 등에 따라 다르게 선정될 수 있을 것이다.

다음으로 지역정보화는 지역사회의 다양한 분야별 정보화를 의미하는데 과연 현실적인 사업의 범위가 어느 정도일까? 예를 들면, 경남에만 국한되는 특화정보라기보다는 전지역이 공통적으로 대상이 될 수 있는 행정정보, 교육정보, 복지정보 등은 어느 범위까지 다루어져야 하는가? 또한 지역정보화의 기반이 되는 대규모 정보통신 하부구조 및 정보산업의 육성 등은 지역정보화 차원에서 현실적으로 어느 정도 강조되어야 하는가에 관한 문제들이다.

이론적으로 넓은 의미의 지역정보화사업은 사회 각 부문별 시스템 구축은 물론이고, 이러한 시스템을 원활하게 운영하는 데 필요한 정보통신망과 같은 정보인프라 구축, 나아가 정보통신산업 육성과 같은 광범위한 사업을 포함하고 있다. 그러나 이와 같은 광범위한 사업은 다양한 지역개발사업을 포함하여 여러 기관에서 공동으로 추진해야 하는 만큼 책임과 사업의 주체가 명확하지 못하고 막대한 예산확보의 어려움으로 인하여 사업추진에 많은 어려움이 있다.

2) 지역정보화의 필요성과 목표

정보화시대 지역발전의 원동력이 될 지역정보화는 크게 두 가지 측면에서 그 필요성을 찾아볼 수 있다. 국가 차원에서의 지역정보화는 그 동안 산업화시대의 발전과정에서 상대적으로 소외되었던 지역을 정보화를 통해서 발전시킴으로써 지역간 균형있는 발전을 도모하는 것이다. 지방 차원에서의 지역정보화는 다양해진 주민의 생활과 지역산업의 구조변화를 정보화를 통해 개선함으로써 지역주민의 삶의 질과 지역산업의 경쟁력을 높이기 위함이다(이시화, 1996: 76-78).

지역 차원의 지역정보화의 목표인 주민 삶의 질 향상과 경제활성화를 이룩하기 위한 보다 구체적인 목표는 세 가지 측면에서 요약될 수 있다. 첫째, 정보화시대에 다양해진 주민의 행정 욕구를 충족시키기 위하여 정보화를 통한 대민 행정서비스의 향상이며, 둘째, 주민의 생활에 필요한 교육, 의료, 구인 정보 등 다양한 생활정보를 제공하여 주민들의 생활의 질을 향상시키는 것이다. 셋째는 지역기업(특히 중소기업)이 정보화에 따른 급속한 경쟁구조변화에 적응하고 경쟁력을 갖출 수 있도록 다양한 경제·산업정보를 제공하는 것이다.

이러한 정보화사업의 비전과 목표를 효율적으로 달성하기 위해서 사업추진과정에서 고려되어야 할 사항들이 있다. 그 중에서도 특히 국가 차원에서 지역의 균형발전을 도모하기 위하여 추진하는 지역정보화사업 대상지역의 선정이 중요하다. 사실 그 동안 중앙정부에서 지역균형발전을 위해서 농촌지역을 대상으로 우선적으로 구축한 지역정보센터 구축사업은 그다지 성공적이라 할 수 없다. 왜냐하면 현실적으로 주민의 정보화마인드를 포함하는 지역의 전반적인 정보인프라가 미약한 낙후지역의 정보화사업은 현실적으로 많은 어려움이 있기 때문이다.

그렇다고 최근 일부 사업에서 보듯이 중앙정부나 광역지방자치단체가 사업의 극대화를 도모하기 위하여 정보인프라가 형성된 도시를 중심으로 지역정보화사업을 우선적으로 추진하여 주변지역의 파급효과(trickle-down)를 기대한다면 낙후지역은 정보시대에도 여전히 낙후지역으로 남을 수밖에 없을 것이다.

단적인 예로, 최근 미국 상무부가 발표한 미국 내 지역간·계층간 인터넷 불평등에 관한 보고서는 우리에게 주는 시사점이 많다고 볼 수 있다. 이 보고서에 따르면 미국 가정의 컴퓨터 보급률과 인터넷 사용률은 지속적으로 증가하고 있는 데도 불구하고, 계층간·지역간 인터넷 불평등이 심화되면서 산업사회의 빈부격차를 고스란히 재현하여 정보시대의 정보격차가 심각한 수준에 이르고 있는 것으로 나타났다(《전자신문》 1999. 7. 24).[2]

이러한 측면에서 중앙과 지방자치단체가 추진중인 지역정보화시범사업도 기존의 정보인프라가 구축된 지역을 우선적으로 선정하여 추진하는 방식을 택하기보다는 우리나라의 낙후지역을 대상으로 지역정보화 현실을 감안하여 정보인프라 구축, 정보화교육 강화 등과 같은 정보기반조성부터 체계적이고 지속적으로 추진해나가야 할 것이다.

3. 경남지역정보화의 현실

경남의 지역정보화 현황을 파악할 수 있는 지표는 여러 가지 측면에서 논의될 수 있지만 본 연구에서는 현재 경남에서 제공되고 있는 지역정보

---

2) 보고서에 따르면 미국 내의 인종간, 계층간 정보격차가 계속 확대되고 있다. 똑같은 조사를 했던 1994년에 비해 백인과 흑인 및 히스패닉 간의 인터넷 사용격차는 6% 이상 확대되었고, 학력 및 소득수준간 격차는 이보다 더욱 크게 벌어져 학력의 경우 고학력자와 저학력자의 격차가 1997년과 1998년 1년 만에 25% 증가했으며, 소득수준에 따라서는 29%까지 늘어난 것으로 조사되었다.

화서비스와 지역정보센터 운영현황을 중심으로 경남지역정보화의 추진현
황을 알아본다.

1) 경남의 지역정보 서비스 현황

현재 경남의 지역정보 서비스는 주민을 위한 생활정보로부터 중소기업
지원을 위한 산업정보, 행정정보에 이르기까지 지역정보화 각 부문별로
다양한 정보가 정보의 특성에 따라 지역정보센터, 지방자치단체, 학교, 민
간 등에 의하여 각각 제공되고 있다(〈표 1〉 참조). 그러나 제공되고 있는
정보의 수준이 아직까지 기초 정보에 머물고 있으며, 기존 통신망에서 제

〈표 1〉 경남의 주요 지역정보 서비스 현황

서비스명	운영기관	주요 제공 정보
경남광장	경상남도	도정참여, 도정홍보, 민원·관광안내, 도정주요통계, 유관기관연결
KCTEL	거창지역 정보센터	지역정보, 관광, 특산물, 지역홍보 등
양산텔	양산지역 정보센터	지역정보 및 동아리의 활용 등
천왕봉네트	산청지역 정보센터	지역소개, 농축산정보, 행정민원정보제공 등
MIRYTEL	밀양지역 정보센터	지역정보 및 관광, 생활정보, 농축산정보 등
함안텔	함안군 농업기술센터	군정종합정보, 농업기술·가격정보, 수출정보 등
ICOMM	기계·재료 기술정보센터	기계재료기술정보, ANSI, JIS, ASTM, SAE, 미국 특허 등
경남농업 기술원	농림수산 정보시스템	농업일반, 농산품, 농축산물 생산유통정보 등 농업관련 정보 등
인제대학교	인제대학교	가야문화 문헌, 고고, 민속, 언어 등
창원대학교	창원대학교	교통안내(항공, 철도, 고속버스), 평생교육, 지역향토문화정보 등
경상대학교	경상대학교	통영오광대, 밀양 백중놀이, 무형문화재, 중요 민속자료 등
홈페이지	19개 시·군	시·군정 안내, 행정정보, 민원접수, 관광정보 등

공되는 정보와도 큰 차별화가 이루어지지 못하여 활용도가 미흡한 실정
이다.

 (1) 생활정보화 부문
  지역주민에게 가장 필요한 생활정보는 중앙정부에서 설립한 지역정보
센터와 지방자치단체에 의해 주로 제공되고 있으나, 지역의 특색있는 정
보제공은 미약한 실정이다. 예를 들면, 교육정보의 경우는 도내의 초·중·
고등학교에서 시범적으로 교육청의 지원을 받아, 대학에서는 자체적인 지
역망을 구축하여 학생들에게 제공하고 있다. 그러나 현재의 교육정보화는
교육기관 내의 정보 교류 및 활용에 그치며, 지역주민들에게 교육관련 정
보제공은 활성화되지 않고 있는 실정이다.
  경남의 문화·환경 분야의 정보는 주로 지방자치단체, 대학, 연구기관에
서 홈페이지를 통하여 제공되고 있다. 그러나 대부분의 정보는 문화재나
환경에 관한 일반적인 소개 등 기초적인 정보제공에 그치고 있어 그다지
활성화되지 못하고 있는 실정이다. 사회복지부문에 있어서도 독립적인 정
보제공은 거의 전무하며 다만 시·군의 홈페이지에서 단편적으로 제공되
고 있을 뿐이다(「경남지역정보화촉진기본계획」, 1999: 40-49).

 (2) 산업정보화 부문
  농·수·축산정보 부문은 주로 농·수·축산업과 관련이 있는 정부기관에
서 농·수·축 생산물 정보와 거래 정보를 광범위하게 제공하고 있다. 경남
에서는 일부 대학 및 연구기관에서 농·수·축산업에 대한 기술 정보를 제
공하고 있으나 이용이 활발하지 못한 실정이다. 또한 21세기 상거래의 꽃
이라 할 수 있는 전자상거래 형태의 농수축산물 직거래도 전반적으로 아
주 미미한 상태라고 할 수 있다.
  경남의 관광정보는 경상남도에서 운영중인 경남광장, 지역정보센터 및
시·군의 자체 홈페이지에서 부분적으로 제공되고 있거나 도내 대학에서
인근 지역사회의 소개 차원에서 정보를 제공하고 있을 뿐이다. 그러나 관
광산업과 연계한 종합적인 관광정보 제공은 거의 전무한 실정이다. 경남

의 중소기업관련 정보는 한국기계연구원 창원분원의 기계·재료 기술정보
센터와 경남소재 산업기술정보원에서 주로 창원·마산지역의 산업정보화
를 추진중에 있으나 중복투자의 성격이 강하다(「경남지역정보화촉진기본계
획」, 1999: 101-110).

(3) 행정정보화 부문

행정정보화는 크게 행정업무처리의 혁신을 위한 행정전산화와 주민을
대상으로 다양한 행정정보를 제공하기 위한 행정서비스시스템 구축으로
구분할 수 있다. 현재 행정단위업무는 업무부서별 독립적인 전산화추진으
로 인해 행정업무간 연계성이 부족하여 정보공유에 어려움이 있으며, 주
민대상의 행정정보서비스는 도·시·군의 인터넷 홈페이지를 통해 부분적
으로 제공되고 있다. 그러나 인터넷을 통한 민원발급서비스 등과 같은 적
극적인 정보서비스는 그리 활성화되지 못하고 있으며 아직 지방자치단체
의 홍보차원에 머무르고 있는 실정이다.

보다 나은 행정서비스를 제공하기 위해서는 지방자치단체가 행정정보
를 적극적으로 공개해야 한다는 인식을 바탕으로, 지역주민을 대상으로
원스톱 민원처리시스템, 홈민원 정보시스템을 활성화시켜 나아가야 할 것
이다. 또한 지역의 기업들이 기업활동에 필요한 다양한 정보와 문서를 쉽
게 교환할 수 있는 민관전자자료교환이 활성화될 수 있도록 행정정보화
를 지속적으로 추진해나가야 할 것이다(「경남지역정보화촉진기본계획」,
1999: 186-191).

2) 경남의 지역정보센터 운영현황

지역정보센터란 정보화의 기본요소인 하드웨어, 소프트웨어, 네트워크
및 운영인력을 갖추어 각종 정보를 제공해주는 전담조직체를 의미한다.
다시 말하면 지역의 생활정보, 산업, 행정정보를 생산, 가공, 제공해주는
지역정보화의 거점이라고 말할 수 있다.

경남지역에서 설립·운영중인 주요 지역정보센터는 경상남도에서 운영

하는 경남광장과 정보통신부(한국정보문화센터)의 지원으로 설립된 사단법인 형태의 기초지역정보센터 4곳(거창, 밀양, 산청, 양산), 함안군 농촌지도소에서 운영하고 있는 함안텔 등이 있다. 또한 경남의 특화지역정보센터라고 볼 수 있는 산업기술원 경남산업기술정보센터와 한국기계연구원 창원분원의 기계·재료 기술정보센터(ICOMM)가 있다.

그러나 대부분의 지역정보센터는 재원 및 인력 확보 등의 어려움으로 인하여 제대로 운영이 되고 있지 않다. 특히, 운영재원의 부족이 가장 두드러진 문제점으로 나타났으며 현재 경남지역에 설치된 밀양, 양산, 거창, 산청 지역정보센터의 재정은 지방자치단체 의존율이 거의 100%라고 해도 과언이 아니다(〈표 2〉 참조).

설립 당시 3년간 정보통신부의 지원을 받았으나 대부분의 자금이 시설 및 장비 도입에 충당된 상태이며 현재는 센터의 운영비조차 조달하기 힘든 상태이다. 그러나 지역정보센터가 비영리 사단법인으로 지역주민의 공익을 도모하는 것이 주목적이고 현재 제공하는 정보의 질이나 이용자 확보면에서 정보서비스의 유료화가 어려운 상태이므로 자체수입이 전무한 현재 상태에서 재정여건의 어려움은 피할 수가 없다.

따라서 지방자치단체는 지역정보센터가 본연의 공공기능을 수행할 수 있도록 지속적으로 지원을 해야 할 것이며, 지방자치단체의 정보관련 용

〈표 2〉 경남의 지역정보센터 운영현황 (운영경비 단위: 천 원)

센터명	공중망명	위치	상주직원	가입회원(명)	'98지출	지자체(정부)	자체수입	웹구축	서비스개시일
거창	KCTEL	군청 내	3명	5,000	50,000	50,000		유	'94.8
밀양	MIRYTEL	공공기관	1명	3,028	21,600	21,600		무	'94.7
산청	천왕봉넷	군청 내	1명	3,300	20,136	20,136		무	'97.7
양산	양산텔	시청 내	2명	11,000	40,000	40,000		유	'95.6
함안	함안텔	시청 내	1명		9,666			유	'94.7
기계·재료 기술정보센터	ICOMM	한국기계 연구원	9명	2,800	200,000	(200,000)	30,000	유	'94.4

* 1999년 4월 말 현재 기준으로 작성

역사업을 정보센터가 대행하도록 하는 등 간접적인 지원도 필요하다.

또한 전문인력 확보측면에서도 지역정보센터는 많은 애로를 겪고 있다. 일부 극소수의 지역정보센터를 제외하고는 국내의 지역정보센터의 운영요원은 1~2명인 것으로 파악되었으며, 그 중 상당수의 정보센터가 지방자치단체의 공무원이 상근 근무자로 파견되어 있는 것으로 파악되었다. 또한 기존의 인력조차도 전문교육을 받을 수 있는 기회가 부족할 뿐만 아니라 신분보장이 되지 않아 새로운 인력을 확보하기는 매우 어려운 실정이다(이선기, 1999: 13-16).

3) 경남지역정보화의 문제점

경남지역정보화 문제점은 법, 제도 등 여러 가지 측면에서 논의될 수 있지만, 경남도민을 대상으로 한 설문조사와 지역정보센터 운영자와의 토론회 등을 통하여 파악된 주요 문제점을 수요자와 공급자 측면으로 나누어 정리하면 다음과 같다.

(1) 수요자 측면

경남지역정보화의 궁극적인 수요자인 경남도민이나 기업 등과 같은 사용자의 입장에서 바라보는 경남지역정보서비스의 문제점을 정리하면 다음과 같다(경상남도 정보화의식실태조사, 1998: 55-57).

■ 필요한 정보가 부족하고 정보의 질이 낮다

정보는 이용자가 필요할 때 제공되어야 살아 있는 정보라 할 수 있다. 우리는 정보 홍수의 시대에 살고 있지만 실제 주민이 필요한 정보제공은 매우 미약하며, 적시에 제공되지도 못하고 있는 실정이다. 특히 민원행정정보, 생활편의정보, 교육, 문화 및 의료정보 등은 경남의 도시 및 농촌주민들이 우선적으로 제공받기 원하는 정보임에도 불구하고 특색있는 정보제공은 매우 미약한 실정이다.

■정보의 검색이 어렵고 정보의 연계제공이 부족하다

아무리 좋은 정보가 유통되어도 활용이 어려우면 소용이 없다. 아직까지는 일반주민이 필요한 정보를 찾기에 많은 어려움이 있다. 하드웨어와 기술적인 문제는 빠른 속도로 개선되고 있으나 아직까지 수많은 정보 중에서 필요한 정보를 빠르게 검색해주는 도구가 부족하다. 따라서 분야별 전문화된 정보검색도구가 개발되어 양질의 정보검색이 가능하도록 해야 할 것이다.

또한 지역관련의 다양한 정보가 분산적으로 제공되고 있어 이용자가 지역관련 정보를 종합적으로 활용하는 데 많은 어려움이 있는 것으로 파악되었다. 따라서 다양한 경남의 지역정보를 서로 연결해주는 포탈사이트를 구축하여 주민이 쉽게 지역정보에 접할 수 있도록 해야 할 것이다.

■컴퓨터의 이용과 접근이 어렵다

궁극적으로 모든 가정에 컴퓨터를 구비하고 주민 모두가 정보를 활용할 수 있는 능력을 향상시키는 것이 바람직하다. 그러나 현실적으로 모든 가정에서 컴퓨터와 주변기기를 마련하는 것이 어려우며, 정보이용능력도 농촌지역, 여성, 연령이 높을수록 낮은 것으로 나타났다. 따라서 일반주민이 일상생활 가운데서 쉽게 접근할 수 있는 곳에 정보이용센터를 설치하여 누구나 쉽게 정보를 활용할 수 있도록 해야 할 것이다. 특히 농어촌지역 주민의 정보능력을 향상시키기 위해서는 지속적인 교육 및 홍보와 더불어 저렴한 가격으로 정보를 활용할 수 있도록 마을정보이용센터가 확보되어야 할 것이다.

(2) 공급자 측면

현재 지역정보는 대부분이 정보센터를 통해서 제공되고 있다. 물론 최근 인터넷기술의 발달로 인하여 민간차원에서 홈페이지를 통해 다양한 정보를 제공하고 있지만, 지역관련 정보는 주로 지역정보센터, 지역의 대학, 공공기관 등을 통해서 제공되고 있다. 따라서 경남의 지역정보를 제공하고 있는 지역정보센터를 중심으로 공급자 측면에서의 문제점을 알아본다.

■ 재원조달(장비, 인력, 운영비 등)에 어려움이 있다

현재 우리나라의 지역정보센터 운영의 가장 큰 장애요인은 운영재원의 취약성이다. 설립 때부터 공익성을 강조하여 비영리 사단법인으로 출발했고, 정보서비스를 유료화하기에는 정보의 질이나 이용자 확보 면에서 아직도 많은 어려움이 있다. 결국 자체수입이 전무한 현 상태에서 재정여건이 취약할 수밖에 없으며 양질의 정보를 생산·제공하기에 한계가 있다.

경남지역에 설치된 지역정보센터의 재원은 거의 100%를 지방자치단체의 지원에 의존하고 있다. 특히 대부분 지역정보센터는 운영인력 부족과 전문성 부족이라는 애로를 겪고 있어 다양한 사업을 추진할 여력이 없다(〈표 2〉 참고).

■ 정보수집이 어렵고 고객이 한정되어 있다

정보서비스가 활성화되기 위해서는 최신 정보가 지속적으로 제공되어야 함에도 불구하고 지역의 정보제공자들의 협조는 미비한 상태이다. 특히 행정정보의 경우에 지방자치단체로부터의 정보제공이 없이는 지역주민에게 필요한 양질의 정보는 적시에 제공될 수 없다.

또한 서비스대상지역의 주민수가 한정되어 있어 정보활용에도 한계가 있다. 예를 들면, 경남의 일부 기초자치단체는 인구 3~4만 명 정도에 머무르고 있어 자체적으로 정보를 생산하여 제공하더라도 정보이용자의 수가 한정되어 있어 활성화에 한계가 있다.

■ 지역의 정보화인프라가 부족하다

지역정보화는 정보가 원활하게 생산·가공·유통될 수 있도록 정보의 축적, 전문인력, 통신기반시설과 같은 기본적인 인프라가 필수적이다. 그러나 농어촌지역의 경우는 정보의 인프라가 매우 미약하여 지역정보화사업 추진에 많은 어려움이 있다. 대규모의 통신기반시설과 같은 정보인프라 구축은 지방자치단체 차원에서 추진하기는 어려운 상황이다.

4. 경남지역정보화 기본방향 및 추진전략

앞에서 언급된 수요자 및 공급자 측면에서의 여러 가지 문제점을 보완하고 효율적인 경남지역정보화 사업을 추진하기 위해서는 보다 현실적인 추진 방안과 전략이 수립되어야 한다. 앞에서 파악된 문제점을 해결하기 위한 기본방향과 전략은 다음의 〈그림 1〉과 같다.

1) 기본방향

■정보화마인드 확산 및 교육강화

성공적인 지역정보화사업 추진을 위해서는 도민의 정보화마인드 확산과 정보능력을 향상시키는 것이 중요하다. 특히 경남의 농어촌지역에는 주민생활과 밀접한 분야를 대상으로 정보화교육이 우선적으로 실시되어야 할 것이다(이시화, 1998: 137). 효율적인 정보화마인드 확산을 위해서는 다양한 정보화교육 프로그램을 개발하고 정보화요원의 양성도 고려해볼 만하다. 그러나 무엇보다도 정책결정자들의 정보화마인드가 확산되지 않으면 지역정보화사업 추진은 미약할 수밖에 없다.

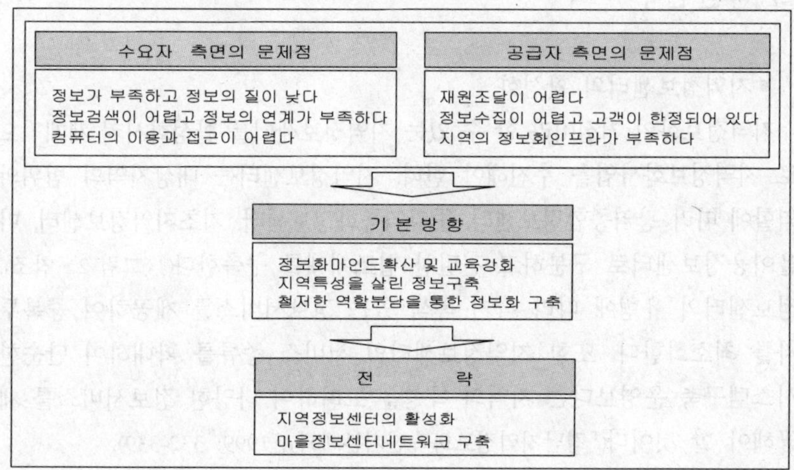

〈그림 1〉 경남지역정보화 문제점과 추진전략

■ 경남 특성을 살린 정보구축

경남의 인구구성, 지리적 여건, 지역산업의 특성, 주민의 의식 및 생활 등을 충분히 고려한 특색 있는 지역정보화를 추진해야 한다. 현재까지 구축·운영되고 있는 대부분의 정보서비스는 지역의 독특한 정보를 담지 못하고 또한 적시에 갱신이 이루어지지 않아 이용자에게 도움을 주지 못하고 있는 실정이다. 따라서 주민의 정보수요를 정확히 파악하고 이를 기반으로 독자적인 정보 컨텐츠의 개발과 서비스를 수행해야 한다.

■ 철저한 역할분담

사업의 성격에 따라 철저히 주민·민간기업·공공기관 간의 역할분담을 하되, 지방자치단체는 민간이나 타기관에서 다룰 수 없는 틈새 정보화부문에 투자하는 것을 고려해볼 필요가 있다. 예를 들면, 지역정보화의 거점이라고 할 수 있는 지역정보센터의 경우, 최근에 도시지역을 중심으로 급속하게 늘어나는 인터넷게임방과 인터넷카페 등을 마을정보이용센터로 활용할 수 있도록 유도하고, 농촌지역은 지자체가 공익차원에서 마을정보이용센터를 구축하면 지역정보화사업을 보다 효율적으로 추진할 수 있을 것이다.

2) 추진 전략

■ 지역정보센터의 활성화

지역정보화의 거점이라 할 수 있는 지역정보센터를 활성화시켜 체계적으로 지역정보화사업을 추진해야 한다. 지역정보센터는 대상지역의 범위와 역할에 따라 광역종합정보센터, 준광역특화정보센터, 기초지역정보센터, 마을이용정보센터로 구분하고 긴밀한 협조체제를 구축한다(〈그림 2〉 참조). 정보센터의 유형에 따라 각기 특색 있는 정보서비스를 제공하여 중복투자를 최소화한다. 또한 지역정보센터의 서비스 종류를 확대하여 단순한 시스템구축 운영보다는 지역의 특성을 고려하여 다양한 정보서비스를 제공해야 할 것이다(「경남지역정보화촉진기본계획」, 1999: 332-339).

<그림 2> 경남의 지역정보센터 연계망

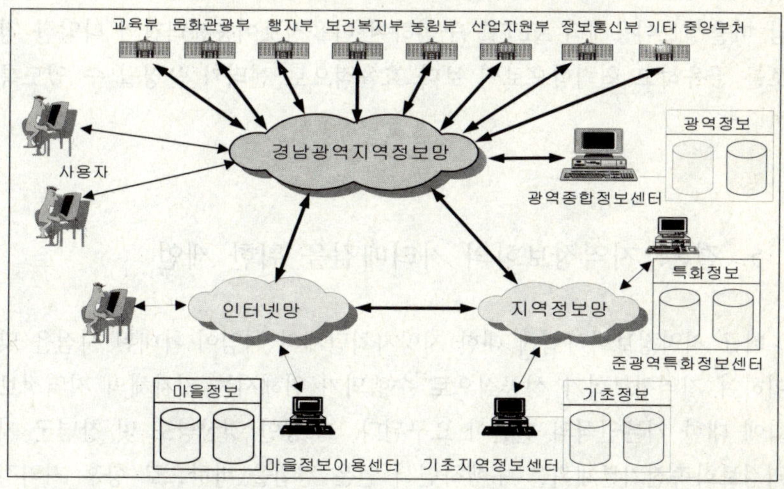

지역정보센터는 지방자치단체의 한정된 재원을 고려하여 경남에 구축되어 있는 기존 시스템을 최대로 활용하되, 빠른 속도의 정보기술 변화를 감안하여 유연성 있고 개방적인 네트워크를 구축한다.

■ 경남 마을정보네트워크 구축

지역주민의 정보활용을 위한 마을정보이용센터는 그 필요성에 반해 국내에서는 거의 활성화되고 있지 못하다. 이러한 상황 속에서 해외의 TCA (Teleworker, Telecottage, Telecentre, Association)와 미국의 CTCNet (Community Technology Centers Network) 등은 우리나라의 정보센터 활성화를 위한 좋은 모델이 될 수 있다(Bill Murray & Dominic Cornford, 1988; The Community Technology Centers' Network, 1997). 즉, 경남에 마을정보이용센터를 구축하고 다양한 정보교환과 협력을 위한 네트워크를 형성하는 것이 바람직할 것으로 생각된다.

이를 위해서는 먼저 현재 경남의 여러 기관에서 관리·운영되고 있는 정보관련 시설(예를 들면, 우체국, 문화의 집, 초·중·고등학교, 도서관, 마을회관, 농협, 교회, 인터넷 카페 및 게임방, 백화점)을 마을정보이용센터로 최대한 활용해야 한다.[3] 다음으로 이들 마을정보이용센터를 연계하는 경남 마을정보이용센터 NET를 구성하여 마을정보이용센터간의 다양한 정보를 공유하고 협력함으로써 보다 효율적으로 센터가 운영될 수 있도록 한다.[4]

5. 결론: 지역정보화의 자리매김을 위한 제언

최근 지역정보화사업에 대한 지방자치단체의 책임이 확대된 시점을 맞이하여 지역정보화가 성공적으로 수행되기 위해서는 지자체의 지역정보화에 대한 기본인식의 전환이 요구된다. 그 동안 경상남도 및 창녕군 지역정보화촉진기본계획을 수행하면서 얻은 경험을 바탕으로 향후 지역정보화의 발전을 위한 몇 가지 제언을 하는 것으로 본 논문을 마무리 하고자 한다.

■ 지역정보화는 모든 문제를 해결해주는 마술상자가 아니다

지역정보화로 모든 것을 다 해결하고자 한다면 해결되는 것이 아무것도 없을 것이다. 지역정보화사업이란 지역에 산재한 다양한 문제점과 발전 잠재력 중에서 정보화란 도구를 통해 해결할 수 있는 분야를 찾아 활용하는 것이지, 지역의 모든 문제를 해결해주는 마술상자가 아님을 잊지 말아야 한다. 따라서 주민이 일상생활에서 필요한 간단한 생활정보의 제공으로부터 단계적으로 추진해나가야 할 것이다(이시화, 1998: 140-142).

■ 지역정보화는 주민의 정보화과정이며, 장기적인 사업이다

사업을 집행하는 대부분의 기관들은 가시적인 지역정보화사업의 효과

---

3) 특히 기본적인 컴퓨터시스템이 구축되어 있는 인터넷게임방, 문화의 집, 도서관, 학교 등은 기존의 서비스 기능에다 주민에게 정보를 제공하는 공익적인 서비스 기능만 추가하면 마을정보이용센터로서 충분히 활용될 수 있다.
4) 경남 마을정보이용센터 네트워크는 통신망이나 인터넷을 통하여 이루어질 수도 있다.

를 부각시키기 위해 물리적인 사업에만 치중하는 경향이 있다. 현재 운영되고 있는 대부분의 지역정보센터가 겪는 공통된 어려움이 지역주민의 정보화마인드와 정보능력, 지역정보제공자들의 비협조임을 고려할 때 지역정보화사업에서 가장 중요한 것은 지역주민을 정보화하는 것이다. 이를 위해서는 지역의 다양한 계층(유관기관들의 장, 사회단체, 주민, 기업인 등)의 사람들이 지역정보화사업 과정에 참여하여 그들이 정보제공자인 동시에 정보이용자임을 확신시키고 적극 참여하는 분위기를 만들어야 할 것이다.

또한 경남의 농촌지역은 단발형 사업으로 단기적인 성과를 기대하기보다는 장기적이고 단계적으로 사업을 추진하고, 당분간은 사업의 수익성보다는 지역사회의 공익성을 추구해야 할 것이다.

■ 지역정보화는 컴퓨터와 인간의 조화를 통해 이루어진다

지역정보화는 결국 이용자가 정보를 많이 활용함으로써 활성화될 수 있으므로 이용자가 사용하기 쉬운 시스템으로 구성되어야 한다. 특히 경남과 같이 고령인구가 많은 농어촌지역에 컴퓨터만을 통한 정보화를 추진하는 데는 현실적으로 많은 어려움이 있을 것이다. 농어촌지역에는 아직도 많은 정보가 사람들간의 만남을 통해 유통되는 것을 감안할 때 지역주민들이 함께 어울릴 수 있는 만남의 공간과 컴퓨터시스템을 함께 마련하는 것이 지역의 특성을 고려한 인간과 기계가 조화된 지역정보화사업이라고 볼 수 있을 것이다.

■ 전자복지공동체 형성이 부족하다

지금까지의 경남지역정보화는 주로 공급자 위주의 지역정보 제공에 초점을 맞추고 있어 지역주민이 직접 참여할 수 있는 분야가 활성화되지 못하고 있다. 따라서 지역정보화는 궁극적으로 지역주민 모두가 정보의 제공자인 동시에 수요자로서, 사이버공간에 직접 참여하여 다양한 의견을 교환하고 서로 돕고 살 수 있도록 전자복지공동체로서의 기능을 활성화해야 할 것이다(Douglas Schuler, 1996: 8-10).

■ 정보화의 역기능에 대비하자

정보의 독점, 개인 프라이버시 침해, 컴퓨터 범죄, 인간소외 등의 정보화 역기능에 대한 대응책이 마련되어야 한다. 우선 정보화의 혜택을 차별 없이 누릴 수 있는 보편적 접근과 서비스를 확대할 수 있는 법과 제도를 마련하고, 나아가 다양한 컴퓨터 범죄에 기술적으로 대응할 수 있도록 광역자치단체 차원에서 정보관련 전문기관을 확충해나가야 한다. 그러나 기술 및 제도 측면의 역기능 대책도 한계가 있으므로 정보 이용 및 공급자가 올바른 정보윤리관을 가질 수 있도록 정보윤리교육을 가정, 학교, 사회에서 강화해나가는 궁극적인 방안을 모색해야 한다.

◼ 참고문헌

경상남도, 1998. 『경남지역정보화 실태설문조사』.
______, 1999. 「경남지역정보화촉진기본계획」, 3월.
이선기, 1999. 「지방자치단체의 지역정보센터 설립운영 모형에 관한 연구」, 창원대학교 전자계산학과 석사논문.
이시화, 1996. 「경남의 지역정보화 실태 및 추진 전략」, 새로운 지방자치의 전략 세미나, 한국정치학회, 경남개발연구원, 5월.
______, 1998. 「농촌지역 정보화의 현황과 전략」, 한국지역정보화학회지, 12월.
한국전산원, 1998. 『국가정보화백서』.
한국정보문화센터, 1998. 『지역정보화의 이해와 전망』.
한세억·조찬형, 1997. 『지역정보화정책 이론과 실제』.
Bill Murray & Dominic Cornford, 1988. "Telecottage and telecentre survey 1988," Small World Connection(http://www.itu.int/ITU-D-Universal-Access/evaluation/eval-index.htm).
Community Technology Centers' Network, 1997. Community Technology Center Review(http://www.ctcnet.org.review.htm).
Douglas Schuler, 1996. *New Community Networks Wired for Change*, ACM Press, New York.

지방자치단체의 홈페이지를 통한 지역정보화[*]
―'강원도 인터넷 도정종합안내 시스템' 사례 연구―

김원동
(강원대학교, 사회학)

1. 문제의 제기

1990년대로 접어들면서 정보화시대의 새로운 지역발전전략으로 우리 사회에서 주목의 대상이 되어온 대표적 분야가 '지역정보화'다. 여기서 말하는 지역정보화란 정보통신 하부구조의 구축과 정보통신산업의 육성 및 사회 제반 영역의 정보화를 토대로 지역주민의 삶의 질을 제고하고 지역경쟁력을 강화해가는 일련의 과정을 뜻한다(김원동·손연기, 1998). 지역정보화의 의미가 이렇다고 할 때, 지역정보화는 개인이나 기업 등과 같은 민간부문의 자발적 참여와 정부의 정책적 노력의 결합하에 추진된다고 볼 수 있다. 이는 지역정보화의 연장선 위에 있는 '지역사회정보망'(community network)의 경우에도 마찬가지다.[1]

우리 사회에서는 민간부문에서 구축·운영하는 지역사회 정보망 못지않게 최근 지방자치단체들에 의한 지역사회 정보망이 빠른 속도로 확대

---

[*] 이 논문은 1999년도 춘계 '지역사회학회' 학술대회에서 「사이버스페이스를 통한 지역발전의 모색」이라는 제목으로 발표했던 글을 기초로 하여 작성한 것이다. 당시 유익한 논평을 해주신 토론자들(박준식·정근식·남춘호 교수)과 이 글의 초고를 읽고 도움말을 주신 익명의 세 분 논평자들께 감사드린다.

[1] 지역정보화의 추진방식이나 지역사회 정보망의 발전 양상은 국가마다 다소 차이가 있다. 미국이나 캐나다와 같은 경우는 민간주도형 지역정보화 모형에 속하고 일본은 정부주도형 지역정보화 모형이라고 할 수 있다. 우리나라는 일본형에 가깝다(한상진, 1996; 1999).

되고 있다. 지역사회 정보망을 대변하는 인터넷 홈페이지의 증가추이가
이를 입증해준다. 이를테면, 1997년 4월 당시만 해도 24% 정도에 불과했
던 우리나라 지방자치단체의 인터넷 홈페이지 구축률(김형민, 1997)이 2년
4개월이 경과한 1999년 8월에는 83%로 급증한 것이다. 더구나 199년까
지는 지방자치단체의 인터넷 홈페이지 구축률이 전국적으로 약 94%에 이
를 것으로 예상된다(김원동, 1999b). 이같은 양적 증가 경향을 볼 때, 이제
관건은 홈페이지의 구축 여부가 아니라 그 질적 수준에 있다고 할 수 있
다. 말하자면 지방자치단체 홈페이지의 질을 점검하고 관리해야 할 시점
에 이른 것이다.

  홈페이지를 제대로 관리·운영하기 위해서는 홈페이지에 대한 평가가
전제되어야 한다. 이에 관한 논의들을 찾아보면, 인터넷 홈페이지뿐 아니
라 지방자치단체들의 정보화수준 전반에 대한 평가가 이미 우리 사회에
서도 조금씩 시도되고 있음을 알 수 있다(김영삼, 1998b). 예컨대, 1998년
11월 중앙부처에 대한 정보화 평가를 실시했던 동아일보사는 1999년 6월
전국 16개 광역자치단체의 정보화수준을 평가하여 발표한 바 있다.[2] 그런
가 하면, 1999년 5월에 개최된 지역사회학회 학술대회에서는 '지역정보
화'의 관점에서 지방자치단체의 홈페이지나 개별 지역의 정보화 사례를
검토한 글들이 여러 편 선을 보였다(김원동, 1999a; 박재규, 1999; 이시화,
1999; 장원호, 1999; 최태룡, 1999). 정부부문과 민간부문으로 구성된 지역사
회 정보망이 지역별·사례별로 연구의 대상이 되기 시작한 것이다.

  그러면, 기능적 측면에서 볼 때 우리나라의 지방자치단체 홈페이지들은
그간에 대체로 어떤 평가를 받아왔을까.

  주지하듯 지방자치단체의 인터넷 홈페이지가 해당 기관의 단순한 홍보
통로로서의 기능에 머물러서는 곤란하다. 그럼에도 불구하고 종래의 경우
그것은 주로 기관 홍보나 게시 등과 같은 단순정보의 제공에 초점을 두었
던 것으로 평가되어왔다(류승호, 1998; 최종욱, 1998). 하지만 그 동안 시도

---

2) 이 평가에서는 서울이 종합 1위를 차지했고, 인천이 2위, 부산이 3위 그리고 경남이 4위
   를 기록했다. 인터넷 홈페이지 평가는 1위 인천, 2위 경기 그리고 3위 전북 등의 순으로
   나타났다(《동아일보》 1999. 6. 28).

된 거듭된 개선 노력에 힘입어서인지 적어도 지금의 지방자치단체 홈페이지들은 상당수가 기존의 평가수준은 넘어선 것으로 보인다(〈부표 1〉 참조). 물론 이것이 그저 느낌이 아닌 사실인지는 세부 메뉴들을 하나씩 짚어보아야 판단할 수 있는 일이다. 이는 지역의 전문연구자들을 중심으로 해당 지방자치단체의 인터넷 홈페이지에 대한 사례연구의 활성화가 필요하다는 것을 시사한다. 그러한 부류의 지역별 사례연구들이 축적되고 그 성과가 홈페이지의 개선에 제때 충분히 반영될 수 있어야 지방자치단체의 인터넷 홈페이지를 통한 효율적인 지역정보화를 기대할 수 있기 때문이다.

이러한 문제의식 아래 이 글은 강원도 홈페이지인 '강원도 인터넷 도정 종합안내 시스템'(Kangwon Internet Total System, 이하의 본문에서는 '강원도 시스템'으로 약칭)의 사례를 검토해보고 그 개선방안을 찾아보는 데 목적이 있다. 이를 위해 먼저 지방자치단체의 홈페이지가 수행해야 할 기능에 대해 생각해봄으로써 이 글의 분석 틀을 마련해보고자 한다.

2. 지방자치단체 인터넷 홈페이지의 기능과 지역정보화

인터넷 홈페이지를 어떻게 활용해야 지역정보화를 보다 효율적으로 진척시킬 수 있을 것인가에 관한 연구들이 한결같이 지적하고 있는 것 중 하나는 홈페이지의 구축 목적이 분명해야 한다는 점이다(김영삼, 1998b; Internet Advisory Committee, 1998). 지방자치단체의 인터넷 홈페이지도 이 점에 있어 예외일 수 없다.

인터넷 홈페이지의 구축 목적이 명확해야 한다는 입장에서 볼 때, 지역정보화를 추진함에 있어 지방자치단체가 자체의 인터넷 홈페이지를 통해 수행해야 할 기능은 어떤 것이어야 할까.

지방자치단체가 해당 지역의 대표적인 행정기관이라는 점에 착안해본다면, 지방자치단체의 인터넷 홈페이지는 다음 세 가지 기능에 충실해야 하리라고 필자는 생각한다. ① 공공정보제공 매체로서의 기능 ② 지역산

업육성 매체로서의 기능 ③ 의사소통 매체로서의 기능이 그것이다.[3]

공공정보는 일반인들의 직업활동을 비롯한 일상적 삶의 세계에서 여러 형태로 큰 영향을 미친다. 따라서 일반인들의 공공정보에 대한 관심과 수요는 클 수밖에 없다. 하지만 공공정보는 일반인들이 자체적으로 생산하여 활용할 수는 없는 특수성을 지닌 정보이기 때문에 정보의 생산주체인 공공기관의 적극적인 정보공개와 일반인들 편에서의 손쉬운 접근방안이 마련되어야 그 활용도가 제고될 수 있다. 우리 사회에서도 '공공기관의 정보공개에 관한 법률'[4]이 시행되고 있고 '공공정보활용 캠페인'(공공정보 활용캠페인 운영본부, 1999)도 벌이고 있지만 그 실효성에 대한 논란이 끊이지 않고 있다. 시민단체의 정보공개청구 요청을 일방적으로 묵살하는 공공기관이 있는가 하면 개인정보보호·공익보호·비밀 등의 애매한 공개

---

3) 경기도 홈페이지인 '경기넷'의 운영자는 경기넷을 구축할 때 다음 네 가지 측면을 고려했다고 밝힌 바 있다. "경기넷을 통해 도내 기업과 도민들이 원하는 모든 정보를 획득할 수 있도록 구축한다. 경기넷을 도민과 행정기관, 도민과 도민의 대화통로로 활용한다. 경기넷이 행정정보 공개수단 및 전자민주주의 실현의 기반이 되게 한다. 경기넷이 기업·상품홍보·판매 등 거래 알선의 장이 되게 한다"는 생각이 그것이다(김태근, 1998). 그런가 하면, '전자민주주의'에 대한 다음과 같은 풀이에서도 부분적으로 이와 비슷한 발상을 엿볼 수 있다. '정보통신기술을 통해 시민들이 정치적 의사결정에 더욱 평등하게 참여하도록 하려는 시도'인 전자민주주의는 다름 아닌 '시민들과 정치지도자 간, 시민들 간의 커뮤니케이션을 촉진하고 시민의 정치참여를 높이기 위해 정보통신기술을 활용하는 것'을 의미한다는 것이다(권태환·조형제, 1997: 155). 최근의 한 연구에서도 지방자치단체의 홈페이지가 수행해야 할 기능에 대한 논의를 발견할 수 있다. 이 연구에서는 서울시의 25개 구청 홈페이지를 비교하기 위한 기준으로서 행정서비스의 전산화, 지역정보 제공, 구청과 구민 간의 전자의사소통, 구민간의 전자의사소통 등의 4가지를 들고 있다(장원호, 1999). 이같은 기존의 논의들에 기초하여 필자는 지방자치단체 인터넷 홈페이지의 기능을 위에서 말한 세 가지 측면으로 집약하여 정리해 보고자 한다.

4) 우리 정부는 1996년 12월 31일 '공공기관의 정보공개에 관한 법률'을 제정한 바 있다. '공공기관이 보유·관리하는 정보의 공개 의무 및 국민의 정보공개 청구에 관하여 필요한 사항을 정함으로써 국민의 알권리를 보장하고 국정에 대한 국민의 참여와 국정운영의 투명성을 확보함을 목적으로'(제1조) 이 법을 제정한 것이다. 1998년 1월부터 시행에 들어간 이 법에서 지칭하는 정보('공공정보')란 국가, 지방자치단체, 정부투자기관 등과 같은 '공공기관(公共機關)이 직무상 작성 또는 취득하여 관리하고 있는 문서·도면·사진·필름·테이프·슬라이드 및 컴퓨터에 의하여 처리되는 매체 등에 기록된 사항'(법제처, 1999)을 말하며 그 대상기관은 1998년 현재 약 3만 6천 개 정도(김효석, 1999)에 이른다.

예외조항을 들어 비공개를 일삼는 기관들도 있다는 지적을 받아온 것이다(《한겨레신문》 1998. 6. 1; 《중앙일보》 1999. 10. 8).

게다가, 중앙정부기관의 홈페이지에 대한 설문조사 결과에서도 드러났듯이, 공공정보에 대한 국민적 수요는 높아지고 있는 데 반해 그나마 제공되는 정보의 양과 질은 매우 부실하다는 지적을 받고 있는 실정이다(정건수, 1999). 결국 공공정보의 활발한 제공과 활용을 위한 대안은 정보공개법의 문제점들을 정비해가는 것과 동시에 공공기관이 정보공개에 대한 기존의 인식을 획기적으로 바꾸는 길밖에 없다. 개인이나 시민운동단체의 정보공개청구를 받아 마지못해 응하기보다는 자체에서 생산하는 모든 공공정보를 자발적으로 미리 공개하는 방향으로 근본적인 태도 전환이 요구되는 것이다(김효석, 1999).

지역정보화의 목표인 지역주민들의 삶의 질 향상과 지역경쟁력의 강화는 지방자치단체가 가장 역점을 두어야 할 부분이다. 이때 기초가 되는 삶의 영역이 경제부문이다. 지역주민들의 삶의 질과 지역경쟁력은 기본적으로 지역의 경제적·산업적 환경에 의해 좌우되기 때문이다. 이러한 점에서 지방자치단체들은 자기 지역의 장기발전계획이나 산업육성정책 등에 관한 알찬 정보들을 주민들에게 그때그때 충분하게 제공하여 경제활동의 기초자료로 활용할 수 있도록 해주어야 한다. 또 자체에서 생산하는 것은 아니라 하더라도 지역주민들의 경제활동에 도움이 될 만한 경제정보를 담고 있다고 판단되는 유용한 사이트들을 최대한 발굴하여 자체 홈페이지에 연동시킴으로써 주민들이 제때 도움을 받을 수 있도록 조치하는 것도 지방자치단체가 해야 할 역할이다. 지역기업들의 현황에 대한 정확한 실태정보를 파악하여 제공하고 전자상거래에 지역의 기업들이 적극 동참할 수 있도록 유도하는 책무도 지방자치단체는 감당해야 한다. 요컨대, 지방자치단체들은 이러한 문제의식 아래 자체의 홈페이지를 통해 경제 및 산업 정보를 내실 있게 공급할 수 있도록 다각적인 방안을 강구해야 하는 것이다.

지방자치단체의 홈페이지가 자치단체와 지역주민들 간에 있을 수 있는 여러 형태의 의사소통의 장(場)이 될 수 있도록 배려하는 것도 지방자치단체가 해야 할 일이다. 종래에는 이 점이 상대적으로 경시되어왔다(한상진, 1999). 거시적으로 보면, 인터넷을 매개로 '사람들 사이의 자유롭고 막힘 없는 의사소통'(박준식, 1998)이 이루어져야 정보사회의 질적 성장도 기대할 수 있다. 지방자치단체들이 이러한 목표를 위해 일익을 담당해야 함은 말할 나위도 없다. 개별 지방자치단체의 차원에서 보자면, 그것은 곧 자치단체와 지역주민들 간의 홈페이지를 통한 자유로운 의사소통을 정착시키려는 노력으로 귀착될 것이다. 지방자치단체들은 홈페이지를 매개로 지역의 현안들을 주민들에게 적극적으로 알려 공론화하고 자치단체와 지역주민간의, 그리고 지역주민 상호간의 개방적인 의사소통을 통해 중지를 모아 정책에 반영하려 노력해야 하는 것이다.[5]

3. 강원도 인터넷 도정종합안내 시스템과 인터넷 지역정보화—진단과 개선 방안

1) 공공정보제공 매체로서의 강원도 인터넷 도정종합안내 시스템

'공공기관의 정보공개에 관한 법률'의 입법 취지에 비춰볼 때, 공공기관의 하나인 강원도는 도에서 직무상 생산·관리하는 일체의 공공정보를 도민들에게 적극적으로 공개하여 활용할 수 있도록 해야 할 뿐 아니라 이를 통해 도정을 투명하게 운영하고 도민들의 자발적인 도정 참여를 유도해야 할 법적 의무를 지닌다. 더 나아가 강원도는 무수한 그 밖의 공공기관에서 생산·유통중인 공공정보들을 도민들이 쉽게 접할 수 있도록 도와야

---

5) 지금의 지방자치단체들은 자신의 인터넷 홈페이지를 통해 이러한 방향의 노력을 나름대로 하고 있다고 생각된다. 이를테면, 여러 도청 홈페이지들에서 개설·운영되고 있는 '열린광장', '열린마당', '대화방', '자유게시판' 등의 메뉴들은 적어도 외견상으로는 '의사소통의 매체로서의 지방자치단체 홈페이지'라는 인식이 조금씩 자리잡아가고 있다는 인상을 준다〈부표 1〉 참조). 물론 내용적으로 보면 여기에도 많은 문제점들이 있다. 이 글에서는 강원도 홈페이지의 사례를 통해 그러한 문제점의 일부를 확인해보고 개선 방안을 찾아보게 될 것이다.

한다. 이러한 목적의 실현을 위해 효율적 도구가 될 수 있는 것이 바로 인 터넷이다. 지역정보화의 주요 추진수단으로서의 강원도 인터넷 홈페이지 를 검토하면서 공공정보제공 매체로서의 기능에 주목하게 되는 것은 이 러한 맥락에서이다.

공공정보 제공자로서의 강원도가 가장 관심을 기울여야 할 정보는 공공 정보 중에서도 강원 도정을 위해 자체 생산하고 있는 다양한 지역행정정 보들이다. 즉, 강원도의 장기적인 발전과 도민들의 삶의 질 향상을 위해 도의 행정주체로서 추진해오고 있거나 추진하기로 계획하고 있는 지역 관련의 주요 행정정보들을 도민들에게 최대한 제공할 수 있도록 신경을 써야 한다는 것이다. 그와 같은 공공정보들은 강원도의 장기발전계획의 틀에 기반을 두고 이의 구현을 위해 일하는 행정 부서별로 창출되는 것임 은 물론이다. 정보화시대에 그러한 공공정보와 도민을 매개하는 주된 역 할이 도의 인터넷 홈페이지에 주어진다는 것은 자연스런 일이다.

지역정보화의 관점에서 볼 때, 지역행정정보 중 도민들이나 연구자들이 의당 관심을 가질 만한 주요 정보는 강원도의 장기발전계획과 지역정보 화계획일 것이다. 강원도에서는 1995년 지방자치시대의 개막을 계기로 도의 장기종합발전기획(1996년~2011년)인 『강원의 비전21』을 내놓은 바 있다. 도의 권역별, 시·군별 발전방향에 대한 기본구상과 기본계획을 두 권의 보고서 형태로 1996년 출간한 것이다(강원도, 1996a, 1996b). 또 강원 도는 지역의 장기종합발전의 견인차가 되는 정보화에 주목하면서 '강원의 비전21'에 기반한 중장기 정보화계획(1998년~2010년)으로서의 '강원도지 역정보화기본계획'을 1998년에 확정하여 발표했다(강원도, 1998a, 1998b).

'강원의 비전21'이 강원도 시스템에서는 '행정정보'의 세부 메뉴 중 하 나로 설정되어 있다(〈표 1〉). 여기에서 '강원의 비전21'의 내용은 이념과 이미지, 기본계획(경제강원, 교류강원, 환경강원, 복지강원, 자치강원) 및 권역 별 발전구상(기본권역, 특별권역) 등의 3개 영역으로 소개되어 있는데 각 항목별로 한 쪽 정도의 분량으로 압축되어 있다. 그런데 그 항목들을 일 별해보면, 매우 추상적이고 막연한 선언적 내용들로 채워져 있음을 발견 하게 된다. 한 가지 실례로 '교류강원'의 항목을 보면, '도내 전역이 동시

<표 1> '강원도 인터넷 도정종합안내 시스템'의 전체 메뉴(검색일: 1999. 9. 7)

주 메뉴	세부 메뉴	내 용
도지 사실	프로필	
	역점시책사업	*'98 도정의 주요성과 *'99 도정의 기본방향
	주요지시사항	*각 연도/분기별 지시사항
	조례제정	*여러 지원/운영 조례
	주요연설	*주요 연설 내용
	기자회견	
	보도자료	
	민원/고충접수	
강원 도 소개	주요시책	*'99 주요 역점시책
	강원도 상징물	*강원도 노래 *강원도기 *마스코트 *강원도 꽃 *나무/새
	강원도 역사	
	강원도 기구표	*행정기구표
	행정구역	*행정구역 일람표
	공무원 정원	*1999년 현재 일반직/기능직 공무원 일람표
	홍보용 동영상	*신비의 땅 강원도 *아름다운 강원산악 *동해의 푸른 바다 *문화재의 산실 *살아 숨쉬는 강원도 *풍요로운 강원 *인재의 고향 강원도 *청정강원 *정선아리랑 *낭만의 설원 *휴양관광지 강원
	역대 지사	*1~31대 강원지사 소개
행정 정보	강원도의회	*의회기구표 *의회연혁 *의회활동 *위원회 소개 *의원소개
	여성정보	*여성정책실 소개 *여성법률 *여성계 소식 *여성관련기관 *여성단체 *여성상담 *여성취업정보 *여성사랑방 *자료실 *알뜰장터 *추천사이트
	실업정보	*부서소개 *알림마당 *묻고답하기 *자료방 *고용안정정보망
	법무정보	*법무소식 *판례 *질의응답 *법률상식 *법률용어
	국제협력	*아주소식 *통상협력소식 *투자유치기획단
	환경정보	*환경정책 *대기보전 *수질보전 *폐기물 *상하수도 *자연보전 *환경게시판 *환경자료실 *환경신문고
	농정삼림	*조직업무 *알림사항 *농림자료실 *건의제안 *관련사이트(지역농업정보센터, 지역산품전자시장, 축산물청정농장관리, 농업정보119서비스, 농림부 홈페이지)
	민방위·소방	*민방위 *소방
	제2의 건국	*제2의 건국이란 *알림사항 *참여마당 *자료실
	강원의 비전21	*이념과 이미지 *기본 계획 *권역별 발전구상
	강원도경관형성	*기본구상 *현황 및 특징 *권역구분 *운영방침
행정 자료 실	행정종합정보	*기획관리 *일반행정 *재정경제 *보건복지 *농림수산 *교통관광 *문화공보 *환경녹지 *건설도시 *소방행정 *자치법규
	관보	*오늘의 관보 *부정당업자 *정부입찰 *고시/공고 *법령안입법예고 *정부인사 *관보게재안내
	자치법규집	*자치법규

주 메뉴	세부 메뉴	내 용
행정 자료 실	통계연보	*토지 및 기후 *노동 *인구 *사업체총괄 *농림수산업 *광공업 *전기/가스/수도 *유통/금융/보험 *주택/건설
	공개자료실	*유틸리티 *인터넷관련 *게임자료 *바이러스 박멸 *자료가 필요해요
도정 게시 판	행정예고	*도 무형문화재 신규지정 *청소년 보호법 위반 단속실시 *「강원도농어업인대상」 수상후보자 접수 *관광지 화장실 2000년까지 정비 *저소득영세민 심장병무료시술계획 *기계식 주차장치 실태점검 *'99년도 일반회계 세입총괄 *'99년도 일반회계 세출총괄
	도정소식	*월별 도정 소식
	공지사항	*월별 공지사항
	시험정보	*각종 공무원 시험정보 *질의 및 답변
	공고/고시	*공고 *고시
	인사발령	*강원도 인사발령사항
생활 · 민원	주민헌장	*강원도 중소기업서비스 헌장 *강원도 소방서비스 헌장 *강원도 민원서비스 헌장 *강원도 도로서비스 헌장 *강원도 농업서비스 헌장
	규제개혁	*규제개혁추진개요 *행정규제 신고 *조례/규칙 등에 근거한 행정규제 정비 *법령에 근거 없는 행정규제 정비 *규제개혁 자료실
	민원안내	*전체 *허가 *인가 *특허 *면허 *승인 *증명 *검사 *등록 *신고 *이의/지정 *신청 *기타
	취미부업	*과수/산채/양채 *약초/버섯 *동물류
	건강정보	*각종 생활 건강 정보

생활권화됩니다', '교통망 확충으로 강원도가 빨라집니다', '공항·항만시설을 국제화시켜 갑니다', '빠르고 편리한 철도망이 형성됩니다', '정보화, 세계와 만나는 문입니다', '미래화, 인재양성에서 시작됩니다', '강원도, 스포츠 메카로 탄생합니다' 등의 소제목 아래 몇 줄의 부연 설명이 있을 뿐이다.

이처럼 계획의 실현을 위한 도내의 추진조직, 추진일정, 사업예산의 동원방법 등과 같은 구체적 내용이 전혀 담겨 있지 않기 때문에 실현 가능성을 기대할 수도 없고, 자료로서의 가치도 거의 발견할 수 없는 실정이다. 이러한 구체성의 측면에서 본다면, 사실 '강원의 비전21'의 원래 내용도 도 홈페이지에 압축되어 있는 것과 크게 다르지 않다고 판단된다. 분량은 제법 되지만 여기서도 구체적이라기보다는 여러 가지 착상들을 그저 모아 놓은 듯한 항목들이 많기 때문이다.

'강원의 비전21'이 내포하고 있는 이러한 약점에도 불구하고 현행 홈페이지에 올라와 있는 '강원의 비전21' 항목의 내용을 보강하기 위해 우선 생각해볼 수 있는 대안은 보고서의 원문 전체를 게시해두는 것이라고 생각된다. 도민들을 포함한 도처의 네티즌들이 인터넷 상에서 '강원의 비전21'의 관심 있는 부분을 좀더 자세히 직접 보기도 하고 필요할 경우 전문을 내려받을 수 있도록 해둔다면 강원도 시스템에 게시되어 있는 항목의 지금과 같은 한계를 조금은 덜 수 있을 것이기 때문이다. 물론 이와 더불어 '강원의 비전21'에 있는 원래의 내용을 연도별 사업 수립 때마다 세부적으로 가다듬는 작업도 이루어져야 할 것이다.

이미 작년에 출간되었지만 1999년 9월까지도 강원도 시스템에서는 찾아볼 수 없는『강원도지역정보화기본계획』또한『강원의 비전21』과 함께 빠른 시일 내에 원문을 홈페이지에 올려놓아야 할 것이다. 강원도의 연도별 지역정보화계획과 추진현황 및 결과 등에 관한 정보들도 강원도 시스템을 통해 확보할 수 있도록 해야 할 것이다.

『강원의 비전21』이나『강원도지역정보화기본계획』을 비롯한 지역행정정보들을 도민들이 제대로 활용할 수 있도록 하기 위해 강원도로서는 도 홈페이지와 관련하여 기본적으로 다음과 같은 점들에 유의해야 하리라고 본다.

강원도 시스템의 현재 메뉴 체계(〈표 1〉)를 볼 때, 가장 시급한 것은 행정정보의 제공방식에 대한 전반적인 재구성 작업이다. 필자는 지역행정정보 메뉴를 크게 2가지 범주의 틀로 나눈 뒤 이와 관련된 현재의 메뉴 내용들을 재구성해볼 수 있다고 본다. 우선, (가칭)'지역행정정보실'이라는 이름 아래 도의 조직부서별 업무를 소개하면서 그 맥락에서 각 부서에서 생산하는 지역관련 행정정보들을 제공하도록 하는 방식으로 메뉴 체계를 재편하는 것이다. 이때 한데 묶을 수 있는 메뉴들로는 '강원도 소개' 메뉴에서의 행정기구표, '행정정보'에서의 여성정보, 실업정보, 환경정보, 농정삼림, 민방위·소방, 강원도경관형성, '행정자료실'에서의 행정종합정보, '도지사실'의 역점시책사업, '도정게시판'의 행정예고, 도정소식, 공지사항, '생활·민원'에서의 민원안내 등을 생각해볼 수 있을 것이다. 이들 세부 메뉴 각각에서 지역행정정보들을 뽑아 재구성하면 되리라는 것이다. 또 다른 한 범주는 (가칭)'지역행정자료실'로 이름붙일 수 있을 것이다. 현행 메뉴 체계에서는 '도지사실'의 프로필, 주요 연설, 기자회견, 보도자료, '강원도 소개'의 행정구역, 강원도 역사, 강원도 상징물, 공무원 정원, 역대지사, '행정자료실'의 관보, 자치법규집, 통계연보, '도정게시판'의 공고·고시, 인사발령, '생활·민원'의 주민헌장, 규제개혁, '홍보마당' 등을 검토하여 선별적으로 여기에 포함시킬 수 있을 것으로 생각된다.

메뉴의 전체 구성체계를 재편해야 하는 과제와 더불어 강원도에서 관심을 기울여야 할 또 다른 점은 강원도 시스템을 통해 제공하는 지역행정정보나 지역행정자료의 질적 측면을 제고하는 일이다. 강원도 시스템의 기존 메뉴들을 살펴보면, 여러 곳에서 지역행정정보나 자료들을 성의껏 제공하려는 흔적이 눈에 띈다. 가령, 여성정책실 소개로부터 강원도의 여성행정기관, 여성회관, 가정법률상담소, 여성취업정보, 여성사랑방, 알뜰장터 등의 세부메뉴를 통해 여성관련 정보들을 비교적 알차게 제공하고 있는 여성정책실의 '여성정보'를 들 수 있다. 간단한 자료이긴 하지만 '행정구역현황' 같은 것도 신경을 썼다는 느낌을 준다. 이를테면, 필자가 1999년 8월 3일 '행정구역현황' 메뉴를 검색해보았을 때, 자료제시 시점은 1999년 6월 30일 현재로 되어 있었다. 이에 반해 자료의 이용도나 실용성이 커서 정작 관심을 갖고 최근까지의 정보를 제공해야 할 행정자료들의 경우에는 오히려 미비한 점들이 많았다. 예컨대, 필자의 1999년 10월 14일자 검색에 의하면, 행정자료실에 있는 '인구'자료의 경우 1961년부터 1997년까지의 도 전체인구 추이가 제시되어 있었고, 특히 1997년 자료에서는 도내 18개 시·군별 인구수·인구동태·인구이동, 읍·면·동별 인구수와 세대수 등과 같은 소상한 내용이 담겨 있었다. 하지만 1998년이나 올해의 인구관련 정보는 해당 자료에서 빠져 있었다. 주지하듯, '도 인구'와 관련된 통계들은 여러 분야에서 요긴하게 활용될 수 있는 기초자료[6]이면

---

6) 필자의 1999년 8월 7일 검색에 의하면 강원도 '인구'자료는 1999년 3월 24일 등록한

서도 도청과 같은 기관에서가 아니면 구하기 힘든 공공정보다. 때문에 지금처럼 일정한 시점 이전까지의 자료들은 자료 소장 내용에 대한 간략한 설명을 덧붙여 파일형태로 제공하더라도 도에서 간간이 집계하는 최근의 인구정보들[7]은 해당 세부 메뉴에서 바로 확인할 수 있도록 별도로 게시해두어야 할 것이다. 강원도 시스템에 올라와 있는 다른 기초 행정자료들도 실태는 마찬가지였다. 이러한 사실들은 결국 행정정보나 자료별로 최근의 것까지 최대한 확보하여 적극적으로 제공하려는 노력이 요구됨을 일러준다.

한편, '지역행정정보'라는 점에서 강원도 홈페이지의 현행 메뉴들을 볼 때, 필자가 특히 관심을 갖게 되는 것은 '행정종합정보' 메뉴다. 앞서 필자의 제안과 같이 현행 메뉴 체계를 재편할 경우 이 부분은 지역행정정보의 중심이 되어야 할 내용들이다. 그런데 그 세부 메뉴들을 짚어보면 도청에서 창출하는 정보와 다른 공공기관에서 제공하는 정보가 혼재되어 있다. 예컨대, '기획관리' 메뉴의 경우, 구성 세부항목의 절반 정도에 해당하는 지방의회에 관한 것들은 행정자치부에서 제공하는 기사들로 채워져 있다. 따라서 이 경우에는 다음과 같은 식의 메뉴 개선방안을 생각해볼 수 있을 듯하다. 즉, 외부 공공기관에서 제공하는 정보들은 다른 항목에서 별도로 다루도록 하고 이 메뉴에서는 기획관리실의 업무소개와 함께 기획관리 분야에서 추진하고 있는 보다 구체적인 행정정보들을 공급하고 이에 대한 도민들의 의견을 수렴·반영해가도록 하는 것이다. '기획관리' 메뉴에 대한 필자의 1999년 10월 14일자 검색에 의하면, '주요 시책사업

것으로 되어 있었다. 그런데 이 자료의 조회수는 모두 1,719건으로 게시된 자료 중 가장 많았다. 또 10월 14일 다시 검색해보았을 때의 조회수는 3,125건으로 지난 두 달 남짓한 기간에 약 1,400건이 증가한 것으로 나타났다. 이같은 결과는 도민들이나 여타 지역의 네티즌들에게 관심을 끌 만한 공공정보들을 간단한 내용설명과 더불어 최근 것까지 내실있게 제공하기만 한다면, 도민들의 도 홈페이지 방문은 물론이고 지역정보화를 활성화하는 하나의 계기가 될 수 있으리라는 전망을 가능케 한다.

7) 이를테면, 강원도는 1999년 1월 10일, 1998년 말 기준 도내 주민등록 인구가 1,552,667명이라고 집계한 바 있고, 1999년 10월 12일에는 1999년 9월 말 현재 도내 인구가 1,556,924명이라고 밝힌 바 있다(《강원일보》 1999. 1. 10; 《강원도민일보》 1999. 10. 13).

추진상황'이라는 항목 아래 200여 개의 지역관련 사업들에 대한 정보들을 제공하고 있기 때문에 우선 이를 잘 가다듬어갈 경우 메뉴 개선의 효과를 나름대로 기대해볼 수 있으리라고 본다.

강원도 시스템이 공공정보제공 매체로서의 기능을 제대로 수행하기 위해 요구되는 것은, 자체 생산하는 지역공공정보 외에 지역 내외의 다른 공공기관의 사이트들에서 창출·발신하는 정보들을 강원도 홈페이지에 연동시켜 효율적으로 제공하는 일이다. 강원도 시스템은 강원도의 대표적인 공공기관 홈페이지이기 때문에 강원도청에서 발신하는 공공정보 외에도 도민들이 필요로 할 만한 일체의 공공정보를 매개하는 데 있어서는 최고의 사이트가 되어야 한다고 보기 때문이다.

현재 강원도 시스템에서 연동 가능한 공공정보들은 주로 초기화면에서 찾아볼 수 있다. 필자의 1999년 10월 14일자 검색에 의하면, 초기화면의 좌측에는 '청정축산농장관리', '지방행정정보은행', '제2의 건국', '지역산품전자시장' 등이 있고, 우측에는 '강원도립대학', '강원인터넷대학', '강원개발연구원', '강원수주지원센터', '국제통상지원센터', '강원도농업기술원', '강원지방경찰청', '강원도교육청', '글로벌 인포넷 춘천', '사이버 관광 원주', '강원도 시·군 홈페이지', '전국자치단체사이트' 등의 항목이 위치해 있다. 이와 같이 지방행정정보은행, 강원도 시·군 홈페이지, 전국자치단체 사이트 등을 연동 메뉴로 포함하고 있음을 볼 때, 강원도 시스템에서는 꼭 필요한 공공기관의 메뉴들을 연동시키려 노력하고 있음을 알 수 있다. 하지만 여전히 보완해야 할 점들이 적지 않다. 만약 지금의 메뉴 구성체계처럼 초기화면에 공공기관들을 배치하고자 한다면 우선 강원도 이외 지역의 일반 공공기관 사이트와 강원도 내 공공기관 사이트로 대별하여 배치하는 것이 좋을 듯하다. 이럴 경우, 현재의 '청정축산농장관리'와 '지역산품전자시장'은 우측으로 그리고 '전국자치단체사이트'는 일단 좌측으로 옮겨야 할 것이다. 이와 함께 위의 분류 기준에 기초하여 좌·우측에 중요하다고 판단되는 일부 공공기관 사이트들을 추가할 필요가 있다고 본다. 예컨대, 현행 초기화면의 좌측에는 정부대표 홈페이지,[8] 국회 홈페이지, 대법원 홈페이지 등을 위치시키면 될 것이다. 도 홈페이지에서는 각 중앙부처와도 바로 접속하여 필요한 공공정보들을 제공받을 수 있어야 하기 때문이다. 또한 우측에는 강원대학교, 강원일보, 춘천MBC, 한림대 성심병원 등과 같은 교육·언론·의료 분야의 공공기관들을 연동시켜 둘 수 있을 것이다.

2) 지역산업육성 매체로서의 강원도 인터넷 도정종합안내 시스템

강원도청은 강원도 산업의 전체적인 발전방향을 수립하고 기초자치단체들에 의한 지역경제 활성화 노력을 견인하거나 뒷받침해주어야 할 행정주체다. 따라서 강원도청은 강원도의 지역경제적 특성에 기반한 산업정책의 기본 틀과 추진성과 및 향후전망 등에 관한 정보들을 소상하게 도내외에 알리고 유리한 사업환경을 조성함으로써 지역 업체의 육성과 지역 경쟁력의 제고에 주력해야 한다. 강원도 시스템을 검토할 때 주목해야 할 또 한 가지 측면은 바로 이러한 점이다. 인터넷 도 홈페이지가 지역산업을 육성하는 데 있어 유용한 정책적 수단이 될 수 있기 때문이다.

강원도는 『강원의 비전21』과 『강원도지역정보화기본계획』에서 '경제강원'을 실현키 위한 집중적인 육성대상 산업으로서 '농림수산업'과 '관광산업'을 지목한 바 있다. 강원도의 특유한 청정환경과 다양한 문화·관광자원의 잠재력을 고려해서 청정농수산물과 관광자원을 토대로 한 산업들을 도의 전략산업으로 채택한 것이다. 이는 다른 시도에 비해 제조업의 기반이 취약하고 서비스업이 영세하다는 지역적 특성에서 비롯된 것이기도 하다. 하지만 이러한 약점을 방치할 수만은 없는 만큼 강원도는 그 대안으로 변화하는 기업 거래환경(전자상거래)에 대응할 수 있도록 지역산품의 전자시장을 확대해나가고 도내 산업정보의 제공을 통한 홍보강화로 제조업체의 도내 유치를 촉진하기로 방침을 세웠다. 또 환경친화적이고 기술집약적인 지식기반산업으로서의 정보통신산업을 육성하기로 했다.

---

8) 현재의 강원도 시스템에도 정부대표 홈페이지가 소개되어 있다. 하지만 '전국자치단체 사이트' 메뉴의 여러 글 중 하나인 '중앙부처 및 유관기관 홈페이지'라는 제목 안에 들어 있기 때문에 소개 위치의 설정이 적절치 못하고 제대로 활용되기도 어렵다.

춘천의 멀티미디어 밸리, 원주의 정보통신산업 단지조성, 강릉의 에코파크(Echo-Park) 조성 등을 중심으로 한 정보통신산업의 육성방안이 그것이다(강원도, 1996a, 1996b, 1998a, 1998b). 그렇다면 이러한 측면에서의 관심들이 강원도 시스템에서는 어떻게 반영되어 있는가.

〈표 1〉의 메뉴들을 전체적으로 살펴볼 때, 강원도 시스템에는 아직까지도 '지역산업육성 매체로서의 도 홈페이지'라는 기능적 측면에서의 인식이 충분히 배어 있지 않다고 판단된다. 필자의 1999년 4월 21일 검색 때만 해도 있었던 '경제정보'라는 주메뉴가 없어졌을 뿐 아니라 『강원의 비전21』이나 『강원도지역정보화기본계획』에 나와 있는 바로 앞서 언급한 내용들에 대한 설명이나 소개도 없으며 그나마 '산업/경제정보'라고 할 만한 것들도 여기저기 흩어져 있는 실정이기 때문이다.

필자가 생각하는 개선방안을 정리해보면 다음과 같다. 우선, '산업/경제정보'라는 주메뉴를 신설[9]한 뒤 이 메뉴의 성격을 간략히 소개해둔다. 그 안에 '도내 산업/경제정보'와 '기타 산업/경제정보'의 두 가지 범주로 대별한 뒤 각각 세부 메뉴로 농림수산업정보, 광공업정보, 상업 및 기타 서비스업정보, 지식기반산업정보, 관광정보, 주요 경제동향, 주간 경제소식 등으로 나눈 뒤 가능한 한 최근의 정보와 자료들까지 공급하는 것이다. 그리고 지나간 정보들 중 중요한 것은 통계연보를 통해 언제든 내려받을 수 있도록 해두는 것이다. '도내 산업/경제정보'는 강원도에서 생산한 제반 정보를 공급하는 것이고 '기타 산업/경제정보'는 귀중한 경제정보들을 담고 있는 사이트들을 발굴하여 연동시키는 것을 말한다. 강원도 시스템의 현재 메뉴에서 '산업/경제정보'에 속할 만한 것으로는 '행정정보'의 하위 메뉴인 '농정삼림'과 '실업정보' 및 '국제협력', 초기화면의 '관광정보',

---

9) 다른 광역자치단체들을 보면 이미 '관광정보'와 함께 '산업/경제정보'를 주메뉴의 하나로 설정하여 부각시키고 있는 홈페이지들이 많다(〈부표 1〉 참조). 이와 같이 '산업/경제정보'를 주메뉴의 하나로 내세우면서도 '관광정보'와 나란히 위치시키는 경향이 지배적인데 강원도의 경우 필자는 전자의 메뉴 아래 후자를 포함시키는 방식이 더 적절하다고 본다. 관광산업도 농림수산업, 정보통신산업 등과 더불어 강원도에서 추진하고자 하는 역점사업의 하나이기 때문에 보다 광의의 개념인 '산업/경제정보'의 틀로 묶어 제시하는 것이 이해에 더 도움이 되리라고 생각되기 때문이다.

'전자시장', '축산물청정농장' 등을 들 수 있다(〈표 1〉 참조). 이러한 메뉴들도 앞서 필자가 제안한 분류 틀에 따라 자리를 새롭게 잡아 위치시키고 그 내용 자체도 분류·보완할 필요가 있다고 본다. 예컨대, 현재의 '농정삼림' 메뉴의 관련 사이트 가운데 농림부 홈페이지는 '도내 산업/경제정보'가 아닌 '기타 산업/경제정보'의 세부 메뉴 중 하나인 '농림수산업정보'에 포함시키고 농림수산정보센터나 농촌진흥청, 산림청 등의 홈페이지도 여기서 바로 접속할 수 있도록 보완하는 방식을 생각해볼 수 있다.

　하지만 필자의 개선분류 틀의 관점에서 볼 때, 현행 메뉴들을 재구성하거나 보완함으로써 해결될 수 있는 것들도 있지만 애초부터 빠져 있거나 부실한 정보들이 많다. 지역경제의 활성화를 위해서는 지식기반산업정보를 비롯한 강원도 산업체 전반에 관한 정보들이 필수적인데 이에 관한 정보들이 태부족이라는 점이 그 대표적인 실례다. 그렇다고 해서 강원도 시스템이 도의 산업체 정보를 전혀 제공하지 못하고 있다는 말은 아니다. 현행 메뉴 체계(〈표 1〉 참조)에는 '행정종합정보'의 재정경제 부분과 '통계연보' 등에 이와 관련된 정보들이 실려 있다. 하지만 그 내용을 살펴보면 문제점들이 적지 않다. 예컨대, 필자의 1999년 10월 15일 검색에 의하면, 불과 12개 항목의 기사로 구성된 '재정경제' 부분 중 '제조업 현황-통계' 항목에는 1986년부터 1996년까지의 통계만 제시되어 있었다.[10) 또 '재정경제' 부분에서 시·군별로 검색을 가능케 해놓은 '지역산업체' 항목은 산업체 구분이 산업기계·건축재료·기타의 세 가지로 구분되어 있고 내용도 빈약했다. 가령, 춘천의 경우, 앞의 세 가지 분류에 따라 소개되어

---

10)　이와 같이 현재의 도 홈페이지는 도내 산업체 현황과 관련된 최근의 자료들을 충분히 제공하지 못하고 있다는 문제점을 드러내고 있다. 이런 현상을 빚게 된 데에는 도에서 관련 정보들을 제대로 파악하지 못하고 있기 때문이기도 하겠지만 부분적으로는 도에서 취합해놓은 자료들을 충분히 활용하지 못하고 있기 때문이라고도 할 수 있다. 이를테면, 강원도청에서는 1998년 12월 말 기준으로 강원도 제조업체별 각종 현황을 전수 조사한 자료를 발간한 바 있다. 여기에는 18개 시·군별 업체명, 대표자, 소재지, 주생산품, 종업원수, 회사규모, 생산액, 전화연락처 등이 골고루 기재되어 있다(강원도, 1999). 따라서 이런 부류의 경제자료들이 요긴한 정보로 활용될 수 있도록 작성될 때마다 홈페이지에서 바로 보거나 내려받을 수 있도록 해둔다면 앞서 지적한 바와 같은 문제점들은 어느 정도 극복될 수 있을 것이다.

있는 산업체는 모두 27개에 불과했고 그나마 각각 사업체명, 전화번호, 생산품목 정도만 기재되어 있는 수준이었다.[11] 이러한 현상은 지역산업의 진흥에 도의 홈페이지를 적극 활용하겠다는 인식이 확고하지 못한 데서 비롯된 것이라고 볼 수 있다. 따라서 이러한 문제점들을 보완하는 방법은, 지식기반산업을 포함하여 제반 산업체의 분류방법을 체계화하고 이에 입각해 강원도청에서 취합·보유하고 있는 산업체 정보들을 도 홈페이지에 적극적으로 게시하고 도내 주요 시·군에서 파악하고 있는 구체적인 각종 산업체 정보나 통계자료들을 함께 연동시켜 둠으로써 도민들이 '산업/경제정보' 메뉴에서 이를 쉽게 바로 찾아볼 수 있도록 개선하는 것이다.

3) 의사소통 매체로서의 강원도 인터넷 도정종합안내 시스템

강원도와 도민의 두 가지 축을 놓고 있을 수 있는 의사소통의 유형을 생각해보면, '강원도와 도민 간의 의사소통', '도민 상호간의 의사소통', '강원도 공무원 상호간의 의사소통'이라는 세 가지 형태를 들 수 있을 것이다. 도 홈페이지를 통해 우리가 그 실태를 확인해볼 수 있는 것은 이 중 앞의 두 가지 형태다.

강원도 시스템이 자치단체 홈페이지임을 상기해볼 때, 무엇보다도 먼저 관심을 갖게 되는 부분은 도와 도민 간의 의사소통 유형이다. 도정의 최고책임자인 도지사, 도 행정관료, 도 의회의원 등을 상대로 도민들은 도 홈페이지를 통해 정책건의로부터 민원상담에 이르기까지 다양한 형태의

---

11) '재정경제' 메뉴에는 현재로서는 '지식기반산업'과 관련된 기사 항목이 아예 없다. 앞서도 살펴보았듯이 강원도가 『강원의 비전21』과 『강원도지역정보화기본계획』에서 지식기반산업으로서의 정보통신산업을 육성하겠다는 의지를 밝혔으면서도 실질적으로는 홈페이지의 관련 메뉴에 이에 관한 항목조차 마련치 않음으로써 기초 통계자료나 정보를 원천적으로 제공하지 못하고 있는 것이다. 이것은 기본적으로 인터넷 도 홈페이지의 기능에 대한 마인드 자체가 빈약한 데서 야기되는 현상이 아닌가 생각된다. 예시한 춘천 사례의 경우에도 '재정경제' 메뉴의 산업체 항목에 춘천시 홈페이지의 산업체관련 정보 부분을 연동시켜 둔다면 현재 홈페이지에 있는 정보들은 일단 충분히 확보될 수 있을 것이다.

의사소통을 시도할 수 있기 때문이다. 이러한 맥락에서 강원도 시스템의 현행 메뉴 체계(〈표 1〉 참조) 중 '도지사실', '강원도 소개'의 행정기구표, '행정정보'의 강원도 의회, '참여마당', '생활·민원'의 주요 전화번호 등의 메뉴 내용을 점검해보고자 한다.

1999년 9월 살펴본 도지사실 메뉴에 의하면, 세부 메뉴의 구성에 변화가 있었다. 1999년 2월 18일 개설되었다는 설명과 함께 설정되어 있던 '인터넷 대화방'과 '도민한마당'이라는 세부 메뉴가 사라져버린 것이다. 혹시 다른 곳으로 이동시켰나 하여 살펴보았더니 '도민한마당'은 '참여마당'이라는 메뉴의 세부 메뉴로 옮겨졌고 도지사와의 인터넷 대화방은 폐쇄된 상태였다. 도민과 도백(道伯) 간의 직접적인 대화통로를 도청 관계자들이 아예 없어버린 것이다. 잘만 운영하면[12] 도민들의 관심을 지속적으로 확대해갈 수 있을 것으로 전망되었던 도지사와의 인터넷 대화방을 몇 달도 지나지 않아 문을 닫은 것은 도정의 민주적 운영이란 관점에서 볼 때 이전보다 퇴행한 측면이라고 평가할 수 있다. 따라서 인터넷 대화방의 성격을 좀더 분명하게 안내[13]한 뒤 되살리는 방향으로 개선해야 할 것이

---

12) 이 메뉴에 대한 도민들의 관심은 제법 컸던 데 비해 운영 자체는 그리 매끄럽지 못했던 것 같다. '참여마당' 안의 '도민한마당' 메뉴에 '도지사님 답변이 없어요?'라는 제목으로 응답을 못 받은 채 여전히 게시되어 있는 한 도민의 다음 글(글올린 날짜: '99. 5. 12)이 이를 잘 예시해준다. "진동리입니다. 도지사께 mail을 보냈는데 답변이 있다고 했는데 왜 답변이 없을까 기다립니다. 양양 양수발전소 주변에 관한 이야기인데 무엇 때문에 답변이 없나요? 도지사님도 본다고 생각하고 열심히 쓰는데 궁금합니다. 인제군 기린면 진동리의 적은 주민의 이야기를 정말로 읽고 있나요? 개인의 이야기보다 발전하여 국민의 이야기이므로 옳게 판단하여 도정에 임하심이 타당하리라 생각됩니다. 진동리에도 민박을 할 수 있으니 적은 국민의 소리를 경청하여 주시길 빕니다."

13) 도지사 인터넷 대화방을 개설할 당시에 운영자는 다음과 같은 안내문을 덧붙였다. "도지사 인터넷 대화방이 개설되었습니다. 도민생활에 직결된 민원이나 고충, 민원처리과정에서 불편하신 점, 도정발전을 위한 제안, 의견, 수범사례 등을 게재하여 주시기 바랍니다. 여기에 게재된 내용은 빠른 시일내에 처리결과를 회신하여 드리겠습니다…" 안내문에서 보듯, 도민들의 민원이나 도정발전 제안 등 모든 문제를 도지사와 직접 이야기할 수 있다고 밝힌 것이다. 이와 같이 도민이 도와 관련된 일체의 문제에 대해 지사와 함께 의견을 나눌 수 있는 환경을 조성할 수만 있다면 그것은 매우 바람직하다. 하지만 지사가 도의 모든 문제를 대상으로 도민들의 요구가 있을 때마다 개별적인 대화를 나눈다는 것은 현실적으로 불가능하다. 따라서 일반 민원 부서나 정책 입안 및 추진 부서에

다. 복원한 뒤에는 종전처럼 도지사실 메뉴 안에 두어도 좋고 아니면 현행 참여마당 메뉴에서 '도지사에게 바란다'라든가 '도지사와의 대화' 등과 같은 이름을 붙여 그 세부 메뉴로 위치시켜도 무방할 것이다.

　도민들과 행정관료들간의 의사소통이 어떻게 이루어지고 있는지 알아보기 위해 '강원도 소개' 메뉴에 있는 '행정기구표'와 '생활·민원'의 주요 전화번호 등을 살펴보기로 하자(〈표 1〉 참조). 1999년 5월 조사해보았을 당시에 행정기구표 메뉴에는 실·국·과·소방본부·사업소 등과 같이 도청 조직기구들의 명칭만 제시되어 있었을 뿐 해당 부서의 상세한 업무나 담당자 이름 및 전자우편주소 등은 명기되어 있지 않았다. 그런데 1999년 9월의 조사 때에도 상황은 마찬가지였다. 10월 10일 필자가 이를 재검색해 보았더니 이번에는 '강원도 소개' 메뉴에서 강원도 기구표 자체를 빼버렸음을 발견할 수 있었다. 1999년 9월 이후 주요 전화번호 메뉴의 내용을 통해 도의 기구표를 대체할 수 있다고 판단한 것 같다. 1999년 10월 10일자 검색에 따르면, 주요 전화번호 메뉴에 도내 기구들이 나열되어 있고 대개 과장급 이상의 경우에는 아직 바로 연결은 안되게 되어 있지만 그래도 전자우편주소를 기재해놓음으로써 진일보한 모습을 보여주고 있다. 하지만 도민과 행정실무관료들 간의 의사소통이라는 관점에서 보자면 이 또한 여전히 여러 가지 문제점을 지니고 있다고 평가할 수밖에 없다. 도의 기구 구성표를 없애버림으로써 도의 부서들을 일목요연하게 이해할 수 없게 만들어버려서 지금으로서는 도가 어떤 일을 하는지 제대로 짐작할 수도 없는 상태다. 또 부서별로 연락처만 있고 각 부서의 직무들을 명시하지 않고 있기 때문에 도민들이 궁금한 사항이나 도정을 위해 제안하

서 처리할 수 있는 것들은 해당 실·국·과에서 접수받아 서로 의견을 주고받으면서 해결할 수 있도록 도 홈페이지의 메뉴 체계 개선을 통해 조치하고 그러한 과정을 거친 연후에도 불분명하게 처리되었다고 판단되거나 꼭 지사와의 대화가 필요하다고 생각되는 것만을 도지사 인터넷 대화방에서 다루도록 안내했어야 할 것이다. 향후 어떤 형태로든 도지사 인터넷 대화방을 복원할 경우에도 이런 점을 고려하여 그 성격을 명확하게 안내해주어야 하리라고 본다. 그렇지 않을 경우, 도민들은 크고 작은 모든 일들을 도지사실과의 대화를 통해 해결하려는 생각을 갖기 쉽고 그 결과 폭주하는 도민들의 요구를 도지사실에서 일일이 답변해야 하는 사태가 빚어질 수도 있는 것이다.

고 싶은 정책제안들이 있다고 해도 이를 어떤 부서에 전달하고 의견을 나눌 수 있는지 알 길이 없게끔 구성되어 있는 것이다.

따라서 이에 대한 개선방안을 제시해보면 다음과 같다. 강원도 시스템에 도의 현행 구성 기구표를 다시 만든 뒤 부서별로 고유업무와 세부업무 및 담당자를 명시하고 이들 부서나 담당자와 직접적인 의사소통이 전화, 팩스, 전자우편14) 등의 여러 매체를 통해 쌍방향으로 바로 이루어질 수 있도록 이 부분의 메뉴를 전체적으로 재구성하는 것이다.

주민들의 삶의 질을 제고하기 위해서는 도정의 민주적 운영이 필수적이다. 이는 도정을 감시·견제하는 도의회가 제 기능을 올바로 감당할 때 이루어질 수 있음은 물론이다. 도의회 및 도의원과 도민들 간의 투명하고도 막힘 없는 의사소통에 대해 관심을 갖게 되는 것은 이러한 맥락에서이다. 시·공간적 제약의 탈피와 쌍방향성을 특징으로 하는 인터넷을 매개로 도민들과 의원들 간에 원만한 의사소통이 이루어진다면 도의회에 대한 감시와 견제가 가능해지고 그 결과는 도정에의 반영으로 이어질 수 있기 때문이다.

강원도 시스템에서 '강원도의회' 부분은 '행정정보'의 세부 메뉴 중 하나로 설정되어 있고, 의회기구표, 의회연혁, 의회활동, 위원회 소개, 의원 소개 등으로 구성되어 있다(〈표 1〉). 도 홈페이지를 통해 도의회와 도민 간의 원활한 의사소통이 가능해지기 위해서는 우선 도민들이 강원도 시스템의 도의회 메뉴에서 도의회의 조직구조, 의회 활동 상황, 의원 개인들의 신상이나 의정활동 및 접촉 방법 등을 충분히 알 수 있어야 한다. 이러한 측면에서 현행 도의회 메뉴를 점검해보면 다음과 같다.

---

14) 지방자치단체의 정보화 담당자들은 행정자치부를 상대로 여러 차례에 걸쳐 일반 직원들도 행정 서비스를 위해 전자우편주소를 가질 수 있도록 해줄 것을 요청했다고 한다. 행정자치부의 종전 지침은 통신망의 보안을 위해 과장급 이상에게만 전자우편주소를 주도록 하는 것이었기 때문이다. 그러던 행정자치부가 마침내 1999년 5월 31일 일반직원들도 전자우편주소를 가질 수 있도록 조치했다(《동아일보》 1999. 6. 30). 따라서 행정일선담당자들에게 전자우편주소를 부여하여 도민들과의 의사소통이나 행정서비스에 있어서의 효율성 제고를 도모할 것이냐의 문제는 이제 전적으로 지방자치단체의 의지와 결정에 달린 셈이다.

의회기구표, 의회연혁, 의회활동, 위원회 소개 등의 메뉴를 살펴보면, 각각에 대한 소개들이 1쪽 정도의 매우 짧은 분량으로 되어 있고 내용도 부실하다. 이를테면, 의회기구표와 위원회 소개의 경우, 위원회의 명칭과 위원 명단 등만 나와 있지 그 어느 곳에도 각 위원회의 역할에 대한 규정이나 그간의 위원회별 실제 활동상황에 대한 소개가 없다. 의회연혁 부분도 이전의 도의회가 어떤 의정활동을 전개했었는지에 대한 소개나 관련 자료들을 전혀 제공하지 못하고 있다.15) 의회활동 또한 10여 가지의 제목 아래 그저 한 줄에서 네다섯 줄 정도의 피상적 설명만 덧붙이고 있어 언제 어떤 활동이 어떻게 이루어졌는지 구체적인 의정활동자료를 이 메뉴에서는 얻을 길이 없다. 예컨대, '연구·노력하는 의원 풍토 조성'이라는 표제 아래 '자치발전을 위한 의원세미나, 포럼 개최', '의원전문성 제고를 위한 연찬회·설명회 개최'라는 두 가지 항목을 기록해놓았지만 언제, 어디서, 어떤 주제로, 어떤 식의 연찬회나 세미나 또는 포럼이 실시되었는지 또 그 결과물은 어떤 것이었는지 등에 대한 구체적인 내용이 하나도 없다. 말하자면, 연구·노력하는 의원 풍토 조성을 위해 추진되었다는 연찬회나 포럼이 대체 어떤 것이었는지, 또 그러한 것들이 소기의 목적을 달성했다고 볼 수 있는지 도민들로서는 전혀 알 수 없는 것이다. 이러한 식이다보니 도의 의정활동에 관심이 있는 도민들이라 하더라도 도 홈페이지를 통해 관련 정보들을 공유할 수도 없고 의원들의 의정활동을 평가할 수 있는 객관적 자료도 확보할 수 없는 것이다. 이러한 점들이 도민과 도의원 간의 의미있는 의사소통의 활성화를 가로막는 장애물이 되리라는 것은 재론의 여지가 없다.

'의원 소개' 항목에는 의원의 성명, 소속정당, 생년월일, 학력, 경력, 주소, 전화번호(자택, 사무실, 팩스, 핸드폰) 등에 관한 기초정보가 수록되어 있어 앞의 다른 항목들보다는 상대적으로 양호한 편이다. 하지만 여기에

---

15) '역대지방의원'에 대한 간략한 소개는 '강원도의회' 메뉴가 아닌 '행정종합정보'의 기획관리 부분에 게시되어 있어 홈페이지를 자세히 찾아보지 않으면 대부분의 네티즌들이 모르고 지나치게끔 되어 있어 개선이 요구된다. 즉, '강원도의회'의 세부 메뉴로 옮겨두는 것이 정보를 좀더 효율적으로 전달하는 방법이 될 것이다.

도 큰 문제점이 있다. 의원들 개개인의 의정활동 상황에 대한 정보들이 전혀 올라와 있지 않고 전자우편계정도 없기 때문에 인터넷 상에서 의원과 도민 간의 직접적인 의사소통이 불가능한 상태인 것이다. 현재로선 도의원과 도민 간에 인터넷을 매개로 한 의사소통이 전혀 이루어지지 않고 있다고 해도 과언이 아니다.

지금까지 지적한 문제점들은 도의회 메뉴를 구성함에 있어 인터넷 홈페이지를 매개로 도민들의 적극적인 의정참여를 유도하려는 분명한 문제의식이 결여되어 있는 데서 비롯된 것으로 보인다. 따라서 이 점에 대한 인식을 토대로 도의회 메뉴를 재구성해야 할 것이다. 우선, 메뉴의 구성체계 면에서 보면 도의회의 비중을 감안하여 지금처럼 행정정보의 세부 메뉴 중 하나로 위치시킬 것이 아니라 이전과 같이 별도의 주메뉴로(김원동, 1999a) 재설정해야 하리라고 본다. 그 세부내용을 짤 때에는 도민과 의원 간의 의사소통을 활성화시킬 수 있는 충분한 의정관련 정보와 자료들을 게시하고 전자우편과 전자게시판 기능을 충분히 살림으로써 의원과 도민 간의 신속하고도 투명한 의사소통이 지속적으로 이루어질 수 있도록 해야 할 것이다.

도와 도민 간의 의사소통 못지 않게 중요한 것이 도민 상호간의 의사소통이다. 도청으로서는 도 홈페이지를 통해 지역사회와 일상생활의 제반 문제를 놓고 도민들이 서로 의견을 나누고 도움을 주고받을 수 있는 장(場)을 마련하는 데 의당 신경을 써야 한다. 이를 위해 강원도 시스템에서는 '참여마당'을 열어놓고 있다. 그런데 그 내용을 들여다보면, 참여마당의 개설의의가 명시되어 있지 않을 뿐 아니라 세부 메뉴들도 성격이 분명치 않다는 문제점을 안고 있다. 참여마당의 첫 화면을 비롯하여 세부 메뉴인 방명록, 도민한마당, 제안한마디, 홈페이지 홍보 등 어디에도 어떤 의도로 해당 메뉴를 만들었는지에 대한 안내나 설명이 없어 네티즌들이 그 성격을 알 수 없는 상태다. 그러다 보니 유사한 부류의 글들이 방명록, 도민한마당 및 제안한마디 등의 메뉴에 이러저리 뒤섞여 있다. 그나마 이들 메뉴에 올라와 있는 글의 숫자를 근거로 생각해보면 도민들의 참여도 저조하다고 볼 수밖에 없다. 가령, 필자의 검색에 의하면, 1999년 4월 9일부터 8월 7일까지 도민한마당에 게시된 글은 도청관계자의 답변까지 포함해서 모두 55건이었다. 이틀에 평균 1건 정도의 글이 게시된 셈이다. 하지만 이 메뉴의 전망이 그렇게 어둡지만은 않은 듯하다. 게시되어 있는 글의 숫자는 적지만 그 글들의 내용과 조회 건수를 눈여겨보면 메뉴 체계를 좀더 짜임새 있게 새롭게 재편하여 운영에 신경을 쓸 경우 도민들간의 원숙한 의사소통의 장으로 발전해갈 수 있을 만한 조짐16)을 엿볼 수 있기 때문이다. 예컨대, 참여마당의 세부 범주를 네티즌들의 강원도 홈페이지 방문소감을 기록하도록 하는 '방명록', 도민들의 정책제안을 받고 그 처리 결과를 알려주는 '도민 정책제안과 관계자 답변',17) 도민 상호간의 의사

---

16) 이를테면, '도민한마당'에서는 구체적인 근거제시 없이 특정한 교사를 이름까지 거명하며 비방하는 글이 올라오자 이를 읽은 한 도민이 비판자의 경솔한 언동을 지적해주는 글을 올린 것을 볼 수 있다. 이와 같은 부류의 글은 도 홈페이지가 도민들의 자정적(自淨的) 노력에 기초한 원만한 의사소통의 장이 될 수 있음을 시사해준다. 또 서로간에 의견을 주고받은 사례는 아니지만 관심을 끌 만한 제목의 글들에 대한 조회횟수가 꽤 많다는 점도 유의해 볼 만하다. 가령, 필자가 1999년 8월 7일 검색해본 바에 의하면, '엑스포 표 강매'(등록일 '99. 7. 19)는 126회, '의견제출'(등록일 '99. 5. 17)은 258회의 조회 건수를 보여주고 있다. 결국 이러한 것들은 해당 메뉴의 성격을 분명하게 규정해주면서 도민들의 적극적인 참여를 유도한다면 이 메뉴를 통한 의사소통이 얼마든지 활성화될 수 있으리라는 전망을 가능케 해준다.

17) 도민의 정책제안 부분에서는 그저 막연하게 도민들 쪽에서의 정책제안을 구하는 장(場)만을 둘 것이 아니라 도청 쪽에서 도의 주요 현안들을 선별하여 제시한 뒤 도민들의 아이디어를 구하는 방식의 정책마당도 함께 마련하는 것이 필요하다고 본다. 이런 성격의 장이 마련될 경우, 이를테면, 영월 동감댐 건설문제, 폐광지역 카지노 문제, 수도권의 관광지 개발 규제완화 문제, 고압송전 철탑과 변전소 건설 문제 등과 같은 현안들에 대한 도민들의 관심을 환기시키고 실제로 이들의 의견을 모아 정책에 반영할 수 있는 좋은 계기가 될 수 있을 것이기 때문이다. 물론 이런 장의 마련만으로 문제가 모두 해결되는 것은 아니다. 도민들의 충분한 참여를 유도할 수 있는 방안이 마련되어야 소기의 성과를 기대할 수 있기 때문이다. 따라서 도청으로서는 그러한 현안들을 게시할 때 도의 기본입장이라든가 관련된 문제에 대한 간략하면서도 압축된 설명 또는 유용한 관련 사이트, 진행과정 및 처리결과 등을 짜임새 있게 제시하고 지속적으로 갱신해나감으로써 살아 있는 공론의 장이 될 수 있도록 세심한 신경을 써야 할 것이다. 실제로 이런 장이 제대로 운영되기만 한다면, 도와 도민 간의 의사소통뿐 아니라 해당 쟁점을 중심으로 도민 상호간의 의사소통도 더욱 활기를 띠게 될 것이다. 현재의 도 홈페이지에도 '도지사실' 메뉴의 '보도자료' 항목에 지역 현안들에 대한 기사들이 들어 있긴 하나 도민들이 쉽게 찾기도 어려울 뿐 아니라 많은 기사들에 파묻혀 있어 주요 현안을 잘 파악할 수 없다는 문제점이 있다. 따라서 필자는 앞서 언급한 방식의 대안 수용을 적극 검토해보

소통을 위한 '도민 대화의 장' 등으로 구체화한다면 세번째의 메뉴를 통해 도민들간의 의사소통을 활발하게 유도할 수 있을 것이다.

4. 맺음말

지역정보화는 정부와 민간 부문의 상호분업과 긴밀한 협력체계 아래 추진되어야 소기의 목적을 달성할 수 있다. 이러한 점에서 볼 때, 지역사회의 정보화를 위해서는 지역정보화의 추진주체 중 하나인 지방자치단체에게도 일정한 역할수행이 기대된다고 할 수 있다. 지방자치단체는 지역의 장기적인 발전목표와 정보화정책을 수립하고 효율적인 실천 전략과 방법을 동원함으로써 이를 실현하고자 하는 행정기관이기 때문이다. 이 과정에서 최근 관심을 끌고 있는 것이 인터넷이다. 정보사회로의 구조적 전환에 가속도가 붙으면서 우리의 지방자치단체들도 인터넷을 지역사회의 발전을 위한 유용한 도구로 활용하기 시작한 것이다. 지방자치단체 인터넷 홈페이지의 양적 증가추이와 지속적인 보완작업들이 이러한 판단을 뒷받침해준다. 지방자치단체의 인터넷 홈페이지를 통한 지역정보화에 주목하게 되는 것은 바로 이러한 맥락에서다.

하지만 지방자치단체의 인터넷 홈페이지를 매개로 한 지역정보화가 전체적으로 얼마나 성과를 거두고 있는지에 대해 지금으로선 명확한 평가를 내리기 어렵다. 여기에는 물론 여러 가지 원인이 있겠지만 필자는 이 글에서 그 주된 원인이 다음의 두 가지 측면에 있음을 지적하고자 했다. 우선, 지방자치단체의 홈페이지가 어떤 기능을 수행해야 하는지에 대한 진지한 성찰이 부족하다는 것이다. 다시 말해서 대다수의 지방자치단체들이 자체의 인터넷 홈페이지를 개설하기에 앞서 홈페이지 개설목적에 대해 깊이 있게 고민하지 않고 있다는 것이다. 이렇듯 홈페이지의 개설목적에 대한 활발한 토의와 입장정리가 선행되지 않은 상태에서 홈페이지를

아야 하리라고 본다.

구축·운영하다보니까 홈페이지를 개선하려는 지속적인 노력들이 있음에도 불구하고 체계적인 메뉴 구성과 견실한 세부내용 확보에 있어 여전히 미진한 점이 많은 것이다. 또 다른 이유는 지방자치단체들이 홈페이지를 구축하는 데만 급급했지 이를 객관적으로 평가하여 그 결과를 홈페이지 구성에 반영하려는 작업에는 매우 소극적이라는 점이다. 매년 여러 기관들을 통해 적지 않은 정보화 프로젝트들이 발주됨에도 불구하고 지방자치단체들의 홈페이지를 구체적으로 평가·보완하고자 하는 사례연구나 정책과제들은 거의 찾아볼 수 없다. 이러한 사실들은 지방자치단체의 인터넷 홈페이지를 객관적으로 평가할 수 있는 평가기준을 확립하고, 그에 기초하여 개별 지방자치단체들의 홈페이지를 지속적으로 평가·보완해가는 작업이 시급함을 시사해준다.

이러한 문제의식 아래 필자는 이 글에서 지방자치단체의 인터넷 홈페이지가 수행해야 할 기능문제에 대해 생각해보았고, 그 기준에 입각하여 지방자치단체의 홈페이지들 중 강원도 홈페이지에 대한 사례연구를 시도하였다.

이같은 사례연구의 필요성을 강조함과 더불어 필자는 끝으로 지방자치단체의 홈페이지를 통한 지역정보화의 구현을 위해 다음 두 가지의 구체적 제안을 덧붙이고자 한다. 그 중 하나는 지역의 전문가들에 의한 지방자치단체 홈페이지의 모니터링을 정례화하자는 것이다. 예컨대, 지역사회의 사정에 밝은 정보화 전문가집단을 중심으로 분기별로 홈페이지 관련 정책토론회나 집담회를 개최하고 그 결과를 자치단체의 홈페이지에 공개하며 실제로 토의결과를 홈페이지의 보완작업에 적극 반영해가자는 것이다. 또 다른 하나는 학생이나 시민운동단체들에 의한 지방자치단체 홈페이지의 모니터링 제도화 방안을 강구해보자는 것이다. 즉, 가능한 한 모든 지역에서 정보화와 관련된 자연과학·공학·사회과학 분야의 학과 강의나 학생동아리 활동의 하나로 이 작업을 수행한다거나 시민운동단체의 운동의제의 하나로 이를 추진하고 그 결과를 위와 동일한 방식으로 활용해보자는 것이다. 이러한 방식들의 정착은 지방자치단체의 홈페이지 모니터링 작업을 계기로 학생, 전문가집단, 시민운동단체 등과 같은 지역사회의 다양한 집단들을 지역정보화에 폭넓게 참여하도록 유도하는 결과로 이어질 수 있을 것이다. 이와 같이 민간부문과의 유기적인 결합과 협력 아래 지방자치단체의 인터넷 홈페이지를 통한 지역정보화가 추진되어야 더욱 내실 있는 성과를 기대할 수 있는 것이다.

■ 참고문헌

강경근, 1999. 「지식정보사회를 위한 공공정보의 활용」, 《정보화로 가는 길》 제29호, 한국정보문화센터.
강원도, 1996a. 『강원의 비전21(기본구상)』.
______, 1996b. 『강원의 비전21(기본계획)』.
______, 1998a. 『강원도지역정보화기본계획: 1998-2010』.
______, 1998b. 『강원도지역정보화기본계획(요약본): 1998-2010』.
______, 1999. 『1999년 제조업체 현황』.
공공정보활용캠페인 운영본부, 1999. http://www.letsopen.or.kr.
권태환·조형제 편, 1997. 『정보사회의 이해』, 미래미디어.
김성국. 1997, 「사이버커뮤니티의 형성과 해방: 새로운 가능성을 찾아서」, 『사이버공동체의 발전방안』(한국사회학회 추계특별심포지엄).
김영삼, 1998a, 「자치단체의 홈페이지 활용실태와 개선」, 《지역정보화》 제4호, 행정자치부.
______, 1998b. 「지역정보화와 인터넷 활용－인터넷 시대의 지방자치단체의 정보정책」, http://www.lif.or.kr/1-2.html.
김원동, 1999a, 「사이버스페이스를 통한 지역발전의 모색－'강원도정 종합안내 시스템'을 중심으로－」, 『지역정보화와 지역발전』(1999년도 춘계 '지역사회학회' 학술대회 발표문).
______, 1999b, 「지방자치단체의 인터넷을 통한 지역발전의 모색－'춘천시넷' 사례 연구」, 유재천 외, 『가상정보공간을 통한 지역개발 활성화 전략 연구』(아산사회복지사업재단 연구보고서).
김원동·손연기, 1998. 「한국의 지역정보화정책－추진 체계와 목표 및 정책방향을 중심으로－」, 한국언론학회·한국사회학회 엮음, 『정보화시대의 미디어와 문화』, 세계사.

김태근, 1998. 「인터넷 구축·운영경험과 시사점—경기넷을 중심으로—」, http://www.lif.or.kr/soc/1-2.html.

김형민, 1997. 「지역정보 웹 사이트의 효과적인 구축 방안—지방자치단체를 중심으로—」, 《정보화동향》 제4권 9호, 한국전산원.

김효석, 1999. 「공공정보 활용과 지식정보사회」, 《정보화로 가는 길》 제29호, 한국정보문화센터.

류승호, 1999. 「인터넷을 이용한 지방행정서비스 개선방향」, 《지역정보화》 제4호, 행정자치부.

박재규, 1999. 「전주 소프트웨어 지원센터와 지역발전」, 『지역정보화와 지역발전』(1999년도 춘계 '지역사회학회' 학술대회 발표문).

박준식, 1998. 「정보기술의 발전」, 정보사회학회 편, 『정보사회의 이해』(개정판), 나남.

______, 1999. 「가상공동체 출현의 사회적 조건과 지역 발전: 이론과 외국 사례」, 유재천 외, 『가상정보공간을 통한 지역개발 활성화 전략 연구』(아산사회복지사업재단 연구보고서).

법제처, 1999.(검색연도), 「공공기관의 정보공개에 관한 법률」, http://152.99.1.35:8181/cgi-bin/glaw3/...wk=LAB&HYPstr=000340999999999919961231.

이시화, 1999. 「지역정보화의 자리매김—경남 사례를 중심으로—」, 『지역정보화와 지역발전』(1999년도 춘계 '지역사회학회' 학술대회 발표문).

장원호, 1999. 「서울 지역정보화 사례 발표: 구청 홈페이지 비교」, 『지역정보화와 지역발전』(1999년 춘계 '지역사회학회' 학술대회), 지역사회학회.

정건수, 1999. 「공공정보에 대한 국민수요 높아」, 《정보화로 가는 길》 제29호, 한국정보문화센터.

최종욱, 1998. 「인터넷이 자치문화를 바꾼다」, 《지역정보화》 제4호, 행정자치부.

최태룡, 1999. 「정보화와 지역발전 : 진주시의 사례」, 『지역정보화와 지역발전』(1999년 춘계 '지역사회학회' 학술대회), 지역사회학회.

한상진, 1996. 「지역사회 정보망을 통한 공동체의 형성: 가능성과 과제」, 『정보통신기술발달과 현대사회』(1996년 한국사회학회 추계특별심포지엄), 한국사회학회.

______, 1999. 「지역정보화 계획의 지역별 특성과 문제점」, 『지역정보화와

지역발전』(1999년 춘계 '지역사회학회' 학술대회), 지역사회학회.

Garson, David, 1999. "Information Technology and Computer Applications in Public Administration: Issues and Trends"(류영달·김석주·오강탁·윤성이, 1999, 「행정에 있어서의 정보기술과 컴퓨터 활용: 이슈와 동향(포커스)」, 《정보화동향분석》 통권 141호, 한국전산원).

Gualtier, Robert, 1998. "Impact of the Emerging Information Society on the Policy Development Process and Democratic Quality, OECD Publication Services"(윤성이 역, 1999. 「정보기술의 발달이 정부 정책결정과 민주주의 발전에 미치는 영향」, 《정보화동향분석》 통권 131호, 한국전산원).

Internet Advisory Committee, 1998. "Best Practices for Website Development," http://www.webtest.state.oh.us/bestpr/idx-all.atm.

《강원일보》 1999. 1. 10.

《강원도민일보》 1999. 10. 13.

《동아일보》 1999. 6. 28, 1999. 6. 30.

《중앙일보》 1999. 10. 8.

《한겨레신문》 1998. 6. 1.

<부표 1> 도청 홈페이지 메뉴 비교(검색일: 1999. 9. 4)

	주메뉴	세부메뉴
강원도	도지사실	프로필, 역점시책사업, 주요지시사항, 조례제정, 주요연설, 기자회견, 보도자료, 민원/고충접수
	강원도소개	주요시책, 강원도 상징물, 강원도 역사, 강원도 기구표, 행정구역, 공무원 정원, 홍보용 동영상, 역대 지사
	관광정보	
	행정정보	강원도의회, 여성정보, 실업정보, 법무정보, 국제협력, 환경정보, 농정산림, 민방위·소방, 제2의 건국
	행정자료실	행정종합정보, 관보, 자치법규, 통계연보, 공개자료실
	도정게시판	행정예고, 도정소식, 공지사항, 시험정보, 공시/고시, 인사발령
	생활민원	주민헌장, 규제개혁, 민원안내, 취미부업, 건강정보, 향토음식, 주요전화번호
	홍보마당	강원도 news, 지난호 보기
	첫 화면	강원도립대학, 강원인터넷대학, 강원개발연구원, 강원수주지원센터, 국제통상지원센터, 강원지방경찰청, 강원도교육청, 글로벌 인포넷 춘천, 전국자치단체사이트, cyber tour 강원도, 지역산품전자시장, 청정축산 농장관리, 지방행정정보은행, 제2의 건국, site map, 회원정보변경, 접속종료
경기도	산업/경제정보	금융지표, 기술정보, 금융/자금정보, 경영이론/기법, 경제정보, 인증정보, 중소기업관련법규, 공장설립안내, 경제정책, 전문용어사전, 지원시책, 지원기관, 활용가능 국/공유 재산안내
	무역/기업정보	경기무역뉴스, 무역진흥시책, 무역거래알선, 기업체검색, 상품전시관, 공장/유휴설비, 시험연구설비, 비즈니스상담, 창업정보, 입찰정보
	생활/문화정보	취업정보, 건강/의료, 교통정보, 법률정보, 부동산, 재테크, 사회복지시설, 세무정보, 교육마당, 소비자상담정보, 미아찾기, 인터넷전화번호부, 인터넷우편번호부, 가족홈페이지 수상자 갤러리
	여성정보	여성도우미, 여성일터, 여성법률, 행복한 우리집, 주부마당, 요리마당, 미용 및 패션, 알림판, 교육안내, 시/군소식, 단체 및 협회, 여성행정기관
	열린광장	경기행정 어떻습니까?, 공직자 부조리신고, 동호회, 청소년 상담, 인터넷 카드, 경기도에 바란다, 부정 불량식품 신고, 인터넷 채팅, 사이버 쉼터, 행정규제신고, 자유게시판, 우리마을소식, 인터넷 호출
	경기도관광정보	유형별 관광지 소개, 지역별 관광지소개, 패키지관광, 관광지도, 먹거리, 경기특산물, 뉴스&행사, 숙박, 링크페이지, 검색, 자료실, 게시판, 방명록
	사이버경기행정	경기도 소개, 경기도 자료실, 민원서비스, 해외자매결연기관, 도에서 하는 일, 사이버 위원회, 전화번호 안내
	경기넷도우미	사용자에게 알려드립니다, 경기넷 발전에 대한 의견을 주십시오, 마이 경기넷, 가입신청 및 안내, 경기넷 서비스안내, 경기넷 FAQ, 자료받기, 인터넷 수첩
	추천사이트	추천사이트, 산업정보검색
	경기뉴스	요즘 경기도는, 행정알림, 경제/세계, 건설/교통, 복지/환경, 시군소식, 교육, 농어촌, 생활정보, 문화예술, 공고 및 고시, 주택분양, 공무원채용공고
	경기도지사와 의 만남	신년사, 공무원 부조리 신고, 연설문 목록, 도지사에게 바란다
	경기도 의회	경기도의회, 도의회소식, 도의회의원, 민원서비스, 입법정보서비스, 의회사무처, 자료실/편집실
	첫 화면	가입안내, 사이트 맵, 전자우편, 마이경기넷, 인터넷 수첩, 인터넷 채팅, 지방행정정보은행

	주메뉴	세부메뉴
경상남도	열린도지사실	인사말, 프로필, 취임사, 역대 도지사, 도지사 동정, 도지사에게 바란다
	사이버도정	유래와 연혁, 상징물, 자연환경, 경남의 변천사, 행정기구 및 사무분장, 행정기관 전화번호, 시군현황, 해외결연도시, 통계현황, 1999년 경남도정
	의회소식	의회, 의회현황, 의사일정, 의회에 바란다
	경남여행	경남100경, 추천코스, 관광 서비스, 지역별행사, 문화재, 민속문화/예술, 향토먹거리, 포토갤러리
	행정정보	공보감사, 기획관리, 행정지원, 경제통상, 농수산, 환경보건, 건설도시, 문화관광, 사회복지여성, 소방본부, 공무원교육원, 보건환경연구원
	알찬생활	행사공연안내, 의료상담, 지방세안내, 전화번호안내, 알뜰생활정보, 문화캘린더, 날씨와세상, 전기이야기, 소비자보호원
	인터넷민원실	민원사무안내, FAX민원안내, 민원상담실, 여권안내, 행정정보공개제도
	통상프라자	투자안내, 공단분양안내, 경남추천상품, 중고기계알선, 해외세일즈 외교, (주)경남무역, 업체상품정보
	열린마당	아이디어공모, 공무원친절/불친절신고센터, 소비자고발센터, 현장의소리, 환경신문고, 공무원부조리신고, 규제개혁신고센터, 도민무료광고판, 홈페이지에 대한 의견, 방명록
	추천사이트	경남도관련, 정부/공공기관, 뉴스/언론, 교육/학습/연구기관, 컴퓨터/인터넷, 건강/의료기관, 문화/예술, 여행/레저/스포츠, 생활/쇼핑
	첫화면	법무행정종합정보시스템, 경남도청신문, E-Mail, 경남광장, Search, 경남의 심벌마크, 경남사랑 나라사랑, 한국국제기계박람회, 영호남 화합을 위한 여울마당, 경남취업정보, 지방행정정보은행
경상북도	도지사인사	도지사소개, 인사말
	경북소개	일반현황, 경북지도, 경북조직도, 기초자치단체, 주요통계, 공무원교육원, 행정구역 현황 및 시군청주소
	도의회	의장인사, 의회안내, 의회소식, 공지사항, 회의록, 도민의 방, E-Mail
	관광안내	관광코스, 지역별안내, 주제별 관광, 지역이벤트, 관광서비스, 지역특산물, Hot News, Q&A
	문화재검색	가나다순으로 찾기, 검색엔진
	산업/경제	99 중소기업지원제도 안내, 경북의 5일장
	열린경북	경상북도에 바란다, 도지사에게 바란다, 공직자비리신고센터, 경북 규제개혁위원회, 규제개혁신고센터, 규제개혁자료실
	21세기비전	기본구상, 4대권역별 사업실천, 13대 중점프로젝트, 경북의 2005년
	첫화면	타기관 연결, 경상북도 농어민 홈페이지, 제2의 건국, 전설,설화, 도정게시판, 도정신문, 경북여성정책개발원, 지방행정정보은행
전라남도	전라남도소개	일반현황, 도정안내, 시군소개, 주요통계
	전라남도의회	의회안내, 의회24시, 의회소개, 의회에게 바란다
	비전전남	연간주요시책, 전라남도 투자안내, 50대 도정과제
	열린광장	도지사에게 바란다, 게시판, 자유발언대, 공무원비리신고방, 여성의 메아리, 규제개혁신고센터, 주제토론장, 사고/팔고, 구인/구직, 전문가를 찾습니다, 기업탐방, 수출상품소개, 지역특산품 소개
	Business 전남	기업탐방, 수출상품소개, 지역특산품 소개
	제2의 건국	제2의 건국이란, 제2의 건국 중점과제, 알림방, 도민참여마당, 자료실, 신지식인 소개
	관광전남	볼거리목록, 먹거리목록, 즐길거리 목록, 관광축제 목록, 문화유산목록, 관광정보목록

	주메뉴	세부메뉴
전남	재택민원	전자민원처리, 민원상담, 생활민원안내, 행정정보공개목록, 민원사무편람
	정보사냥	Web 검색엔진, 관광서, 도서관, 미술관, 박물관, 전남시/군 site, 문화/언론, 예술/풍습, 여성/청소년
전라북도	도정메뉴 인터넷여행	정부기관, 자치단체, 시/군사이트, 전북지역, 교육기관, 연구소, 비영리기관
	행정정보	새소식, 공지사항, 공고/고시, 도정게시판, 시험안내, 행사/공연소식, 홍보마당, Y2K정보센터, 행정조직/전화번호, 행정구역
	열린광장	민원안내, 전자민원신청, 자유발언대, 민원상담 Q&A, 제2건국, 여론조사, 행정규제신고센터, 구인/구직
	도정소개	인사말, 도지사에게 바란다, 기본현황, 도정방향, 역대도지사
	도의회	의회에 바란다, 기본현황, 국회의원, 도의회의원, 의정소식, 역대국회의원, 도의원
	여성/생활	열린여성, 전북여성차별신고센터, 생활/건강, 의료기관안내, 교통정보, 사회/복지, 재난관리정보
	통계/법규	조례/규칙, 훈령/예규, 자치법규, 통계로 본 전북, 전북통계
	산업/투자	수출종합안내, 지역경제동향, 투자유치안내, 취업안내, 중소기업 홍보
	상품/시장	내고장산품
	국제교류	서예비엔날레, F1그랑프리, 2002년 월드컵, 동계올림픽, 국제경기/행사결과
	BBS메뉴 서비스이용	회원가입, 회원정보변경, 회원탈퇴, 회원찾기, 이용안내, 현사용자보기, 운영자에게 편지쓰기
	전자우편	편지읽기, 편지쓰기, 편지보관함, 보낸편지 확인, 개인주소록, 메모보내기, 보낸메모확인, 운영자에게 편지쓰기
	전자게시판	민원상담 Q&A, 21세기 재테크, 아무 이야기나 편하게, 가볼만한 사이트를 소개합니다
	자료실	인터넷관련자료실, 인터넷강좌자료실, 이미지관련자료실, 게임관련자료실, 백신관련자료실, 긴급조달자료게시판
	동호회	동호회 이용안내, 동호회 개설안내, 동호회 운영자코너, 산사랑, 한사모
	정보제공자관리	게시물 관리, 게시 형식 관리, 이용 통계, 관리자 정보 수정, 정보제공자 신청, 답변게시판 관리
	운영관리	회원정보관리, 운영자 전자우편 관리, 운영자 답변자 관리, 운영자 광고관리자, 운영자 동호회 관리, 운영자 설문등록자 관리, 운영자 민원신청 관리, 통계관리
	대화방	대화방, 접속종료
제주도	제주안내	상징물, 역사/자연환경, 행정구역 및 인구현황
	관광지	제주관광안내지도, 유형별 안내, 권역별 안내
	숙박	특급 관광호텔/콘도, 관광호텔, 일반호텔, 여관, 민박, 청소년 수련원
	문화	문화재안내, 제주의 전설, 민속/풍물, 사투리탐방
	음식	향토음식, 향토음식점, 모범음식점, 활어회전문점, 전문관광식당업
	교통/여행사	항공사안내, 선박안내, 여행사안내, 차량안내, 지도보기
	쇼핑	특산품, 관광기념품, 면세점, 중앙지하아케이드
	레저/스포츠	육상 레저/스포츠, 해상 레저/스포츠, 공중 레저/스포츠
	행사	이달의 문화행사, 축제/문화행사, 국제행사
	도우미	주요기관전화번호, 종합병원, 세계시차표, 공지사항, 방명록, 불편신고접수, 기상안내

	주메뉴	세부메뉴
제주	첫화면	제주의 오름탐방, 제주종합정보망, 제주대학교, 제주국제컨벤션센터, 제주무역정보안내, 국내외/도내 웹사이트
충청남도	공지사항	공지사항, 공고공지
	충청남도소개	도지사환영사, 도지사연설문, 조직 및 업무, 도의 상징, 귀도리, 자연지리, 행정구역, 충남연혁, 관내지도
	충청남도의회	의정연혁, 의회연혁, 의회기구, 의회조직, 의회기능, 의회권한, 의회전화
	충남통계모습	인구 및 세대, 재정규모, 산업경제, 사회복지, 보건위생, 생활기반, 환경보건, 문화체육, 교육, 하루생활, 100년통계
	충남관광정보	관광명소, 전통풍물, 박물관/기념관, 레저/스포츠, 여행정보, 관광도우미, 관광마당, 관광기반
	자유게시판	충청남도에 바란다, 자유토론, 평등사랑방, 행정규제신고
	공개자료실	일반자료, 멀티미디어, 이미지, 일반문서, 낙서마당
	충남농정정보	농특산물, 농어촌특산제품, 관광휴양시설, 지역작목축제, 농축산물직판장, 농정지원기관, 농정마당, 생산자와의 만남, 도지사추천농특산물
	특산물 바로가기	
	국제협력정보	
	기업경제정보	
	생활문화정보	
	첫화면	도지사에게 바란다, 도민아이디어공모, 꽃박람회안내, 인터넷여행, 충남산업정보센터, Global Partnership, 우체국 전자쇼핑몰, 행정규제개혁, 친절서비스, 도지사연설문모음, 지방행정정보은행, 전국체육대회개최, Y2K ok, Cyber 캠퍼스, 정부전자우편센터, 청소년보호위원회, 제80회 인천 전국체육대회
충청북도	일반현황	연혁, 기본현황, 충북상징, 도청소개, 행정구역, 21C 충북, 주요기관/단체, 주요통계
	열린광장	충북도에 바란다, 공무원친절운동, 칭찬합시다, 게시판, 도정시책, 고시/공고, 조례/규칙공포, 월간도정소식, 열린세계, 구인/구직, 새소식, 공지사항, 공개자료실, 열린정보화교육장, 행정규제신고센터
	문화관광	문화재, 관광명소, 도로/교통, 인물/민요/전설, 충북민담, 문화공간, 향토축제, 향토음식/숙박, 보호수, 한국관광
	산업정보	중소기업, 충북 벤처기업, 농업, 청주미디어밸리, 기술진흥정보
	국제통상 지원센터	국제통상안내, 지역상품안내
	생활정보	사회복지시설, 날씨, 병원안내, 민원, 출향인사, 화생방방호요령, 집짓기 도면안내, 전화번호찾기, 향토민물고기
	함께하는 충북여성	
	첫화면	환영합니다, 지리안내, PC통신, 지방행정정보은행, 충북지역생산품유통시스템, 충청북도의회, 국제공예비엔날레, 향토민물고기, 제2의 건국

서울시 지방전자정부[1] 구현실태
―각 구청 홈페이지 비교를 중심으로―

장원호
(서울시립대학교 도시사회학과)

1. 머리말

지역정보화란 지역 정보통신 네트워크를 통하여 지역공동체 시민들이 필요한 정보를 효율적·효과적으로 제공받고, 더 나아가 시민 상호간의 원활한 전자적 의사전달체계를 갖추어, 지역공동체의 소통성을 높이는 것이라 할 수 있다. 이러한 지역정보화를 위해서는 여러 요소들의 균형있는 발달이 필요하다. 예를 들어, 그 지역의 정보통신 하드웨어적 기반확충, 지역 시민들의 정보마인드와 정보활동의 증가, 지역 내의 정보네트워크의 형성 등이 지역정보화를 위한 중요한 요소라고 할 수 있다. 하지만 이러한 지역정보화는 한 개인이나 단체에 위해 이루어지는 것이라기보다는 그 지역 내의 지방정부와 시민사회의 모든 영역의 변화에 의해 이루어진다. 즉, 지방정부는 전자정부와 같은 제도적 장치를 마련하고 시민사회는 보다 높은 참여로 전자정부를 활성화시킴으로써 지역정보화의 향상을 가져올 수 있을 것이다.

---

[1] 지방전자정부는 전자정부의 개념을 기초·광역자치체와 같은 지방정부에 적용시킨 것이다. 실제로 전자정부가 정보화를 통한 효율성·서비스 제고, 정보 제공, 전자커뮤니케이션 증진 등을 의미하는 것이라면, 이것은 중앙정부보다 지방정부 차원에서 보다 빨리 달성될 수 있다는 것이 본 연구에서 지방전자정부라는 용어를 사용한 이유이기도 하다.

　본 연구는 서울시 지역정보화를 위한 지방정부의 역할을 각 구청의 전자정부 구현현황 분석을 통해 살펴보도록 하겠다. 여기서 서울시 광역자치체의 분석보다 25개 구 기초자치체를 분석하는 데에는 다음과 같은 이유가 있다. 먼저, 지역정보화가 지역공동체를 기반으로 공동체 내의 소통성의 증가를 목적으로 한다는 점에서, 서울시 전체를 하나의 지역공동체로 파악하고 그 소통성을 살펴보기에는 너무 광범위하다는 점이다. 또한, 광역자치체에 비해 기초자치제가 새로운 정책을 보다 유연하고 신속하게 결정·실행할 수 있다는 점에서, 지방전자정부는 오히려 기초자치체에서 보다 다양하고 발달된 형태를 볼 수 있다는 점도 본 연구에서 기초자치체를 분석한 이유라 하겠다. 이러한 점에서 본 연구에서는 서울시 25개 구의 홈페이지를 비교·분석함으로써, 서울시 지역정보화를 위하여 기초자치체인 각 구가 지방전자정부로서의 기능을 어느 정도 달성하고 있는지, 또한 현재의 지방전자정부의 문제점은 무엇인지 살펴보고자 한다.[2]

2. 서울시 25개 구의 지방전자정부 구현실태

　전자정부의 정의에 관해 학자들간에 다양한 의견이 있지만(윤형민, 1996; 송희준, 1996; 유평준, 1996), 본 연구에서는 전자정부가 대체로 세 가지 큰 기능을 수행하는 것으로 파악한다. 먼저 전자정부는 그 동안 실시해왔던 행정 서비스를 인터넷과 같은 전자통신 매체를 이용하여 보다 간편하고 효율적으로 제공하는 기능을 하여야 한다. 이것은 결국, 보다 적은 비용으로 보다 많은 서비스를 제공하는 행정부의 효율화와 행정개혁을 수반하게 된다. 두번째로 전자정부는 인터넷 등을 통하여 시민들에게 보다 다양하고 광범위한 정보를 제공하여 시민의 정보력을 높이는 기능을 담당해

---

2) 물론 홈페이지만이 전자정부 기능을 수행하는 것은 아니다. 미국이나 캐나다의 경우 키오스크(kiosk)의 활성화를 통하여 전자정부 기능의 일부를 수행하고 있다. 그러나 우리나라의 경우 전자정부 기능은 대부분 인터넷을 통해 수행되고 있으며, 그것은 홈페이지에 접속함으로써 이루어진다. 따라서 본 연구는 홈페이지 분석을 통해 서울시 지방전자정부의 현황을 살펴보았다.

〈표 1〉 행정서비스 전산화 부문의 각 구청 홈페이지 비교를 위한 평가내용과 기준

행정서비스의 전산화		
민원행정업무 전산화를 통한 대민서비스 제공 (민원업무의 one-stop 서비스화)		
① 단순민원	② 복합민원	③ 기타 신고센터
평가내용 증명, 확인, 신고 등 민원서류의 온라인 발급신청 가능 여부	전자게시판을 이용한 민원상담과 질의 및 처리 가능 여부	민원부조리 신고, 규제개혁 신고, 주민불편사항 신고 등의 특정 민원 창구 개설 여부
평가기준 • 민원서류 온라인 발급신청 가능: ○ 불가능: ×	• 민원상담만을 위한 전문 전담 게시판 있음: ★★★ • 차별화된 전담창구는 없으나, 민원상담이 주가 되는 게시판이 있음: ★★ • 자유게시판과 같이 사용함: ★	• 신고센터가 있으며, 신고 게시물 검색이 가능함: ★★★ • 신고센터가 있으나, e-mail 용으로 신고게시물 검색이 불가능: ★★ • 신고센터가 없음: ★

야 한다. 마지막으로 전자정부는 전자통신매체를 이용하여 정부의 영역과 시민사회의 영역 간의 전자 커뮤니케이션을 더욱 활성화시킴으로써 국가와 시민사회 간의 이해와 협동을 높이는 기능을 하여야 한다. 이러한 점에서, 본 연구에서는 위의 전자정부의 기능에 맞게 서울시 25개 구의 홈페이지를 ① 행정서비스의 전산화 ② 지역정보의 제공 ③ 구청-구민간 전자의사소통이라는 3개 부문으로 나누어 살펴보았다.[3]

1) 행정서비스의 전산화

행정서비스의 전산화는 민원행정업무의 전산화를 통한 빠르고 신속한 원스톱(one-stop) 대민 서비스 제공이라는 측면에서 분석하였다. 이를 위해서 단순민원, 복합민원, 기타 신고센터의 세 부분의 항목으로 나누어 구청 홈페이지 기능을 분석하였다. 단순민원은 주민등록, 출생신고 등과 같은 증명·확인·신고 등 정형화된 민원서류를 직접 구청이나 동사무소에 갈

---

3) 각 구청 홈페이지에 대한 분석은, 당시 홈페이지가 만들어지지 않았던 동작구청을 제외하고는, 1999년 5월 1일부터 5월 10일에 이루어졌다. 동작구청의 홈페이지는 1999년 7월에 분석하였다.

〈표 2〉 서울시 각 구청의 행정서비스의 전산화 정도[4]

기능 구청명	행정 서비스 전산화		
	① 민원서류	② 복합민원	③ 신고센터
강남구	O	★★★	★★
강동구	O	★★	★
강북구	O	★★★	★★
강서구	X	★	★
관악구	O	★★	★★
광진구	O	★★	★★★
구로구	X	★★	★
금천구	X	★	★
노원구	O	★	★★★
도봉구	O	★	★★
동대문구	O	★★	★★★
동작구	O	★	★★★
마포구	O	★★	★★
서대문구	O	★	★
서초구	X	★	★
성동구	X	★	★
성북구	O	★★	★★★
송파구	O	★★★	★★
양천구	O	★	★★
영등포구	X	★	★
용산구	O	★★★	★★
은평구	O	★	★★
종로구	X	★★	★
중 구	O	★★★	★★
중랑구	O	★	★★★

필요 없이 구청 홈페이지에서 발급을 신청할 수 있는지 여부를 살펴보았
다. 복합민원은 단순민원과 달리 다양한 구민의 애로사항을 상담할 수 있
는 게시판이 어느 정도 차별화·전문화되어 있는지를 살펴보았고, 기타 신
고센터는 민원부조리·규제개혁 등 특정 민원신고를 할 수 있는 창구의 유
무와 신고게시물 검색 여부를 통해 살펴보았다. 이상을 바탕으로 작성한
'행정서비스의 전산화' 부문의 항목별 평가 내용과 기준이 〈표 1〉에 제시
되어 있다.

　〈표 1〉의 평가기준에 의해 서울시 각 구청 홈페이지의 '행정서비스의
전산화' 부문을 평가한 결과가 〈표 2〉에 제시되어 있다.

---

4) 표를 만드는 데 도움을 준 남금민에게 감사한다.

〈표 2〉를 보면, 서울시 25개 구 중 7개 구(강서, 구로, 금천, 서초, 성동, 영등포, 종로)가 온라인을 통한 민원서류 신청이 불가능했고, 특정 민원신고센터도 개설되지 않은 것으로 나타났다. 그리고 7개 구 중 5개 구(강서, 금천, 서초, 성동, 영등포)의 홈페이지에서 전담 민원게시판이 없는 것으로 나타났다. 결국, 온라인을 통한 민원서류 신청이 불가능한 구일수록 다른 행정 서비스 또한 미흡한 것으로 나타난 것으로 볼 때, 서울시 각 구별로 행정서비스 전산화가 잘된 구와 그렇지 못한 구의 차이가 심하다고 할 수 있다.

〈표 2〉의 내용을 더욱 수량화하여 파악할 수 있게 본 연구에서는 행정서비스 전산화 지수를 만들어보았다. 지수는 100점을 만점으로 하되 아래와 같은 모델에 의하여 산출하였다.[5]

행정서비스 전산화 지수= 민원서류(O이면 민원서류=20, X면 민원서류=0)
    + 복합민원(★ =13.3, ★★=26.7, ★★★=40.0)
    + 신고센터(★ =13.3, ★★=26.7, ★★★=40.0)

위의 지수를 바탕으로 서울시 25개 구청 홈페이지의 행정서비스 전산화 정도를 나타낸 것이 〈그림 1〉이다.

〈그림 1〉에서 볼 수 있듯이 행정서비스 전산화 지수는, 그 점수가 20점대로부터 80점대까지 높은 산포도를 보이며 분포되어 있다. 80점대 이상에 8개 구(강남, 강북, 광진, 동대문, 성북, 송파, 용산, 중구)가 집중되어 있고, 20점대(21~30)에 5개 구(강서, 금천, 서초, 성동, 영등포)가, 70점대(71~80)에 5개 구(관악, 노원, 동작, 마포, 중랑구)가 속해 있다. 절반 이상인 13개 구가 60점대 이상의 점수를 기록하고 있어, 행정서비스의 전산화는 어느 정도 이루어지고 있음을 알 수 있으나, 약 1/3 정도가 30점대 이하의 수준

---

5) 본 논문에서 제시하는 지수는 기존 자료가 전무한 상태이기 때문에 필자의 이론적 시각에 의해 작성된 것이다. 따라서 필자의 자의적인 해석에 영향을 받을 소지가 있으나, 본 논문에서는 향후 각 지방정부 홈페이지의 평가를 위한 하나의 시론적 작업으로 제시하였다.

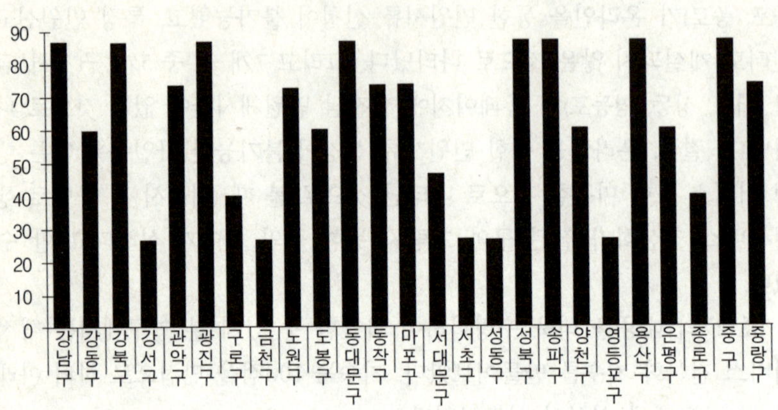

〈그림 1〉 각 구청별 행정전산화 정도

에 머물러 있어, 앞서 지적한 대로 행정서비스 전산화의 양극화 현상이 심한 것을 알 수 있다.

2) 지역정보의 제공

지역정보의 제공은 구청 홈페이지가 그 지역의 정보센터로서의 역할을 수행해야 한다는 점에서 살펴보았다. 먼저 정보를 일반정보·특수정보·생활정보·연계정보로 구분하여 각각의 영역에서 정보제공의 충실도 및 정보량을 살펴보았다. 일반정보는 정치·산업·문화·경제·지리·언론 등 그 지역 일반의 정보와 구정 운영에 관한 정보를 중심으로 그 내용의 상세함과 다양성 여부를 측정하였고, 특수정보는 지역고유의 특성을 살린 차별화된 지역정보를 제공하는지 여부를 평가하였다. 또한 생활정보는 지역주민을 위한 기업정보제공·취업알선·벼룩시장·교양강좌 개설 등과 같은 지역경제 활성화와 지역의 균형적인 발전의 도모, 지역주민 편익을 위한 정보를 얼마만큼 제공하고 있는지 분석하였고, 연계정보는 인터넷 이용자에게 유용한 웹사이트를 얼마나 다양하게 링크해주고 있는지 여부를 살펴보았다.

이상을 바탕으로 '지역정보의 제공' 부문에서의 항목별 평가내용과 기

〈표 3〉 지역정보 제공 부문의 각 구청 홈페이지 비교를 위한 평가내용과 기준

지역정보의 제공			
지역의 정보센터로서의 역할 수행			
① 일반정보	② 특수정보	③ 생활정보	④ 연계정보
평가 내용 정치·산업·문화·경제·지리·언론 등 지역 일반과 구정에 관한 정보 제공	지역의 특성에 따른 차별화 된 지역정보 제공	지역경제 활성화와 지역의 균형적인 발전 도모, 지역주민 편익을 위한 정보 제공	기타 지역 및 사회단체, 정부기관(기구), 분야별 유용한 웹 사이트 링크
평가 기준 • 분야별로 상세하고 다양한 정보 제공: ★★★ • 분야별로 대략적인 정보 제공: ★★ • 간략한 안내만 제공: ★	• 상세·다양하면서 타지역 주민에게도 유용한 정보의 수록: ★★★ • 어느 정도 활용가능한 특수정보 수록: ★★ • 지역특수정보 미약: ★	• 기업, 취업, 벼룩시장, 교양강좌 등의 정보가 풍부하게 제공: ★★★ • 구민의 활용이 어느 정도 유용한 만큼 제공: ★★ • 생활정보량이 미약: ★	• 다양한 분야별 웹 사이트가 풍부하게 링크되어 있음: ★★★ • 정부·공공기관 등 주요 웹 사이트 링크: ★★ • 일부 웹 사이트만 링크: ★

준을 작성한 것이 〈표 3〉에 제시되어 있다.

〈표 3〉의 평가기준을 바탕으로 각 구청 홈페이지의 '지역정보의 제공' 부문을 평가한 결과가 〈표 4〉와 같다.

〈표 4〉에서 알 수 있듯이, 지역정보의 제공은 강남구가 모든 분야별 정보제공에 매우 충실한 것으로 나타났다. 또한 지역의 일반정보와 지역주민의 편익을 위한 생활정보 제공이 특수정보나 연계정보에 비해 충실한 편으로 나타나, 구민 일반을 위한 정보제공 쪽에 치중하고 있음을 알 수 있다. 이상의 결과를 보다 용이한 비교분석을 위해 행정서비스 전산화 지수와 마찬가지로 지역정보제공 지수를 만들어보았다. 이 지수 또한 100점을 만점으로 아래와 같은 모델에 의해 만들어졌다

지역정보제공 지수= 일반정보 + 특수정보 + 생활정보 + 연계정보
(각 변수 공히 ★=8.3, ★★=16.7, ★★★=25.0)

위의 지역정보제공 지수를 바탕으로 25개 구 홈페이지의 지역정보제공

<표 4> 서울시 각 구청 홈페이지의 지역정보의 제공 정도

기능 구청명	지역정보 제공			
	① 일반정보	② 특수정보	③ 생활정보	④ 연계정보
강남구	★★★	★★★	★★★	★★★
강동구	★★	★★	★	★★★
강북구	★★	★★	★★	★★
강서구	★★	★★	★★	★★
관악구	★★	★★	★★	★
광진구	★★	★★	★★	★★
구로구	★★	★★	★★	★
금천구	★★	★	★	★★
노원구	★★	★	★★★	★★
도봉구	★★	★★	★★	★
동대문구	★★	★★	★★★	★★
동작구	★★	★	★★	★★
마포구	★★	★★	★★	★★
서대문구	★★	★★	★★	★★★
서초구	★★	★	★★	★
성동구	★★	★	★★	★
성북구	★★	★	★★	★★
송파구	★★★	★	★★★	★★
양천구	★★	★	★★★	★★
영등포구	★★	★	★★★	★
용산구	★★	★★	★★★	★★
은평구	★★	★	★	★
종로구	★★	★★★	★★★★	★★
중 구	★★	★	★★	★
중랑구	★★	★	★	★

<그림 2> 각 구청별 지역정보제공 정도

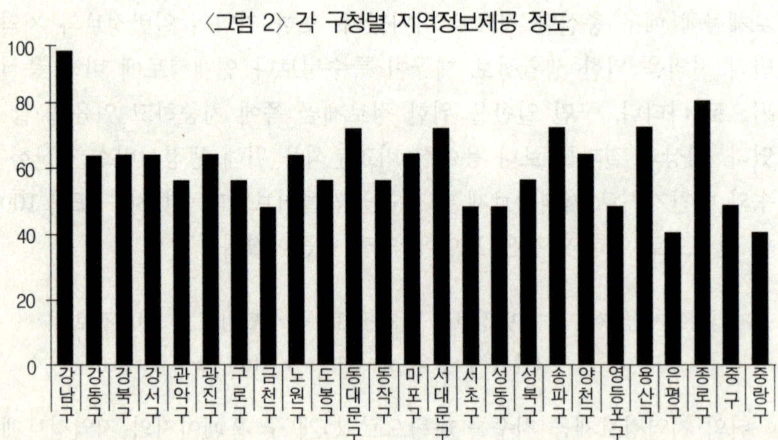

〈표 5〉 구청-구민간 전자의사소통 부문의 각 구청 홈페이지 비교를 위한 평가내용과 기준

구청-구민간 전자의사소통		
구정운영에 대한 구민의 여론 수렴과 정책결정 참여를 위한 의사소통 체계의 구축		
① 설문조사	② 전자게시판	③ 전자우편그룹/인터넷 웹
평가내용 구정 운영에 관한 구민의 여론 수렴의 창구로서의 역할 수행	구정 운영에 관한 구민의 건의와 제안의 창구로서의 역할 수행	전자우편그룹(e-mail list), 인터넷 웹(web) 등을 이용한 정치, 지역사회 현안에 대한 토론장 운영 여부
평가기준 ・개설 코너 있으며 활용 중 : ○ ・개설 코너가 있으나 활용되지 않고 있음 : △ ・개설된 코너가 없음 : ×	・민원상담게시판과 차별화된 의견 수렴을 위한 게시판 운영 : ★★★ ・민원상담게시판과 구별이 다소 불분명한 게시판 운영 : ★★ ・민원상담용으로도 같이 쓰이는 게시판만 있음 : ★	・토론장이 있음 : ○ ・토론장이 없음 : ×

정도를 나타낸 것이 〈그림 2〉이다.

〈그림 2〉를 보면, 지역정보제공 지수는 40점대에서 100까지 그 점수가 분포되어 있는데, 행정서비스 전산화가 양극화현상을 보인 데 비해, 지역정보제공은 주로 50~69점 사이에 17개 구가 집중 분포되어 있다. 또한, 2개 구(은평·중랑구)를 제외한 모든 구가 50 이상의 점수를 나타내고 있는 점을 볼 때, 서울시 각 구가 어느 정도 지역정보제공 서비스를 실시하고 있다고 할 수 있겠다.

3) 구청-구민간 전자의사소통

구청-구민간 전자의사소통은 구정 운영에 관하여 구민의 여론이 어느 정도 수렴되는지, 그리고 정책결정과정에 구민의 참여가 가능한 의사소통 체계가 어느 정도 구축되어 있는지를 중심으로 살펴보았다. 이를 위해 설문조사 코너가 개설되어 있는지, 그리고 활용이 되고 있는지 여부를 살펴보았고, 구정운영에 관한 구민의 건의와 제안을 수렴할 수 있는 전자게시

<표 6> 서울시 각 구청 홈페이지의 구청-구민간 전자의사소통 정도

기능 / 구청명	구청-구민간 전자의사소통		
	① 설문조사	② 전자게시판	③ e-mail list/web
강남구	X	★★★	X
강동구	X	★★	X
강북구	X	★★★	X
강서구	X	★	X
관악구	△	★★	X
광진구	X	★★	X
구로구	X	★★	X
금천구	X	★★	X
노원구	X	★	X
도봉구	△	★	X
동대문구	△	★★★	X
동작구	△	★★	X
마포구	X	★★★	X
서대문구	X	★★	X
서초구	X	★	X
성동구	X	★	X
성북구	X	★★★	X
송파구	O	★★★	X
양천구	X	★★	X
영등포구	X	★	X
용산구	X	★★	X
은평구	X	★	X
종로구	X	★★	X
중 구	X	★★★	X
중랑구	X	★★	X

판이 운영되고 있는지를 민원상담게시판과 구분하여 분석하였으며, 외국에서 활용되고 있는 전자우편그룹(e-mail list)이나 인터넷 웹(web)을 이용한 정치토론장이나 지역사회 현안에 대한 토론장—예를 들면 온라인 포럼 등—이 운영되고 있는지 여부를 살펴보았다.

<표 5>에 구청-구민간 전자의사소통 부문에 관한 평가 내용과 기준이 제시되어 있다. 또한 <표 5>의 평가기준에 의해서 서울시 각 구청 홈페이지의 '구청-구민간 전자의사소통' 부문을 살펴본 결과가 <표 6>에 제시되어 있다.

<표 6>을 볼 때 먼저 전자우편그룹과 인터넷 웹을 통한 정치·지역사회 현안의 토론 등은 서울시 어느 구에서도 이루어지지 않고 있음을 알 수

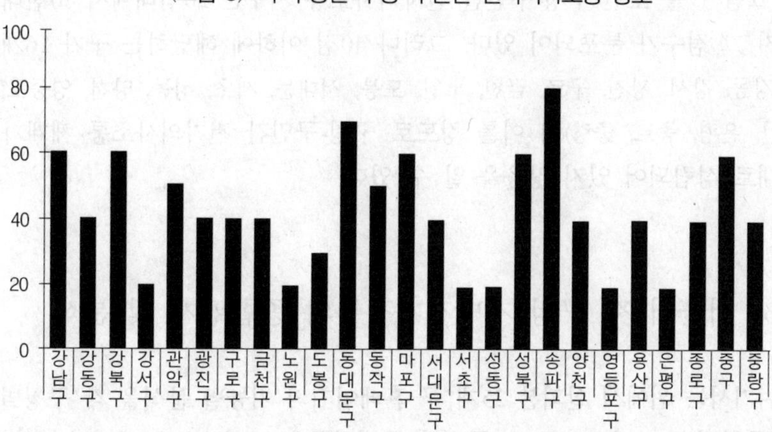

<그림 3> 각 구청별 구청-구민간 전자의사소통 정도

있다. 또한 설문조사 코너가 개설되어 있는 구는 관악·도봉·동대문·동작·
송파 등 5개 구이며, 그 중 송파구만이 활용되고 있을 뿐이다. 구민의 다
양한 의견개진을 위한 전자게시판이 활성화되어 있는 구는 25개 구 중 7
개 구(강남, 강북, 동대문, 마포, 성북, 송파, 중구)뿐이며, 7개 구(강서, 노원,
도봉, 서초, 성동, 영등포, 은평)에서는 구청-구민간 전자의사소통의 중요한
장(場)인 전자게시판이 주로 민원상담용으로 하나만 개설되어 쓰이고 있
다.

　행정전산화, 지역정보 제공과 마찬가지로 구청-구민간 전자의사소통 내
용을 좀더 수량화하여 비교할 수 있도록 전자의사소통 지수를 작성하였
다. 이 지수 역시 100점을 만점으로 하고 아래와 같은 모델에 의하여 작
성되었다.

전자의사소통 지수= 설문조사(○=20, △=10, ×=0)
　　　　　　+ 전자게시판(★=20.0, ★★=40.0, ★★★=60.0)
　　　　　　+ e-mail list/web(○=20, ×=0)

위의 지수를 바탕으로 25개 구의 홈페이지의 구청-구민간 전자의사소
통 정도를 분석한 것이 <그림 3>이다.

〈그림 3〉을 보면 구청-구민간 전자의사소통 지수는 20점대에서 80점대까지 그 점수가 분포되어 있다. 그러나 40점 이하에 해당하는 구가 16개 구(강동, 강서, 광진, 구로, 금천, 노원, 도봉, 서대문, 서초, 성동, 양천, 영등포, 용산, 은평, 종로, 중랑)에 이를 정도로 구청-구민간 전자의사소통 체계가 제대로 성립되어 있지 않음을 알 수 있다.

3. 서울시 각 구청 지방전자정부의 종합평가 및 분석

여기서는 위에서 살펴본 25개 구 홈페이지의 기능별 분석을 각 구청별로 종합적으로 비교하고 그 특성과 문제점들을 살펴보도록 하겠다. 그러기 위해 먼저 각 기능별 지수의 총합과 평균을 구청별로 알아보았다. 전자정부 총합지수는 각 부문별 지수를 합한 것으로 총점이 300이 되고, 이 총합을 3으로 나누어 각 구청 홈페이지의 평균점수를 산출하였다.

〈표 7〉에 각 구청별 부문별 지수, 총합지수, 평균지수가 제시되어 있다.

먼저 각 구청 홈페이지의 각 기능별 점수를 총합하여 평균한 평균점수의 분포를 보면, 32.20에서 82.23까지로 각 점수대별로 1~8개 구가 포함되어 있다. 30점대(31~40)에 강서·금천·서초·성동·영등포구·은평 등 6개 구가 포함되어 있으며, 40점대(41~50)에 구로·도봉의 2개 구가, 50점대(51~60)에 강동·관악·노원·동작·서대문·양천·종로·중랑 등 8개 구가 분포되어 있다. 그리고 60점대(61~70) 사이에는 광진·마포·성북·용산·중구 등 5개 구가 속해 있으며, 70점대(71~80)에는 강북·동대문구·송파의 3개 구가, 80점대(81~) 이상에는 강남구만이 포함되어 있다. 약 절반 정도인 13개 구가 50~60점대에 포함되어 있으며, 30점대에도 6개 구가 포함되어 있다. 총 평균점수는 55.95로 나타나고 있는데, 이것은 전자정부 구현을 위한 본 연구의 기준에 각 구청 홈페이지가 절반 정도 수준밖에 못 미치고 있다고도 할 수 있겠다.

각 기능별 평균점수를 보면 행정서비스 전산화는 62.4, 지역정보제공은 63.04, 구청-구민간 전자의사소통은 42.4로 나타났다. 이것을 볼 때, 행정

<표 7> 각 구청 홈페이지 평가점수

구청명	행정서비스의 전산화	지역정보의 제공	구청-구민 간 전자의사소통	총합	평균지수
강남구	86.7	100.0	60.0	246.7	82.23
강동구	60.0	66.7	40.0	166.7	55.56
강북구	86.7	66.8	60.0	213.5	71.16
강서구	26.6	66.8	20.0	113.4	37.80
관악구	73.4	58.4	50.0	181.8	60.60
광진구	86.7	66.8	40.0	193.5	64.50
구로구	40.0	58.4	40.0	138.4	46.13
금천구	26.6	50.0	40.0	116.6	38.87
노원구	73.3	66.7	20.0	160.0	53.33
도봉구	60.0	58.4	30.0	148.4	49.47
동대문구	86.7	75.1	70.0	231.8	77.27
동작구	73.3	58.4	50.0	181.7	60.56
마포구	73.4	66.8	60.0	200.2	66.73
서대문구	46.6	75.1	40.0	161.7	53.90
서초구	26.6	50.0	20.0	96.6	32.20
성동구	26.6	50.0	20.0	96.6	32.20
성북구	86.7	58.4	60.0	205.1	68.37
송파구	86.7	75.0	80.0	241.7	80.57
양천구	60.0	66.7	40.0	166.7	55.57
영등포구	26.6	50.0	20.0	96.6	32.20
용산구	86.7	75.1	40.0	201.8	67.27
은평구	60.0	41.6	20.0	121.6	40.53
종로구	40.0	83.4	40.0	163.4	54.47
중 구	86.7	50.0	60.0	196.7	65.57
중랑구	73.3	41.6	40.0	154.9	51.63
평 균	62.40	63.04	42.40	167.84	55.95

서비스 전산화와 지역정보제공은 구 홈페이지에서 어느 정도 이루어지고 있으나, 상대적으로 구청-구민간 전자의사소통은 매우 저조함을 알 수 있다. 이것을 볼 때, 행정의 효율성을 높이려는 지방정부의 노력은 가시적 차원으로 보여지고 있기에 각 구청에서 어는 정도 노력을 기울이고 있으나, 전자민주주의의 바탕이라 할 전자의사소통의 측면에는 상대적으로 소홀하다고 할 수 있다.

이상의 각 구청별 비교 결과, 서울시 25개 구 홈페이지의 특성과 문제점은 다음과 같이 요약될 수 있다.

먼저, 서울시 각 구청 홈페이지의 주된 기능은, 민원서류 발급신청을 전산화해서 직접 구청에 찾아오는 수고로움을 덜 수 있도록 구민의 편익을 도모하는 행정서비스의 전산화라 할 수 있다. 몇몇 홈페이지(7개 구)를 제외하고는 민원서류 발급신청이 가능하고, 아직 서비스가 불가능한 구에서도 곧 서비스를 실시하려고 하고 있으며, 이외에 PC통신이나 전화, 팩스, 우편 등을 통한 서비스를 병행하여 실시하는 구가 대다수이다.

두번째로, 서울시 각 구청 홈페이지는 '구 홍보 및 지역정보 제공'이라는 측면에서는 어느 정도 그 역할을 담당하고 있다고 할 수 있다. 대부분의 홈페이지에서 구의 역사, 특성, 구청 업무 내지는 계획 등을 공고하고 있으며, 지역의 각종 문화행사, 환경, 교통, 지리 등의 정보를 제공하고 있다. 이러한 점에서 구청 홈페이지는 지역 공동체의 각종 주요 정보를 수집·제공하는 정보센터로서의 역할을 어느 수준 이상 담당하고 있는 편이나, 지역의 특성에 따른 차별화된 정보의 제공, 정부 이외의 사회단체, 기업의 웹사이트와의 연계 기능, 더 나아가서 타지역 홈페이지와의 연계기능 등은 아직 미흡한 실정이다.

셋째, 서울시 각 구청 홈페이지는 구의 정책과 관련한 구청-구민간의 전자의사소통이라는 측면에서는 그 역할이 매우 미흡한 것으로 나타났다. 대부분의 구청 홈페이지의 게시판은 주로 민원상담을 위한 게시판으로서 이용되고 있다. 물론 정책제안 및 건의사항을 위한 게시판 등으로 게시판을 세분화하여 활용하고 있는 경우도 있지만, 대부분 게시판의 성격이 구별되어 있지 않으며, 대체로 불편 신고 또는 문의 등을 위한 창구역할만을 하고 있는 실정이다. 즉, 정책토론이나 지역공동체 현안문제에 관한 구청과 구민 간의 진지한 전자의사소통 기능은 아직은 거의 없는 실정이라 하겠다. 또한, 게시판에 올려진 문건의 수가 방문자 횟수에 비하면 매우 적은 편임을 볼 때, 구청-구민간의 쌍방향 의사소통은 아직 발달하지 못했다는 것을 알 수 있다. 예를 들어, 강남구 홈페이지 방문자 수는 5월 7일 현재 145,624명에 이르렀으나, 민원상담 코너에 올려진 문건은 겨우 291건, 열린 구청장실에 올라온 문건은 304건에 불과했다. 이는 결국, 월별로 약 14~15건만이 게시판에 올라온 것인데, 보통 하루 홈페이지 방문자 수가 백 명 이상인 점을 볼 때, 매우 적은 편이라고 하겠다. 예외적으로 송파구에 '여론광장'이라는 특정 주제에 대한 토론장이 있지만, 이것은 자연스런 뉴스그룹을 통한 토론이 아니라, 구청에서 매월 제시하는 주제에 대한 자신의 생각을 게시판에 올리는 형식으로 되어 있다. '여론광장'에의 참여율 또한 월별 제시되는 주제당 2~3건에 불과할 정도로 매우 낮은 편이다. 몇몇 구 홈페이지에서는 설문조사 코너를 마련해놓고 있는데, 이 또한 대부분의 경우 실질적인 운영이 이루어지지 않고 있는 실정이다.

4. 맺음말

본 연구에서는 서울시 25개 구의 홈페이지 분석을 통하여 서울시의 기초자치체인 각 구가 지방전자정부로서의 기능을 어느 정도 실현하고 있는가를 살펴보았다. 분석결과 서울시의 각 구는 행정서비스의 전산화와 지역정보의 제공이라는 측면에서는 어느 정도 그 기능을 담당하고 있으나, 구청-구민간의 전자의사소통을 위해서는 그 기능이 매우 미흡한 것으로 나타났다. 지역정보화의 가장 큰 목적이 지역 내에 소음 없는 정보의 유통을 통하여 지역 시민 상호간의 이해와 신뢰, 그리고 소통성을 증진시키는 데에 있다고 할 수 있다면, 구청-구민간의 전자의사소통이야말로 홈페이지의 가장 중요한 기능이라고 할 수 있다. 더욱이 최근 정보사회로의 변화과정에서 지역 네트워크를 보다 효율적이면서 공공이익을 추구하는 방향으로 사용하기 위한 전제조건으로 사회적 자본의 필요성이 크게 대두되고 있는 실정인데, 서울시 각 구의 사회적 자본 역시 구청-구민간의 전자의사소통이 활성화될 때 보다 쉽게 형성될 수 있는 것이다. 이러한 점에서 향후 서울시 각 구의 홈페이지의 주된 기능이 구청-구민간의 쌍방향적 전자의사소통을 증진시키는 방향으로 정립되어 나갈 필요가 있다.

최근 들어 구청 홈페이지에 게시되는 구민들의 의견이 그 양적으로 증가하고 또한 내용 면에서도 매우 다양해지고 있는 점을 볼 때, 구민들이 구청 홈페이지를 구청과의 커뮤니케이션 도구로서 보다 중요하게 인식하고 있음을 알 수 있다. 이러한 점에서 서울시의 각 구청도 무엇보다도 홈페이지의 적절한 활용이 지방전자정부의 구축, 더 나아가 지역정보화의 확립을 위해 매우 필요한 것임을 인식할 필요성이 있다. 또한 이와 관련하여 홈페이지를 이용하는 구민들의 특성과 요구, 그리고 만족도 등에 관한 보다 광범위하고 실증적인 분석이 향후 중요한 연구과제라 하겠다.

■ 참고문헌

김미영, 1998. 「전자정부의 출현과 발전에 관한 연구: 뉴욕주, 서울시, 싱가포르 정부의 홈페이지를 중심으로」, 연세대 관리과학대학원 석사논문.

김종혁, 1998. 「전자정부의 개념정립과 구현방향에 관한 연구」, 연세대 대학원 석사논문.

김형민, 1997. 「지역정보 웹 사이트의 효과적인 구축방안: 지방자치단체를 중심으로」, 《정보화동향》 4권 9호, 5-24쪽.

류승호, 1996. 「지역정보화정책과 지역정보의 위상」, 《한국사회학》 제30집 겨울호, 731-758쪽.

백영학·김성태, 1995. 「새로운 지역정보화 추진체계: 광역거점지역정보센터의 구축방안」, 《정보화저널》 제2권 2호, 3-20쪽.

박정훈, 1998. 「정보사회의 공공행정 모형에 관한 연구: 전자정부 구축사례의 비교분석을 중심으로」, 경희대 대학원 석사논문.

박통희, 1997. 「행정정보화에 따른 민원행정의 변화와 정책적 함의: 정보관리·상호작용·업무구조를 중심으로」, 《정보화저널》 제4권 3호, 47-63쪽.

송희준, 1996. 「한·미·일의 전자정부 구축사례에 대한 국제비교」, 《정보화저널》 제3권 3호, 96-106쪽.

원성묵, 1997. 「2010년 전자민주주의」, 《정보화저널》 제4권 2호, 125-137쪽.

유평준, 1996. 「전자정부에서의 행정서비스 : 미국의 사례와 교훈」, 《정보화저널》 제3권 3호, 85-95쪽.

윤영민, 1996. 「전자정부의 구상과 실천에 관한 비판적 접근」, 《정보화저널》

제3권 3호, 3-12쪽.

이용석, 1997. 「전자민주주의의 대두와 발전방향」, 《정보화동향》 4권 19호, 1-18쪽.

정대철, 1998. 「정보화사회에 따른 전자정부의 구축방향에 관한 연구」, 경남대 행정대학원 석사논문.

정충식, 1997. 『전자정부론』, 녹두.

조남재, 1996. 「전자정부 구현을 위한 프레임워크」, 《정보화저널》 제3권 3호, 45-55쪽.

황종성, 1996. 「전자민주주의의 이상과 전자정부의 발전방향」, 《정보화동향》 제3권 20호, 5-24쪽.

기획: 지역경제의 침체와 실업문제

실업과 저임금 노동자층의 구조화
-부산지역과 서구 경험의 비교분석-

이종래
(경남대학교 사회학과 강사)

1. 들어가면서

부산이 전국에서 부동의 1위 자리를 지키고 있는 것이 바로 실업률이다. 하지만 낮은 데서 일등이 아니라 높은 것이라는 점에 문제의 심각성이 있다.

1980년대 말부터 신발산업기지의 해외이전을 기점으로 산업공동화 현상이 진행되어 부산지역경제는 새로운 일자리 창출에 어려운 모습을 보여왔다. 설상가상으로 1997년의 IMF로 통칭되는 경제위기 이후 벌어진 중소기업의 연쇄적 도산사태로 인하여 한국에서 실업률이 가장 높은 도시라는 오명을 벗어날 가능성마저 희박한 상태이다.

하지만 흥미로운 사실은 부산지역의 고실업률은 한국노동시장의 장래를 예상해볼 수 있는 기준 잣대로 적용될 수 있다는 점이다. 구제금융시대 이후 도래한 한국의 고실업률은 기존 사회발전 모델의 파산이라는 의미 이외에도 사회발전 모델 중에서 압축발전 모델의 특징인 모순의 혼재성을 뚜렷이 보여준다.

지금 우리의 고실업은 제2차 세계대전 이전 서구사회에서 파시즘적인 정치체제의 등장을 가능하게 하였던 고실업문제와 한편으로 유사하다. 즉, 서구사회의 발전과정에서 나타났던 경기순환적인 실업과 비슷하게 보인다.

이러한 유사점에도 불구하고 경제위기 이후 등장한 우리의 고실업문제를 해결하기 위한 정책들은 서구사회가 오늘날 직면하고 있는 고실업문제를 해결하기 위한 정책들을 차용한다는 점에서 불일치를 보여준다.

역설적으로 표현하면 우리의 고실업문제는 서구사회의 발전 경로와 양상의 차이를 보이긴 하지만 고실업문제의 해결이라는 측면에서 동시성을 가지고 있다. 한국사회가 세계라는 울타리를 벗어나지 못하듯이, 현재라는 시점에서 벌어지는 고실업문제는 자본주의적 생산양식에 기초한 국가들의 공통분모이다. 바로 이 점에서 한국의 고실업문제를 서구사회의 구조적 실업과 연관지어 분석할 필요가 있는 것이다.

이러한 의미선상에서 먼저 서구사회는 사회문제로 대두된 실업문제를 어떤 방식으로 접근해갔는지 살펴보려 한다. 이를 위해 전반적인 역사적 전개를 서술하기보다는 실업과 관련된 사회적 인식의 변화에 중심을 두고자 한다. 그런 다음 지금의 고실업문제를 서구사회들은 어떻게 해결하려고 하는지 혹은 그들의 고민이 무엇인지를 알아보고자 한다.

그런데 이러한 역사적 접근에서 흥미로운 사실은 우리가 지금 부딪치고 있는 실업문제는 서구사회의 발전과 비교하여 동시적인 측면과 비동시적인 측면을 다같이 함유하고 있다는 점이다. 이때 과거로부터 배우기를 우리에게만 국한하면 국수주의적 시각의 편협성 문제와 부딪치게 되는 반면, 역사 속에서 배우기를 타인에게 의존하면 자기 위치를 잃어버린다는 사실을 염두에 둘 필요가 있다.

바로 이 두 개의 극단은 '우리'와 '타인'을 대립개념으로 잘못 이해하기 때문에 생긴다. 이러한 이해보다 '타인'이 없는 '우리'란 어차피 존재할 수도 없다는 사실에 주목해보면, '우리'와 '타인' 사이에 형성되는 긴장에 대한 이해가 문제의 핵심으로 된다. 간단히 말해 서구사회의 발전과정에서 생겨난 실업문제에 대한 인식들은 부산지역 노동시장과 실업문제의 인식에 폭을 넓히는 기회로 된다. '우리'의 인식지평 속에 빠져 있는 부분을 어쩌면 '우리' 아닌 '그들'의 역사 속에서 발견할 수 있다는 문제의식에서 출발한다.

2. 서구사회발전에서 실업문제의 본격화와 그 해결방식

1) 경기순환적 실업

실업의 고전적 모형은 경기순환적인 실업으로 등장한다. 경기순환적인 실업이란 말 그대로 경기의 순환인 호황과 불황의 변화 속에서 발생된 실업을 의미한다. 이때 생산의 과잉에서 출발한 공급과잉은 생산감소로 이어져 실업을 상승시킨다. 노동자의 실업증가는 구매력 감소로 이어지지만, 수요와 공급이 시장에 의해 조절되면서 안정적인 소비시장의 확보는 생산의 확대를 가능하게 하여 실업률을 낮추는 계기로 된다고 본다. 즉, 경기순환적인 실업문제의 해결책은 시장의 자기조율적인 기능에 맡겨진다. 게다가 자본주의경제하의 실업문제는 경기와 관련된 주기적인 순환의 부산물로 이해된다.

이러한 시장중심적인 사고에도 불구하고 실업문제의 해결은 시장 기능적인 수요와 공급 기능에만 의존할 수 없다는 것이 역사적 경험이다. 자본주의 경제체제하에서 일어나는 고실업문제는 정치체제의 불안으로 이어지기 때문이다. 즉, 실업문제와 체제유지는 반비례관계에 놓이게 된다. 이것의 대표적 보기는 1930년대에 실시된 미국의 뉴딜 정책이다. 뉴딜 정책의 핵심은 잘 알려진 대로 소비자측의 구매력 감소를 억제하는 데 강조를 둔 케인즈주의적인 시각에 기초하여 사회적인 합의모형을 도출한다. 이때 사회적 합의의 내용은 자본주의적인 시장우선 논리보다 사회유지 논리를 우선한다는 점이다.[1] 다시 말해 시장에 대한 관점이 공급위주에서 소비주도로 극적으로 바뀌게 된다. 인간의 끝없는 소비욕에 기초한 공급측의 지속적인 증가가 영속적인 경제성장을 가져와 사회유지를 가능하게

---

1) 이런 사회적 합의를 가능하게 한 역사적 상황은 1929년에 시작된 세계대공황에서 찾아볼 수 있는데, 당시 미국의 실업자는 1929년 10월 기준으로 백만 명에서 2년 후인 1931년 12월에는 천만 명을 돌파하였고, 1933년 3월에 천 오백만 명이나 실업의 상태에 놓여지면서 정점에 도달하였다는 사실을 주목해야 한다. J. Rifkin, *Das Ende der Arbeit*, Frankfurt a. M., 1997, p.35를 참조할 것.

한다고 보기보다는 구매력의 유지 혹은 상승이 사회유지의 관건으로 된다. 이를 위해 당시의 미국노동조합은 노동시간 단축과 일자리 나누기를 행정부에 요구하였고, 미국기업들에게서 이 방법은 실제로 적용되었다.[2]

경기순환적인 실업문제를 해결하기 위한 정책으로 1933년 대통령으로 선출된 루즈벨트(Franklin D. Roosevelt)의 경기부양정책을 들 수 있다. 이 정책의 정치적 측면은 자유로운 시장이라는 신화에 기초한 시장의 무정부성에 반대하여 국가의 개입을 통한 사회적인 안정(Soziale Sicherheit)을 높여 국가권력의 정당성 확보에 초점이 놓여 있다.[3] 경제적 측면은 대규모 국가 기간산업인 댐과 발전소에 대한 건설사업과 문화 및 교육 사업을 부양시키기 위해 소득세와 재산세를 인상한다. 하지만 경기부양정책 중에서 주목해야 할 사실은 소비를 촉진하기 위해 소비세를 인하한다는 점이다. 즉, 이 정책은 저소득층을 수혜대상의 중심에 놓으면서, 이들의 구매력을 국가경제의 골간으로 이해했다는 점이다. 다시 말해 경제정책에서 자본주의 시장경제를 가능하게 하는 논리의 구성은 소비에서 출발한다. 소비의 증가는 공급의 증가를 가져오고 나아가 경제성장을 가능하게 한다는 측면이 강조되기 때문에 일국적인 발전모형으로서 이해되기는 하지만, 우리는 이러한 경제정책을 이후의 사회발전과정에서 등장한 조합주의적 국가모형에서도 볼 수 있다.

제2차 세계대전 이후 유럽과 미국 자본주의의 발전과정에서 우리는 조합주의적 국가모형을 보게 된다. 오코너(James O'Connor)가 언급하듯이 나라마다 자본과 노동 사이의 사회적 합의내용은 차이를 보이지만 선진 자본주의사회에서 국가는 더이상 '지배계급의 이익에 복속하는 위원회'가

---

2) Jeremy Rifkin은 이런 예로 아침용 인스턴트식품의 대명사가 된 당시의 대기업인 켈로그(Kellog)사의 6시간 4교대제를 들고 있다. 이에 대한 자세한 설명은 J. Rifkin, *op. cit.*, p.36 이하를 볼 것.

3) 사회적 안정이란 용어의 사용은 루즈벨트(F. D. Roosevelt)의 연설문에서 출발한다. 청교도적이면서 개인주의적인 미국의 전통과 달리 루즈벨트 행정부는 빈곤의 문제를 개인적인 문제로 돌리지 않고 세계공황이라는 상황에 의해 만들어졌기 때문에 공적이고 집단적인 조치를 통해 타파해야 한다고 사고하였다. 이의 자세한 설명은 G. A. Ritter, *Der Sozialstaat*, München, 1991, p.14를 볼 것.

아니라는 점이다. 즉, 국가는 자본주의 사회 속의 국가이자 동시에 자본주의적 국가가 되었다는 점이다.[4] 이러한 국가부문의 성격변화에도 불구하고 독점자본과 이에 고용된 노동자 사이에 이루어지는 협약에 기초한 사회적 합의기제는 역설적으로 독점부분 노동자와 기타 노동자 간의 임금격차를 수반하였다는 점에 주목해볼 필요가 있다. 이 불균형적인 소득분배로 인하여 임금상승이 물가인상으로 이어진다.[5] 게다가 노동시장에 자본주의적인 시장경쟁 논리가 그대로 관철되어져 소득 재분배의 의미가 퇴색하는 결과를 가져온다. 다시 말해 노동시장의 분절을 통한 노동자 내의 분할이 진행되어 구조적 실업이라는 문제를 가져온다.

2) 구조적 실업

구조적 실업이란 자본주의적인 생산양식이 발달하면 할수록 불안정한 고용을 심화시킨다는 의미를 내포한 개념이다. 새로운 기술개발로 인한 생산방식의 발전은 역설적으로 일자리의 감소를 가져오는 역사적 경험을 쉽게 볼 수 있다. 테일러적인 명령과 실행의 역할구분에 의거한 포디즘적인 대량생산방식에서 요구된 단순기능공은 작업과정의 체계화와 기계화로 인해 작업장에서 자신의 일자리를 잃어버린다. 그리고 기계화로 인한 노동자 1인당 생산성의 증가는 임금상승에는 긍정적으로 작용하지만 일자리 창출에는 부정적인 영향을 끼친다. 예를 들어 독일의 경우 1970년에서 1989년까지 새로이 창출되는 일자리에 대한 자본집중액은 평균적으로 5만 1천 마르크에서 20만 마르크로 상승하였다. 1992년에 이르러 이 금액이 23만 마르크에 달하게 된다. 개별 일자리에 대한 비용산출적인 공동비용률이 임금비용률의 1,200~1,300%에 달하게 될 뿐만 아니라, 부분적으로 일자리 당 투자비용이 백만 마르크를 넘어서게 된다. 바로 이러한 초현대적인 일자리에서 노동자 1인은 결과적으로 자신의 임금 몫으로 시간당 4

---

4) J. O'Connor, 20. "Jahrhundert mit beschränkter Haftung," in *Prokla*, H. 100, Berlin, 1995, p.394.

5) J. O'Connor, *Die Finanzkrise des Staates*, Frankfurt a. M., 1973, p.34 이하를 비교할 것.

분을 일하고 나머지 56분은 이자지급, 부채상환 그리고 기계의 감가상각비에 대한 변제를 위해 일한다.[6] 간단히 말하면 신기술개발은 고정비용의 급격한 상승과 더불어 공동비용부분의 확대를 가져온다. 새로운 일자리 창출이 지나치게 비싸다는 기업측의 논리는 바로 이러한 생산설비의 자동화와 연관된 자본집중도의 증가를 연관지을 때 이해 가능하다.

기술개발과 관련하여 기업측에게 고정자본부분의 증가는 한편으로 자본의 초축적이라는 문제를 가져오지만 또 다른 한편으로 노동생산성의 증가와 따른 임금비용의 감소효과를 준다. 예를 들어 독일의 경우 제조업 부문 노동자 1인당 생산성은 1960년 34.8에서 1985년 100으로 약 3배에 못 미치는 증가와 함께 노동시간당 생산성은 같은 기간 동안 28.3에서 100이라는 3배 이상의 증가를 보인다. 이에 반해 같은 기간 동안 실질임금상승은 생산직 노동자들의 시급이 36.4에서 85.2, 주급이 42.1에서 87.9, 사무직 사원들의 월급이 41.0에서 87.7로 증가하여 약 2배 이상의 증가치를 보인다.[7] 이러한 생산성 상승에 미치지 못하는 임금상승률은 결과적으로 계층의 양극화 현상을 불러온다. 독일의 총경제활동인구에서 연소득 5천 마르크 이하의 층이 물가인상에도 불구하고 1977년 3.2%에서 1989년 5.6%로 늘어났지만, 10만 마르크 이상의 연소득을 벌어들이는 비율 역시 4.6%에서 6.2%로 늘어났다. 이러한 계층의 양극화 현상에도 불구하고 국민소득 재분배율은 1960년에서 1995년까지 거의 변화가 없이 70%대에 머무르고 있다는 사실을 고려하면, 독일로 대표되는 서유럽 사회발전에서 사회적 합의의 주체란 노동자 계급적인 의미보다 포괄적 의미인 국민경제에 초점이 맞추어져 있음을 알 수 있다.[8] 사회적 합의구조의 의미가 계급적인 의미체계를 벗어나면서 발생하는 독일의 실업문제와 비교하여 미

---

6) U. Briefs, "Gewerkschaftliche Politik im modernen Kapitalismus—Gewerkschaften unter der Druck der neuen technisch-ökonomischen Strukturen," in Z, Nr. 11, Frankfurt a. M., 1992, p.48 주 4)를 참조할 것.

7) Bundesministerium für Arbeit und Sozialordnung, *Statistisches Taschenbuch 1996*, Bonn, 1996, 〈표 3-1〉과 〈표 5-4〉를 참조할 것. 실질임금상승지표는 1991년을 100으로 한 통계임.

8) *Ibid.*, 〈표 1-9〉와 〈표 5-12〉를 볼 것.

〈표 1〉 1985~1994년까지 기업활동에서 이윤 발달 추이(단위: 10억 달러)

	1985	1989	1990	1991	1992	1993	1994	1994/1985
전체경제	231	331	358	378	399	458	514	2.23
비재정영역	168	220	224	222	250	297	359	2.14
제조업	82	109	112	93	96	110	143	1.74
A:전체경제에 대한 제조업 비중(%)	35.5	32.9	31.2	24.6	24.1	24.0	27.8	0.78
재정서비스	13	33	47	67	66	75	77	5.92
B:전체경제에 대한 재정서비스 비중(%)	5.6	10.0	13.1	17.7	17.5	16.3	15.0	2.68
A/B	15.8	30.4	42.0	72.0	72.6	67.9	54.0	3.42

자료: J. Huffschmid(1996).

국의 경우 경제적 이윤추구 논리에 우선한 시장규칙에서 파생된 구조적 실업임을 잘 보여준다.

미국 취업자 구성에서 제조업종사자 비율이 급격히 떨어지는 추세를 먼저 주목해보자. 1960년대 30%에 달하였다가 1980년대에 이르러 20%대로 떨어졌고 1993년 현재 약 17%로 낮아졌다. 독일 역시 이러한 경향성이 관철되는 것으로 보인다(1980년 42.9%, 1993년 36.1%). 하지만 독일의 제조업 종사자수를 보면 1960년 1,249만 7천 명, 1970년 1,298만 7천 명, 1980년 1,172만 1천 명, 1990년 1,099만 7천 명, 1993년 1,293만 6천 명으로 나타난다. 인구성장비율을 고려해보면 제조업종사자 비율 감소가 진행된다고 유추할 수도 있지만, 독일의 제조업 종사자수는 신기술개발로 인해 발생하는 사양직종과 새로운 직종의 창출이 사실상 거의 균형관계에 있음을 보여준다. 반면에 독일과 같은 발전과는 달리 미국에서 제조업 종사자수의 감소는 생산시설의 해외이전을 통한 산업공동화와 관련된다. 미국에서 벌어진 산업공동화의 주요한 이유는 가변자본에 대한 불변자본의 증가로 인한 기업이윤율의 경향적 저하와 흔히 3차산업으로 분류되는 금융과 보험이 주축인 재정부분의 수직적인 이윤율 상승일 것이다.9)

---

9) 현재 미국경제가 보이고 있는 성장의 핵심은 기업이윤의 증가라는 사실이다. 1990년대 초반 세계경기의 후퇴에도 불구하고 1985년에서 1994년까지 미국기업들은 이윤을 2배

<표 2> 미국에서 소득집단에 따른 가구실질소득 추이

기 간	하위 1/5	2/5	3/5	4/5	상위 1/5	최상위 5%
1966~1979년	20	19	25	29	30	28
1979~1993년	- 15	- 8	- 3	5	18	29

자료: J. Huffschmid(1996).

미국의 산업공동화는 1977년부터 집권한 카터 행정부 시절부터 실질적으로 진행된다. 철강산업 노동자들을 대상으로 한 대량해고와 1978년 연말에 일어난 클라이슬러(Chrysler)자동차 회사의 십만 명 이상의 대량감원이 이를 상징적으로 보여준다. 당시 행정부는 대량 해고와 감원에 대하여 노사정합의에 기초한 포디즘적인 위기개입정책을 펼쳤지만 기업측의 참여거부라는 전술 앞에서 무력함을 보여주게 된다. 자국산업 보호와 보조금 지급을 명목으로 한 경제정책이 기존 노동자의 고용유지로 결과된다는 사실을 간파한 기업측은 노사정회의 자체를 거부하면서, 한발 더 나아가 국가부분이 주도하는 경제개입을 중지하라고 요구하였다. 또한 이들은 미국경제의 국제경쟁력 약화는 유가인상에 따른 원자재 값의 상승이 아니라, 이 상승에 상응하는 생산비용의 절감이 고임금과 기업 내 잉여노동력의 상존으로 인해 불가능하다라는 논리를 펼쳤다.[10] 기업측의 공세적 논리는 당시 캘리포니아를 중심으로 벌어진 조세인하청원운동인 '조세반란'(pro- position 13)으로 이어져 경제영역에 대한 개입을 죄악시하는 신자유주의 이데올로기의 기반을 형성한다. 바로 이 시점을 전후로 하여 미국사회의 계층 양극화가 진행된다.

<표 2>에서 볼 수 있듯이 미국경제에서 포디즘적인 규제가 적용되어지던 1966년에서 1979년까지의 기간에는 전소득계층에 걸쳐 실질소득 증가율이 나타나지만 신자유주의적인 경제정책이 태동하고 난 이후인 1979년부터 1993년까지의 기간 동안에는 하위 소득층의 실질소득이 절대적으로

이상 올린 것으로 보인다. 이 가운데 재정서비스부분의 증가는 가히 폭발적이라는 점을 주목해야 한다.

10) Ch. Scherer, "Die US-Auto- und Stahlindustrie auf der Suche nach dem Goldenen Vlies der Wettbewerbsfähigkeit," in *Prokla 74*, H. 1, Berlin, 1989, p.119 이하를 볼 것.

감소하고 있다. 게다가 최상위 5%를 제외한 40%의 상위층에서도 증가율이 둔화되고 있다. 미국경제에서 부의 양극화가 급격히 진행됨에도 불구하고 일어나고 있는 실업률 감소의 비결은 바로 저임금 노동시장의 고정화와 확대에서 찾을 수 있다.

3) 사회 발전모델의 차이: 시장논리와 사회적 논리의 우선성

유럽의 자본주의 발달과 관련하여 우리는 쉽게 복지국가(welfare state; Beveridge)모형을 접한다. 이 국가모형은 사회구성원들의 삶을 시장기능에 내맡기지 않고 사회적으로 보호할 뿐만 아니라 계약관계에 놓인 당사자들의 권리보호를 주요 내용으로 한다. 하지만 유럽 내에서도 나라마다 차이가 있다. 영국과 달리 독일에서 발달한 국가모형에서 사회적 보호는 기업활동의 경우 작업장 수준에서 행해지는 공동결정제, 개별노동자들에 대한 공적인 교육기회제공과 의료서비스, 그리고 최저한의 생활보장을 위한 사회부조금(Sozialhilfe) 지급의 의무화로 채워진다. 이때 국가는 법치주의적 원칙에서 운영된다.[11] 시장기능으로 채워질 수 없는 분배정의의 문제는 국가라는 권력 담지자의 등장으로 조정된다. 국가란 노동시장에서 다수인 노동자들을 보호하는 울타리의 역할로 이해된다. 알버트(Michel Albert)가 자본주의 발전 모델의 차이를 독일로 대표되는 라인강변의 발전 모델과 영국과 미국으로 통칭되는 앵글로색슨 계열의 발전 모델로 구분지운 데

---

11) 이런 의미에서 사회적 국가(Sozialstaat)는 복지국가와 구별된다. 이 사회적 국가라는 개념은 독일어의 직역에서 나오기는 했지만, 국가의 기능과 존재이유가 사회통합과 유지라는 측면을 중시한다. 독일의 경우 사회적 국가의 개념은 이미 19세기 중반에 당시 정치가였던 Lorenz von Stein이 사용하였다. 그는 사회적 국가를 다음과 같이 설명하였는데, "(국가는) 그 자신의 권력에 기반한 힘으로 계급들간의 차이에 반하여 자기주체적인 결정에 기반한 개체적인 개인성에 대한 법적 평등을 지켜내야 한다. 이런 의미에서 국가는 법치국가(Rechtsstaat)이다. 게다가 한 사람의 발전이 타인 발전의 결과이면서 항상 조건인 한 국가는 그 자신의 권력으로 모든 사회구성원들의 경제적·사회적 발전을 촉진시켜야 한다. 이런 의미에서 우리는 국가를 사회적 국가(gesellschaftlicher od. sozialer Staat)로 칭한다." L. v. Stein, *Gegenwart und Zukunft der Rechts- und Staatswissenschaften Deutschlands*, Stuttgart, 1876, p.215를 볼 것.

서도 알 수 있듯이, 저임금노동시장을 활성화시켜 고실업문제를 완화시킨 영미식의 발전 모델과, 높은 실업률에 파생된 빈민층의 증가를 막기 위한 사회보장체계를 고수하는 독일식의 발전 모델을 구분할 수 있다.

두 발전 모델간의 차이를 우리는 먼저 정도의 차이로 단순화시킬 수도 있지만, 이 단순화에는 자본주의는 원래 그런 것이라는 식의 세속적 평가가 곁들여 있다. 세속적 평가가 가진 문제는 과학화 이전에 고정관념의 끝없는 자기재생산이라는 사실을 염두에 두면 두 발전 모델의 차이를 분명히 할 필요가 있다. 먼저 1989년 발간된 미 연방의회 예산심의처의 보고서에서 밝혔듯이, 1980년대에 급격히 심화된 빈부격차는 1990년에 이르러 250만 명 부자들의 총소득이 1억 명에 달하는 빈민들의 그것과 동일하다라는 사실이다. 국민평균소득의 절반 이하의 소득을 벌어들이는 사람을 빈민이라고 규정하면 미국인구의 17%가 빈민층에 속하지만 독일과 북유럽 스칸디나비아반도에 속하는 나라들에서는 5%, 스위스 8%, 영국 12%로 추정된다.[12]

두번째로 직업교육체계의 차이이다. 앵글로색슨 계열의 교육체계는 엘리트 위주의 교육방식으로 유명하다. 시장에서의 경쟁논리에 바탕을 둔 미국대학의 위계서열이 잘 보여주듯이 엘리트 교육은 사회 속에서 소수인 전문직업인을 양성하는 데는 효율적일지는 몰라도 단순기능을 보유한 일반적인 노동자에게는 그림의 떡일 수밖에 없다. 독일노총(DGB)이 인정하듯이 직업교육을 받은 인구 백 명당 15명에 속하는 숙련기능공의 작업처리능력은 프랑스인들이 독일인들에 비해 나을지 몰라도 나머지 부분에 속하는 사람들은 독일이 월등하게 앞선다라는 사실이다. 우리의 종합고등학교에 해당하는 Hauptschule을 졸업한 사람들 중 독일에서는 50%가 직업교육을 받을 수 있는 데 반해, 프랑스나 영국에서는 14%에게만 직업교육이 제공된다. 게다가 직업교육을 마치지 못한 사람들의 비율은 독일은 20%이지만, 프랑스는 약 2배 이상인 41.7%에 달한다.[13] 바로 이러한 사실들에 기반하여 우리는 앵글로색슨 계열의 사회발전과 비교하여 독일사

---

12) M. Albert, *Kapitalismus contra Kapitalismus*, Frankfurt a. M., 1992, p.51을 참조할 것.

13) *Ibid.*, p.118을 볼 것.

회를 상대적으로 균등화(Egalisierung)된 사회로 이름 붙일 수 있다.

세번째로 사회보장체계가 근본적으로 다르다. 추상적으로 시장경제에서 경쟁력의 상실로 퇴출당한 개인들을 보호하는 사회시스템을 사회보장이라 한다면 영국과 독일의 사회발전 모델 사이에는 큰 차이가 보이지 않는다. 하지만 내용상 적어도 영국과 독일의 사회보장은 판이한 차이를 보인다. 먼저 영국에서 블레어(Blair) 정부가 등장한 이후 사회복지제도 개혁을 추진하였지만, 이 추진시도는 사회보장 신청자수의 격증으로 딜레마에 빠진다. 이 외중에 우리의 차관급에 해당하는 사회복지 담당에 임명된 필드(Frank Field)라는 인물이 빈민층이 국가에 대해 가지고 있는 의존문화라는 테제를 퍼뜨리면서 이른바 구노동당(Old-Labour)과 신노동당(New-Labour) 인사들 간의 갈등을 증폭시켰다. 이 발언을 계기로 하여 신노동당의 경제적 분배정책이 신자유주의적으로 얼마나 기울어져 있는가로 논의는 확산된다. 왜냐하면 신자유주의적인 관점에서 경제영역에 대한 국가개입은 경제퇴행이라는 공식과 더불어 빈민들에 대한 보조는 그들의 게으름과 나태를 제도적으로 허용하는 부도덕한 행위라고 규정한다. 그래서 이 입장을 지지하는 사람들은 지금의 서구사회를 일하지 않고 게을러도 다른 사람들이 밥 먹을거리를 대준다는 의미에서 '스스로 만들어낸 감옥'이라고 말한다. 하지만 이 비판에서 복지국가모형이 약자보호의 원칙에 기반하여 사회적 통합과 유지에 기여한다는 측면은 축소되어 버린다. 이러한 측면에서 앞에서 언급한 필드(F. Field)의 언급이 얼마나 부적절한지는 독일과 영국 사회에서 사회부조금에 대한 인식과 내용의 차이를 통하여 드러난다.

근본적으로 연금이 지나치게 낮게 책정되어 있다는 것이 영국 사회보장체계의 문제이다. 연금이 실질적으로 최저생계비에 미치지 못하기 때문에 모든 연금수령자의 40%가 사회부조금에 생활을 의존한다. 그 결과 전체가구의 1/5에 해당하는 가구가 사회부조의 형태를 띤 생계보조비를 받는다. 하지만 독일의 경우 연금수령자의 1%만이 사회부조금을 받을 뿐만 아니라 전체가구 중 1/30가구만이 각종 형태의 공적 지원을 받는다는 사실을 주목해야 한다.[14] 낮게 책정된 국민연금은 사회부조금과 같은 각종 공적 자금에 대한 요구를 상승시킬 뿐만 아니라, 사회부조금을 받으면서도 근로소득을 벌어들이는 이중적인 소득을 합리화시켜 탈법화를 사회화시킨다. 탈법적인 노동의 증가를 다른 각도에서 보면 저임금 노동시장의 활성화로 이해된다.

영미식의 사회발전과 독일 사회발전 간의 마지막으로 나타나는 차이는 노조의 사회적 역할의 차이이다. 기업경영의 공동결정제도에 바탕을 둔 독일의 경우 기업경영의 결정과정에 노조측의 추천인사가 노무이사의 자격으로 참가한다. 이러한 낮은 수준에서 이루어지는 경영참가와 더불어 높은 수준인 정치적 차원에서 노조의 사회적 영향력은 예를 들면 국회의원들 중에서 노조 조직원의 비율로 드러난다. 독일의 경우 사민당은 제쳐놓더라도 보수당인 기민련(CDU)과 기사련(CSU) 소속 의원들 중 약 40%가 노조 조합원 자격을 가지고 있다. 노조조직과 기존 정치권의 높은 결합은 정치영역에서 이루어지는 사회적 합의를 가능하게 만든다. 이와 반대로 법적인 노동시간에 대한 제한규정조차 없는 영국의 경우 공동결정제도란 생각하기도 어려울 것이다.

이러한 영미식과 독일식 사회발전의 차이에도 불구하고 두 발전 모델은 구조적 실업으로 인한 고실업이라는 공통의 문제를 가진다. 즉, 고실업에서 출발하여 빈부격차로 인한 계층양극화와 비정규직 노동시장의 증가로 인한 저임금 노동시장의 구조화로 발전하는 경향을 볼 수 있다. 이러한 공통점에도 불구하고 영미식과 독일식 사회발전은 사회적 논리와 시장논리 중에서 어디에 우선을 두고 있는지에 따라 구별된다. 시장논리에 우선을 둔 영미식 사회발전은 저임금 노동자층의 구조화로 급격히 나아가지만 사회적 논리에 우선을 둔 독일식 사회발전은 빈민층의 증가가 사회문제로 등장하기 때문이다. 바로 이 미세한 차이를 우리는 한국사회 발전에서 볼 수 있다.

---

14) S. Willeke/S. Rückert, "Macht Sozialhilfe süchtig?," in *Die Zeit* 1998. 5. 20, p.18을 참조할 것.

2. 한국경제 위기와 실업문제 대두: 행위자를 중심으로

1) 행위자(I): 국가

우리의 고실업률은 1997년의 IMF시대를 기점으로 시작된다. 1997년과 1998년을 단순비교하면 경제활동인구가 2,166만 2천 명에서 2,145만 6천 명으로 약 30만 명 이상이 감소함에도 불구하고, 실업자의 수는 55만 6천 명에서 146만 1천 명으로 급증한다. 그리고 1997년과 1998년 경제활동인 구의 감소추세 속에서도 무급가족 종사자의 수가 186만 9천 명에서 199 만 5천 명으로 증가하여 잠재적 실업자군 또한 증가한 것으로 보인다. 게 다가 실업을 통해 노동시장에서 강제적으로 퇴출당하여 취업 의지와 기 대가 사라져버린 이른바 실망실업자들의 증가가 추정된다.[15] IMF 이후 163%에 달하는 실업률의 폭증을 자본주의발전에 내재한 경기순환적인 실업인지 아니면 구조적 실업의 한국적 변형인지 분명히 해볼 필요도 있 겠지만, 1997년 말의 경제위기가 실업문제를 가져왔다는 점에서 우선 경 기순환적인 실업으로 받아들이는 경향이 지배적이다. 이때 실업문제를 경 제공황이 가져온 부수현상으로 이해하는 해석에서 실업문제는 경기변동 에 파생하는 단순한 결과물로 여겨진다. 그리고 실업문제의 해결을 위한 행위자의 대처방식이 이를 뒷받침해준다.

먼저 정부의 실업대책은 시장논리에 철저히 조응하고 있다. 정부는 1998 년 3월 26일 발표된 '실업문제 종합대책'에서 기업경영 안정을 통한 일자 리 유지(job keeping), 일자리 창출(job creation), 취업알선(job placement) 및 직업훈련(job training), 생활안정지원(social care)의 4개 부문사업에 총 7조 9 천억 원의 재원을 조성할 계획이라고 발표하였다.[16] 하지만 실업문제 해

---

15) 김석준(1999)은 실망실업자 비율을 15.7～20%로 추정한다. 근거로 그는 국민승리21에 서 1998년 4월에 발간한 「현행 실업통계의 문제점과 개선책」과 한국금융연구원의 추정 치를 들고 있다. 이를 위해 김석준(1999), 79쪽 주 2)를 볼 것.

16) 정부의 실업종합대책은 다음의 글에서 간접적으로 인용하였음. 김석준, 「부산시 실업문 제와 대책」, 『부산지역 현실과 지역운동』, 부산대학교 출판부, 1999, 83쪽.

결을 위한 4개 부문사업이 실질적으로 실패한 것으로 이야기되는데, 그 주요한 이유로는 일자리 유지를 위해서 지금과 같은 정리해고 신고제와 같은 임의적 방식이 아닌 허가제와 같은 법적 구속력을 가질 수 있도록 사회적 합의구조가 전제되어야 한다는 점이다. 그리고 지금까지 이루어진 일자리 창출은 공공근로사업과 같이 형식적이라는 지적이다.[17] 게다가 직업훈련의 경우 정부 스스로 중기 실업대책에서 일자리 창출의 주요 부문으로 말하는 정보통신, 문화, 보건, 의료, 관광, 유통 등의 직종에 취업할 수 있도록 한 단계 높은 직업 재교육을 준비할 수 있는 기관이 부재할 뿐만 아니라, 실제에 있어서 직업 재교육이 민간 위탁의 방식을 벗어나지 못하면서 단기적 수급을 위한 직업알선에 머물기 때문이다.[18]

마지막으로 생활안정지원을 위한 사회안전망의 형성이 지극히도 부실하다는 점이다. 실업급여를 지급받는 노동자가 10% 정도에 불과할 뿐만 아니라, 이 가운데에서 일용직, 신규 실업자, 자영업자는 제외되며, 생활보호대상의 선정기준이 협소하여 생활보호가 절대적으로 필요한 소년소녀가장, 혼자 사는 무의탁 노인층이 제외되어 사회안전망이 지극히 형식적이라는 비판이다.[19] 게다가 실업문제 해결을 위한 정부의 대응방식이

---

17) 형식적인 공공근로사업에 대한 개괄적인 비판을 뒷받침하기 위해 지역의 사례를 살펴볼 필요가 있다. 부산의 경우를 예로 들면 행정자료 전산화와 통계베이스 구축과 같은 고급인력이 투입되는 부문에 69억 원의 사업비로 4,553명이 투입된 데 반해, 하천제방, 숲 가꾸기, 중소기업 인력지원 등과 같은 생산성 사업에 881억 원과 62,016명이 투입되며, 방범과 기록물 정리와 같은 공공서비스에 230억 원과 17,795명, 자원재생, 해안정화와 같은 환경정화에 73억 원에 5,477명, 대졸과 고졸인턴에 200억 원으로 6,482명이 투입되고 있다. 즉 이전에도 있어 왔던 부차적인 일들에 공공근로사업이 배치되고 있다는 지적이 타당하게 보인다. 이를 위해 다음의 글을 볼 것. 김석준(1999b), 「정부의 실업대책에 대한 평가」, 부산지역 실업대책협의회, "'99년 실업대책평가와 2000년 과제마련을 위한 워크샵" 발표문; 이동환(1999), 「부산시의 실업대책 현황과 과제」, 부산지역 실업대책협의회, 위와 동일한 워크샵 발표문.

18) 부산광역시 연제구에서 1999년에 실시한 고용촉진훈련을 구체적인 사례로 들 수 있다. 연 인원 580명이 참여한 이 훈련에서 미용 78명, 한식조리 135명이 참여한 반면, 정보통신 분야의 참가자는 총 72명에 불과하다. 이를 연제구(1999), 『1999년 연제구백서』를 참조할 것.

19) 김석준(1999b)을 참고할 것. 생활보호 안정자 선정에서 발생하는 문제에 관한 부분은 실업자 종합지원 부산센터에 근무하는 실무자들의 증언임.

호황과 불황이라는 경기순환적인 측면에서만 접근하기에 문제는 더욱 복잡해진다. 예를 들어 1999년 7월에 이르러 경제활동인구는 경제위기 이전 수준인 2,190만 7천 명으로 증가하였지만, 실업자수는 감소추세를 띤다고 하더라도 여전히 134만 9천 명에 달하는 데도 불구하고, 1999년 9월 기획예산처는 2000년 실업대책예산을 52% 삭감한다고 발표하였다. 이러한 삭감조치의 근거로 빠른 경기회복을 이유로 제시하였다.[20] 바로 이 대목에서 우리는 지금의 실업문제에 대한 정부측의 인식이 경기순환의 결과로 파악하면서 실업문제의 해결책을 시장논리에 의존하고 있음을 알 수 있다.

여기서 사회적 논리의 형성에 방해가 되는 국가라는 테제를 구체화시킬 필요가 있다. 우선 사회 통합과 유지를 목적으로 하는 사회적 논리란 노동시장에 대한 정부의 규제·개입 정책으로 쉽게 대변된다. 그리고 경기순환적인 실업을 해결하기 위한 조치들도 최소한의 사회적 합의는 구성되어야 한다. 하지만 우리의 경우 경제영역에 개입하는 정치활동의 주체로서 국가라는 의미가 신자유주의적인 작은 정부라는 의미로 받아들여져 노동시장에서 사회적 보호논리보다 시장논리가 관철되고 있다고 보여진다. 시장논리에 방점이 놓여진 배경으로서 먼저 자본운동의 지구화로 인해 내수시장보다 세계시장이 우선시되는 점을 들 수 있다. 즉, 국가부문이 사회 속의 시장이라는 의미에서 시장이 가진 사회적 성격에 관심을 가지기 않고, 신자유주의적인 관점에서 주장하듯이 시장과 사회를 대립구도로 바라보기 때문이다. 세계적 규모의 시장경쟁에서 살아 남기 위해 민족국가 단위가 경쟁국가(Wettbewerbsstaat: Hirsch, 1998)로 전락해 국가의 기업화가 진행되어 소위 '주식회사 일본'(Japan Co.)이라는 언론 신조용어가 등장하는 데서도 알 수 있다.

경쟁이 격화되어지는 세계경제질서의 이면에는 사회적 비용의 증가로 인해 시장기능에 장애가 형성된 서구적인 경험이 놓여 있다. 이러한 서구의 경험과 한국사회 발전은 무관한 것으로 보인다. 게다가 서구사회에서

---

20) 《한겨레신문》 1999년 9월 29일자 2면을 참조할 것.

이루어지는 시장주도의 발전에서도 실업문제에 대한 인위적 개입으로 이야기되는 노동시장 규제정책을 부정하지는 않는다. 즉, 서구적인 의미의 시장주도의 발전이 성립하기 위하여 우선 의사결정과 집행의 투명성이 사회적으로 보장되기 때문이다. 다시 말해 경제위기 이후 사회안전망 건설의 절박한 필요성에 대한 사회적 요구가 형성된 한국사회에서 사회적 비용의 증가로 국가경제의 위기를 초래하였다고 주장하는 것은 앞뒤가 맞지 않는 말이 된다. 그럼에도 불구하고 언론지상에서 말하는 '고임금-저효율' 논의와 일 열심히 하기에 바탕을 둔 '신노사문화' 운운은 경제위기의 책임을 노동측에 일방적으로 떠넘기는 듯이 보인다. 시장주도의 사회발전이 가능할 수 있는 사회적 합의에 노동측이 동의할 수 있는 여지가 너무 협소하다는 점이다. 단적으로 말하면 사회민주화 없는 시장논리에 기초한 사회발전이란 불가능하다는 사실이다. 민주적 의견형성과 수렴이라는 일반원칙이 빠진 채 만들어지는 정책은 모방과 답습이라는 폐해에서 벗어날 수 없게 된다.

이러한 대표적 예가 공공근로라고 이름 붙여진 정부주도의 실업대책이다. 하지만 이 정책은 독일의 녹색당(Die Grüne)이 1998년 총선에서 선거공약사업으로 제시했던 실업대책 정책을 원용한 것으로 보인다. 즉, 공공근로(Bürgerarbeit)란 현 자본주의 경제제도에서 필연적으로 발생하고 있는 구조적 실업문제를 해결해보려는 의도에서 나온 정책이다. 노동시장을 1차, 2차, 3차 산업으로 분류해보면 실업자층을 흡수할 수 있는 부분은 3차산업 이외에 거의 없는 것으로 보인다. 하지만 미국의 경험에서도 알 수 있듯이 3차산업 내 서비스 부문에서 전문직 종사자의 증가가 그리 많지 않다. 게다가 이 부문에서 생겨난 신규직종은 저임금 직종이 주를 이룬다.[21] 반대로 생산성의 향상으로 인해 제조업종사자의 절대적 감소와 무

---

21) 웹스터(Frank Webster)는 자신의 책 『정보사회이론』에서 전문직은 전체 노동력의 20% 미만으로 추정된다고 주장하면서 서비스 부문에서 고용의 증가란 저임금노동시장의 형성이라고 본다. 자신의 입장을 증명하기 위해 그는 뉴만(Katherine Newman)의 언급을 직접 인용하는데 주요 내용은 1980년대 미국의 도매거래, 개인사업, 보건서비스업종에서 생겨난 새로운 직업의 85%가 최저임금 직종임을 보여주는 것이다. 구체적 내용은 F. Webster(1998), 조동기 역, 『정보사회이론』, 나남, 80쪽 주 4)를 참조할 것.

관하게 사회적 부는 절대적으로 증가해왔다는 사실을 고려해보면 재미있는 논리가 성립된다. 바로 현 자본주의 생산양식에서 시장논리에 따른 일자리 창출에 한계가 있을지 몰라도, 사회적 부의 분배논리에 따르면 시장가치와는 무관한 사회적으로 가치있는 일자리들은 만들 수 있다는 반대논리가 성립 가능하다. 시장논리에 맡겨진 실업자대책은 저임금노동시장의 고정화를 불러올 것이 불을 보듯 뻔하다면, 저임금노동시장에 대한 규제력은 공공부문의 적극적인 개입을 통해 높일 수 있다.

이러한 의미선상에서 기존의 산업분류와 관계없이 공적 영역이라는 새로운 부문의 노동시장을 만들면 개인적인 도움만으로는 해결할 수 없는 사회문제들에 적극 대처할 가능성이 열리게 된다. 공공근로란 가족해체의 징후가 뚜렷해진 서구사회에서 노약자의 일상생활을 돌보는 보조자나 병자의 간병인, 약물중독자나 비행청소년의 선도를 위한 사회활동가(streetworker), 경제적 이윤추구 논리와는 무관한 각종 사회단체들의 활동가들을 경제적으로 지원하면서 노동시장 내에 공공부문으로 제도화시키려는 의미를 가지고 있다. 이때 사회구성원들에 대한 절대적인 보호를 원칙으로 한 국가부문의 개입은 국가부문의 관료화, 비대화, 경화를 동시에 초래했기 때문에, 이전의 국가부문이 담당했던 사업들을 노동시장 내의 공적 영역으로 이관하여 시장 내에서 이루어지는 수요와 공급 간의 자율적인 조정을 통하여 조직비대화를 막을 수 있는 가능성을 찾는다. 한편으로 서비스 수요자와 공급자 간의 요구들이 효율적인 시장경제의 원칙을 따르면 관료화의 폐해를 막아내면서 사회보장부문에 대한 국가부문의 투명성도 확보할 수 있다. 또 다른 한편으로 대면접촉에 중심을 둔 사회활동가들의 활동은 사회보장 수혜자들의 패배의식을 완화시킬 수 있고, 이들의 재활 가능성도 높일 수 있게 된다. 결론적으로 공공근로의 뿌리는 가능한 사회구성원들의 자발적 참여행위를 높여 민주주의의 수준을 한발 더 나아가게 하려는 의미에서 출발한다.

한국에서 실시된 공공근로는 앞에서 언급한 본래적 의미와는 무관하게 경제위기의 상황에서 경기변동에 대응하기 위한 임시방편적인 적용으로 보인다. 임시방편과 같은 땜질 식이긴 하더라도 실업률 저하에는 큰 효과를 보인 것으로 추정된다. 예를 들어 1999년 7월 기준 부산지역 일용노동자가 전년동월대비 4만 5천 명이 증가했다는 점은 공공근로에 참여한 노동자수의 증가에 기인하기 때문이다. 부산지역 실업자수가 16만 7천 명임을 감안하면 최대 약 1/4의 억제효과를 보인다. 하지만 실업률 억제효과 이외에 사회적 보호의 성격이 가미된 소득분배정책으로서 고용정책이라는 방향성이 빠져 있는 것으로 보인다. 서구에서 구조적 실업문제를 해결하기 위해 정책으로 제시되었던 공공근로란 제도를 경기순환적인 실업의 대책으로 사용하였다는 사실이 시사해주듯이, 국가부문이 실업문제에 가지는 이해의 폭은 과거의 경험에 따르기보다 현재라는 시간 속에 한정된 것으로 보인다. 즉, 압축발전 모델인 한국사회 발전은 현재라는 시간적 규정을 강하게 받고 있다는 점이다. 다시 말해 서구에서 실업을 보는 시각이 경기순환적에서 구조적 실업으로 바뀌어가는 시차가 압축발전 모델에서는 사라져버리고 혼재하게 된다. 바로 이러한 혼돈된 인식은 실업문제를 해결할 의지를 지닌 여타의 사회세력들에게서도 뚜렷이 나타난다.

2) 행위자(II): 노동과 자본

먼저 노조입장에서 고용정책은 기업정책과 사회정책의 가름선이 된다. 개별 사업장마다 차이를 보이는 기업정책은 일단 인력수급계획의 차이로 나타날 수 있지만, 노동시간 단축과 연계된 노조의 임금정책은 정치영역에서 다루어지는 고용정책과 긴밀히 연관된다. 그리고 소득의 사회적 분배와 노조의 사회적 대항권력(Gegenmacht)으로서 위상을 드러내는 사회정책은 고용정책의 밑받침 없이는 사상누각과 같은 위험에 내몰리게 된다. 다시 말해 실업자를 보호할 수 있는 제도적·법적 기반 없이 이루어지는 노조활동은 선언적인 운동 차원에 머무르면서 현실적으로 작동하고 있는 시장기제에 강제적으로 복속당하는 결과를 가져온다. 노조활동이 기존의 조직원의 이해를 보호하는 데 한정될 경우, 우리는 이를 자기방어적 권력으로 이름 붙일 수 있다. 하지만 이와 반대로 사회적 약자인 여성노동자와 40대 이후의 장년노동자 혹은 실업자, 그리고 장애인들의 고용을 공세적으로 제시하면서 이의 실현을 위해 노력할 경우 대안적인 대항권력으로 이름 붙인다. 이러한 구분과 관련하여 실업자운동은 단순한 경제적 원조나 법률보호활동이 아니라 연대성에 바탕을 둔 계급운동으로서 노동운동이 가능해진다.

여기서 민주노총으로 대표되는 우리 노동운동진영이 실업문제의 해결책으로 제시하고 있는 정책인 '노동시간 단축을 통한 일자리 나누기'를 예로 들어보자. 민주노총의 이 정책은 사회적 합의를 전제로 한다. 하지만 국가경제의 부양을 목적으로 노동시간 단축에 대한 노사합의 없이 노동자들만의 투쟁과 조직력으로 이 정책실행을 담보하는 데에는 어려움이 따르게 된다. 일자리 나누기가 아니라 고용안정이 사회적으로 쟁점화되어 있는 지금의 상황이 이를 대변한다. 중립자적인 국가의 조정역할 부재나 자본의 이해관계에 대한 근시안적인 태도를 사회적 합의형성을 저해하는 요소로 돌릴 수 있는 상황에서 노조는 물론 대안적인 대항권력을 지향할지라도, 대항권력의 내용은 투쟁성으로 환원되는 문제에 부딪친다. 즉, 투쟁력이 약하기 때문에 지금의 상황은 어쩔 수 없다라는 환원론에 부딪치게 되는데, 이때 환원론적인 논리전개는 상황논리로의 함몰이라는 결과를 가져온다. 스스로에 대한 정당화 논리 이외의 의미는 찾기 어렵게 된다. 조직 상층단위에서 사회적 합의를 도출해내지 못함으로써 강제적으로 규정된 정치적 비타협주의와 하층단위의 경제주의가 공존하면서, 대안적인 대항권력으로서 노조라는 성격이 자기방어적인 권력으로 전화하는 접점을 이룬다. 이러한 측면에서 우리는 민주노총 진영이 가지는 실업문제에 대한 소극성을 이해할 수 있다. 민주노총이 상층수준에서 노동시간 단축을 통한 일자리 나누기라는 정책을 제시할지라도 조직에 속한 단위사업장 수준에서는 자기 조직원들의 고용안정문제에 양보교섭으로 일관한다는 사실을 연관시켜보면, 거창한 비타협주의라는 이름 아래 실업문제에 대한 대책이 부재함을 알 수 있다. 개별사업장 수준에서 이루어지는 양보교섭을 중앙조직이 무효화시킬 능력과 힘이 실질적으로 없는 상황에서 노조운동은 자기조직원들에만 한정된 운동으로 바뀌게 된다.

하지만 여기서 주목해야 할 사실은 한국경제가 IMF의 직접적인 통제에 들어가기 바로 이전까지 작업장 내에서 실행된 생산의 유연화는 노동자들의 분할을 심화시켰다는 사실이다. 기업규모별 임금격차에서도 드러나듯이 정규직 노동자와 비정규직 노동자 간 혹은 원청노동자와 하청노동자 간의 분절화가 진행되었다. 이때 정규직 노동자들이 열악한 작업조건에서 할 수밖에 없는 작업들에 대한 회피현상과 더불어 그런 대로 활동하고 있는 노조에 대한 의식적 견제로서 기업측의 정규직 노동자에 대한 우대가 합해져 정규직과 비정규직의 구분은 심화된다. 흔히 말하는 힘들고, 더럽고, 돈 안되는 일에 대한 노동자 개인들의 회피는 노조운동이 사회 속에 자리잡아 가면서 노동자의 권익지키기로 자연스럽게 이해되고 정당화된다. 게다가 기업별 노조체계 아래에서 권익지키기는 그 사업장에 고용된 노동자들에게 한정되어 버린다.

결과적으로 기업별 노조조직체계와 맞물려 노동시장의 분절화는 심화되면서 연대성에 기반을 둔 노동운동은 추상적인 수준에 맴돌게 된다. 이 추상성은 조직 내적으로 저임금노동자층의 상존 때문에 임금압박요인이 형성되어 결과적으로 경제투쟁마저 어렵게 되고, 조직 외적으로 노동운동을 사회에서 주변화시키는 데 작용한다. 다시 말해 정치적 비타협주의는 자기 조직원의 고용과 관련한 경제적 이해관계에만 민감한 반응을 보이면서 경제주의로 전락한다. 실업문제에 무기력한 반응을 보이면서 사회적 논리라는 내용을 채워나갈 움직임조차 힘겹게 된다. 연대성에 기초한 노동운동은 존재기반을 잃게 되어, 결과적으로 실업문제에 대한 사회적 담론이 기업중심의 논리로 채워질 때 먼 산 바라보듯이 대응하게 된다. 간단히 말해 실업자에 대한 일자리 제공은 그 사회가 책임져야 한다는 사회적 논리는 사라져버린다. 사회적 논리의 부재는 노조와 노동운동의 무력화로 연결되지만, 이 무력화에 이익을 얻는 집단이 누구인지 혹은 사회적 합의구조 형성에 누가 적극적으로 방해하는지 명확히 따져보아야 한다.

실업문제에 대한 노동운동진영의 무기력한 반응은 계급이기주의 탓으로 돌리기보다는 우선 자본측의 요구에 상대적으로 조응한 결과로 보아야 할 것이다. 자본측의 주장 중 앞서 언급한 정부의 실업종합대책에 대한 전경련의 비판이 인상적이다. 전경련은 정부의 종합대책이 가진 문제점으로, 첫번째 흑자도산 방지 등 확실한 실업예방대책 미흡, 두번째 고용창출 정책의 실효성 미흡, 세번째 중장기 예산확보 대책의 미비와 정부의 재원확보 노력의 미흡 등 재원조달상의 문제점을 들면서, 보완과제로 첫번째 내수산업 활성화를 통한 고용안정, 두번째 사회간접자본 확충 및 과감한 민영화, 전략산업육성을 통한 고용창출, 세번째 재취업 촉진 훈련확대 및 해외 인력파견, 근로자파견사업 등을 통한 실직자 재취업 촉진 등을 제시하였다.[22] 기업가 단체인 전경련이 기업활동의 개선을 통한 일자리 창출이라는 정책대안을 제시하는 것은 당연하게 보이지만, 전경련 역시 정부주도의 실업대책에 회의적이라는 점은 흥미롭다. 하지만 시장논리에 충실한 전경련의 실업대책은 한마디로 경기회복에 따른 실업감소를 지향한다는 점 이외에도, 정부의 노동시장 개입정책을 노동시장의 인구적인 관점에서 지금의 공급과잉을 수요지역으로의 유출이라는 방식으로 접근한다는 점에서 이채롭다. 여기서 전경련은 그 단체의 성격을 분명히 드러내는 주장을 하고 있는데, 예를 들어 내수산업 활성화와 국내 노동력의 해외유출을 연계시키고 있다. 해외 노동력 유입을 법적으로 제재하는 일본정부의 노동시장정책을 사례로서 주장하기보다는 우리 노동력의 해외유출을 정책대안으로서 제시한다는 점에서 기업 내적인 합의에 근거한 일본적인 사회적 합의구조가 우리들 속에 얼마나 깊게 뿌리내렸는지 의심스럽게 하는 대목이다.

전경련의 주장에서 자국 노동력에 대한 보호라는 시각보다 지구화라는 명제 속에서 노동시장이 기존의 상품시장과 다를 바가 없다는 사고가 뚜렷이 나타난다. 게다가 내수시장 활성화를 위해서 필요한 조치는 임금종사자 일반의 임금저하를 막아야 함에도 불구하고 임금저하 효과를 수반하는 근로자 파견제를 강화해야 한다는 점은 계급이해를 철저히 따른 것으로 보인다. 임금종사자의 소득증가를 통해 소비시장을 확대시키기보다는 소비시장의 차별화를 진행하겠다는 의도로 이해할 수 있다. 이를 위한 전경련식의 고용안정과 실업대책은 복잡한 의도가 깔려 있는 것으로 보

---

22) 전경련의 이 비판적 문제제기는 김석준(1999)에서 인용하였음.

인다.

첫째, 노동시장 유연화를 통해 저임금 노동시장을 노동시장 내에 우선 구조화시키고, 이 저임금 노동시장은 실업이라는 체제적 불안을 완화시키는 역할을 할 것이라는 기대가 엿보인다. 이것은 실업이 사회적 문제로 대두될 때 생기는 문제 가운데 하나인 대중의 사회적 불안심리에 상응한 기대효과를 말하는데, 구체적으로 표현하면 최저생계비에 못 미치는 소득일지라도 일자리만이라도 안정적으로 보장된다면 그 체제는 유지될 수 있다는 반사효과를 말한다.

둘째, 임금종사자의 소득저하는 이른바 빈부격차의 심화를 동반하지만 부유층의 고정화는 고급 혹은 고가 소모품에 대한 소비시장의 팽창으로 나타나고 저급 혹은 저가 소모품의 소비시장과는 완전히 차별적인 경기변동으로 운용된다. 다시 말해 고급 소비시장이 만드는 유통부문의 고부가가치가 안정적으로 될 수 있다는 점이다.

셋째, 현정부의 실업극복대책은 서구에서와 같은 실업지원금 제도의 도입으로 귀결되기 때문에 결과적으로 국가채무의 증대 속에 재무구조의 악순환에 빠지게 된다는 전제가 놓여 있다. 이 불안정한 재무상태를 벗어나기 위해 국가는 직접세인 소득세의 인상이 아니라, 간접세인 소비세율의 인상으로 나아갈 수밖에 없을 것이라는 전망에서 출발한다. 이에 따라 내수시장의 차별적 경기변동의 발생이 불가피하다는 기대가 깔려 있다. 임금종사자의 소득저하는 세수의 감소로 이어지고, 그 속에서 이루어지는 실업자의 생활보호를 위한 각종 지원은 국가채무로 이어져 노동시장의 유연화와 내수시장의 차별화만이 체제가 유지될 수 있는 탈출구라는 신자유주의적인 논리가 기반이 되고 있다.[23]

전경련의 이와 같은 기대는 이 단체에 속한 개별 재벌들의 외적인 경영혁신 캠페인과는 달리 지금의 재벌체제를 유지하겠다는 측면에 기인한 것으로 보인다. 극단적으로 표현하면 사회적 합의라는 어려운 절차보다

---

23) H. Ganssmann, "Soziale Sicherheit als Standortproblem," in *Prokla*, H. 106, 1997, p.6을 참조할 것.

IMF 이전의 경제체제로의 복귀라는 자기 전망으로 보인다. 하지만 한국 사회 발전에서 문제로 되는 점은 성장위주의 경제개발논리를 벗어나지 못하고 있는 전경련의 전망과 기대가 실현 가능성을 가지고 있기 때문이다. 바로 이 사실을 부산지역 노동시장을 사례로 검증할 수 있다.

3. 부산지역의 실업문제: 저임금 노동자층의 구조화 사례

먼저 부산지역 노동시장을 전국의 평균적 사례로 보기는 어렵다. 1980년대 말부터 가속화된 신발산업의 사양화 이래, 이 지역에서 제조업의 공동화가 타지역보다 상대적으로 급속하게 진행되었기 때문이다. 게다가 IMF 체제 이후 이 지역의 중소규모 사업장은 여전히 경제적 어려움에 처해 있다는 점에서 경기회복의 파급효과가 비교적 늦은 것으로 보인다.[24] 다시 말해 이 지역의 실업문제는 한국사회의 일반적인 모형으로 이야기 되기보다는 특수한 경우로 여겨진다.

이런 특수성에도 불구하고 시장논리인 경기변동에 의존한 노동시장 규제정책의 효율성이 타지역보다 상대적으로 뒤떨어진다는 점에서 부산지역의 실업문제는 지금의 정부가 수행하는 노동시장 개입정책의 한계를 명확히 보여줄 수 있다. 노동시장에 대한 규제정책이 사회적 합의 없이 경기변동에만 의존한다면, 실업문제는 노동시장의 분절화로 이어지는 사례를 부산지역에서 찾아볼 수 있기 때문이다. 게다가 정부주도의 노동시장 개입정책이 가지는 한계를 인정한다면, 부산지역 노동시장의 변화는 타지역보다 시간적으로 선행된 모습으로 이해할 수 있다. 여기서 우리는

---

24) IMF 이후 부산지역 경제의 어려움은 어음부도율과 전년동월비 수출증감률로 쉽게 드러난다. 1997년 11월, 1998년 2월, 그리고 같은 해 4월 기준에서 전국과 부산의 어음부도율은 0.48:0.94, 0.83:2.99, 0.57:3.19로 나타나고, 동일한 기간의 전년동월비 수출증감률은 3.8:−12.0, 21.1:−0.3, 6.6:−4.8에 달한다. 경제지표상의 변화추이가 가르쳐 주듯이 경기변동상 전국적인 경제가 안정화 추세로 진행되는 동안에도 부산지역은 수출증감률의 상대적 증가와 어음부도율의 상승이라는 불일치를 보여준다. 이를 위해 김석준(1999), 82쪽 〈표 3〉 부산지역 경제지표를 참조할 것.

한국 노동시장의 장래를 예측해볼 수 있는 가능성을 가지게 된다.

부산지역의 실업문제는 우선 전국 최고의 실업률과 더불어 우리 사회의 고실업문제가 어떤 방향으로 나아갈지를 예시해준다는 점에서 흥미롭다. 통계청 부산통계사무소의 발표자료에 따르면 1999년 7월 기준 부산지역 실업률은 9.6%로 6월과 비교하여 0.1%의 감소와 더불어 경제활동인구의 전국적인 증가추세와 비슷하게 전월비 0.2%의 증가를 나타낸다. 이 점에서 부산지역 고용동향은 전국적인 추이경향에 따른다고 보인다. 하지만 이 개괄적인 일반화에는 함정이 있다. 왜냐하면 경제활동인구와 취업자수는 경제위기의 여파가 한창이던 1998년 7월과 비교하여 여전히 밑돌고 있기 때문이다. 다시 말해 전국적인 회복세에 미치지 못한다고 유추해볼 수 있다.

전국수준의 회복세에 미치지 못하는 요인으로 먼저 도소매, 음식숙박업의 전년 동월대비에서 7.9%의 감소를 들 수 있다. 이 감소치는 인근지역이면서 산업시설이 밀집된 경남의 감소율 4%와 비교하여 약 2배의 차이를 나타낸다. 이 점은 경제위기 이전에 거대 대도시를 중심으로 확장되었던 3차 소비산업이 불경기로 인하여 소위 거품이 빠지는 현상으로 이해할 수도 있다. 경기순환의 측면에서 도소매, 음식숙박업의 전월대비의 증가가 경기회복을 보여주기는 하지만, 실업자의 수는 사실상 큰 변화 없이 고정화된 양상을 띤다.

경기회복의 결과와는 반대로 노동자들의 지위별 이동에서 상용노동자들의 감소추세와 더불어 가족종사자와 일용노동자들은 증가한다. 게다가 비정규직이긴 하지만 정규직인 상용노동자로의 이동 가능성이 많은 임시노동자의 수가 줄어들고 있다. 일자리를 구하는 노동자들이 임시방편으로 가족종사자로 되었다가 다른 지위의 일자리로 이동해간다고 유추해보면, 이들의 이동경로는 또 다른 불안정한 지위인 일용노동자가 된다는 점에서 부산지역의 노동시장은 저임금 노동자층이 구조화되는 모습을 보여준다.

실업자종합지원 부산센터의 5월부터 7월 중순까지의 활동에 대한 자체 평가에 따르면 상담을 방문하는 사람들의 주요 현안이 구직인데 이들은 대개 단순기능을 가지고 있으며, 연령층별로는 40대인 장년층이 34.6%,

〈표 3〉 부산지역 고용동향(1999년 7월 기준)   (단위: 천 명, %)

	'98. 7	'99. 6	'99. 7	전월비	전년동월비
경제활동인구	1,771	1,736	1,743	0.4	-1.6
(참가율)	(59.4)	(58.2)	(58.4)		
취업자	1,603	1,568	1,577	0.6	-1.6
농림어업	41	42	41	-2.4	0.6
광공업	370	375	381	1.6	3.0
·제조업	370	375	380	1.3	2.7
사회간접자본 및 기타 서비스업	1,192	1,151	1,155	0.3	-3.1
·건설업	111	112	114	1.8	2.7
·도소매음식숙박업	519	464	478	3.0	-7.9
·사업개인공공서비스업	362	377	363	-3.7	0.3
·전기운수창고금융업	199	199	200	0.5	0.5
자영업주	408	385	385	0.0	-5.6
무급가족 종사자	132	116	121	4.3	-8.3
상용 노동자	481	463	462	-0.2	-4.0
임시 노동자	460	446	442	-0.9	-3.9
일용 노동자	122	157	167	6.4	36.9
실업자	168	168	167	-0.6	-0.6
(실업률)	(9.5)	(9.7)	(9.6)		

자료: 통계청 부산통계사무소(1999)

30대 22.8%, 50대 19.7%를 이룬다. 이른바 장년층 단순기능직 혹은 미숙련 노동자들이 대다수를 이루고 있다. 정규직인 상용노동자에서 퇴출당한 노동자들의 주류가 단순기능을 가진 장년층이라는 사실과 부합된다. 즉, 이들이 정규직 노동자층과 분절된 주변화된 노동자층을 형성하는 것으로 보인다. 일용노동자층의 증가가 공공근로사업에 직접적 영향을 받고 있는 사실을 고려하면, 주변화된 노동자층은 저임금노동자군의 형성과 직접적으로 연관된다. 다시 말해 저임금으로 보상되는 공공근로사업에라도 참여하려는 노동자들이 상존한다는 점이다.[25]

결론적으로 부산지역 노동시장의 고용동향에서 경기회복과 실업률 감소는 상관관계가 있는 것으로 나타남에도 불구하고, 이 실업률 감소는 노

---

25) 이 주장은 경남지역의 일용노동자가 1999년 7월 기준 전년동월비 56.5%의 증가를 보인다는 점이다. 부산과 달리 이 지역은 우리나라 산업중심지인 마산과 창원, 울산과 거제를 포괄하기에 시사점이 있다.

동시장 내 비정규직의 증가에 기인한다. 불안정한 고용방식이 증가하는 노동시장의 유연화가 진행되고 있다. 이러한 의미에서 부산지역 노동시장은 주변화된 저임금 노동자층이 형성됨에도 불구하고 이들의 이동공간으로 설정되는 비공식부문의 증가가 눈에 띄지 않는다는 점에서 특수성을 보인다. 경기회복에도 불구하고 3차 서비스산업 고용인구가 증가되지 않고 전년동월비 감소추세라는 점이다. 경기회복이 소비시장의 확장으로 나타나지 않아서 저임금 노동자층을 흡수할 수 있는 도시 비공식부문인 자영업이 감소하는 모순된 형태를 띤다. 바로 이 점에서 고용창출이 어려운 부산지역 경제의 특수성이 돋보인다.

서구에서 단순기능직이 생산과정의 합리화와 자동화를 통하여 노동시장에서 사양화되었다면, 우리의 경우 경제위기 이후 기업경영 합리화란 명목 아래 진행되고 있다. 다시 말해 서구의 경우 직업유형 내에서 신종직업과 사양직업으로의 구분이 서서히 일어나지만, 우리의 경우 경제위기 속에서 신종직업의 다양한 분화와 관계없이 단순기능직은 사양직업으로 낙인찍히면서 주변부로 내몰린다. 이때 경제적 강제를 통해 내몰린 주변부 노동자층에게 주어진 선택의 가능성은 이전과 비교하여 더욱 좁아지는 점에 주목해볼 필요가 있다.

예를 들어 정규직 상용노동자층에서 퇴출당한 노동자들이 자영업이라는 업종으로 전환하거나 대기업에서 중소기업으로 하향이동하는 것이 이전의 일반적 경로라고 한다면, 상용노동자층이 고정화된 현시점에서 하향이동의 가능성도 줄어들게 될 뿐만 아니라 IMF 이전의 거품경제의 후유증이 가장 많은 3차 소비산업으로의 이동도 불투명해진다. 50대 이후의 실업자들이 비경제활동인구로 전환하는 뒷배경에는 오갈 데 없는 노동자들의 출구가 경제활동의 완전 포기로 이어짐을 알 수 있다. 부산지역 경제활동인구의 증가세가 다른 지역에 비하여 낮은 사정은 이러한 의미선상에서 이해될 수 있다.

부산지역의 직업이동경로가 시사해주는 것은 노동시장의 분절화를 고정화시키는 이분화가 진행된다는 사실이다. 즉, 시장논리에 순응한 노동시장정책은 노동시장 내에 승리자와 패배자 사이의 중간지역을 만드는 데 너무나도 무력하다는 점을 쉽게 깨달을 수 있다.

퇴출노동자들을 패배자의 범주에서 이해한다면 승리자는 일자리를 유지하고 있는 사람일 것이다. 하지만 이들도 해고의 위험 속에 놓여 있다면 진정한 승리자는 과연 누구일까. 사회적인 직업 재교육체계가 거의 전무한 가운데 주요한 직업교육은 기업중심적으로 행해지고 있다면, 기업에 속하지 못한 노동자들은 영원한 패배자로 남는 것은 분명하다.

반대로 승리자는 자본이득소득으로 살아가는 극소수에 불과하고, 대다수는 패배자로 전락하게 된다. 연속적으로 사회적 물의를 일으킨 부산지역 파이낸스 사기사건은 이러한 사회적 분위기를 상징적으로 보여준다. 파이낸스투자자들의 투자행위는 합리적인 계산 속에 이루어진 것은 물론 아니다. 하지만 사기를 당한 투자자들이 다른 금융상품과 비교하여 눈앞의 이자수입이 많다는 이유만으로 투자행위를 했다고 보기에는 설명이 미흡하다. 오히려 생활에서 출구가 보이지 않는 어둠 속으로 내몰린 사람들에게 돈만 많이 벌면 된다는 배금주의적 사고방식을 출구로 여겼을 것이다. 이러한 사회현상보다 중요한 사회학적 사실은 노동시장의 분절로 인해 생기는 노동자들의 분할은 사회의식과 시회구성에 직접적인 영향을 미쳐 사회현실에 반대하는 사회운동을 나타나게 한다. 여기서 경제위기 이후 급격히 증가한 실업자와 노숙자를 보호하기 위한 시민단체들의 자생적인 조직과 활동을 예로 들 수 있다.[26]

4. 결론을 대신하여: 대항적인 사회운동의 가능성

대항적인 사회운동 중 계급운동으로서 노동운동이 정치적 비타협주의를 우선하는지 아니면 사회적 약자 보호에 기초한 연대성의 원칙을 우선

---

26) 실업자종합지원 부산센터에 가입하고 있는 지역시민단체는 국민승리21 부산지부, 노동자를 위한 연대, 민주노총 부산지역본부, 민주주의민족통일부산연합, 부산경남보건의료연대회의, 부산경실련, 부산여성회, 부산장애인총연합, 부산참여자치연대, 부산환경운동연합이다.

하는지 따져볼 필요가 있다. 노동운동 일각에서 실업극복국민운동위원회에서 행하는 실업자종합지원센터의 사업을 개량적인 체제유지사업으로 평가하고 있기 때문이다. 구체적으로 말하면 실업자종합지원 부산센터에 조직적으로 결합해 있음에도 불구하고 민주노총 부산지역본부의 관여도가 지극히 소극적이라는 점은 노동운동 내의 실업사업에 대한 부정적 평가에 기인한다.

실업문제에 대한 노동운동진영의 소극성은 실업자종합지원센터 사업의 방만함으로 이어진다. 하지만 이 방만함에도 불구하고 시민사회단체들이 실업문제에 대해 처음으로 부딪치면서 실업문제의 심각성을 깨달아가는 계기가 되었다는 점에서 이들에게 귀중한 자산으로 남을 것이다. 실업사업이라는 경험공간을 통해 획득할 수 있는 사회보장제도의 필요성에 대한 새로운 인식과 접근은 한국사회 발전에서 미지의 영역을 개척하고 확장한다는 점에서 지극히 의미있는 일이다. 이러한 의미성은 더군다나 경제위기로 말해지는 IMF 시대에 사실상 기존사회발전 모델의 좌절이라는 의미와 합해져 새로운 사회상을 건설하는 일을 자기목적으로 하는 사회운동세력에게 사회에 대한 또 다른 이해를 가능하게 한다는 점에서 중요하다.

사회단체들이 주력을 이루고 있는 실업자지원종합지원센터의 사업은 재난으로 다가온 실업문제를 해결해보자는 낮은 수준의 연대성에서 출발한다. 하지만 실업사업들이 본격화되면서 조직 내적인 연대성의 원칙은 노동부, 시청, 구청을 중심으로 이루어지던 기존의 취업정보제공과 일자리 알선사업과 경쟁관계에 놓이게 된다. 심한 경우 일자리 알선에 대한 지식과 경험을 축적하고 있는 관조직들과 반대로 일천한 경험공간을 가지고 있는 시민단체의 성장은 기대하기 어렵게 된다. 실업자지원종합 부산센터에 고용문의를 해오는 실직자들은 노동부에서 이루어지는 직업소개마저 기회를 놓친 주변화된 노동자들이다.

이러한 의미선상에서 실직자 가정의 생계보조를 주내용으로 하는 결연사업과 의료보험과 각종 사회보험을 대체한 '희망의 카드' 사업이 실행된다. 하지만 이 사업들은 빈민구제의 성격을 강하게 띠고 있을 뿐만 아니라 실업문제의 해결과는 거리가 멀고 기초자치단체에서 필요에 따라 추진하고 있는 사업들과 배치되고 있다.[27]

바로 이러한 사업들에서 문제가 되는 것은 기존 관주도의 실업문제해결책에 의문을 제시하면서도 이와는 다른 사업영역을 제시하지 못하고 있다는 점이다. 다른 말로 표현하면 실업사업 자체가 시장에서의 경쟁논리에 휘말리면서 사회적 논리는 생계보조로 축소한 느낌을 준다.

이와 반대로 실업자의 생계보장은 원칙적으로 국가나 지방정부가 책임져야 한다는 원칙을 바로 세우기 위하여 먼저 실직자 가정에 대한 생계보조 확대와 장년 미숙련 노동자층에 대한 직업 재교육이 동시에 실시되어야 한다. 민간위탁이라는 형태로 진행되는 직업훈련이 결국 또 다른 시장논리에 근거하고 있다면 정부산하 직업훈련기관의 신설을 요구하면서 동시에 직업훈련학교를 이수한 노동자들의 채용을 조세감면과 임금지불에 대한 정부보조로서 제도화하여야 한다. 개인에게 취업을 강요할 수 없다는 원칙을 인정하면서도 빈번한 작업장 이동의 주요 요인은 경제적 물질적 보상이라는 사실을 고려하여 일정기간 취업 이후 보상받을 수 있는 인센티브제도의 마련도 생각해볼 필요가 있다. 대졸 고급인력의 실업률을 낮추기 위한 방안으로 기존 인턴사원제를 개선한 임금지급과 채용기간의 연장도 고려되어야 한다.

이 모든 제도들은 궁극적으로 실업자등록제를 채택하게 하는 장치들일 것이다. 노동시장의 효율적 경영이라는 차원에서 보면, 잉여인력을 적재적소에 배치할 수 있는 계획·조절 능력이 중요하다. 이를 위해 실업자 등록제는 필수불가결하게 보인다. 이러한 제도적 장치에 대한 고민들이 우리의 현실과 동떨어진다고 느낄 수도 있지만, 멀리 떨어진 거리 속에서 사회적 가치가 놓여 있다는 사고의 전환이 필요하다. 사회운동세력들이 경제위기에서 발생한 실업문제를 경기변동의 결과로만 이해한다면, 시장논리 체계에 바탕을 둔 기존의 사회질서를 어떻게 변화시킬 수 있을지 반

---

27) 부산광역시 북구청에서 실업자를 대상으로 한 민간의료지원망을 건설하는 사업이 진행되고 있다. 북구청 관내의 모든 병, 의원, 약국, 보건소를 포괄한 '거북이 의료할인제'가 그것이다.

문해볼 필요가 있다. 빈부격차를 완화시키는 것이 체제유지라는 기계적인 사고보다 빈부격차를 완충시키려는 노력 속에서 사회구성원들의 사회의식은 증가한다는 사고의 전환이 절실한 시점에 우리는 살고 있다.

　게다가 국가나 지방정부측은 영미식의 사회발전 모델인 저임금 노동시장의 구조화를 통한 고실업 완화라는 방식을 따르는 것이 분명해진 오늘의 시점에서 우리는 한국사회가 이 모델을 얼마나 충실하게 모방(?)할 수 있을지 따져볼 필요가 있다. 제조업 중심의 산업구조를 포기하면서 얼마나 외채상환을 할 수 있을지 혹은 지방세수의 증가를 가져올지 의문스럽기 때문이다. 이보다 더욱 중요한 사실은 정치적 전통에서 자유주의와 실용주의의 전통이 그런 대로 지켜지면서 사회유지라는 가치와 규범을 체화한 보수주의자가 그들의 목소리를 내는 사회와는 근본적으로 다른 한국사회에서 영국이나 미국과 같은 발전경로의 답습은 계산되지 않은 결과들과 또 다른 문제들을 가져올 것이라는 점은 분명하다.

■ 참고문헌

김석준, 1999a. 「부산시 실업문제와 대책」, 『부산지역 현실과 지역운동』, 부산: 부산대학교 출판사, 77-92쪽.

김석준, 1999b. 「정부의 실업대책에 대한 평가」, 부산지역 실업대책협의회, "'99년 실업대책평가와 2000년 과제마련을 위한 워크샵" 발표문.

실업자종합지원부산센터, 1999. 활동평가서(미발간).

이동환, 1999, 「부산시의 실업대책 현황과 과제」, 부산지역 실업대책협의회, "'99년 실업대책평가와 2000년 과제마련을 위한 워크샵" 발표문.

한국노동연구원, 1998. 『'98 분기별 노동동향분석』, 제11권, 4호.

통계청 부산통계사무소, 1999. 『부산광역시 1999년 7월 고용동향』.

Albert, M., 1992. *Kapitalismus contra Kapitalismus*, Frankfurt a. M.

Briefs, U., 1992. "Gewerkschaftliche Politik im modernen Kapitalismus — Gewerkschaften unter der Druck der neuen technisch-ökonomischen Strukturen," in Z, Nr. 11, Frankfurt a. M., S.46-58.

Bundesministerium für Arbeit und Sozialordnung, 1996. *Statistisches Taschenbuch*

1996, Bonn.

Bundesministerium für Arbeit und Sozialordnung, 1998. *Statistisches Taschenbuch 1998*, Bonn.

Ganssmann, H., 1997. "Soziale Sicherheit als Standortproblem," in *Prokla*, H. 106, S.5-28.

Giddens, A., 1998. *Der dritte Weg*, Frankfurt a. M.

Huffschmid, J., 1996. "Arbeit im Zerfall-Stimmungen und Tatsache aus den USA," in *Z*, Nr. 26, Frankfurt a. M., S.17-28.

Lipietz, A., 1991. "Die Beziehungen zwischen Kapital und Arbeit am Vorabend des 21. Jahrhunderts," in *Leviathan*, *H.* 1, Berlin, S.78-101.

O'Connor, J., 1995. "20. Jahrhundert mit beschränkter Haftung," in *Prokla*, H. 100, Berlin, S.381-408.

O'Connor, J., 1973. *Die Finanzkrise des Staates*, Frankfurt a. M.

Rifkin, J., 1997. *Das Ende der Arbeit*, Frankfurt a. M.

Ritter, G. A., 1991. *Der Sozialstaat*, München.

Scherer, Ch., 1989. "Die US-Auto- und Stahlindustrie auf der Suche nach dem Goldenen Vlies der Wettbewerbsfähigkeit," in *Prokla* 74, H. 1, Berlin, S.109-133.

Stein, L. v., 1876. *Gegenwart und Zukunft der Rechts- und Staatswissen- schaften Deutschlands*, Stuttgart.

Touraine, A., 1998. "Links von der Mitte liegt die Zukunft," in *Die Zeit*, 1998. 11. 5, S.15.

Webster, F., 1998. 『정보사회이론』, 조동기 역, 나남출판.

Willeke, S. and S. Rückert, 1998. "Macht Sozialhilfe süchtig?," in *Die Zeit*, 1998. 5. 20, S.18.

기업간 '관계'의 관점에서 본 기업도산실태의 지역별 비교
―부산, 인천, 울산의 사례―

이성균
(울산대학교 사회과학부)

1. 서론

기업도산사례는 경제위기상황을 가장 명확히 나타내는 지표이다. 외환위기 이전인 1997년 1월에 521개에 불과하던 부도업체는 1998년 1월에 3,323개로 증가하였고, 같은 시기에 전국적으로 발행된 어음 가운데 부도로 처리된 액수도 1조 6천억 원에서 4조 4천억 원으로 늘어났다(한국은행, 1999a). 이처럼 부도로 처리된 사업체와 어음액의 증가추이는 생산현황과 고용사정이 외환위기를 전후하여 얼마나 악화되고 있는가를 나타내고 있다. 부도사업체의 증가로 인한 대량실업의 발생과 실질소득의 감소는 소비심리를 위축시켜 내수부진을 낳았고, 이는 또다시 기업의 생산감소와 도산으로 이어져 실업자를 양산하는 악순환으로 되풀이된다. 따라서 1990년대 중반까지 3% 이하 수준에 있던 실업률도 1998년 1/4분기에 5.7%, 그리고 1999년 1/4분기에는 8.4%로 증가하였다(통계청, 1999). 비록 최근에 소비심리가 부분적으로 부활되고 금리가 안정세에 들어서면서 산업생산이 상승세로 돌아서고 부도사업체와 실업자의 수가 점차적으로 감소하는 경향을 보이고 있으나, 예전의 경제성장추세를 완전히 회복하지 못하여 경제위기의 파급효과는 계속해서 나타나고 있다.

현재의 경제상황을 살펴볼 때 한 가지 중요한 사실은 기업이 도산하거나 어음이 부도로 처리되는 비율이 지역별로 다르다는 점이다. 예를 들어서 1997년 12월의 주요 광역시의 부도발생비율을 살펴보면, 부산과 인천이 각각 2.10%, 2.28%로 전국에서 가장 높으며 울산이 1.57%로 비교적 낮은 상황이었다(한국은행, 1999a). 또한 1998년 7월에도 부산(1.64%)과 인천(1.60%)이 울산(0.84%)보다 높은 수준의 부도발생비율을 기록하였다. 따라서 시도별 부도발생비율의 순위라는 측면에서 보면, 인천과 부산의 부도발생비율이 울산보다 계속해서 높게 나타났음을 알 수 있다. 또한 부도발생비율은 생산현황과 고용사정에 직접적인 파급효과를 나타내는 중요한 지표이기 때문에, 전반적인 생산현황과 고용사정도 지역별로 매우 상이할 것임을 시사한다.[1]

　이 논문은 특정 지역의 부도발생비율이 다른 지역보다 계속해서 높게 나타날 수밖에 없는 지역경제구조의 특징을 살펴보는 데 목적이 있다. 현재 대부분의 지역에서 경제위기가 지속되고 기업도산과 실업문제가 중요한 사회문제로 부각되면서 이러한 현상을 분석하고자 하는 시도가 진행되고 있다(강현수, 1999; 남기곤, 1999; 이성균, 1999; 남춘호·이성호, 1998, 이갑성, 1998, 김석준, 1997). 이러한 연구성과물은 '지역'의 시각에서 경제위기의 진행과정과 파급효과를 분석하고 문제를 해결하기 위한 노력이라는 점에서 매우 긍정적인 작업이라고 할 수 있다. 그러나 대부분의 연구는 단일지역사례에 국한하여 해당지역의 경제현황일반, 지역경제동향, 노동시장의 변화, 그리고 실업률 증가추이 등을 개괄적으로 서술함으로써 경제위기가 해당지역의 생산활동에 얼마나 부정적인 파급효과를 가져오는가를 설명하는 데 그치고 있다. 따라서 "특정지역의 부도발생비율이 다른 지역보다 계속 높게 나타나는 구조적 요인은 무엇인가? 구체적으로 표현하면, 경제위기라는 동일한 상황임에도 불구하고, 부산이나 인천에 소재한 사업체들이 도산할 가능성이 울산지역의 경우보다 더 높은 이유는 무엇인가?"라는 의문에 대해서 적절한 해답을 제시하지 못한다.

---

1) 통계청이 발표한 지역별 실업률을 비교하면 다음과 같다(통계청, 1998b, 1999). 먼저 1998년 3월에 부산과 인천은 각각 9.8%, 9.0%의 실업률을 기록하였으나 울산은 이보다 낮은 7.8%에 불과하였다. 또한 1999년 3월에도 부산(11.7%), 인천(10.9%), 울산(9.0%)의 순서로 실업률이 나타나, 부도발생률이 높은 도시가 다른 도시에 비하여 계속해서 높은 실업률을 기록하였음을 알 수 있다.

따라서 이 논문에서는 한국의 가장 대표적인 산업도시라고 할 수 있는 부산, 인천, 그리고 울산의 사례를 비교하여, 부산이나 인천과 같은 전통적 대규모 산업도시가 울산과 같은 신흥공업도시보다 부도발생비율이 계속해서 높게 나타나는 구조적 원인을 찾아본다.[2] 이를 위하여 먼저 산업도시의 경제활동을 설명하는 개념으로서 '기업간 관계'를 정리하고, '대기업과 중소기업의 불공정 관계'로 지칭되는 한국적 기업간 관계의 특징이 개별 기업(특히 중소기업)의 경영상태에 미치는 영향을 전반적으로 살펴본다. 둘째, 부산, 인천, 울산의 공단형성과정과 지역노동시장 등 지역경제구조의 특징을 살펴보고 생산 및 금융의 영역에서 나타나는 기업간 관계구조를 지역별로 비교함으로써, 최근에 나타난 부도발생비율의 지역별 격차는 이미 경제위기 이전에 각 지역별로 형성되었던 기업간 관계의 차이를 반영한 것임을 살펴본다. 마지막으로 한국보건사회연구원과 한국노동연구원이 전국을 대상으로 실시한 조사자료 가운데 부산, 인천, 울산의 사례를 이용하여, 부도발생의 지역별 차이가 실업자발생에도 영향을 미치고 있음을 확인한다.

2. 분석의 기본시각

1) 기업간 관계

이 논문에서 지역 차원의 부도발생문제를 분석하기 위하여 사용하는 핵심적 개념은 산업지구의 '기업간 관계'이다. 기업간 관계는 "기업들이 상

---

2) 여기에서 산업도시에 국한하여 사례를 선정하는 이유는 실업자 발생의 원인이 지역경제 구조에 따라서 매우 다양하기 때문이다. 현재 한국사회의 실업률을 지역별로 비교하면, 전남, 충북 등 농업의 비중이 높은 지역보다는 부산이나 인천과 같은 전통적인 도시에서 실업률이 높게 나타났다. 이것은 '취업'과 '실업'의 개념이 농업활동과 광공업활동에서 차이가 난다는 점에서 기인한다. 따라서 이러한 지역들을 비교하기보다는 한국의 가장 대표적인 산업도시를 비교하는 것이 '지역별 기업간 관계와 기업도산실태'를 보다 명확히 분석할 수 있다는 방법론상의 장점을 갖는다.

호간에 제품 및 서비스의 공급은 물론, 정보·기술·인력 등의 교류를 통하여 특정지역에서 형성한 기업간 네트워크"를 의미한다(박삼옥, 1998: 275). 이 개념을 사용하는 학자들은 개별 기업들이 특정 지역에서 '뿌리내림'(embededness)의 결과로 형성된 기업간 '관계'를 중심으로 해당지역의 경제활동과 그 결과를 설명하기 때문에, 현재와 같이 지역별로 기업부도발생비율이 계속해서 차이를 나타나는 상황을 설명하는 데 매우 유용하다.

기업간 '관계'를 강조하는 경제사회학자의 기본적인 시각은 개별 기업이 다른 기업과 형성하는 관계를 중심으로 해당 기업의 경영상태를 설명해야 한다는 점이다. Granovetter(1986)에 의하면, 기업들은 제품의 생산 및 판매과정에서 아이디어, 정보, 생산(부)품 등을 교환하는 비용을 줄일 수 있고 기술력이나 생산혁신능력을 축적하기 쉽기 때문에 다른 기업들과 협력적인 관계를 안정적으로 지속하려고 노력한다.[3] 이러한 주장은 "특정기업의 경영상태를 이해하기 위해서는 개별기업을 벗어나 기업간 상호관계를 분석해야 한다"는 시각을 제공함으로써 개별기업의 도산이라는 경제적 현상을 설명하기 위한 이론적 지평을 확대하였다. 또한 이러한 시각은 최근의 경제위기상태에서 "특정기업이 계속 성장추세에 있고 소위 '흑자'기업으로 경영상태를 유지했음에도 불구하고 어음부도사태에 휘말려 도산하는 사례가 급격히 증가하는 상황"을 설명할 수 있다는 장점을 갖는다.[4]

기업간 관계라는 개념이 부도발생비율의 '지역적' 차이를 설명하는 데 더욱 중요한 점은 기업간 관계가 특정한 산업공간에 뿌리내림으로써 대기업과 중소기업 간의 협력관계 혹은 하청관계가 지역별로 형성된다는

---

3) Granovetter(1985)의 주장은 이태리 제3섹터 지역의 발전을 설명했던 Marshall(1984)의 개념화에 많은 영향을 받았다. 자세한 논의는 Grabher(1993)와 박삼옥 외(1998)를 참고할 것.

4) 한 민간경제 연구소의 보고에 의하면, 경제위기가 본격화된 1997년 말부터 1998년 초까지 4개월 간 도산한 상장기업의 85% 가량이 1997년 상반기 중에 흑자의 경영상태를 유지해 왔다(삼성경제연구소, 1998). 따라서 이러한 사례를 설명하기 위해서는 도산한 기업 자체의 재정상태보다는 해당 기업이 다른 기업과 형성했던 금융관계(예를 들어서 어음거래 등)를 이해해야 한다.

주장이다. 기업간 관계의 시각에 의하면, "대기업은 생산비와 거래비용을 줄이거나 노사갈등을 방지하기 위하여 인근지역의 중소기업을 대상으로 외주생산을 확대하고 중소 하청업체들과의 관계를 형성하며, 중소기업도 생산 및 판매에 필요한 정보와 기업간 연결망을 안정적으로 확보하기 위하여 모기업인 대기업 주변지역에서 생산활동을 전개한다"(박삼옥, 1998: 280-281). 즉, 하나의 산업지구가 형성된다는 것은 단순히 기업들이 공간적으로 집중되어 있다기보다는 생산 및 판매 등의 영역에서 대기업과 중소기업들의 관계가 해당 지역에 '뿌리내림'을 의미한다.

이처럼 산업지구의 형성과정이 '기업간 관계의 뿌리내림'이라는 동일한 형식을 거쳐서 완성된 것이라면, 지역별 생산활동과 부도발생비율의 차이는 기업간 관계의 내용이 지역별로 다르다는 사실을 의미한다. 예를 들어서 환율, 금리 등 제반 경제여건이 동일한 상황임에도 불구하고 특정 지역 사업체들이 다른 지역의 사업체보다 낮은 수준의 생산활동과 악화된 기업경영상태를 지속한다는 것은 해당 지역에 뿌리내린 기업간 관계가 전반적인 경제여건에 적응하는 데 있어서 다른 지역보다 더욱 취약하다는 사실을 암시한다.

2) 한국적 기업간 관계의 특징

국가가 산업공간을 주도적으로 조성하고 수많은 기업들이 산업공단에서 생산활동을 하도록 지원해왔던 한국의 경우에는, 기업간 관계구조가 특정산업지역의 경제활동과 그 결과를 결정하는 데 있어서 중요한 요인으로 작용한다. 정부는 지방공업단지, 중화학공업단지, 공업지역과 같은 생산거점지역을 형성하면서 대기업과 중소기업의 이주를 권유해왔고,[5] 특히 1990년대 개정된 '공업입지정책방안'과 '공업배치 및 공장설립에 관한 법률'을 통하여 "3개 이상의 기업이 계열화, 집단화 등을 목적으로 공

---

5) 이와 관련한 법률로는 산업기지개발촉진법, 지방공업개발법, 수출자유지역설치법, 공업배치법, 공업단지관리법, 산업기지개발에 관한 법률 등이다. 이에 대한 자세한 논의는 김왕배(1997)를 참고할 것.

업용지가 필요한 경우” 혹은 “공단지역면적의 일정 부분을 차지하는 대기업이 공단을 조성하고 관련제품을 생산하는 중소기업들에게 공급할 경우” 민간기업이 직접 공업단지를 개발할 수 있도록 제도를 정비하였다(김영삼, 1992; 김정수, 1992). 또한 지방자치단체는 지역경제의 활성화를 목적으로 도시계획용도지역을 정비하거나 도로건설, 공업용수, 하수도 및 폐수시설, 전력공급, 지가결정 등에서 많은 혜택을 제공함으로써 대기업과 중소기업의 공업단지입주를 유인해왔다. 이러한 국가정책의 결과로 1997년 말 현재 한국의 중소기업체 가운데 1·2·3차 하도급관계에 있는 업체는 67%를 차지하였고 하도급거래업체간의 거래액은 총매출액의 47%, 부가가치기준으로 49%를 기록하였다(김광희, 1999: 3). 따라서 산업지구에서 형성된 기업간 상호의존관계, 특히 대기업과 중소기업의 하청관계는 한국의 전반적인 기업간 관계의 특징을 나타내는 가장 핵심적인 항목이다.

그러나 한국의 산업지구에 뿌리내린 기업간 관계는 ‘대기업의 이익을 우선하는’ 불평등한 하도급관계를 공통적인 특징으로 하기 때문에, 경제위기가 발생할 경우에 대기업보다는 중소기업이 더 많은 피해를 입는다. 대기업들은 중소기업과 협력관계 혹은 하청관계를 유지하는 과정에서 납품대금을 지연해서 지불하거나 자신의 이익을 우선하여 납품단가를 결정해왔고,[6] 정부도 대기업 성장전략에 근거하여 이러한 불공정 하도급관계를 시정하기 위한 정책을 형식적으로만 실시하였다. 따라서 불공정 하도급관계에 있는 중소기업은 물가상승으로 가격인상 요인이 발생해도 비용상승분을 제품가격에 전량 반영할 수 없었고, 대기업 – 중소기업의 하청관계구조는 중소 사업체들이 기업경영의 자생력을 갖는 데 한계로 작용하였다(김광희, 1999). 결국 중소기업의 경영상태는 중소기업의 독자적인 활동상태에 의하여 결정된다기보다는 하청관계에 있는 대기업과의 관계에

---

6) 예를 들어 중소기업청과 중소기업협동조합이 전국의 45,428개 사업체를 대상으로 1997년에 조사한 바에 따르면, 조사대상자 가운데 61.3%가 ‘낮은 납품단가’를 하도급관계에서 겪는 가장 큰 문제점으로 지적하였고, 53.3%는 ‘납품대금결재기일의 장기화’를 기업경영의 주요 애로사항으로 지적하였다. 자세한 조사결과는 중소기업청·중소기업협동조합(1998: 480-486)을 참고할 것.

<표 1> 제조업 생산지수 및 가동상황 (단위: %)

연 도	전체 제조업 생산지수	중소 제조업 생산지수	전체 제조업 평균가동률	중소 제조업 평균가동률
1995	100.0	100.0	81.0	-
1996	108.6	103.3	80.8	-
1997	114.2	101.9	79.0	-
1998	105.6	72.4	68.1	-
− 3/4분기	102.1	66.1	66.7	59.2
− 4/4분기	117.3	65.9	88.5	64.1

* 정상조업률은 가동률이 80% 이상인 업체의 비율을 의미한다.
자료: 중소기업협동조합중앙회(1998)

의해 결정되어 왔다고 해도 과언이 아니다.

최근의 경제위기는 그 동안 한국사회의 산업지구에 뿌리내린 기업간 관계, 특히 대기업 - 중소기업 관계의 문제점을 명확하게 나타냈다. 경기위축과 실질소득의 감소에 따라서 대부분의 기업들이 낮은 수준의 생산활동을 기록하였고, 특히 중소기업의 생산활동은 예년에 비하여 현격한 차이를 보이며 감소하였다. <표 1>에서 제조업의 생산지표와 가동률의 증감추이를 기업규모별로 비교하면, 모든 규모의 사업체들이 기록한 1998년의 생산지수는 1995년보다 약간 호전되었으나 중소규모의 경우에는 1995년보다도 훨씬 낮아 대기업 - 중소기업의 격차가 더욱 심화되었다. 따라서 전반적으로 진행된 경제위기의 파급효과는 대기업보다 중소기업에서 더욱 심각하다고 할 수 있다. 대기업 - 중소기업의 관계라는 관점에서 본다면, 기업경영의 어려움을 경험해왔던 중소기업들이 제품판매부진의 지속으로 인하여 대기업보다 더 심각한 경영위기를 맞고 있는 상황이다.

한편 외환위기 이후의 자금상황은 중소기업의 경영을 더욱 악화시켜 연쇄도산을 낳았다. 경제위기로 자금사정이 매우 경색되는 가운데 일부 금융기관의 구조조정이 진행되었고,[7] 각 은행들은 BIS자기자본비율을 향상

---

7) 일반적으로 대기업 편중의 금융질서는 중소기업경영을 더욱 악화시키는 요인으로 지적되었다. 대기업은 자본금 증가, 회사채 및 CP발행 등으로 어렵지 않게 자기자본을 조달할 수 있었고, 특히 일반 금융기관의 대출에서 많은 특혜를 누려왔다. 그러나 신용능력이 취약한 중소기업의 경우에는 엄격한 신용관리를 받아왔고 여유자금이 생기더라도 중

<표 2> 규모별 노동자 변화추이   (단위: 천 명, %)

기업규모	상용 (1997)	노동자 수 (1998)	증감률 (1997~1998)
전 체	5,262	4,803	-9.7
10~29인	1,288	1,186	-7.9
30~99인	1,401	1,274	-9.1
100~299인	1,073	978	-8.9
300~499인	362	320	-11.6
500인 이상	1,139	1,045	-8.3

자료: 노동부(1999)

시키기 위하여 회수가 용이한 일반인 채권과 중소기업 여신부터 회수함으로써 중소기업의 재무상태를 더욱 악화시켰다(김광희, 1999; 중소기업연구원 동향분석실, 1999). 특히 진로, 대농, 기아, 뉴코아 등 그 동안 부실한 경영상태를 유지했던 대기업들이 도산하여 현금동원능력이 부족한 중소기업들이 연쇄적으로 부도를 경험하였다. 1997년 12월부터 1998년 4월까지 부도로 처리된 기업체를 기업 규모별로 구분하면, 대기업의 경우 1만 개 당 26개이었으나 중소기업의 경우에는 1만 개 당 57개를 기록하였다(김광희, 1999: 1).

대기업보다 훨씬 심각한 상태에 있는 중소기업의 경영위기와 부도발생은 해당사업체의 고용조정과 대량실업으로 이어져 고용문제를 더욱 악화시켰다. 예를 들어서 1997~1998년도 피고용인 증감추이를 기업규모별로 구분하면, 300~499인 규모 사업체의 고용규모가 11.6% 감소하여 가장 큰 감소폭을 보였고, 다음으로 30~99인 규모 사업체에서 9,1%, 100~299인 규모 사업체에서 8.9%의 감소율을 나타냈다(<표 2>). 반면 500인 이상을 고용하는 대기업은 8.3%의 감소율을 기록하여, 500인 미만의 중소기업이 대기업보다 훨씬 많은 타격을 입고 있음을 알 수 있다.

앞에서 간략히 설명한 바와 같이, 불공정 하도급관계로 지칭되는 한국적 기업간 관계의 특징으로 인하여 사업체가 경영위기상태를 지속하거나 도산을 경험할 가능성은 대기업보다는 중소기업에서 더욱 높게 나타났다.

소기업으로 유입되는 사례가 상대적으로 적었다(중소기업연구원 동향분석실, 1998).

〈표 3〉 전국 주요 대도시와 비교한 부산, 인천, 울산의 지역경제현황(1997)

구 분	전국	부산	대구	인천	광주	대전	울산
●인구[1]							
주민등록인구(천 명)	46,883	3,865	2,502	2,461	1,326	1,323	1,013
경제활동인구(천 명)	21,604	1,747	1,039	1,120	561	530	765
●광공업[2]							
사업체수(개)	98,119	9,494	7,117	7,889	1,344	1,392	1,017
종사자수(천 명)	2,925	219	155	239	54	43	145
생산액(십억 원)	403,778	18,091	13,179	32,130	7,213	5,188	45,538
수출액(백만 달러)	136,164	5,949	3,626	7,261	1,682	617	18,624

* 1) 주민등록인구는 주민등록에 의한 집계(연말기준, 외국인 포함).
  2) 업체 및 종업원 수는 5인 이상 사업체 기준임.
자료: 통계청(1998a)

한국사회 전반에 뿌리내린 기업간 관계가 이처럼 기업경영상태와 부도발생가능성을 설명하는 주요한 변수라면, 기업경영상태와 부도현황의 지역별 격차도 해당 산업도시에 뿌리내린 기업간 관계의 내용적 차이에 의하여 설명될 것이다.

3. 부산, 인천, 울산의 지역경제구조 비교

이 논문에서 부산, 인천, 울산을 연구대상으로 삼는 이유는 두 가지이다. 첫째, 세 도시는 한국의 주요 지방도시 가운데 가장 규모가 큰 산업도시로서 지역 내 경제활동에서 광공업이 차지하는 비중이 높아 기업간 관계를 잘 보여주는 사례이다. 통계청이 최근에 발표한『광공업통계조사보고서』에 의하면, 부산과 인천은 광공업 혹은 제조업체의 수라는 측면에서 전국의 2~3위를 차지할 정도로 거대한 산업도시이며, 울산은 광공업의 생산액과 수출액의 규모를 기준으로 할 때 다른 도시들보다 훨씬 산업화된 도시이다(〈표 3〉). 둘째, 세 지역은 기업규모별 분포나 생산현황에서 매우 다른 특징을 보이기 때문에, 기업간 관계도 지역별로 상이할 것임을 시사한다. 〈표 3〉에 의하면, 제조업체 및 종업원의 수를 기준으로 하면 부산과 인천이 울산보다 대규모 도시이지만, 광공업의 생산액·출하액·부가가치액이라는 기준에서 보면 사업체 및 종업원의 수가 많은 부산과 인천보다는 울산에서 생산규모가 훨씬 높다. 따라서 부산, 인천, 울산은 한국의 대표적인 산업도시라는 공통점에도 불구하고 생산활동에서 현격한 차이를 나타내는 지역으로서 서로 다른 내용의 기업간 관계를 보여주는 사례라고 할 수 있다.

현재 세 지역에서 나타나는 경제지표의 차이는 도시형성의 역사적 과정에서 기인한다. 부산은 동남권 지역경제의 중심도시로서 1960년대부터 풍부하고 값싼 노동력에 기초하여 섬유·신발·합판·조립금속 등 노동집약적 경공업부문에서 괄목할 만한 성장을 거두었다. 그러나 1980년대까지는 정부의 산업구조조정정책에 적절히 부응하지 못하고 정체된 상황이 지속되어, 중소기업을 중심으로 하는 사상공업지역을 제외하고는 대규모의 국가공단이나 지방정부공단이 없었다(부산상공회의소·부산경제연구원, 1997). 비록 1990년대 들어 국가와 지방자치단체가 "업종의 계열화와 집단화를 통하여 생산효율성을 증대시킬 목적으로" 명지녹산 국가산업단지와 신평장림 지방산업단지를 조성하였으나, 이러한 공업단지는 대부분 섬유염색·도금·피혁·기계·자동차부품 등 노동집약적 중소부품업체들로 구성되었다(한국산업단지공단, 1999). 특히 목재와 섬유 등 지역경제에 많은 비중을 차지했던 대기업들이 1980년대에 부도가 나거나 다른 지역으로 이주한 결과, 지역을 대표하는 대규모 광공업체가 거의 없어 수많은 중소기업들에 의존하여 지역경제가 유지되는 상황이다.[8]

인천도 부산과 마찬가지로 인근지역에 생활용품을 공급해왔던 전통적인 산업도시로서 오랫동안 기능해왔으며, 1960년대 들어 정부의 산업정책과 국토이용계획에 따라 부산 다음으로 많은 광공업 종사자들이 거주하는 대규모 공업도시로 변화하였다. 정부는 '부평공단'으로 불리는 당시의 인천수출산업공단을 1969년에 제4공업단지로 확대·개편하였고, 제1차

---

8) 부산에는 이밖에도 부산과학지방산업단지와 부산정보지방산업단지가 조성중에 있다. 부산지역의 산업활동 역사와 지역경제구조의 변천사에 대해서는 부산상공회의소·부산경제연구원(1997)을 참고할 것.

금속과 기계장비산업 등을 중심으로 하는 인천비철금속단지를 1974년에 조성하였다(인천광역시, 1998). 또한 서울지역에 거주하는 중소기업들을 대규모로 이주하여 조성한 인천 남동공업단지에는 조립금속 및 석유화학업종의 업체들을 중심으로 생산활동을 지속해 왔다.

한편 울산은 1960년대에 본격화된 고도성장을 위하여 인위적으로 조성된 공업도시로서 한국중화학공업의 상징적 거점이라고 해도 과언이 아니다. 정부가 1962년에 울산특정공업지구를 결정한 이후 임해석유화학단지가 조성되었고, 1967년에 현대자동차, 1975년에 현대중공업 등 현대그룹 계열사가 들어선 후 중공업관련 대규모 사업체들이 입주하였다(전병휴, 1989: 46). 또한 1970년대 초 새로 조성된 석유화학공단에 유공과 삼성석유화학 등 대기업체들이 석유정제 및 화학제품을 본격적으로 생산하였다. 울산 미포국가공업단지는 대규모 중공업단지로 발전하였고, 울산시내 온산국가공업단지는 비철금속 및 석유화학을 기반으로 하는 산업단지로 성장하였다.

부산, 인천, 울산의 지역경제구조와 고용구조는 이러한 공단형성과정의 차이를 반영하고 있다. 부산과 인천의 경우에는 지역에서 오랫동안 생산활동을 해왔던 "일부 중견기업들과 이들을 모기업으로 하는 다수의 중소기업들이 상호의존적으로" 생산활동을 계속해 왔다. 특히 부산의 경우에는 지방산업단지 혹은 국가산업단지의 규모가 상대적으로 적기 때문에, 자본규모가 취약하고 영세한 중소기업의 비중이 다른 도시에 비하여 매우 높다. 반면 울산은 정부의 중화학공업정책에 의하여 자동차·조선·석유정제 제조업과 같이 대규모 자본과 고용능력을 갖는 공장들과 이들을 모기업으로 하는 수많은 하청계열사들로 구성된 도시이기 때문에, 거대기업을 중심으로 하는 수직적 하청계열화가 다른 지역보다 두드러진다.

세 도시의 차이점은 기업간 관계의 기초가 되는 사업체의 업종 및 종업원규모별 구성에서도 알 수 있다. 먼저 업종별 분포를 보면, 부산지역경제는 음식료·섬유·의복·가죽·목재·가구 등 전통적인 경공업분야의 사업체들이 46%를 차지하고 있으며, 고용창출효과가 큰 기계·금속·자동차산업의 비중은 30% 수준에 불과하다. 반면에 울산지역경제는 경공업분야 사업체의 비중이 15%에 불과하지만, 중공업·자동차·기계 등의 사업체들은 60% 이상을 차지할 정도로 높아 부산과는 대조적인 특징을 나타냈다.9)

또한 세 지역 전체의 기업규모별 취업자 분포를 비교하면(〈표 4〉), 500인 이상의 대규모 사업체 종사자가 차지하는 비중은 인천(20.8%)이나 부산(13.7%)보다는 울산(67.7%)에서 가장 높고, 중소기업이 차지하는 비중은 부산(86.3%)에서 가장 높다.10) 주요 공단만을 비교하더라도 1996년을 기준으로 할 때 울산 미포국가공업단지에 입주한 사업체의 평균 취업자수는 부산의 신평지방공업단지와 인천의 한국산업공단 4, 5, 6단지보다 3∼5배 정도 많다.

세 도시의 사업체규모별 분포에서 한 가지 주목할 사실은 동일한 기업규모라고 하더라도 종업원 1인당 생산하는 부가가치 평균액은 부산이 가장 낮고, 울산이 가장 높다는 점이다.11) 이러한 지역별 차이는 영세규모·중간규모·대규모 등 기업규모에 상관없이 공통적으로 나타났으며, 특히 500인 이상의 대기업에 종사하는 종업원 1인당 부가가치 생산액이 인천과 울산에서는 130만여 원 이상이지만 부산에서는 50만 원 미만을 기록

---

9) 여기에서의 수치(비중, %)는 해당지역의 제조업체 가운데 각 업종별 사업체가 차지하는 비율을 의미한다. 이 수치는 통계청의 『1996년 광공업통계조사보고서』(지역편), 312-315쪽에서 계산됨.

10) 그러나 또한 해당 지역에서 중소기업이 차지하는 비중 자체는 고용에 긍정적인 영향을 미칠 수도, 부정적인 영향을 미칠 수도 있다. 예를 들어 중소기업의 비중이 높은 제3 이태리와 대만의 경우에는 소규모기업들이 자생력을 키우고 전문화된 기업간 네트워크를 구축함으로써 세계적 생산거점을 형성하였고 수많은 노동인력을 고용할 수 있었다. 반면, 그 동안 많은 지적을 받아왔던 한국경제의 구조적 특징을 고려하면, 중소기업의 비중은 실업자를 증가시키는 등 고용상황을 악화시킬 것으로 예상된다. 제3 이태리와 대만의 사례에 대한 자세한 설명은 김갑성(1999)을 참고할 것.

11) 1996년의 세 도시에 있는 주요 공업단지의 생산 및 수출액을 보면, 부산의 신평장림지방산업단지는 연간 335백만 달러를 수출하였고(한국산업단지공단, 1999), 인천의 한국산업공단 제4, 5, 6단지는 연간 1,368백만 달러, 인천 남동공단은 연간 380백만 달러의 수출을 기록하였다(『인천경제백서』, 1998, 244-260쪽). 또한 울산 미포국가공업단지는 33조 7천억 원의 생산과 14,609백만 달러의 수출, 울산시내 온산국가공업단지는 연간 7조 원의 생산과 3,546백만 달러의 수출을 기록하였다(울산시, 1997: 337-338).

〈표 4〉 부산, 인천, 울산지역 광공업체의 기업규모별 종사자분포와 부가가치생산현황

기업규모	종사자(명, %)			평균부가가치(천 원/1인)		
	부산	인천	울산	부산	인천	울산
5~9인	29,482(14.8)	21,497(9.9)	1,527 (1.1)	27.6	30.5	42.8
10~19인	29,398(14.7)	27,860(12.8)	3,276 (2.4)	30.4	35.4	48.3
20~49인	42,707(21.5)	44,429(20.4)	8,905 (6.4)	31.2	41.1	54.8
50~99인	29,360(14.8)	28,861(13.3)	7,598 (5.5)	40.2	48.5	85.1
100~199인	20,563(10.3)	22,867(10.5)	8,846 (6.4)	47.8	58.9	94.4
200~299인	10,295(5.2)	15,153(6.9)	6,983 (5.1)	54.5	71.7	164.6
300~499인	9,851(4.9)	11,746(5.4)	7,527 (5.4)	51.2	59.0	162.9
500인 이상	27,303(13.7)	45,193(20.8)	93,527(67.7)	43.6	123.0	159.3

자료: 통계청(1998a)

하여 가장 명확한 차이를 나타낸다(〈표 4〉).

이것은 부산, 인천, 울산지역이 기업간 관계의 기초가 되는 기업규모별 분포에서도 다를 뿐만 아니라 기업간 관계의 내용도 상이할 것임을 암시한다. 앞에서 설명한 바와 같이, 기업간 관계라는 개념을 통하여 생산활동과 기업도산의 지역별 차이를 분석하는 가장 큰 이유는 해당 지역에 뿌리 내려진 기업간 관계가 경제활동과 그 결과를 결정하는 중요한 요인이 된다는 사실에서 기인한다. 따라서 세 도시의 생산활동을 볼 때, 동일한 규모의 업체라도 울산지역의 사업체들이 인천이나 부산지역의 사업체보다 많은 부가가치를 생산한다는 것은 오랜 동안 지역별로 뿌리내린 기업간 관계가 최근의 경제위기 이전에 이미 상이한 차이를 갖고 있었음을 암시한다.12)

---

12) 지역별 경제현황, 특히 기업간 관계를 지역별로 비교하는 데 있어 중요한 요인은 업종별 분포와 기업규모별 분포이다. 다시 말하면, "부산이나 인천의 지역경제위기가 울산보다 더욱 두드러진 원인이 과연 두 지역에 경공업 등의 사양산업이 많은 비중을 차지한다는 점인가, 아니면 중소기업의 비중이 울산보다 높다는 점인가"를 명확히 구분할 필요가 있다. 그럼에도 불구하고 현재 사용할 수 있는 실태조사자료가 지역별·업종별 실태를 명확히 나타내지 않기 때문에, '해당 지역의 업종별 구성이 지역경제에 미치는 영향'에 대한 명확한 실증분석은 다음의 연구과제로 미루고자 한다.

4. 외환위기 이전에 형성된 기업간 관계의 비교

기업간의 관계를 나타내는 지표는 학자에 따라서 매우 다양하다. Diniz 와 Crocco(1998)는 유관산업집적지(1만 명 이상을 고용하는 지역)를, 박삼옥 (1998)은 공급기업의 공간적 연계, 동일지역에 있는 공급자 및 동업조합과 의 협력 정도 등을 경험적 지표로 이용하였다. 그러나 부도발생비율과 같 은 기업경영상태의 지역별 격차를 설명하기 위해서는 기업경영상태 혹은 기업도산과 직접적으로 관련되는 '생산 및 금융영역에서의 기업간 관계' 가 지역별로 어떻게 다른지 비교해야 한다. 따라서 이 논문은 1997년의 기업간 관계에 관한 자료를 분석함으로써,[13] 최근에 지속되는 부도발생비 율의 지역별 격차가 경제위기라는 상황적 조건에서 우연히 나타난 것이 아니라 외환위기 이전에 이미 구조화된 기업간 관계의 지역별 차이를 반 영하는 것임을 확인해 본다.

1) 기업간 생산관계

부산, 인천, 울산의 중소기업들은 대부분 다른 기업과 도급거래를 형성 하며 생산활동을 지속해왔다. 하청관계에 있는 중소기업들이 주거래 모기 업에 의존하는 정도가 전국적으로 45.4%를 차지하는 상황에서, 세 지역 의 사업체들도 42.4~48.9%의 의존도를 나타냈다(중소기업청·중소기업협 동조합중앙회, 1998: 252-254). 그러나 생산의 영역에서 나타난 기업간 관계 를 지역별로 비교하면, 해당 지역에 뿌리내린 하청관계가 해당 중소기업 의 경영상태에 미치는 파급효과는 울산보다 부산과 인천 지역에서 더 크 다는 사실을 알 수 있다.

첫째, 부산과 인천의 기업들은 울산의 경우보다 더 많은 수의 모기업의 영향을 받는다. 부산지역의 사업체들이 거래하는 모기업의 수는 평균 6.6

---

13) 1997년 이전의 실태는 1997년과 뚜렷한 차이를 나타내지 않으므로, 이 논문에서는 1997년의 실태조사결과에 대한 논의를 생략한다. 1997년 이전의 기업간 관계에 관한 자료로는 중소기업협동조합중앙회(1996)를 참고할 것.

<표 5> 부산, 인천, 울산의 기업간 생산관계

기업간 생산관계	부 산	인 천	울 산
● 하청기업의 업체당 거래 모기업 수(개)	6.6	6.4	4.1
─중소 하청기업의 거래 모기업 수	4.7	4.1	1.7
─대규모 하청기업의 거래 모기업 수	1.1	1.3	1.4
● 도급거래단계별 하청기업 분포(%)			
─1차 도급단계	68.2	46.6	76.0
─2차 도급단계	22.9	42.2	22.3
─3~4차 도급단계	8.9	11.2	1.7
● 하청기업의 주거래 모기업에 대한 납품액(십억 원)	4,524	3,150	1,279
─제조업에 대한 납품액 비율(%)	81.3	84.9	88.2
─유통업 등에 대한 납품액 비율(%)	18.7	15.1	11.8

자료: 중소기업청·중소기업협동조합중앙회(1998)

개로 인천지역과는 비슷한 규모이지만, 울산의 경우(모기업 수, 평균 4.1개)
와는 커다란 차이를 보인다. 또한 <표 5>에서 알 수 있듯이, 부산과 인천
지역의 사업체 가운데 중소규모의 하청기업이 거래하는 모기업의 수는 4
~5개에 이르지만, 울산지역의 경우에는 1.7개에 불과하다. 이것은 부산
과 인천의 하청기업들이 울산지역의 사업체보다 더 많은 모기업의 경영
상태에 영향을 받을 가능성이 높아 자신의 경영상태와 무관하게 '흑자'도
산할 가능성도 높음을 의미한다.

둘째, 부산과 인천의 기업간 관계는 울산보다 많은 단계로 이루어졌다.
부산과 인천의 기업 가운데 9~11%는 1~2차 하청기업들이 재하청한 3
~4단계의 하도급관계에서 생산활동을 하고 있으나, 울산의 경우에는
1.7%만이 3~4단계의 하도급관계에 있다. 자동차부품생산의 기업간 관계
사례에서 알 수 있듯이 모기업을 정점으로 하는 수직적 하청계열화가 울
산에서 더욱 두드러지게 구조화되었기 때문에, 재하청기업의 비중은 부산
이나 인천보다 울산에서 더욱 낮게 나타났다. 일반적으로 3~4차의 재하
청기업들은 모기업과 1~2차 하청기업이라는 2중의 제약조건에서 기업활
동을 하기 때문에, 2중의 제약조건에서 활동하는 중소기업이 울산보다는
부산과 인천에 더욱 많다고 할 수 있다.

셋째, 제조업에서 형성된 대기업─중소기업의 기업간 관계가 다른 산업

<표 6> 부산, 인천, 울산의 기업간 금융관계

기업간 금융관계	부 산	인 천	울 산
❂판매대금 결재방식(%)			
－현금의 비중	31.1	15.3	34.8
－외상의 비중			
·현금외상방식	17.0	14.2	9.5
·어음외상방식	51.9	70.5	55.7
❂수급기업의 어음판매대금의 평균회수기일(일)	149.4	155.5	142.0
❂회수기간별 비율(%)			
－120일 미만	13.5	10.5	21.9
－120일 이상	86.5	89.5	78.1
❂수급기업의 어음판매대금의 평균 결재기간(일)	109.2	111.7	98.3
❂평균 결제기간별 비율			
－90일 미만	15.5	9.5	28.6
－90일~119일	28.0	36.9	26.5
－120일 이상	56.5	53.6	44.7

자료: 중소기업청·중소기업협동조합중앙회(1998)

에 미치는 파급효과가 지역별로 다르다. 부산의 경우에는 하나의 제조업체가 제조업 내부에서 납품하는 비율이 80% 정도이지만, 울산은 이보다 높은 88%를 차지한다. 반면, 유통업체 등 다른 산업의 사업체와 하도급관계를 형성하며 생산품을 납품하는 제조업체의 비율은 울산이 11.8%이지만 인천과 부산의 경우 15~19% 정도를 차지한다. 따라서 제조업을 중심으로 하는 기업간 하도급관계가 제조업 이외의 산업에 미치는 영향은 울산보다는 인천과 부산에서 크다.

2) 기업간 금융관계[14]

세 도시의 기업간 금융관계에서 나타나는 공통점은 현금보다는 외상으

---

14) 기업간 금융관계를 나타내는 주요 지표는 판매대금과 구매대금의 결제방식이다. 그러나 본문에서 제시된 조사대상기업들이 주로 하청중소기업이기 때문에, 이들의 재무상태에 직접적으로 영향을 미치는 것은 자신이 구매한 제품에 대한 대금지불방식보다는 모기업으로의 판매제품의 대금지불방식이다. 따라서 이 글에서는 판매대금지불방식을 주요 지표로 사용하였다. 구매대금의 결제방식에 대한 자세한 상황은 중소기업청·중소기업협동조합중앙회(1998)를 참고할 것.

로 거래하는 경우가 많고 외상으로 거래할 경우에도 어음을 사용하는 비율이 절반 이상을 차지한다는 사실이다. 특히 부산지역 사업체의 51.9%, 인천지역의 70.5%, 울산의 55.7%가 판매대금을 결재할 때 어음외상방식으로 거래하고 있어 하도급관계에 있는 사업체의 현금 흐름이 왜곡되고 있다〈표 6〉. 따라서 소위 'IMF관리체제'라는 현재의 경제여건에서 수많은 기업들이 발행한 어음이 연쇄적으로 부도 처리되는 것은 이러한 전근대적 기업간 금융관계의 반영이라고 할 수 있다.

그러나 어음활용 정도나 어음결제상황 등을 지역별로 비교하면, 인천과 부산 지역의 사업체들은 울산지역보다 더 불안정한 상태로 기업운영자금을 확보하는 상황이다. 먼저 하청관계에 있는 기업들이 모기업 등으로부터 받은 어음을 회수하는 기간을 보면, 인천과 부산이 울산보다 오래 걸린다. 특히 어음을 회수하는 데 120일 이상이 소요되는 경우가 울산에서는 78%이지만, 인천과 부산에서는 85~90%에 달하고 있어 기업운영자금 흐름의 지역별 차이를 쉽게 알 수 있다〈표 6〉.

세 지역에서 활동하는 기업체들의 자금사정은 수급기업의 어음판매대금의 평균결제기간을 보아도 알 수 있다. 하도급관계에 있는 부산과 인천의 기업체들은 각각 109일, 112일이 지나야 판매대금으로 받은 어음을 결제받을 수 있지만, 울산의 경우에는 98일 정도가 지나면 어음을 결제받는다. 또한 120일 이상 경과해야 어음을 현금화할 수 있는 기업체가 부산과 인천에서는 53% 이상이지만 울산에서는 45%라는 사실을 고려하면, 기업간 금융관계가 부산이나 인천보다 울산에서 상대적으로 안정적이다〈표 6〉. 기업간 금융관계는 하나의 기업체가 발행한 어음이 부도로 처리될 경우에 파급효과가 지역별로 어느 정도인가를 가늠하는 중요한 지표이기 때문에 연쇄부도에 따른 실업대란의 가능성은 부산과 인천에서 더욱 높다고 할 수 있다.

부산, 인천, 울산의 기업간 관계는 대기업 중심의 불공정한 기업간 관계 구조라는 한국사회의 특징을 공통적으로 나타내고 있지만, 지역별로 비교하면 울산보다는 인천과 부산 지역의 하청기업들이 더욱 왜곡된 생산관계와 불안정한 금융관계에서 경영상태를 유지하고 있었다.[15] 특히, 제조업체가 도산할 경우 제조업 내부의 다른 사업체 혹은 제조업 이외 산업의 사업체들이 연쇄적으로 도산할 가능성이 부산과 인천에서 훨씬 높은 점을 고려하면, 기업도산 등 경제위기의 파급효과가 지역별로 지속적인 차이를 나타낼 수밖에 없음을 알 수 있다.

5. 경제위기시대의 지역경제 비교

경제위기 이전에 이미 형성된 기업간 관계의 지역적 차이는 1997년 말부터 전국적으로 불어닥친 경제위기상황에서 현실로 나타났다. 생산의 위축과 기업의 도산은 중소기업의 비중이 높고 기업상호간에 복잡한 하도급관계를 유지했던 부산과 인천에서 높게 나타났으며, 울산지역은 자동차산업의 대규모 정리해고와 중소기업들의 조업중단 등으로 다른 지역과 마찬가지로 경제위기를 경험하였음에도 불구하고 부산이나 인천과 비교해볼 때 상대적으로 안정적인 경영상태와 고용현황을 유지했다. 전반적인 지역경제현황, 부도발생비율, 그리고 실업자발생의 원인을 지역별로 비교하면, 기업간 관계가 상이한 세 지역에서 경제위기의 파급효과가 어떻게 다르게 나타났는지 구체적으로 알 수 있다.

1) 지역경제현황

1997년 말부터 본격화된 전반적인 경제위기의 정도는 지역별로 상이하게 나타났다. 부산과 인천지역의 경우에는 생산·공장가동률·고용 등 전

---

15) 이 글에서 울산지역의 기업간 관계를 나타내는 각종 지표가 부산이나 인천의 경우보다 양호하다는 것은 울산지역의 기업간 관계가 전근대성이나 불공정성에서 벗어났다는 것을 의미하는 것은 아니다. 울산의 경우에도 한국사회 전반에 걸쳐서 나타난 중소기업 - 대기업 간의 전근대성이 여전히 많이 남아 있다. 그러나 이 글은 울산지역의 상황을 부산이나 인천의 경우와 비교하기 위한 목적을 갖기 때문에, "울산보다는 인천과 부산 지역의 하청기업들이 더욱 왜곡된 생산관계와 불안정한 금융관계에서 경영상태를 유지하고 있다"는 결론을 유추할 수 있다. 울산지역의 기업간 관계, 특히 대기업 - 중소기업의 관계가 중소기업에 미치는 영향은 조형제(1999)를 참고할 것.

<표 7> 1998년도 부산, 인천, 울산의 산업생산지수

구분	부 산	인 천	울 산
산업생산지수(1995=100)			
1998년 평균	77.0	76.8	106.4
1998년 1/4분기	76.3	75.4	106.2
1998년 2/4분기	80.9	73.7	103.7
1998년 3/4분기	75.3	74.5	98.6
1998년 4/4분기	78.1	83.5	117.1

자료: 통계청 부산출장소(1999a), 통계청 인천출장소(1999a), 울산출장소(1999a)

분야에서 극심한 경제위기를 경험하였으나, 울산의 경우에는 산업생산·출하·재고·고용의 측면에서 위기를 경험했음에도 불구하고 부산이나 인천에서 나타난 심각한 정도의 경제위기상태는 아니었다. 부산과 인천에서 많은 비중을 차지하는 의복, 모피, 기계부품, 펄프, 종이 등 노동집약적 산업은 대외경쟁력을 잃어 생산 및 수출량이 계속 감소하였고, 1998년 평균 산업생산지수는 두 지역에서 각각 77, 76.8을 기록하였다(<표 7>). 한편, 울산의 경우에도 자동차 업종의 사례에서 알 수 있듯이, 내수부진으로 인한 생산감소와 모기업의 파업사태로 인하여 대부분의 사업체들이 조업단축 및 중단의 어려움을 경험하였으나,16) 1998년 후반기에 들어 생산활동이 서서히 회복세를 기록하였다. 그 결과 울산지역의 1998년 평균생산지수는 부산이나 인천보다 훨씬 높은 106.4를 기록하여 두 지역보다 경제위기의 파급효과가 적다고 할 수 있다.

2) 지역별 부도발생비율

기업간 관계구조의 시각에서 볼 때, 지역별 경제상황의 차이를 나타내는 보다 명확한 지표는 울산보다 높은 부산과 인천 지역의 부도율이다. 외환위기 이후 금융권과 대기업의 구조조정이 시작되면서 기업경영환경

---

16) 1998년 상반기까지의 경제동향을 전년동기와 비교하면, 산업생산 12.1%, 제조업가동률 8.6%, 수출액 4.8%의 감소율을 기록하였다(울산상공회의소, 1998c: 2).

이 급속히 악화되어 수많은 기업들이 도산하였고 흑자상태에 있던 기업들도 경영위기를 경험하였다. 그러나 외환위기를 전후하여 급격히 증가한 부도발생비율은, 울산보다 기업간 연관관계가 더욱 복잡하고 어음결제기간이 긴 부산과 인천에서 높게 나타났다.

부산의 경우, 월평균 부도업체가 1997년 11월까지 137개이었으나 외환위기 이후에 218개로 늘어났고, 1998년 이후 4월까지 어음부도율도 3.19%까지 치솟아 지역 내 사업체들이 경제위기시대에 대규모로 붕괴되는 현상을 목격하였다(초의수, 1999: 23). 또한 금융기관 및 한계기업들이 1차적으로 정리된 후 1998년 5월 들어 부도율이 2.29%로 감소하였으나, 인천(1.43%)이나 울산(0.98%)보다 여전히 높은 수치를 기록하였다(한국개발연구원, 1999: 34).

인천지역의 경우에도, 삼익악기, 바로크가구, 서울제강 등 지역 내 중견기업들이 잇따라 도산함에 따라서 이들과 하도급관계를 형성했던 중소기업의 부도율이 크게 증가하였다. 1997년 중 부도를 경험한 기업체는 전년보다 283개 늘어난 709개였으며, 특히 지역특화산업인 목재 및 가구제조업, 기계장비제조업계에서 기업의 부도와 조업중단이 매우 심각한 상황이었다. 1998년에도 기업의 생산과 재정상태가 계속 악화되어, 1998년 3월에 인천지역 내 8,384개 기업 가운데 3,531개가 조업중단상태에 있고 352개가 휴업상태에 있는 상황이었다(인천광역시, 1998: 153).

울산지역도 예년보다 높은 부도율을 기록하였으나 부산과 인천보다는 덜 심각한 상황이었다. 지역경제의 침체로 기업경영의 어려움이 지속되었고, 특히 현대자동차와 같이 지역경제에서 중요한 지위를 차지하는 대기업들이 생산규모를 감축함으로써 이와 관련된 하청중소기업의 자금운영이 어려운 상황이었다. 예를 들어, 구조조정으로 장기파업이 진행되었던 1998년 7~8월에 경영악화를 경험한 자동차부품업체들은 1차 협력업체 가운데 47개, 2차 협력업체 가운데 200여 개이며, 울산지역 자동차부품업체의 평균가동률은 40%로 하락하였다.[17] 그러나 구조조정과정에서 핵심

---

17) 여기에서 경영악화란 도산, 3자인수, 업체이관, 화의신청, 법정관리 등을 의미한다. 자

<표 8> 1998년도 부도발생비율의 지역별 비교   (단위: 억 원, %)

구분	부 산	인 천	울 산
연평균 부도발생 현황			
어음거래액	124,183.7	61,776.1	2,6991.9
부 도 액	2,464.5	1,039.5	303.1
부도발생비율	1.98	1.68	1.12
격월간 부도발생률			
1998년 1월	2.17	2.38	1.17
3월	2.70	2.18	1.64
5월	2.29	1.43	0.98
7월	1.64	1.60	0.84
9월	1.95	1.29	0.97
11월	0.83	1.30	0.52

자료: 한국은행(1999a), 한국개발연구원(1999)

대기업이 도산한 사례가 다른 지역보다 적었기 때문에 이에 따른 중소기업의 연쇄도산도 부산이나 인천 지역만큼 높지 않았다. 일례로 전국적으로 부도율이 가장 높았던 1998년 평균부도율을 보면, 부산 1.98% 인천 1.68%의 어음부도율을 기록하였으나 울산에서는 1.12%에 불과하였다 (1998년을 기준으로 한 연중 부도발생비율은 <표 8>을 참고).

결국 경제위기상황 이전에 세 도시에서 형성되었던 기업간 관계의 차이는 외환위기 등 경제여건의 악화라는 상황에서 부도발생률의 차이로 나타났다. 모기업 - 하청기업 - 재하청기업의 관계구조가 더욱 복잡하게 뿌리내린 인천과 부산 지역의 사업체들은 경제위기상황에서 기업운영자금을 확보하지 못하고 연쇄적으로 도산하였고, 한국적 기업간 관계구조에서 나타난 전근대성과 불공정성의 정도가 인천과 부산보다 약했던 울산의 경우에는 연쇄도산의 가능성도 상대적으로 적게 나타났다.

3) 기업도산에 의한 실업자발생의 지역별 비교

기업간 관계의 지역별 차이는 실업자발생에도 직접적인 영향을 미치고 있다. 특정기업의 부도는 곧바로 해당 기업에 취업해 있던 노동자들의

세한 내용은 《조선일보》 1998. 8. 16일자를 참고할 것.

〈표 9〉 부산, 인천, 울산지역 실업자의 실직이유   (단위: 명, %)

실직이유	부 산	인 천	울 산
실업자 총계	384(100.0)	164(100.0)	83(100.0)
실직이유별 분포			
－직장의 파산, 폐업, 휴업	181(47.1)	79(48.2)	33(39.8)
－권고사직, 명예퇴직, 정리해고,	77(20.1)	39(23.8)	26(31.3)
－결혼, 건강, 계약만료 등 기타	126(32.8)	46(38.0)	24(28.9)

자료: 한국노동연구원·한국보건사회연구원(1998)

〈표 10〉 기업규모별 지역별 실직이유   (단위: %)

기업규모·지역별	직장파산, 폐업, 휴업	명예퇴직, 정리해고 등	결혼, 건강, 계약 만료 등 기타	전체
29인 이하				
부산	53.8	14.7	31.4	100.0
인천	56.8	11.6	31.6	100.0
울산	50.0	18.3	31.7	100.0
30인~299인				
부산	38.7	28.3	33.0	100.0
인천	37.8	37.8	24.4	100.0
울산	21.4	57.1	31.4	100.0
300인 이상				
부산	18.5	37.0	44.4	100.0
인천	33.3	45.8	20.8	100.0
울산	0.0	77.8	22.2	100.0

자료: 한국노동연구원·한국보건사회연구원(1998)

실업으로 나타났고, 연쇄부도의 위험에 있던 다른 관련 기업의 고용에도 많은 영향을 미쳤다. 기본적으로 볼 때, 울산보다는 부산이나 인천에서 부도발생률이 높다는 사실은 기업의 도산이나 휴폐업에 의한 실업자발생이 해당 지역의 실업자 전체에서 차지하는 비중이 높음을 의미한다. 이러한 사실은 〈표 9〉에서 '직장의 파산과 휴폐업'을 이유로 실직한 사례가 지역 내 실업자 전체에서 차지하는 비중을 보면 확인할 수 있는데, 부도율이 높은 부산과 인천 지역에서는 각각 47.1%, 48.2%를 기록하였으나, 부도율이 상대적으로 낮은 울산의 경우에는 39.8%에 불과하다. 따라서 기업 간 관계의 시각으로 정리하면, 전근대적 형태의 하청관계의 비중이 높았던 부산이나 인천의 경우에 전반적인 경제위기상황에서 발생한 연쇄적인 기업도산이 실업자발생의 가장 큰 원인임을 알 수 있다.

둘째 실업자발생 원인을 기업규모 및 지역별로 구분하면, 기업간 관계의 지역별 특징이 실업발생에 미치는 영향을 좀더 명확히 알 수 있다. 〈표 10〉에 의하면, 동일한 기업규모라 하더라도 '기업 도산이나 폐업'에 의한 실업자발생이 울산보다는 인천과 부산에서 높다. 예를 들어서 30~299인 규모의 중소기업체 출신 실직자 가운데 도산이나 폐업으로 실직한 사람은 부산과 인천의 경우에 각각 37.8% 38.7%에 이르지만 울산의 경우에는 21.4%에 불과하고, 29인 이하의 영세기업이나 300인 이상 규모의 기업에서도 '기업 도산이나 휴폐업'에 의한 실업자발생이 울산보다는 부산과 인천에서 더 높은 비중을 차지한다. 다시 말하면, 동일한 기업규모라고 하더라도 지역별로 뿌리내린 기업간 관계구조의 특징에 의해 도산의 가능성이 다르기 때문에, 기업도산에 의한 실업자발생 비율도 지역별로 차이를 나타낸다.

6. 결론

현재 부산과 인천 지역이 울산에 비하여 더욱 악화된 고용사정과 높은 수준의 부도 가능성을 지속적으로 나타내는 가장 큰 이유는 이미 경제위기 이전에 해당 지역에 뿌리내린 기업간 관계에서 찾아볼 수 있다. 세 도시의 기업간 관계를 나타내는 각종 통계수치를 통해서 확인할 수 있는 것은, 인천과 부산의 기업들이 울산의 경우보다 더욱 전근대적이고 불공정한 기업간 관계를 형성해왔다는 점이다. 따라서 경제위기상황에서 하나의 기업이 도산할 경우에 다른 기업에 미치는 파급효과가 울산보다는 부산과 인천에서 훨씬 크게 나타났고, 이러한 기업간 관계구조의 차이는 부도발생률과 실업발생의 원인이 지역별로 다르게 나타나는 중요한 원인으로 작용하였다.

1999년 중반에 들어서 세 지역의 경제사정은 약간 회복되는 단계에 있다. 생산활동이 점차로 증가하고 기업의 자금사정은 점차 안정세를 기록하여, 지역경제가 이제까지 경험해보지 못한 최악의 수준에서 점차로 회복되고 있음을 알 수 있다. 그럼에도 불구하고 1990년대 중반보다 높은 부도발생비율과 실업률이 여전히 지속되는 등 지역경제가 완전히 회복상태에 도달했다고 단정하기 어려운 상황이다. 특히 부산이나 인천과 같이 기업상호간에 연관관계가 높고 금융관계도 불안정한 지역에서는 금리와 환율 등 일시적인 경제여건의 개선에도 불구하고 기업간 관계구조의 문제점을 해결하지 못하기 때문에 지역경제의 활성화가 쉽지 않은 상황이다.

기업간 관계의 시각에서 지역별 경제현황과 기업도산의 문제를 파악하는 일은 정부의 지역경제활성화 및 중소기업지원정책에 많은 시사점을 제공한다. 정부는 내수침체와 금융경색 현상을 방치할 경우 중소기업 도산이 늘어나고 해당 지역의 산업기반이 붕괴될 수도 있다는 생각에서 30조 원에 달하는 중소기업지원자금을 제공해왔다.[18] 그러나 중소기업의 연쇄부도와 경영위기가 지속되었고 부도발생비율의 지역별 격차도 줄어들지 않는다는 점에서 알 수 있듯이, 불공정하고 전근대적인 기업간 관계를 개선하지 않은 채 중소기업에 운영자금을 지원하는 것은 기업도산의 가능성을 일시적으로 감소시킬 뿐이다. 기업간 관계에 의하여 발생하는 기업도산 가능성을 장기적으로 줄이는 길은 생산 및 금융의 영역에서 나타난 불공정한 하도급관계구조를 개선하여 대기업과 중소기업이 동반자로서 새로운 협력관계를 형성하는 것이다.

---

18) 노사정위원회가 공개한 자료에 의하면, 총실업대책예산 및 ADB차관자금 가운데 3조 4천억 원을, 신용보증기금 가운데 27.7조 원을 2십만여 개의 중소기업에 지원하였다. 또한 실업대책예산 가운데 6,959억 원을 창업지원금으로 사용하였다(김재영, 1999).

■ 참고문헌

강현수, 1999. 「세계화와 경제위기에 대응한 지역발전 전략모색」, 《황해문화》 봄호.

김광희, 1999. 『중소기업의 위기적 상황: 원인과 대책』, 중소기업연구원 보고서.

김석준, 1997. 「지역경제위기론에 대한 사회학적 모색: 부산지역을 중심으로」, 《지역사회연구》 12월호.

김왕배, 1997. 「자본주의 산업구조의 변화와 지역공간의 구조화」, 『지방자치와 지역발전』, 민음사.

김재영, 1998. 『실업대책 추진현황 및 '99 정책기본방향』, 2기 노사정위원회 실업대책 공청회자료.

김한호, 1999. 「인천지역의 경제동향과 전망」, 《인천상의》 487호.

남기곤, 1999. 「대전 충청지역의 노동시장구조」, 《지역사회연구》 제6집, 한국지역사회학회.

남춘호·이성호, 1998. 『전북지역의 고용동향과 실업문제』, 《인간과 복지》.

노동부, 1998. 『'98실업대책』, 노동부자료.

_____, 1999. 「'98년 연평균 임금, 근로시간 및 고용동향」, 《고용보험동향》 3권 2호.

박삼옥, 1998. 『경제구조조정과 산업공간의 변화』, 한울.

부산상공회의소·부산경제연구원, 1997. 『1996년도 부산경제백서』.

삼성경제연구소, 1998. 『IMF사태 이후 업종별 동향』.

신광영·박준식, 1999. 「춘천지역의 노동시장」, 1999년 전기사회학대회 발표집.

울산광역시, 1997. 『시정백서』.

울산상공회의소, 1998a. 『'98년도 2/4분기 울산지역 기업경기전망 조사보고서』.

_____, 1998b. 『'98년 상반기 울산지역경제동향』.

_____, 1998c. 『IMF 경제체제 울산지역 기업경영 애로실태 조사보고서』.

윤진호, 1998. 「실업정책의 문제점과 개선방향」, 《경제와사회》 창간 10주년 기념호, 한울.

이기동, 1997. 「기업간 네트워크의 전개와 하도급거래관계」, 《산업조직연구》 5집이병희, 1999. 「실업구조의 변화: 고실업과 장기실업」, 《동향과전망》 봄·여름 합본호, 통권 41호.

이성균, 1999. 「지역차원의 실업대책」, 《지역사회학》 창간호.

인천광역시, 1998. 『인천경제백서』.

전병휴, 1989. 「울산지역」, 『한국사회노동자연구 II』, 백산서당.

조형제, 1999. 「울산지역의 산업구조조정연구」, 울산대학교 울산지역발전연구원 심포지엄자료, 『울산지역연구의 현황과 과제』(미간행물).

중소기업연구원 동향분석실, 1999. 『중소기업의 인력 및 고용현안진단』(미간행 보고서).

중소기업청·중소기업협동조합중앙회, 1998. 『1997년 중소기업실태보고』.

중소기업협동조합중앙회, 1996. 『1995년 중소기업실태보고』.

초의수, 1999. 「부산지역 노동시장 구조변화와 실업대책의 방향」, 《지역사회연구》 제6집.

한국개발연구원, 1999. 《경제동향주요지표》 3월호.

한국노동연구원·보건사회연구원, 1999. 『실업실태 및 복지욕구조사』(원자료).

한국산업단지공단, 1999. 『'99 한국산업단지총람』.

한국은행, 1999a. 『경제통계연보』.

______, 1999b. 《지역금융통계》 1월호.

통계청, 1998a. 『광공업통계조사보고서』.

______, 1998b. 『1998년 4월 고용동향』.

______, 1999. 『1999년 5월 고용동향』.

통계청 부산출장소, 1999a. 『1999년 3월 부산지역 산업활동동향』.

______, 1999b. 『1999년 3월 부산지역 고용동향』.

통계청 울산출장소, 1999a. 『1999년 3월 울산지역 산업활동동향』.

______, 1999b. 『1999년 3월 울산지역 고용동향』.

통계청 인천출장소, 1999a. 『1999년 3월 인천지역 산업활동동향』.

______, 1999b. 『1999년 3월 인천지역 고용동향』.

Granovetter, M., 1985. "Economic Action and Aocial Atructure: The Problems of Embededness," *American Journal of Sociology* 91.

OECD, 1998. *The Regional Dimension of Unemployment in Transition Countries*, Center for Co-operation with the Economies in Transition.

실업문제에 대한 지역사회의 대응
-광주지역 사례 연구-

강현아
(전남대학교 아시아태평양지역연구소 책임연구원)

1. 머리말

1997년 말 이후, 한국사회에서 실업문제는 가장 핵심적인 사회적 이슈 중 하나가 되었다. 대량실업의 발생, 실업으로 인한 가족의 해체와 자살의 증가 등 개인과 가족에게 미치는 영향으로부터 소득감소로 인한 빈곤의 심화와 중산층의 몰락 등 사회적으로 미치는 파장까지 상당히 포괄적인 내용이 소개되거나 다루어져 왔다.

정부는 이러한 실업문제를 '완화'시키기 위하여 일자리 창출, 실직자 생계지원, 직업훈련 등을 포함한 실업대책을 실시하였다. 시민·사회단체들도 적극적으로 실직자 지원과 구호 사업을 전개하였고, 지방자치단체들도 지역차원에서 실직자를 위한 공공근로사업을 확대하는 등 다양한 생계지원대책을 마련하였다. 그러나 IMF 이후 2년이라는 시간이 흐른 상황에서 이러한 실업대책이 실직자의 생계유지와 재취업이라는 실업문제의 해결에 얼마나 효과적인지에 대해서는 논란의 여지가 있다. 이와 관련하여, 한 언론보도의 내용은 실업문제에 대한 많은 문제의식을 던져주고 있다.

가톨릭 인천교구의 여러 성당이 운영하고 있는 '사랑의 쌀통'은 통을 채우는 사람도 퍼가는 사람도 익명이다. 그러면서도 이 통에는 항상 쌀이 가득차 있었다. 선의를 가진 이웃의 조그만 성의가 이루어낸 '기적'이었다. 그런데

이 쌀통이 IMF 체제가 1년쯤 지날 무렵, 바닥을 드러내는 일이 잦아졌다.

(《한겨레신문》 1998. 10. 16)

바닥이 드러난 쌀통은 이제 실업문제가 '이웃의 선의'만으로는 감당하기 힘들다는 사실을 여실히 보여주는 것이다. 다시 말해, 정부와 시민·사회단체들이 펼쳐온 실업대책이나 구호사업이 한국사회가 직면한 실업문제의 구조적인 심각성을 해결하기에는 역부족이라는 사실을 의미한다. 실업문제와 실업대책 사이에 놓인 커다란 간극이 좁혀지지 않은 것이다.

실업문제의 해결이 일시적인 온정이나 임시방편적인 대책으로는 해결할 수 없는, 긴 호흡과 장기적인 투쟁이 필요하다는 사실은 프랑스의 경험을 통해서 잘 알 수 있다. 1997년 말, 언론과 여론의 지지를 받으면서 정당, 노동조합, 지식인들의 주요 관심사가 되었던 프랑스 실업자들의 시위는 기존과는 전혀 다른 양상을 띠게 되었다.[1] 그래서 프랑스 정부는 고용창출을 위해 '임금삭감 없는 주 35시간 근무제'를 추진하였으며, 결국 의회에서 통과되었다.

프랑스 실업자운동을 통해 한국사회가 직면한 실업문제 해결을 위한 시사점을 몇 가지 찾아볼 수 있다. 왜냐하면 프랑스 실업자운동은 30여 년간 지속되어온 프랑스 사회의 실업률 증가, 장기실업화 현상, 이에 따른 빈곤화로부터 발생한 것이면서 동시에 실업문제 해결을 위한 다양한 모색과정에서 나타났기 때문이다. 그것은 첫째, 프랑스의 경우 1970년대 이후 실업이라는 사회문제가 발생하면서 실업률이 빠르게 증가하였다. 실업률이 10%가 넘게 되면 직장을 가진 취업자들도 자신이 언제 실업자로 전락할지 모르기 때문에 심각한 불안감을 느끼게 되고,[2] 이 상황에 이르면

---

1) 프랑스 실업자운동은 처음에 공공건물의 점거로 시작되었다. 폭동의 형태를 띠고 계급 갈등의 측면이 폭발적으로 나타났으며, 실업자들이 처한 구체적 실정이 언론과 매스컴을 통해서 공개적으로 드러나자 비로소 프랑스 정부는 실업자들의 목소리에 귀를 기울이기 시작하였다. 프랑스 실업자운동의 전개과정에 대한 자세한 내용은 이학수(1998), 최연구(1998), 황기돈(1998)을 참조할 것.

2) 프랑스 사회의 실업문제와 실업자운동을 연구한 최연구(1998)에 따르면, 프랑스 사회의 경우 실업률이 5%를 넘어서면서 실업률이 빠르게 증가했다는 것이다. 가장이 실업자가

서 취업자와 실업자들의 연대가 가능해졌다. 둘째, 프랑스 시민·사회단체의 자발적 지원과 자원봉사자의 지원으로 실업자대책위원회가 가동될 수 있었다는 점이다. 이들의 견해로는 프랑스 정부의 사회보장제도가 더 이상 실업문제를 해결할 수 없다고 판단하고 있었다.

이와 같이, 프랑스의 경험을 통해서 알 수 있는 것은 한편으로는 실업문제가 단기간의 임시방편적 실업대책으로는 해결될 수 없다는 점이고, 다른 한편으로는 실업문제를 개인의 문제가 아닌 사회적 문제로 인식하면서 '사회공동체' 차원에서의 해결방안을 모색했다는 점이다.

이러한 측면에서 보면 사회적 안전망이나 사회보장이 미흡하고, 사회공동체 내의 연대방식이 취약한 한국사회가 겪는 실업의 고통은 훨씬 심각하다. 그리고 대량실업으로 인한 소득계층의 하향분화에 따른 빈곤층의 확대과정은 '새로운 빈곤'(new poverty)의 창출을 초래(Room, 1990; Lawson and Wilson, 1995; Castells, 1996)함으로써 실업과 빈곤의 문제는 전사회적으로 확산되었다. 이와 같은 사실은 이제 실업문제에 대한 관심과 분석의 수준도 구체적인 실상을 밝힐 수 있는 지점으로 다양화되고 깊이 있게 천착해 들어갈 필요가 있음을 나타내는 것이다.

이러한 문제의식하에서 이 글은 실업문제에 대한 대응과정과 그 양상을 '지역'의 시각에서 살펴보고, 문제점과 개선방향을 모색해보고자 한다. 일반화의 한계에도 불구하고, 지역이 처한 실업문제의 특수성과 지역단위에서 이루어지는 실업대책의 구체적인 실상을 밝힐 수 있다는 점에서 실업문제에 관한 지역적 분석은 중요하다. 따라서 이 글은 지역사례연구를 통해 지역사회에서 실시하고 있는 실업자 생계대책의 성과를 검토하는 것을 목적으로 하는데, 이는 지방자치단체와 시민·사회단체가 지역사회에서 실시하고 있는 실업문제에 대한 대응을 중심으로 분석하는 것이다.

되면 과거에는 주부였거나 고용의사가 없던 사람들도 구직을 원함으로써 한 가구당 구직이 1명에서 2~3명으로 증가하기 때문이다. 이 때 실업률이 5% 이하였을 때는 프랑스의 경우 연대가 불가능했다. 오히려 실업자들을 보면서 직장을 가진 사람들은 자신이 정상적인 직업을 가진 것에 오히려 안도감을 느끼는 단계였다. 그러나 실업률이 10%를 넘으면서 사회적 이슈가 되었고 연대가 가능해졌다.

이와 같이, 실업대책의 내용과 문제점을 '지역'을 연구대상으로 분석하고자 하는 이유는 다음과 같다. 첫째, 실업에 대한 연구는 주로 전국적 차원에서의 문제로 다루어왔기 때문에, 지역차원의 실업문제를 실증적·경험적으로 분석한 연구결과가 부족하다(한국노동연구원, 1998; 이성균, 1999).[3] 각 지역에서 진행되고 있는 실업의 상황과 그에 대한 실업대책의 문제점을 찾아내고 지역별 실업특성에 맞는 대안을 모색하는 작업이 요구되기 때문에 지역연구는 시급하고도 중요하다. 둘째, 실업문제 자체의 특성상 지방자치단체와 지역에서의 시민·사회단체의 역할이 중요하다. 실업자 개인의 생존문제는 그가 위치한 지역사회의 구조와 밀접히 연결되어 있기 때문에 지역사회의 대응이 일차적이기 때문이다. 그러므로 구체적인 지역에서의 실업대책 현황을 분석하고 그 개선방향을 살펴볼 필요가 있다.

이 글의 분석대상은 IMF 이전부터 경제위기의 직접적 영향을 받고 있는 광주지역이다. 경제위기가 광주지역에 미친 고용·실업구조상의 파급효과와 지역사회에서의 실업대응을 분석함으로써 그 성과와 문제점을 밝히는 것이 주요 연구내용이다. 따라서 이 글은 광주지역의 실업현황을 먼저 살펴본 후 지역별 실업대책으로의 심층화·구체화의 필요성을 강조한다. 여기에서 인용한 분석자료는 지방자치단체와 지방의회의 내부자료 및 발간자료들, 시민·사회단체의 발간물과 문건들, 지역신문자료를 중심으로 하였고, 실업대책관련 단체의 실무자들과 심층면접을 실시하였다.

---

3) 실업에 관한 지역적 분석이 가장 불충분한 연구영역인 이유를 미즈노 아사오(水野朝夫, 1992)는 두 가지로 지적하고 있다. 첫째, 각 지역에 있어서 산업구조 및 경제구조의 차이가 존재하고, 이에 따라 평균 실업률이 산업별, 남녀별, 연령별 등의 실업률을 복잡한 형태로 반영하고 있기 때문이다. 둘째, 지역별 실업률의 성격을 명확히 평가하는 것이 결정적으로 쉽지 않기 때문이라는 것이다. 여기에 필자는 한 가지를 덧붙이고자 하는데, 그것은 지역 수준에서의 실업관련 자료, 특히 통계자료가 대단히 취약하기 때문에 구체적인 실업통계자료를 구하기 어렵다는 점이다. 그럼에도 불구하고, 지역 수준에서의 실업연구가 일정 정도 진행되었는데 남춘호·이성호(1998), 이성균(1999) 등이 있다.

〈표 1〉 광주지역 산업구조 변화추이 (단위: %)

구 분	1992년	1993년	1994년	1995년	1996년	1997년
농림어업	3.0	2.9	2.8	2.6	1.9	2.2
광공업 (제조업)	24.4 (24.3)	25.6 (25.5)	25.4 (25.5)	25.4 (25.4)	25.6 (25.5)	23.3 (23.3)
전기·가스·수도 및 건설업	16.5	15.2	14.8	16.3	15.3	15.4
서비스업 및 기타 부문	56.2	56.2	57.0	55.7	57.3	59.1

자료: 통계청 전남통계사무소, 1999. 8, 「1997년도 지역 내 총생산」에서 구성.

2. 광주지역 고용·실업구조의 특성

1) 광주지역 경제현황

한국 사회에서 지역의 사회경제적 구조와 그 변화과정은 동일하게 이루어지지 않았다. 지역간 경제산업구조의 변화를 보면, 서울 수도권, 인천·경기, 대구·경북, 부산·경남지역은 광공업의 비중이 농림수산업 비중을 상회하는 데 비해, 그밖의 충북, 충남, 전남, 전북, 제주도 지역은 여전히 농림수산업 비중이 더 높은 것으로 나타나고 있다. 이러한 지역간 경제산업구조의 불평등은 지역의 생산활동에도 상당히 다른 모습으로 영향을 미치게 된다.

광주지역의 산업구조는 제조업 기반이 상대적으로 취약하고 오히려 서비스업 위주의 3차산업이 강세를 보이고 있다. 이를 보다 구체적으로 〈표 1〉에서 살펴보면, 1997년 현재 농림어업이 2.2%, 광공업(제조업)이 23.3%, 전기·가스·수도 및 건설업이 15.4%, 서비스업 및 기타 부문이 59.1%로 나타났다. 농림어업, 광공업(제조업), 전기·가스·수도 및 건설업의 비중이 감소추세이고, 서비스업의 비중이 증가추세에 있음을 알 수 있다.

또한 1997년 현황을 보면, 제조업체수는 2천 86개이고 제조업체에 고용된 노동자수는 4만 3천554명이다. 특히 대기업보다는 중소기업의 비중

<표 2> 광주지역 제조업체 현황(1997년)　　　　　(단위: 명, %)

구 분	계	대기업 (300인 이상)	중기업 (300~50인)	소 기 업			
				소계	50인 이하	20인 이하	5인 이하
업체수	2,086	15	69	2002	241	629	1132
구성비	100	0.72	3.31	95.97	11.55	30.15	54.27
종업원수	43,554	20,221	6,343	16,990	6,876	6,746	3,368
구성비	100	46.4	14.6	39.0	15.8	15.5	7.7

자료: 광주광역시 내부자료.

이 99.28%에 이르고 있으며, 그 중에서도 50인 이하의 영세소기업 비중이 95.97%를 차지하고 있다(<표 2> 참고).

그러나 노동자수는 300인 이상 대기업에 고용된 노동자수가 2만 221명으로 전체 노동자수의 46.4%에 이르고 있다. 이는 광주지역의 산업구조 특징이 제조업체수나 규모별로는 중소기업 중심이지만, 노동자수에 있어서는 소수의 대기업에 의존적이라는 사실을 나타내고 있다. 따라서 광주지역의 산업구조가 지역에 기반을 둔 특화산업이 없기 때문에 자동차, 전기전자 등 소수 대기업의 존망에 따라 지역경제가 좌우되는 것이 현실이다.

이러한 구조적 특징을 가지고 있는 광주지역 경제는 1997년 말부터 전국적으로 영향을 받은 IMF가 발생하기 이전에 지역 최대기업인 아시아자동차 부도와 대형 건설업체의 잇따른 부도로 이미 곤란을 겪고 있다가 IMF 이후 더욱 침체되었다. 또한 1998년 광주지역 부도업체수는 710개로 1997년에 비해 44.0%(217개) 증가하여 5대 광역시 중 가장 높은 부도율(1.20%)을 나타냈다.[4] 재무구조가 취약하고 영세한 중소규모 사업체가 타지역에 비해 상대적으로 많기 때문에 경제위기의 영향이 더욱 심각하였다. 이같은 사실은 광주지역 중소제조업체 10개 중 9개 업체가 IMF 이후 판매부진, 원자재 가격상승 등으로 가동률이 크게 떨어졌으며 지역중소기업의 60% 이상이 이미 부도를 당했거나 부도위기에 직면하는 등 극심한 경영난에 시달린 데서도 나타났다. 또한 대부분의 중소기업들이 경영위기

---

4) 1998년 주요 도시 부도율은 서울 0.13, 부산 0.74, 인천 0.72, 울산 0.60, 대구 0.53, 대전 0.30%였다(광주광역시, 《광주경제》 각월호).

타개방안으로 인력을 감축하거나 임금을 삭감했으며 감원을 예정한 업체도 11.8%에 달해 광주지역 실업문제의 심각성을 보여주고 있다.[5]

따라서 광주지역은 지난 30여 년 동안 지역불균등발전으로 인해 사회간접자본시설이나 산업기반이 취약한 낙후된 지역으로서 경제위기의 영향을 더욱 강하게 받았다고 할 수 있다. 이 때문에 광주광역시는 지역경제 활성화를 도모하기 위해 지역경제의 30% 이상을 차지하는 아시아자동차에 대한 지원과 중소기업에 대한 자금지원 등 다각적인 방안을 모색하였다.

결국, 광주지역은 소수의 대기업에 의존적인 경제구조로 인하여 이들 대기업이 지역경제에 미치는 영향력이 상당히 크다. IMF 이전인 1997년 중반 아시아자동차, 기아자동차(주) 광주공장, 대형 건설업체인 무등건설 등의 부도로 이미 침체상태였던 광주지역경제는 IMF 이후 대다수의 중소 영세기업의 부도와 가동률 저하로 경제악화의 과정을 겪었다. 이러한 지역경제의 침체는 다른 어느 지역보다도 심각한 것이었고, 이는 광주지역의 고용·실업구조에 그대로 반영되어 나타났다.

2) 광주지역 고용·실업구조

지역의 산업구조와 기업규모, 노동시장구조 등 지역적 특성에 따라 지역실업의 성격이 차별성을 갖는다. 특히 광주지역은 IMF 이후 20% 이상의 산업생산감소를 경험하였고 높은 부도율을 나타냄으로써 실업증가의 중요한 요인으로 작용하였다. 이는 생산감소가 기업부도를 통해 공장폐쇄

---

5) 이는 광주광역시가 중소기업지원을 위한 정책자료로 활용하기 위해 1998년 7월 6일부터 10일 동안 광주 하남, 본촌 공단 등 564개 업체를 대상으로 실시한 중소기업 경영실태 설문조사결과에서 나타났다. 조사결과 IMF 이후 가동률이 현저히 떨어진 업체는 가동률 50% 이하 155개 업체(27.48%)를 포함, 505개 업체(89.54%)에 달했으며 정상가동중인 업체는 45개(7.7%)에 불과했다. 정상가동을 못한 이유로는 판매부진 및 재고누적(23.97%), 원자재 가격상승에 따른 채산성 악화(19.16%), 거대기업의 부도로 인한 타격(18.8%), 고금리(12.04%) 등을 꼽았다. 또 지역기업들은 IMF 이후 7개월여 동안 32개 업체(5.67%)가 이미 부도를 경험했고, 313개 업체(55.6%)가 1~3차례의 부도위기에 직면하는 등 조사대상기업의 61%가 극심한 자금난으로 불황을 겪은 것으로 드러났다.

<표 3> 광주지역 고용동향 　　　　　(단위: 천 명, %)

연도/분기별 내용	1997				1998				1999
	1/4	2/4	3/4	4/4	1/4	2/4	3/4	4/4	1/4
15세 이상 인구	952	959	965	971	978	983	989	995	999
경제활동인구	558	562	562	563	539	534	529	540	528
경제활동참가율	58.6	58.6	58.2	58.0	55.1	54.3	53.5	54.3	52.9
취업자	541	545	546	545	5.7	492	484	493	477
실업자	18	17	16	19	32	42	45	47	51
실업률	3.2	3.0	2.8	3.4	5.9	7.9	8.5	8.7	9.7
비경제활동인구	394	396	403	4.8	439	450	460	455	470

자료: 통계청 전남통계사무소.

로 이어지는 경우 실업발생이 증가하기 때문이다.

또한 광주지역의 실업증가에 따른 문제는 경기변동에 민감한 건설업과 제조업 중소영세업체의 비중이 높기 때문에 발생하였다. 건설업 비중이 상대적으로 다른 지역에 비해 높은 광주지역의 경우 10% 이상의 높은 건설업 취업비중은 이 지역의 실업률 증가에 중대한 영향을 미치는 요인이다. 그리고 지역 내 생산에서 제조업의 비중이 같더라도 경쟁력이 취약한 업종이 주력업종인 동시에 수출산업이기 때문에 이들 업종의 수출감소에 따라 실업이 증가하였다.

이와 같이, 광주지역은 경제침체로 수많은 노동자가 직장을 상실하고 신규채용이 극히 제한적으로 이루어짐으로써 취업자가 감소하고 실업자가 크게 증가하였다. 광주지역 경제활동인구와 경제활동참가율을 살펴보면, 1997년 이전까지 1991년 54.7%, 1993년 54.8%, 1995년 56.7%, 1997년 2/4분기 58.6%로 꾸준히 상승하는 추세에 있었으나 직접적인 경제침체의 영향을 받게 되는 1997년 3/4분기 이후 하락하는 추세를 보이고 있다(<표 3> 참고). 이는 극도의 경제침체에 따른 취업자의 감소와 실업자의 증가에 기인한 것이다.

광주지역 취업자는 1999년 1/4분기 현재 47만 7천 명으로 <표 3>에서 나타나듯이 1997년 후반부터 지속적으로 낮아져 왔다. 이를 산업별로 보면, <표 4>에서와 같이, 전체적인 취업자 감소경향에서도 제조업, 건설업,

<표 4> 산업별 취업자 추이

연도/분기별 내용	1997				1998				1999
	1/4	2/4	3/4	4/4	1/4	2/4	3/4	4/4	1/4
전　　체	541	546	546	545	505	493	485	493	476
※ 산업별									
농림어업	26	29	29	28	29	34	34	32	26
광공업	67	67	65	64	71	66	65	64	60
(제조업)	66	66	64	63	71	66	65	64	60
SOC 및 기타	448	450	452	453	405	393	386	397	390
(건설업)	77	76	74	71	60	52	49	47	42
(도소매·음식·숙박)	176	171	175	176	157	150	146	151	152
(사업개인공공서비스)	136	143	144	148	129	133	135	143	140
(금융운수 등 기타)	59	60	59	58	59	58	56	56	56
※ 직업별									
전문기술행정관리직		120	120	119	109	105	106	106	107
사무직		70	69	72	64	59	56	55	57
서비스판매직		141	145	144	126	122	119	126	123
농림·어업직		27	27	27	26	30	30	27	23
기능·기계조작·단순 노무직		186	183	183	182	176	173	177	168
※ 종사장 지위별									
비임금근로자			199	199	172	169	168	168	166
(자영 및 고용)			151	152	133	131	131	131	130
(무급가족종사)			48	47	39	38	37	37	35
임금근로자			347	346	335	323	316	324	312
(상시)			305	304	298	288	277	277	269
─상용			169	170	174	165	161	161	157
─임시			136	134	124	123	116	116	111
(일용)			42	42	36	35	39	47	43
※ 취업시간별									
36시간 미만			30	25	40	43	59	55	58
(1~17시간)			8	5	9	9	14	12	17
(18~35시간)			22	20	31	34	45	43	41
36시간 이상			511	518	461	446	415	433	411
(36~53시간)			223	234	211	199	207	203	195
(54시간 이상)			288	284	250	247	208	230	216
임시휴직자			4	1	7	4	11	5	7
평균취업시간			54.9	55.3	52.8	53.1	50.0	52.3	51.0

* 직업별 취업자의 1997년 1/4분기와 종사상 지위별·취업시간별 취업자의 1997년 1/4분
　기, 2/4분기 통계자료는 집계되지 않았다.
자료: 통계청 전남통계사무소.

도소매·음식·숙박업의 감소추세가 두드러지게 나타나고 있다. 직업별 취업자는 모든 직종에서 감소추세를 보이고 있다. 1999년 1/4분기 현재 IMF 이전인 1997년 4/4분기와 비교해보면, 서비스직이 2만 1천 명으로 가장 많이 감소하였으며, 그 다음으로 사무직과 기능·기계조작·단순노무직이 각각 1만 5천 명씩 감소하였다. 종사상 지위별 취업자의 경우는 비임금노동자와 임금노동자 모두 IMF 이후 지속적으로 감소하였다. 특히, 상용직 노동자는 1999년 1/4분기 현재 15만 7천 명으로 1997년 3/4분기의 16만 9천 명보다 1만 2천 명이 감소하였다. 이에 비해서 일용직 노동자는 IMF 이후 감소하다가 1998년 4/4분기 이후 증가하고 있으며 이는 IMF 이전보다 더욱 증가하였다. IMF의 영향에 따른 고용시장의 불안정이 더욱 심화되고 있음을 보여주는 것이다. 이러한 사실은 취업시간별 취업자의 특징에서도 잘 나타난다. 36시간 미만 취업자는 급속히 증가한 반면, 36시간 이상 취업자는 1997년 3/4분기에 비해 10만 명이 감소하였다(통계청 전남통계사무소 DB). 광주지역 노동시장의 고용불완전성과 불안정성이 심화되어 가고 있음을 나타내주고 있는 것이다.

뿐만 아니라 실업문제도 더욱 악화되고 있다. 〈표 3〉에서 보면, 이 지역 실업률은 1997년 4/4분기부터 높아졌으며, 1999년 1/4분기 현재 10%에 가까운 9.7%를 기록하였다. 이러한 실업률은 전국평균보다 높을 뿐만 아니라, 다른 지역의 경우 경기회복세에 의해 실업률의 증가가 주춤하거나 다시 하락하고 있음에도 불구하고, 광주지역의 경우 오히려 증가하였다는 사실은 이 지역 실업문제가 쉽게 해결될 수 없는 구조적인 성격이 강하다는 것을 입증해준다(〈그림 1〉 참고). 더욱이 실업률에 포함되지 않는 비경제활동인구의 증가까지 고려한다면, 실업증가의 문제는 너무나 심각하다고 할 수 있다.

이러한 높은 실업률에도 불구하고, 광주지역 기업체의 구인수가 구직수에 비해서 현저히 낮다는 사실은 이 지역 노동시장의 고용불안정을 보여주는 또 하나의 지표이다. 즉, 구인수는 1998년 1만 6천892명이지만 구직수는 9만 3천837명으로서 5배 이상 초과하였다. 특히, 직업별 구인수는 기술·전문직(6,007명), 생산직(5,982명), 행정·사무·관리직(3,777명), 판매직

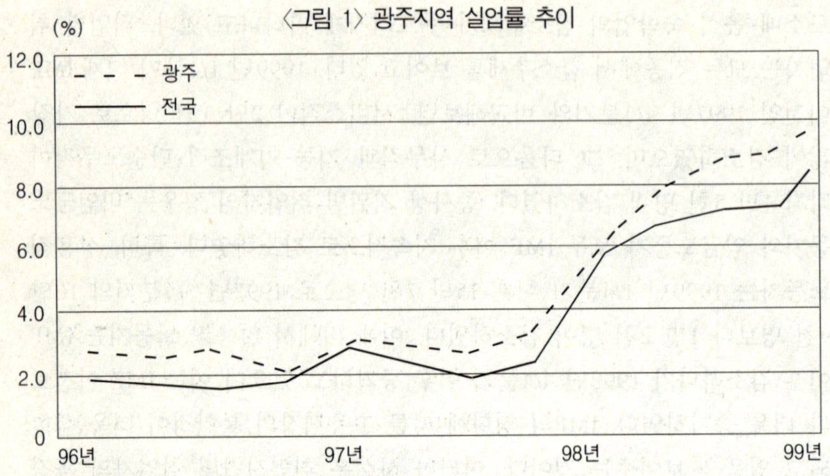

자료: 통계청 전남통계사무소 DB에서 구성.

(1,088명) 순이지만, 구직수는 생산직(36,605명)이 가장 많고, 그 다음으로 기술·전문직(28,100명), 행정·사무·관리직(22,784명), 판매직(4,614명) 순으로서 노동시장의 수급불균형 현상이 심각하게 나타났다(광주광역시, 《광주경제》 각월호).

앞에서 살펴보았듯이, 광주지역의 취약한 산업구조로 인해 이 지역 노동자들이 겪고 있는 고용불안과 실업의 고통은 매우 심각하다. 그 동안의 경제발전과정에서 낙후되었던 광주지역은 첫째, 경제변동에 가장 민감하게 영향을 받는 중소영세기업의 비중이 매우 높다. 이 때문에 경제위기로 인한 광주지역 기업들의 가동률 저하는 상당히 심각하게 나타났다. 둘째, 제조업 중 30% 이상을 차지하는 아시아자동차와 대형 건설업체의 부도에 따라 중소협력업체의 어려움 또한 심각하였다. 이에 따라 광주지역 실업률은 IMF 이전부터 전국평균 실업률을 훨씬 상회하고 있다. 이와 같은 광주지역의 산업구조적 경제특성에 따라 나타나는 상이한 실업 규모 및 성격은 실업대책이 지역적 차이를 무시한 채 일률적으로 이루어질 수 없다는 사실을 잘 입증해주는 것이다.

3. 지방자치단체의 실업대응

1) 정부의 실업대책

한국사회에서 IMF 관리체제가 진행됨에 따라 실업자가 양산되었던 초기의 정책들이 일정 정도 개선되면서, 실업대책의 내용이 다양해지고 생계대책을 집행하기 위한 예산도 증가하였다(〈표 5〉 참고). 예를 들어, 전국의 실업자들에게 공통적으로 적용되는 고용보험상의 실업급여사업의 확대과정을 살펴보면, 최초로 실시되던 시기에는 30인 이상의 사업장 노동자들만을 가입대상으로 하였으나 1998년 10월부터 전사업장에 확대적용하였다. 특히 월 노동시간이 80시간 이상이 되는 시간제 노동자와 1개월 이상 근무한 임시직 노동자도 고용보험의 가입대상이 되었다. 이외에도 한시적 생활보호대상자에게 생계비를 지원하는 사업과 결식아동 중식지원 사업 등에 예산을 증액배정하는 등 정부의 실업대책이 향상된 측면을 발견할 수 있다.

그러나 현재 실시되고 있는 정부의 실업대책은 보편적 정책이 아니기 때문에, 모든 실업자들이 혜택을 받을 수 있는 것이 아니다. 실업자 개인의 경제활동 종류, 특히 고용되어 있던 사업장의 규모에 따라 결정된다. 5인 이상 사업장에서 실직된 노동자들은 고용보험상의 실업급여와 근로기준법의 퇴직금을 받고 일정기간 기초생계를 유지할 수 있지만, 고용보험에 가입된 기간이 짧았던 노동자는 실업급여를 받을 수 없다. 일정기간 이상의 고용보험가입이 이루어지지 않은 채 해고된 실업자의 경우는 실질적인 혜택을 받을 수 없기 때문이다. 더욱이 일용직 노동자와 신규진입 실업자 및 전체 취업자의 35%를 차지하는 자영업자와 무급가족종사자는 고용보험 적용대상에서 제외된다. 이에 따라 전체 임금노동자 중 71%만이 실업급여를 받을 수 있고, 전체 취업자 중에서는 59%만이 그 혜택을 누릴 수 있다. 이러한 적용의 한계 때문에 전체 실직자의 10%(전체 실업자가 150만 명이라고 산정할 경우, 15만 명에 해당)만이 매달 실업급여를 지급받고 있을 뿐이다.

<표 5> 실업자 보호 및 사회안전망 예산(1999년)　　　(단위: 억 원)

구　분	1998	1999	비　　고
직업훈련과 취업알선 등	10,235	14,311	
실업자 직업훈련 등	7,377	7,957	32만 명 훈련 실시
구인·구직 연계체제확충	660	636	
졸업예정자 대책	810	600	2만 5천 명 지원
여성실업 대책	164	203	여성훈련 100억 원(6,400명) 일하는 여성의 집 103억 원
고용유지 지원	1,224	4,915	102만 원 지원
실업자 생활보호	46,437	62,600	
실업급여 지급	8,500	15,012	53만 명 지급
실직자 대부	7,500	6,382	7만 명 대부
임금 채권 보장	1,900	-	
일용근로자 대책	450	-	
귀농·어 창업 지원	220	20	귀어가 100가구 지원
실직자 중고생자녀 학비지원	1,000	2,000	30만 명 지원
결식아동 중식지원	74	342	12만 2천 명 지원
자활보호자 생계비 지원	398	2,340	자활보호대상자 26만 가구 월동지원
한시적 생활보호	2,160	4,973	57만 명(생계 11만 명, 자활 46만 명)지원
기존 생활 보호	13,791	14,531	116만 명 지원(거택 39만 명, 자활 77만 명)
공공근로사업 등	10,444	16,000	공공근로 33만 명 특별취로 42천 명(1천억 원)
실업대책 예비비	-	1,000	
합　계	56,672	76,911	20,239억 원(35.7%) 증가

자료: 노동부(1999. 1), 「'99년 종합 실업대책」.

　이와 같은 정부 실업대책의 열악한 적용범위는 수많은 실직자들을 생계 곤란이라는 벼랑 끝으로 내몰고 있다. 특히, 광주지역의 경우 중소영세사 업장이 대다수를 차지하고 있고 자영업의 비중이 높기 때문에 실업대책 의 사각지대에 처해 있는 실직자의 수가 상당히 많다는 점에서 더욱 심각 하다. 일용직 노동자와 영세사업장 출신 실직자들은 지방자치단체에서 실시하는 공공근로사업에 참여하거나 직업훈련과정에 참여하고, 한시적 생활보호대상자 지원사업을 신청하는 것이 유일한 대책이 되고 있다.

2) 광주지역 지방자치단체의 실업대책

광주지역 실업자수는 5만 1천 명(9.7%, 1999년 1/4분기 현재)으로 전국적으로 다른 지역과 비교하였을 때, 높은 실업률을 나타내고 있을 뿐만 아니라, 고실업이 장기화되고 있는 상황에 처해 있다. 광주지역의 고실업이 장기화되고 있다는 사실은 이 지역에서 한 달 소득이 1백만 원도 못 미치는 가구가 76.2%에 이른다는 사실(광주광역시 내부자료)에서도 잘 드러난다.[6] 가구당 월평균 소득은 80만 원 미만이 28.9%, 80~99만 원이 20.2%, 100~149만 원이 24.9%, 150~199만 원이 15.3%, 200~249만원이 6.5%, 250~299만원이 2.4%, 300만 원 이상이 1.8%로 나타나 100만 원 이하가 49.1%를 차지했다. 이는 고소득층 250만 원 이상 4.2%보다 훨씬 높은 것으로 이 지역의 소득수준이 열악한 상태임을 증명하고 있다. 또한 가구당 월평균 생활비는 〈그림 2〉에서와 같이, 50만 원 미만 39.6%, 50~99만 원 36.7%로 100만 원 미만이 대부분이고, 100~149만 원 15.2%, 150~199만 원 5.6%, 200~249만 원 2.0%, 250~299만 원 0.6%, 300만 원 이상 0.3%로 나타났다. 월평균 생활비가 100만 원 미만인 가구가 76.2%에 달한다. 이는 IMF 이후 지역경제의 피폐현상이 지속되고 있음을 보여주는 것이다.

따라서 이 지역에서의 심각한 실업문제를 해결하기 위해서는 무엇보다도 지역 차원의 실업대책이 절실하다고 하겠다. 즉, 지역적 특수성이 배제된 전국적 차원의 실업대책의 문제점을 개선하고 실업문제를 해결하기 위해서는 정부의 역할 이외에도 지방자치단체의 역할이 필수적으로 요구된다는 점이다.

실업대책의 구체적인 전달은 지방자치단체를 통해서 이루어지는 경우

---

6) 광주광역시 지방자치단체가 1999년 6월, 1만 가구 15세 이상 전가구원 20,135명을 대상으로 시민생활수준을 파악하기 위해 실시한 사회통계조사에서 밝혀졌다.

<그림 2> 광주지역 가구당 월평균 생활비(1999년)

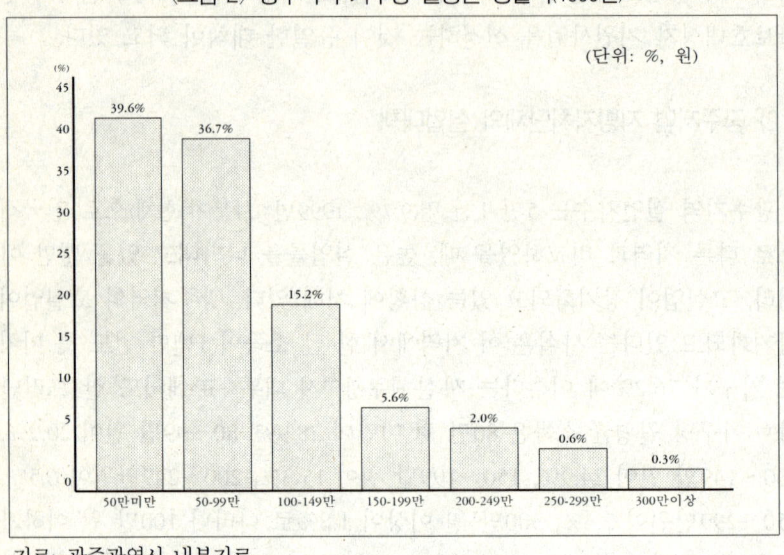

자료: 광주광역시 내부자료.

가 많다. 특히, 실업자 생활안정대책은 지방자치단체의 직접적인 역할에 의존하는 정도가 크다. 실업자 개인이 생활하는 공간이 바로 '지역'이기 때문에 실업문제에 있어서도 정부보다는 지방자치단체와의 관련성이 더 밀접하다.

지방자치단체가 실업정책의 결정권이 없고 재정적 자립도가 취약하다는 한계를 갖고 있음에도 불구하고 효율적으로 실업대책을 집행한다면 더 많은 실업자에게 실업대책의 혜택이 돌아갈 수 있기 때문이다. 광주광역시 지방자치단체의 실업대책 내용은 실업자 생활안정대책, 고용유지를 위한 기업지원, 재취업 등 고용창출, 고용창출 장기대책, 취업능력제고 등을 포함하고 있다. 특히 실업극복 및 지역경제활성화를 최우선과제로 정하고 실업자 생계지원사업과 경제적 어려움을 해소하기 위한 지원사업에 많은 예산을 배정하였다(<표 6> 참고).

그러나 실업대책관련 재정이 부족한 지방자치단체는 독자적인 실업대책관련 사업을 수행할 수 있는 재정적 여유가 없다. 지방세의 부족으로

<표 6> 광주지역 지방자치단체의 실업대책 내용

사업내용	기 간	예 산	내 용
실 업 자 생 활 안 정 대 책			
공공근로 사업	1999. 1. 11~12. 31	44,268백만 원 (국비 19,864; 지방비 12,834)	• 정보화사업, 고학력자 미취업자를 위한 사업 중점
실직자 한 시적 생활 보호사업	1999년	5,176가구 22,040명 대상 6,502백만 원	• 실직 등으로 추가 발생한 생활보호 대상 자(거택 자활)에게 생계비, 자녀학비 등 지원
자활보호대 상과 생계 비특별지원	동절기 6개월간(1999. 1~3월, 10~12월	21,682명 7,722백만 원 (1인 월 79천 원 ~6인 월 320천 원)	• 공공근로사업 또는 특별취로사업 참여 자를 제외한 자활보호대상자 전원에게 생계비 특별지원
저소득층 특별취로 사업	1999년	6686세대 179,980명 3680백만 원	• 근로능력이 있는 자활보호대상자를 대 상으로 구호와 시행효과를 높일 수 있는 사업을 선정·지원→용배수로 정비, 소하 천 정비 등 19개 사업 338개 사업장
노숙자 특별보호 대책	1999년		• 노숙자 쉼터마련→상담·무료급식(아침· 저녁), 잠자리 제공(현재 12명 이용중) • 노숙자와 부랑인들 조기에 분리시키기 위해 지속적인 단속활동 강화
민간실업 대책 프로 그램지원	1999년	560백만 원 (위원들의 특별회 비로 충당)	• 실업극복대책위원회 운영→각계각층 대 표시민 39명 • 실업자종합지원센터 개설운영지원
고용유지를 위한 기업지원	1999. 8. 17~8. 31	• 200억 원 • 1,722억 원 • 400억 원	• 기아자동차 광주공장 경영정상화 및 육 성지원 • 고용창출 중소기업 특별자금융자 지원 • 기업에 대한 자금지원확대 • 지역신용보증기금의 보증심사기준완화 기간 연장
재취업 등 고용창출	1999년	• 4,049백만 원 • 60백만 원 • 142건 5,316억 원	• 고용촉진훈련실시→정보처리, 자동차정 비, 미용 등 37개 직종 • 취업박람회 개최 • 구인·구직 알선기능 • 귀농자 영농정착 지원 • 해외시장개척 활동 지원 • 공공사업조기 발주
고용창출 장기대책	1999년		• 지역 과학기술의 혁신기반구축 • 외자 및 해외기업유치를 통한 고용촉진 • 대규모 건설사업의 추진 • 산업단지 활성화
취업능력 제고	1999년		• 직업능력개발훈련 실시 • 창업훈련 지원 • 지식기반산업분야 직업훈련 실시

자료: 광주광역시(1999), 『'99 실업대책 및 고용창출 추진상황』; 광주지방노동청·광주전남
지방중소기업청(1999), 『실업대책추진상황』에서 구성.

인해 실업대책 예산을 따로 편성하기는 어렵다고 할 수 있다.[7] 그럼에도 불구하고, 광주광역시 지방자치단체는 실업자 생계대책사업보다는 지역 경제 활성화를 위한 고용창출관련 사업에 훨씬 더 많은 예산을 배정하고 있다. 이는 지방자치단체가 실직자 생계문제의 해결보다는 고용창출과 지역경제에 대한 투자에 우선순위를 두고, 이를 통해 실업문제를 해결해야 한다는 인식을 반영하고 있기 때문으로 파악된다. 현재의 대량실업이 개인의 일할 의지 여부와는 관계가 없는 '구조적 성격'의 실업이라는 점을 간과하고 있기 때문이다.

따라서 지방자치단체의 실업대책은 실직자의 생활안정과 생계비 지원 사업에 무게중심이 실려야 할 필요가 있다. 실직자 개개인이 정부보다는 일차적으로 접근하기 용이한 지방자치단체에 실업대책의 실시를 요구하기 때문이다. 이러한 측면에서 보면, 지방자치단체에서 실시하는 실업대책 중에서 '실업자 생활안정대책'이 실직자의 생계문제와 직결되어 있고, 그 중에서도 상대적으로 많은 예산이 배정된 '공공근로사업'이 저소득층 실직자와 관련된 실업대책 중 하나이다. 공공근로사업은 지방자치단체의 개입이 허용된 사업이라는 특징을 가지고 있을 뿐만 아니라, 지방자치단체의 역량과 역할에 상당 부분 그 성패가 좌우된다. 여기에서는 지방자치단체의 여러 가지 실업대책 가운데에서 공공근로사업을 중심으로 살펴보겠다.

지역차원의 실업대책 가운데 가장 핵심적인 사업이 공공근로사업이다. 정부는 IMF 이후 사회안전망의 사각지대에 존재하는 실직자들에게 생계비를 지원하고 일자리를 창출한다는 두 가지 취지에서 이를 확대하였다.[8]

---

7) 광주광역시의 지방세 징수액은 1997년 시세 406,709백만 원과 구세 64,955백만 원을 합한 총 471,664백만 원이었다. IMF 이후인 1998년 시세는 375,176백만 원, 구세는 64,641백만 원으로 줄어 총액은 439,817백만 원으로 전년도에 비해 오히려 감소하였다 (광주광역시, 내부자료).

8) 정부의 실업대책에 관한 기본적인 인식을 알 수 있는 부분이다. 예산을 무료로 지급한다면 실업예산이 비생산적으로 낭비된다는 지적을 하면서 정부는 공공근로사업 참여자에게 일을 제공하고 '주 5일~1일 8시간'의 노동의 대가로 생계비(1일 2만 2천~3만 5천 원)를 지급하였다.

즉, 한편으로는 대량실업이 발생하고 실업기간도 장기화되는 상황에서 기존의 실업급여제도와 생활보호제도로는 실직자들의 생활을 보장하는 데 한계가 있으므로 저소득 실직자의 생계보호를 위한 일자리를 제공한다는 점이고, 다른 한편으로는 공공부문에서의 일자리 창출을 통해 실업자를 감소시키는 데 그 목적이 있다.

그러나 정부가 발표한 1999년 종합실업대책방안을 보면, 공공근로사업은 한시적이고 보완적인 실업대책이라는 점을 인정하고 있다. 이렇듯 정부가 공공근로사업을 한시적으로 많은 예산을 투입해서 확대 실시하는 이유는 대량실업사태에 직면해서 일시적이지만 많은 일자리를 제공함으로써 실업흡수효과가 가장 단기적·직접적으로 나타나기 때문이다. 다시 말해서, SOC(Social Overhead Capital)사업은 높은 투자비용과 준비기간이 오래 걸리는 반면 공공근로사업은 상대적으로 낮은 투자비용과 짧은 시간 내에 고용효과를 높일 수 있다는 점 때문이다.

광주광역시 지방자치단체에서 실시하고 있는 공공근로사업은 정부의 취지를 적극 반영하여 저소득 실직자에 대한 생계지원, 공익성 있는 분야에서의 생산성제고, 고용효과의 극대화라는 정책목표를 추구한다고 밝히고 있다.9) 1998년부터 시작된 공공근로사업은 1999년에는 보다 많은 예산을 투입하여 진행하고 있다. 예산은 국비 50%와 지방비 50%의 비율로 부담하고 있으며, 사업기간은 1999년 1월 11일부터 12월 31일까지 4단계로 구분하여 실시하고 있다. 현재 광주광역시 지방자치단체에서는 공공근로사업의 3단계까지 실시하였다.

특히 광주광역시 지방자치단체는 1999년 공공근로사업의 내용과 대상자선정 기준을 대폭 수정하여 실시하였다. 즉, 기존 생계보호차원의 공공근로사업을 생산성 위주로 변화시키면서 젊은층 고학력자의 참여를 높였다. 공공근로사업의 내용은 주로 행정자료 전산화 작업, 행정 및 공공성

---

9) 지방자치단체에서 실시하고 있는 공공근로사업은 중앙에 국무총리를 위원장으로 하고 재경, 행자, 산자, 복지, 노동부장관과 국무조정실장, 사회복지수석비서관 등을 위원으로 하는 실업대책위원회가 구성되어 있다. 시·도에는 시장을 위원장으로 학계, 경제계, 민간단체 대표 등을 포함한 15명 내외의 시·도 실업대책 추진위원회를 구성하였다.

<표 7> 공공근로사업 대상자 및 예산집행 내용 (단위: 명, 백만 원, %)

구분	신청인원(A)	선발인원(B)	비율(B/A)	탈락인원	포기자(C)	비율(C/B)	예산집행내역(백만 원)			
							예산액	집행액	잔액	비율
1998										
합 계	15,026	11,409	7,509	928	2,689	23.6	25,819	24,794	1,025	96.0
시본청	-	-	-	-	-	-	733	692	41	94.4
동 구	2,046	1,217	59.5	155	674	55.4	2,790	2,790	0	100.0
서 구	2,800	2,014	71.6	343	454	22.5	4,920	4,848	72	98.5
남 구	2,122	2,004	94.4	0	118	5.9	3,698	3,656	42	98.9
북 구	4,990	4,258	85.3	416	316	7.4	8,751	8,738	13	99.9
광산구	3,057	1,916	62.7	14	1,127	58.8	4,927	4,070	857	82.6
1999										
합 계	44,689	32,444	72.6	4,886	7,359	22.7	42,845	34,260	8584	80.0
시본청	-	-	-	-	-	-	3,481	2,588	893	74.3
동 구	6,462	4,299	66.5	1,553	610	14.2	4,737	3,877	859	81.8
서 구	8,114	5,124	63.2	2,177	813	15.9	7,183	5,749	1,434	80.0
남 구	7,749	5,317	68.6	511	1921	36.1	6,639	5,722	917	86.2
북 구	15,981	11,613	72.7	2,332	2,036	17.5	12,769	9,494	3,275	7404
광산구	6,383	4,404	69.0	0	1,979	44.9	8,036	6,830	1,206	85.0

자료: 광주광역시 내부자료.

이 강한 현장조사업무, 행정시책에 반영키 위한 각종 실태조사로 구분하고 있다. 이러한 사업내용을 추진하기 위해서는 고학력이면서 20~30대 연령층의 실업자를 중심으로 선정할 필요가 있다는 것이다. 이는 광주광역시 지방자치단체의 공공근로사업 성별·연령별 신청인원과 선발인원을 1998년 상황과 1999년 상황을 비교한 데서 잘 나타나고 있다(〈표 7〉 참고).

　이와 같이, 광주광역시 지방자치단체의 공공근로사업의 진행과정을 살펴보면, 몇 가지 특징이 있다. 첫째, 1998년에 비해 1999년에는 공공근로사업에 예산배정이 증액되었지만 신청자가 많아짐으로써 오히려 공공근로사업의 혜택을 받은 실업자의 비중이 감소하였다는 점이다. 〈표 7〉에서 살펴보면, 공공근로사업을 신청한 실업자 중에서 1998년 75.9%가 선정되었지만 1999년에는 72.6%로 감소하였음을 알 수 있다.[10] 이러한 사실은

---

10) 1999년은 공공근로사업 3단계까지의 자료를 정리한 것이다. 그러나 공공근로사업의 신청자가 갈수록 늘어나고 있다는 점을 감안한다면, 1999년의 비중은 더 하락할 것이라는 사실을 쉽게 예측할 수 있다.

공공근로사업의 확대를 통해 사회안전망의 혜택을 받지 못하는 저소득층 실업자들의 생계를 지원하겠다는 정부와 지방자치단체의 실업대책이 오히려 축소되었음을 보여주는 것이다. 둘째, 1998년과 1999년 신청자의 비교결과를 〈표 8〉을 통해서 확인해보면, 전체적인 수가 증가한 가운데 성별로는 특히 여성이 3배 이상 증가하였고 연령별로는 40~50대의 신청자가 급증하였다는 점이다. 이는 실업이 장기화되면서 여성이 겪는 실업문제가 심각해졌음을 나타내는 것이며 40~50대 실업자들의 구직이 더욱 어려워졌음을 반영하는 것이다. 특히, 여성의 신청률이 증가한 원인은 두 가지로 찾아볼 수 있다. 첫째, 여성들의 실업으로 인한 경제적 어려움 때문에 나타나는 현상이다. 둘째, 남편이나 가구소득원의 실직, 임금삭감 등으로 인한 가계의 전체적인 수입의 감소로 경제적 어려움이 가중됨으로써 여성들의 노동시장 재진입 경향을 반영하는 것이다.

그러나 지역의 실업현실이 이러함에도 불구하고, 공공근로사업의 선발대상자는 여성과 40~50대층을 배제하였다. 보다 구체적으로 살펴보면, 1999년 여성신청자는 2만 7천182명에 달했으나 선발된 수는 6천339명에 불과하였다. 그리고 60대 이상은 아예 선발조차 하지 않았고, 40~50대의 신청자가 50%를 넘는 데도 불구하고, 선발비율은 20~30대보다 낮았다. 또한 학력별 상황을 살펴보면, 1999년의 경우 신청자 학력별 분포가 초등졸 이하가 7,134명(37.64%), 중졸이 4,153명(21.91%), 고졸이 4,469명(23.5%), 전문대졸 이상이 908명(4.79%), 대졸 이상이 2,290명(12.08%)이었다. 선발현황은 초등졸 이하가 1,754명(26.19%), 중졸이 1,322명(19.74%), 고졸이 1,912명(28.55%), 전문대졸 이상이 387명(5.78%), 대졸이 1,322명(19.74%)으로 나타났다. 신청자 중 중졸 이하가 59.55%이고, 고졸 이상이 40.45%이지만, 선발자 중 중졸 이하가 45.93%이고 고졸 이상이 54.07%였다(광주광역시, 1999. 11. 「1999년도 공공근로사업 추진현황」). 이는 앞에서도 언급했듯이, 1999년 공공근로사업의 방향을 생산성 위주의 사업내용과 이를 수행할 수 있는 고학력, 젊은층 위주로 하겠다는 광주광역시 지방자치단체의 기준 때문에 훨씬 열악한 상황에 처해 있는 저학력, 고연령층, 여성이 배제된 것이다.

<표 8> 공공근로사업 성별·연령별 신청 및 선발 현황　　　(단위: 명)

구 분	계	성 별		연 령 별					
		남	여	20세 미만	20대	30대	40대	50대	60세 이상
1998년 신청인원	15,026	7,240	7,786	147	1874	3,173	3,841	4,195	1,796
1998년 선발인원	7,710	4,249	3,461	16	667	2,075	2,743	1,961	248
1999년 신청인원	44,689	17,507	27,182	245	4,255	8,439	12,481	15,613	3,656
1999년 선발인원	13,151	6,822	6,339	100	1,983	3,516	4,562	2,990	0

자료: <표 7>과 동일.

　　결국 공공근로사업이 저소득층 실업자들의 생계보호라는 취지가 무색할 정도로 그 대상이 '고학력 - 남성 - 20~30대 신규실업자'들에 집중됨으로써 '저학력 - 여성 - 40~50대 이상의 전직실업자나 재진입실업자'는 여전히 사회안전망의 사각지대에 머물러 있을 수밖에 없는 처지에 놓이게 된다. 이들은 한편으로는 광주지역 노동시장에서도 배제되는 '주변인'이면서, 또 다른 한편으로는 실직자 생계지원혜택에서도 배제되는 주변인으로 내몰리고 있다.

　　지방자치단체의 가장 핵심적 실업대책인 공공근로사업이 실업대책으로서의 본래의 목표를 어느 정도 효과적으로 실현하고 있는가에 대한 평가는 공공근로사업 참가를 대상으로 실시한 설문조사결과를 통해서도 살펴볼 수 있다.[11] 공공근로사업에 참가하게 된 동기는 '직장을 구할 때까지 생활비를 벌기 위해서'(75.0%)가 압도적이다. 이들은 공공근로사업이 생계보호에 미치는 효과에 대해서 매우 높다(5.7%), 높다(24.5%)에 비해서 낮다(28.1%), 매우 낮다(8.0%)의 응답률이 더 높게 나타났다. 또한 공공근로사업의 근로의욕고취에 대한 의견에서도 매우 높다(3.9%), 높다(23.5%)에

---

11) 광주광역시 1999년 공공근로사업 2단계 참가자를 대상으로 실시한 설문조사를 경실련이 실시하여 고용·실업대책 광주범시민운동본부 주최의 실업정책 토론회에서 발표한 결과이다.

<표 9> 광주광역시 고용촉진훈련 실적   (단위: 백만 원, 명)

연도 \ 구분	예산액	훈련 신청	훈련 위탁	미입소 및 중도탈락	수료	훈련중	취업자	자격 취득
계	6,519	17,200	8,594	3,252	2,858	2,484	420	946
1998	4,424	9,780	5,052	2,174	2,858	20	406	945
1999	2,095	7,420	3,542	1,078		2,464	14	1

* 1999년 7월 22일 현재.
자료: <표 7>과 동일.

비해서 낮다(22.9%), 매우 낮다(5.4%)의 응답률이 더 높다. 이는 공공근로
사업이 생계보호 측면에서나 근로의욕을 통한 적극적 실업대책 측면 모
두 그 실효성에 문제가 있음을 나타내는 것이다. 특히, 공공근로사업의 참
여와 구직 또는 직업훈련과의 연계성에 대한 만족도가 현저하게 낮게 나
타난다는 점에서 '일시적인 근로활동을 통한 생계보호에서 직업훈련 후
구직'이라는 연계가 제대로 이루어지지 않고 있음을 보여준다.[12]

한편, 공공근로사업 참여자들은 공공근로사업을 통하여 생계에 필요한
최소한의 소득지원을 바랄 뿐 아니라, 안정적인 직장생활을 할 수 있도록
고용을 창출하거나 취업에 도움이 될 수 있는 직업훈련기회의 확대실시
를 요구하고 있다. 그러나 <표 9>에서와 같이, 1999년의 고용촉진훈련에
대한 예산액이 1998년에 비해 삭감되었고 훈련 이후 자격취득과 취업이
된 경우도 대폭 감소하였다.

광주광역시 지방자치단체는 공공근로사업과 직업훈련사업을 통하여 생
계유지에 필요한 자원을 제공하고 재취업을 위한 직업훈련의 기회를 제
공하는 역할을 수행해왔다. 그러나 지역단위에서 더 많은 실업자에게 복
지혜택을 제공하는 문제와 일시적인 생계유지를 넘어서는 실업자의 재취
업과 실업자가족의 생계유지를 보장해주는 문제는 너무나 미흡한 실정이
며, 여전히 해결해야 할 과제로 남아 있다.

따라서 지방자치단체가 실시하는 실업대책에 대한 이견과 비판이 첨예

---

12) 구체적으로 "공공근로사업 내용이 경력이나 장래 직업과의 연계성"이 있느냐고 묻는
   항목에 대해 매우 높다(3.6%), 높다(10.6%)에 비해서 낮다(28.4%), 매우 낮다(15.7%)의 응
   답률이 훨씬 높게 나타났다.

화되었다. 실업대책이 대량실업과 실업의 장기화에 따른 임시방편적 사업으로서의 성격이 강하다는 점이 핵심적 내용이다. 이러한 비판은 다양한 관점과 입장에서 제기되고 있다. 먼저, 광주지역의 기업주들은 공공근로사업에 대해 외자유치를 통한 SOC 투자 및 환경투자 등으로 전환해야 하며, 실업자를 중소기업의 기술지원과 생산보조역으로 활용하자는 대안을 제시하였다. 반면에 노동계와 시민·사회단체는 실업대책의 성격이 일자리가 없는 상황에서 "생계유지를 하려면 많은 권리를 포기하고 주는 대로 고맙게 순응하게 만들고 있는 길들이기식 사업"이라고 지적하였다(광주· 실업대책광주범시민운동본부, 1999. 6). 결국 비경제적 소모성 사업이라는 비판과 생계보호사업으로서의 일회성과 실질적인 '생계보장'이 되지 못하고 있다는 비판이 맞물려지게 된 것이다.

　이러한 점 때문에 광주지역 시민·사회단체들은 지방자치단체와 시민· 사회단체의 협력체제의 필요성을 언급하고 있다.

> "실업문제에 대한 민·관협력체제가 필요하다는 인식이 확산되고 있지만, 광주지역 지방자치단체의 마인드는 아직 적극적이지 않다. 단지, '지방고용심의회'를 구성하고 있는 정도이다. 이 기구에도 민간 시민·사회단체 대표가 참여하지 않고 있다.
>
> 　공공근로사업의 심의를 활성화시키고 민간위탁을 요구하고 있으나 받아들여지지 않고 있다. 공공근로사업 참여자가 광주지역에서는 대학에 파견되기도 한다. 이는 공공근로사업의 실효성을 떨어뜨리는 것이다. 그리고 공공근로사업에 참여하는 인력의 선발기준이나 원칙이 지켜지지 않고 있으며, 이로 인한 민원이 제기되고 있다."[13]

　따라서 지방자치단체와 지방의회, 그리고 시민·사회단체의 상호협력과 연관체계하에서 보다 근본적인 실업대책이 필요하다고 생각된다. 즉, 지방자치단체만이 아니라 지역의 실업자관련 단체나 노동계 및 학계를 포

---

13) 고용·실업대책광주범시민운동본부의 실업자종합지원 광주센터 사무국장과의 인터뷰 내용 중에서 일부를 발췌한 것이다.

괄하는 대책협의기구를 통해 지역별로 특성을 보이는 실업문제를 정확하
게 파악하여 정책을 수립하고, 이를 효율적으로 실행·집행할 때만이 현실
적인 실업대책이 될 수 있다. 이러한 점에서 지역 시민·사회단체의 실업
대응전략을 살펴볼 필요가 있다.

4. 광주지역 시민·사회단체의 실업대응전략

대량실업사태가 발생하는 상황에서 실업기간이 장기화되고 재취업전망
또한 불투명해지면서 '실업의 구조화'가 진행되고 있다. 그러나 위에서 살
펴보았듯이, 정부와 지방자치단체의 사회적 안전망으로서의 실업대책은
대단히 취약하기 때문에 구조적 실업문제의 해결책이 되지 못하고 있다.
기존의 노동조합운동과 노동자조직에서도 실업자와 반실업상태에 처해
있는 노동자를 담아내지 못함으로써 현시기의 실업문제에 대한 대응에
한계를 가지고 있다.[14] 광주지역 노동조합운동과 노동자조직의 경우도 사
정은 이와 비슷하다.

> "실업자조직은 아직까지 광주지역에 존재하지 않는다. 단지 '광주지역 건
> 설일용노동조합'이 결성되어 있고, 10월에는 '광주지역 여성노동조합'이 결
> 성되었다. 이들 노조조직에서는 반실업상태에 처해 있는 비정규직 노동자와
> 실업자를 포괄하고 있다. 그리고 기존의 노조로서는 '광주지역 금속노동조
> 합'이 실업자를 조합원으로 인정하고 있다. 그러나 이러한 조직형태는 지역
> 을 단위로 한 노조조직에 한정된 것이고, 기업별 노조에서는 실업자나 비정
> 규직 노동자를 조합원으로 인정하지 않고 있다. 민주노총 광주·전남지역본
> 부에서도 이들에 대한 특별한 대책이 없는 실정이다."[15]

---

14) 실업자들을 조직화하려는 시도들이 추진되었다. 부산, 대구, 울산 등 전국적으로 16개
  의 '실업자단체'가 등장하였다(이병훈, 1998). 이들 단체들은 수차례의 공동집회 및 가두
  시위를 개최하였고, '전국실업운동단체협의회'라는 전국적인 연대체계를 갖추게 되었다.
  그러나 광주지역에는 아직까지 '실업자단체'가 존재하지 않는다.
15) 민주노총 광주·전남지역본부 사무국장과의 인터뷰 내용 중에서 일부분을 발췌·인용하

이러한 상황에서 시민·사회단체들이 실업문제에 적극적으로 참여하고 있다는 점은 주목할 만하다. 실업대책에 관련된 충분한 사회보장정책과 사회적 안전망이 부재한 현실에서 시민·사회단체의 적절한 참여 내지 협력 없이는 실업대책의 효율성이 제고되기 힘들다는 정부의 판단(한국노동연구원, 1998: 265)도 중요한 배경으로 작용하였다. 시민·사회단체는 직접적인 실업자 구제사업, 취업알선, 직업훈련, 정부 실업대책 평가 등 매우 다양한 사업을 추진할 수 있을 뿐만 아니라, 정부의 실업대책의 사각지대에 있는 저소득 실직자 및 실직가구에 대한 구호와 자활지원사업이라는 중요한 사업을 실행할 수 있다는 점에서 그 의의를 찾아볼 수 있다.

전국적 차원에서는 '실업극복국민운동본부'가 만들어졌고, 이 단체에는 각 시민·사회단체가 공동으로 참여해서 운영하고 있다. 실업문제는 개인의 힘으로 해결하기는 불가능하며 정부의 실업대책도 한계가 있기 때문에 정부에서 해결하지 못하는 실업의 사각지대에 있는 실업자들을 돕기 위하여 스스로 결성한 조직이다.[16)]

지역차원에서도 실업자지원활동을 벌이고 있는 시민·사회단체들이 연합체를 만들어 실업문제에 공동대처하고 있다. 광주지역은 이 지역에서 활동중인 시민·사회단체들이 공동으로 민간실업대책기구로서 '고용·실업대책광주범시민운동본부'(이하 범시민운동본부)를 결성하였다. 이 기구는 지방자치단체의 실업대책의 현실화와 구체화를 촉구하고 개별적으로 전개되고 있는 실업자지원운동을 통일시켜 지역 실업자들을 지원할 수 있는 운동적 틀을 형성하고자 구성되었다. 가입단체는 총 31개 단체로서 노동단체가 6개, 시민단체가 23개, 연구·상담단체가 2개 가입하고 있다.[17)]

광주지역의 실업률이 1997년 2.6%, 1998년 7.6%, 1999년 9.7%로 실업

였다.

16) 실업극복국민운동본부는 3대 사업방향으로 ① 범국민운동 지향 ② 정부대책과 연계 ③ 투명성과 신뢰성 확보라는 방향을 설정했다. 그리고 ① 의식개혁 캠페인 ② 실업극복성금 모금 ③ 실업자구호 및 자활지원 ④ 민·관협력 사회안전망 구축 ⑤ 21세기 사회보장 틀 마련이라는 5대 사업과제를 추진하고 있다.

17) 광주지역 '고용·실업대책광주범시민운동본부'의 공동대표는 학계 2인, 노동단체 대표 2인, 시민단체 대표 4인으로 구성되어 있다.

〈표 10〉 광주지역 실업자종합지원 광주센터의 주요 사업내용

사 업 명	내　용	비　고
상담시행	• 심리상담 • 법률상담 • 여성 및 가족상담 • 직업적성검사	
고용정보제공 사업	• 민·관협력체계 구축 추진 • 민간단체 네트워크 추진 • 고용정보데이터베이스 추진 • 취업정보 인터넷 검색	• 노동부·지방자치단체와 연계 　취업정보제공
취업알선 사업	• 공공근로사업 등 일자리 제공 • 일자리 창출 및 구인처 개발 • 취업박람회 등을 개최하여 구인-구 　직자 직접 연결 • 실업계고교 졸업자 중소기업체 취 　업지원사업	
복지지원 사업	• 저소득 실직가정 결연운동 • 저소득 실직가정 생활지원 및 의료 　지원사업	• 1999년 5월부터 1,800세대의 　실직가정에게 3회에 걸쳐 2개 　월씩 월 150만 원 지원
기타	• 희망의 집수리 • 실업정책 공청회 및 토론회 • 공공근로사업 부적격참여자 신고 　전화 개설	

자료: 실업자종합지원 광주센터 내부자료에서 구성.

자수가 계속 증가하는 지역현실에 직면하여 '범시민운동본부'는 실업문제
를 해결하기 위해 경제활성화와 지방자치단체의 올바른 실업대책이 필요
함을 강조하고 있다. 그리고 저소득층 실업자 생계지원사업을 주요 활동
내용으로 하면서 전국 차원의 실업극복국민운동본부로부터 위임받은 결
연운동사업을 진행하고, 저소득 실직자녀 실업계고등학교 졸업자의 중소
기업체 취업지원사업을 진행하고 있다.

　실업대책사업에 있어서 체계적이고 종합적인 대책을 세워 실업자를 위
한 사업추진을 위하여 범시민운동본부는 '실업자종합지원 광주센터'를 설
치하였다. 실업자종합지원 광주센터는 그 동안 실업극복국민운동본부의
지원을 받아 범시민운동본부가 펼쳐온 긴급구호, 자활지원 등의 사업을
확대하여 보다 직접적으로 실업자에 대한 종합적 지원을 하기 위하여 세
워졌다. 주요 사업내용은 〈표 10〉에서와 같이, 실업자의 생활안정과 사회

안전망 구축을 위한 노력을 핵심으로 하고 있다.

광주지역 실업자종합지원 광주센터의 주요 활동내용을 살펴보면, 실직자상담사업의 경우 1999년 4월에 상담실을 개설하고 활동에 들어갔으나 실업자들의 요구가 주로 부당노동행위 등 법률상담에 집중되었다. 실업자 개인의 심리상담실적은 부진한 편이고, 구직상 애로사항, 구직정보, 직업훈련 알선과 관련된 취업상담에 초점을 맞추었다. 또한 취업박람회(1999년 11월)를 개최하여 150명의 실업자를 취업알선하여 이 중 6.6%가 취업으로 연결되었다.

이렇게 시민·사회단체의 실업대책 사업내용이 정부나 지방자치단체와 공동보조를 맞추어 실시하고 있고, 또한 정부와 지방자치단체의 실업대책이 미치지 못하는 부분까지도 실업자 생계지원과 구호, 자활 사업을 통해 실시하고 있다는 점에서 실업문제해결에 상당한 역할을 담당하고 있다고 평가할 수 있다. 그러나 시민·사회단체의 실업대응은 사후적·구제적 차원에서 실시되고 있다는 비판을 받을 수밖에 없다. 앞에서 살펴보았듯이, 이들의 주요 사업내용이 구호사업 위주이기 때문이다. 이러한 평가에 대해서 광주지역 범시민운동본부의 실무자는 충분히 인식하고 있는 부분이라고 인정하였다.

> "범시민운동본부의 성격은 재벌개혁, 실업의 근본적 문제해결과 같은 요구가 상당부분 퇴색해왔다. 그래서 이제는 대부분 구호사업수준에서 활동하고 있다. 실업자를 묶어내는 작업이 필요하다는 것은 인정한다. 그래서 '실직자 쉼터'를 개설하기도 했으나 대부분 실패했다. 광주지역에서는 아직까지 '실업자 주체'가 범주화되거나 가시화되고 있지 않은 것이다."[18]

이렇게 구호사업을 위주로 하는 시민·사회단체로서는 '재정문제'가 상당히 중요하다. 실업대책사업의 지속성과 실효성을 위해서는 필수적이기 때문이다. 그러나 이들 단체의 재정부분이 취약한데, 참가단체 월회비(각

---

18) 고용·실업대책광주범시민운동본부의 실업자종합지원 광주센터 사무국장과의 인터뷰 내용 중에서 발췌한 부분이다.

단체 2만 원 이상)와 가입비(5만 원), 그리고 실업극복국민운동본부의 재정지원으로 이루어지고 있다.[19] 취약한 재정구조를 벗어나기 위해 후원회사업을 추진하고 있다.

재정문제가 해결되지 않는다면, 지역 차원의 시민·사회단체의 실업대응도 결국 일회성, 또는 임시방편적 대책일 수밖에 없다. IMF 1년이 지나기도 전에 이미 '바닥이 드러난 쌀통'으로는 굶주린 배를 채울 수 없다는 것은 너무나 자명한 현실이기 때문이다.

5. 실업대책의 한계와 문제점

광주광역시 지방자치단체에서 실시하고 있는 실업대책 중에서 공공근로사업은 생계보호와 고용창출, 생산성, 공익성 등 동시에 추구할 수 없는 '여러 마리의 토끼'를 잡기 위해 안간힘을 쓰는 데서 문제가 발생한다. 다시 말해, 생계보호의 목적을 위해서는 낮은 급여와 급여의 지속성(3개월 제한)이 문제가 되고, 고용창출과 관련해서는 임시고용형태인 공공근로사업의 성격이 문제가 된다. 그리고 생산성을 중시하기에는 임시직이라는 성격에 기인한 숙련도의 미흡과 관리부족이 문제가 된다. 마지막으로 공익성의 추구는 생산성과 배치될 수 있는 것이다.

이러한 공공근로사업에 대해서 몇 가지 비판을 제기해볼 수 있다.[20] 첫째, 공공근로사업은 사회안전망이 없는 상황에서 공익적 일자리 확보사업으로 최저생계비를 보장한다는, '일을 통한 복지'(workfare) 개념이다. 즉, 사회안전망을 위한 투자를 해야 하는 상황에서 무상원조를 회피하기 위한 수단인 것이다. 이는 저소득계층의 실업자나 장기실업자에게 제공하는

---

19) 실업극복국민운동본부의 재정지원은 사업별 지원체제이다. 예를 들어, 결연운동사업에만 재정지원이 되고 있다. 지역지부 형태가 아니기 때문이다.

20) 정부와 지방자치단체의 실업대책 중에서 많은 비판을 받는 것이 공공근로사업이다. 그러면서도 동시에 가장 '효자노릇'을 한 것도 공공근로사업으로 꼽히고 있다. 시행초기부터 제기되어온 많은 문제점들은 공공근로사업의 계속적 진행, 폐지, 확대, 축소 등 다양한 논의가 제기된 원인으로 작용하였다.

'노동을 조건으로 한' 부조형태이다. 그런데 생계비 지원이 중심이라면 왜 공공근로인가 하는 문제가 발생한다. 공공근로사업 이면에는 무상원조를 피하기 위한 수단으로 활용되면서 동시에 자본주의적 '노동규율'을 확립하려는 자본의 의도가 관철되었다는 것이다. 둘째, 공공근로사업 등 임시일용직 취업이 증가하고 상용직 노동자는 감소, 고용불안정이 심화되었다. 그럼에도 불구하고 공공근로사업에 참여하는 사람들은 실업통계에 잡히지 않기 때문에 이들은 사실상 실업자이지만 역설적으로 실업률을 낮추는 데 상당한 기여를 하게 된다. 일자리가 부족한 상황에서 곧바로 가시적인 효과를 볼 수 있는 획기적 대책이 없기 때문에 공공근로사업과 같은 임시방편에 실업대책의 무게중심이 있음을 알 수 있다.

이렇듯 단기적 일자리, 생색내기식 생계유지는 일자리 창출도 생계유지도 가능하지 않다. 그래서 공공근로사업을 "1930년대 뉴딜 정책에서 배울 수 있듯 공공근로사업은 실업자의 아래로부터의 분노를 차단하기 위한 '썩은 당근'이다"(《노동네트워크 주간뉴스》 1998. 12. 28.)라는 표현이 타당하게 들리는 것이다.

정부와 지방자치단체의 실업대책이 포괄하지 못하는 저소득층 실업자와 장기실업자에 대한 지역차원의 시민·사회단체의 실업대응전략은 초기의 지원사업 중심에서 점차 자활사업 중심으로 옮아가고 있다.[21] IMF 이후 시민·사회단체가 저소득층 실업자에게 지급해왔던 생계보조비 지원이 일시적 사업이라는 한계가 있었음에도 불구하고 나름대로 유의미한 실업대응이었지만, 그나마도 재정의 고갈 때문에 어려움에 직면해 있는 실정이다. 시민·사회단체는 안정적인 재정확보방안이 없으며, 절대로 부족한 재정상태 속에서 진행되기 때문에 시민·사회단체 실무자들의 열성적인 활동에 비해 수혜대상의 범위가 제한되어 있다. 이러한 재정의 열악함으로 인해 단순 구호사업의 한계를 넘어서지 못하고 있기 때문이다. 또한

---

21) 광주지역에서 가장 대표적인 자활사업은 '희망의 집수리' 사업이다. 건설일용직 노동자와 실업자들이 중심이 되어 저소득실직가정의 낡은 가옥을 수리해주는 것이다. 이를 보다 활성화시켜 궁극적으로는 건설일용직 노동자의 독자적인 사업단위로 변모시키는 것이다. '희망의 집수리' 사업은 전국적으로 확산되고 있다.

실업대책수립을 위한 민·관협력체계가 안정적으로 구축되지 못해 민간 사회안전망을 가동하기 위한 정보공유의 한계와 실업자 지원사업간의 연계부족으로 인한 비효율성과 중복투자 가능성, 경쟁과 갈등의 가능성 등을 배제할 수 없다.

이렇게 볼 때, 가장 근본적인 해결책은 저소득층 실업자의 생계보호를 위한 '실업부조제도'를 도입하는 방법을 적극적으로 검토해볼 수 있다. 한국사회처럼 사회보장제도가 미비한 경우, 실업은 곧 노동자의 삶 자체를 부정하는 것과 다를 바가 없다. 실업으로 인한 '절대적 빈곤'에 대하여 최소한의 실업부조제도를 통해 노동자의 생활보장이 요구되는 것이다. 유럽 등 대부분의 선진자본주의국가가 실업급여제도 이외에 실업부조제도를 실시하고 있다. 실업부조를 실시하지 않고 고용사정이 악화되면 한시적으로 연장실업급여를 지급하는 국가는 미국, 일본, 한국 등이다. 그러나 미국도 저소득 가구에 대해서는 각종 소득보전제도를 실시하여 기본적인 생계를 보장하고 있다. 그러나 〈표 11〉에서 나타나듯이, 실업급여와 생활보호 모두 적용범위가 매우 협소한 한국사회는 실업부조제도도 없기 때문에 실업문제가 더욱 심각한 것이다.[22]

따라서 인간다운 생활을 할 수 있는 최소한의 정부 차원의 보장에 관한 수급권자로서의 권리성을 인정하고 기존의 정부의 재량에 의한 자선적 생활보호급여를 법적인 보장을 받는 권리성 급여로 전환하는 의미에서 생활보호법을 생활보장법으로 변경하는 것도 한 가지 방법이 될 수 있다.[23] '최저생계비 이하의 소득과 일정 수준 이하의 재산 수준'을 갖춘 빈

---

22) 생활보호대상기준이 매우 협소하고, 보호수준도 비현실적으로 낮다. 현금급여(월 12만 원)를 지급받는 생계보호대상자는 전국적으로 1%밖에 안된다. 자활보호대상자는 47.5% (109만 가구)는 근로능력이 없는 생계보호대상자임에도 자활보호대상가구로 분류되고 있다.

23) 이러한 의미에서 2000년도부터 시행될 예정인 '국민기초생활보장법'은 모든 국민이 최소한의 생계를 보장받을 수 있는 사회안전망을 체계적으로 구축하기 위한 최소한의 제도적 장치이다. '국민기초생활보장법'은 현행 생활보호법의 폐해와 모순을 시정하고 빈곤선 이하의 저소득 국민에게 최소한의 기초생활을 국가와 지방자치단체가 보장하도록 제도화하는 것이다. 현행 생활보호법은 아무리 생활이 어려울지라도 18세 미만의 아동, 65세 이상의 노인, 중증장애인이 아니면 지원받을 수 없는 모순적인 제도이다. 이에 해

<표 11> 각국의 실업자를 위한 사회보장 비교

국가	실업보험			실업부조		
	최대급여기간	급여대체율(%)		최대급여기간	급여대체율(%)	
		독신	부양가족		독신	부양가족
독일	832일	60	67	무제한	53	53
프랑스	30개월	59	59	무제한	26	26
스웨덴	450일	90	90	450일	27	44
핀란드	500일	59	59	무제한	26	26
스페인	24개월	62	80	18개월	75	75
포르투갈	30개월	60	60	15개월	40	44
오스트리아	20주	41	44	무제한	38	41
영국	6개월	16	26	무제한	16	26
캐나다	50주	60	60	무제한	23	37
호주	GI(최저소득보장 현금급여지급)			무제한	24	43
뉴질랜드	GI(최저소득보장 현금급여지급)			무제한	24	43
미국	26주	50	50			
일본	300일	48	48			
벨기에	무제한	60	60			
한국	210일(150일)	50	50			

자료: 《한겨레신문》 1998. 7. 21에서 인용.

곤자 모두를 생활보호대상자로 하여, 기존의 생계·의료·교육·자활뿐만 아니라 주거보호까지 함께 해야 한다는 요구가 제기되고 있다.[24] 지방자치단체에서는 이를 효율적으로 집행할 수 있는 행정적·전문적 체계를 갖출 필요성도 제기된다. 이렇게 했을 때만이 실업문제와 실업대책 간의 틈새를 좁혀나갈 수 있기 때문이다.

당된다고 하더라도, 서류상으로 부양능력이 있다고 판정되는 가족이 존재할 경우 지원받을 수 없다. 지원수준도 월평균 현금지원액 12만 5천 원 선으로 생계유지에 턱없이 부족하다. 이처럼 비현실적이고 후진적인 생활보호법은 가족해체와 사회혼란, 실업자의 생계파탄을 막아낼 수 없다.

24) 프랑스 사회에서는 여기에서 더 나아가 "사회구성원 누구에게나 기본적인 봉급 또는 수당을 지급해야 한다"는 '사회적 연대수당'의 지급을 제기하였다. 즉, 사회의 구성원이라면 누구에게나 사회적 구성원으로서의 기본적인 생활을 누릴 수 있는 최저비용을 조건없이 분배하고 소득세는 그 이상의 개인수입에 대해서 징수하자는 것이다.

6. 맺음말

광주광역시 지방자치단체의 실업대책은 대부분 실업자들의 생계지원과 재취업과 관련된 직업훈련에 집중되어 있다. 그리고 지역의 시민·사회단체의 실업대응 또한 저소득층 실업자의 생계비 지원 등 주로 지원·구호사업 위주로 진행되고 있다. 광주지역의 10%에 가까운 높은 실업률을 고려한다면, 지역사회의 실업대응은 지나치게 협소하고 일시적일 뿐만 아니라, '주먹구구식'이라는 비판을 면할 수 없다.

지금까지 지방자치단체의 실업대책과 시민·사회단체의 구호사업은 아직까지 일시적이고 한정적인 수준에 머물러 있음을 살펴보았다. 실업에 따른 생계의 위기는 의료, 교육, 주거 등 삶의 질의 다양한 영역에 영향을 미친다(왕인순, 1998; 이성균, 1999). 따라서 지역 차원의 실업대책은 기존과는 다른 방향을 모색해야 한다.

첫째, 지역 차원에서의 실업대책은 지역의 시민·사회단체들이 실시하는 구제활동을 지방자치단체가 행정적·재정적으로 지원하면서 이를 공동으로 실시해야 한다. 광주광역시 실업대책협의회, 지방고용심의회, 시민·사회단체 등 민·관협력체계가 필요하다. 이를 위해서는 기초자치단체에도 실업대책협의회를 확대, 설치하여 광역자치단체와 연계하고, 시민·사회단체간의 연계도 마련될 필요가 있다. 민·민, 관·관 협력체계 구축을 기반으로 민·관협력체계를 구축하여 이를 활성화해야 한다.

둘째, 지방자치단체의 실업대책에 관한 정책결정과정과 집행과정에 시민·사회단체의 참여기회를 확대해야 한다. 실업대책이 보다 많은 실업자들에게 실질적인 혜택이 돌아갈 수 있도록 시민·사회단체의 협력이 필요하다. 이는 지역단위의 실업대책이 집행과정에서 실효를 얻지 못하고 대책이 겉돌고 있는 가장 중요한 원인 중의 하나이기 때문이다. 지역단위의 실업대책 공청회 등을 개최하여 노·사 및 시민·사회단체, 지역언론 등의 참여 보장이 필요하다. 광주지역의 경우 이러한 상호교류가 제대로 이루어지지 않음으로써 실업문제가 지역사회의 핵심적 담론으로 자리잡지 못하고 있기 때문이다.

셋째, 저소득층과 저학력 실업자가 많은 광주지역의 실업특성을 고려하여 한시적 생계보호를 확대운영하도록 하여야 한다. 더불어 일자리 창출을 위하여 지역에 대규모사업을 확대시행할 필요가 있다. 건설업의 비중이 높은 지역산업구조를 감안할 때, 도로, 댐, 항만건설 등 SOC 사업분야 투자확대를 통한 건설업 활성화와 건설일용직 노동자의 일자리 창출에 지방자치단체의 각별한 대책이 있어야 한다.

그리고 지역단위에서의 실업문제 극복을 위한 사회운동이 활성화되어야 한다. 성급하게 경기회복과 실업률의 하락을 지배담론화하고 있지만, 이에 맞서 실업문제의 근본적 해결을 모색하는 대안적 담론형성이 더욱 요구된다. 이를 위해서는 실업과 관계된 모든 지역역량들, 즉 노동조합조직, 임금노동자, 실업자(운동), 해고와 구조조정에 반대하는 조직, 진보적 지식인들간의 광범위한 논의가 시급히 필요한 시점이다.

■ 참고문헌

고용·실업대책광주범시민운동본부, 1999. 『공공근로사업 어떻게 할 것인가?』, 실업정책토론회 자료집, 6월.
광주광역시, 《광주경제》 각월호.
광주광역시, 1999. 「1999년도 공공근로사업추진현황」, 11월.
광주광역시 지방고용심의회, 1999. 「'1사 1명 더 채용하기' 추진계획」.
광주광역시, 1999. 「'99 실업대책 및 고용창출 추진상황」.
광주지방노동청·광주전남지방중소기업청, 1999. 「실업대책추진상황」.
김신양 편역, 1998. 『프랑스의 실업자 운동』, 두리.
남춘호·이성호, 1998. 「전북지역의 고용동향과 실업자들의 구직활동 및 생활실태」, 전북대학교 사회과학연구소 부설 실직자 사회복지 지원센터, 전북 여성노동자회.
노동부 고용보험과, 1998. 「고용보험 4인 이하 사업장까지 적용확대」.
노동부, 1999. 「'99년 종합 실업대책」, 1월.
왕인순, 1998. 「여성실업현황」.
이성균, 1999. 「지역차원의 실업대책: 울산의 사례 검토」, 지역사회학회 편,

《지역사회학》 통권 제1호, 한울.

이병훈, 1998. 「1999년 노사관계 전망」, 한국노동사회연구소, 《노동사회》 제28호.

이학수, 1998. 「구조조정기의 사회갈등 원인과 해소 방안」, 김신양 편역, 『프랑스의 실업자 운동』, 두리.

최연구, 1998. 「실업자 운동, 21세기의 새로운 전위운동 — 프랑스 실업자 투쟁의 의의와 교훈 —」, 《당대비평》 제3호(봄호), 당대.

통계청 전남통계사무소, 1999. 「1997년도 지역 내 총생산」, 8월.

한국노동연구원, 1998. 『고실업시대의 실업대책』, 10월.

황기돈, 1998. 「프랑스 실업자 운동: 보호 대상에서 아방가르드로」, 《비판》 제3호, 박종철출판사.

《한겨레신문》 1998. 7. 21/ 1998. 10. 16.

《노동네트워크 주간뉴스》 1998. 12. 28.

水野朝夫(미즈노 아사오), 1992. 『日本の失業行動』, 中央大學出版部.

Castells, Manuel, 1996. *The Information Age-Economy, Society and Culture: The Rise of the Network Society*, Blackwell.

Lawson, Roger and William, Julius Wilson, 1995. "Poverty, Social Rights, and the Quality of Citizenship," Katherine, McFate & Roger, Lawson & William, Julius Wilson(eds.), *Western States in the New World Order*, Russell Sage Foundation.

Room, G. 1990, *'New Poverty' in the European Community*, New York: st.Martin's Press.

여성실업현황과 실업대책의 문제점[*]
―마산과 창원 지역의 사례―

강인순
(경남대학교 사회과학부)

1. 머리말

1) 문제제기

IMF 관리체제라는 한국사회의 경제위기는 회사의 부도, 폐업 등으로 인한 대량실직과 해고, 실업문제를 초래하였으며, IMF 이후 대량실업사태의 가장 큰 희생자는 여성들이었다. 즉, 여성은 가부장적 사회구조 내에서 생계보조자로서 구조조정 이후 '우선정리해고 대상자'였고 실직가장인 남편을 둔 아내로서 여성도 생계를 책임져야 하는 생계책임자로서 실질적인 가장 노릇을 해야 했기 때문이다. 특히, 생계책임이 전적으로 여성에게 있는 여성가장인 경우는 기본적인 생계유지문제가 심각하지만 이에 대한 정확한 실태파악이 안되고 있으며 이에 대한 임시적인 대책만 있고 근본적인 대책 수립은 잘 안되고 있다.

통계청이 발표한 고용동향을 보면, IMF 이후 1998년 상반기 남성과 여성의 실업률 중 여성의 실업률이 남성에 절반에 이르지만, 1999년 상반기로 넘어가면 여성 실업률이 증가하여 남성과 여성의 실업률의 폭이 감소되고 있음을 알 수 있다. 소위 '우선정리해고 대상자로서 여성'이라는 담

---

[*] 부족한 글을 읽고 논평을 해주신 익명의 제 교수님들께 감사의 말씀을 드립니다.

론이 통계수치로 확인되고 있는 것이다.

경남지역의 성별 실업률을 보면, 1999년 9월 고용동향에서 여성 실업률은 남성 실업률보다 증가한 것으로 나타났다. 즉, 경남지역 전년동월보다 남성 실업률은 24% 감소한 데 비해 여성 실업률은 20% 증가하였다. 이와 같은 통계수치는 IMF 이후 여성실업이 남성실업보다 점점 더 심각해진다는 하나의 징표이다. 특히, 여성실업의 3분의 1을 차지하고 있는 여성가장의 생계문제를 포함한 여성실업의 심각성은 성별분업이데올로기로 은폐되고 있는 것이다. 소위 '남성=생계책임자, 여성=생계보조자'라는 성별분업이데올로기로 노동시장의 변화에 맞춰 '우선정리해고 대상자'로서 여성이 자본주의사회에서 산업예비군의 역할을 하고 있음을 알 수 있다.

또한, 여성실업에 관한 공식적인 통계 수치나 자료도 구체적 실업과 실직에 관한 실태파악을 근거로 한 것이 아니기 때문에 여성실업의 심각성은 통계적으로 나타나는 것보다 더 심각하다고 볼 수 있다. 왜냐하면 일반적으로 취업난이 심각하고, 경기가 구조적으로 단기간 내에 회복이 잘 안되는 상황에서 남성실업자는 구직활동을 계속하지만, 여성실업자들은 취업할 의사와 능력을 가지고 있음에도 불구하고 구직활동이 어려워 스스로 포기하는 실망근로자로 남고, 실망근로자로서 여성실업자들은 통계적으로는 비경제활동인구로서 실업인구에 잡히지 않기 때문이다.[1]

경남지역뿐만 아니라 마산과 창원 지역의 경우도 정확한 실업과 실직에 대한 파악이 안되고 있다. 다만 IMF 이후 대량실직과 실업에 대한 대책으로 실시하고 있는 공공근로사업 및 직업재훈련교육에 참여하고 있는 자나 생계비 지급대상자와 구직등록을 한 사람들의 파악을 통해 여성실업과 실직에 대해 간접적으로 추정하고 있을 뿐이다.

따라서 이 글은 IMF 이후 심각한 사회문제로 대두된 실업문제 중 여성실업의 실태파악과 적절한 실업대책 마련을 위한 일 연구로, 마산과 창원

---

1) 통계청이 집계하는 통계적 자료에서 경제활동인구에는 15세 이상의 취업자와 실업자만 포함되고 있기 때문이다.

지역의 여성실업실태와 지방자치단체가 실시하고 있는 실업대책현황과 그 문제점을 검토해보고자 한다. 나아가 이를 기반으로 지역에 맞는 여성실업대책수립을 위한 정책적 제안을 해보고자 한다.

2) 문제시각과 연구방법

이 글은 마산과 창원이라는 한 지역을 대상으로 여성실업의 현황과 실업대책의 문제점을 검토하는 것이고, 이를 위해 '지역'을 한 연구단위로 한다는 것과 '성'이라는 변수를 가지고 실업문제를 파악한다는 것이다.

가족이 경제적인 사회의 기본단위인 가구로 되어 있기 때문에 남성실업문제는 가족의 문제로 가족의 경제활동을 할 수 있는 가족성원의 문제로 남게 된다. 이에 실업문제는 가장인 남성의 문제이자 아내인 여성의 문제로 되나, 일반적으로 실업에 대한 인식은 몰(沒)성주의적이거나 남성중심적이므로 여성실업의 문제는 간과되어버린다.

IMF와 구조조정, 구조조정의 차별적인 내용[2]과 관련된 여성해고와 실직, 실업은 남성중심사회에서 합리화되어 버린다. 즉, 여성노동자의 노동시장에서 전형적인 산업예비군으로서 위치가 경기변동이나 노동력 수급에 따라 필요하면, 여성들은 가정으로 돌아가야만 남성들의 일자리가 보장된다는 성별분업 논리가 그것이다.

또한, 정부의 노동시장정책은 신자유주의 기조 위에 노동시장 유연화 전략을 채택하여 여성 실업률 증가의 한 요인이 되고 있다. 남성노동자는 정규직과 핵심적인 부문에 배치하고 여성들은 비정규직과 주변적인 부문에 배치해, IMF 이후 노동시장 내 참여가 증가하고 있는 기혼여성노동자들과 정규직에서 정리해고 및 실직한 여성노동력을 효과적으로 활용한다는 것이다. 이에 정규직에서 정리해고된 여성노동자들은 많은 수가 비정규직으로 재취업되고 있는 것이다.

---

2) 이에 관한 최근 연구로 김태홍의 「구조조정과정에서의 여성고용구조 악화」와 나영희의 「기업의 구조조정과 여성고용문제」, 조순경의 「성차별적 구조조정과 여성고용」 등이 있다.

왜 이러한 현상이 일어나는 것인가? 이러한 현상은 자본주의사회에서 자본가들의 이해관계와 이러한 이해관계를 유지시켜 주는 국가의 정책들, 즉 자본과 국가권력의 전략적 동맹, 그리고 성별분업을 기반으로 하는 남성중심 사회구조인 가부장제적 장치들이 작용하기 때문이다.

따라서 이 글의 목적은 지역 차원에서의 실업현황을 양성적인 관점에서 올바로 파악하고 이를 기반으로 지방자치단체의 몰(沒)성주의적이면서 남성중심적 실업대책을 비판적으로 검토하는 데 있다. 나아가 마산과 창원 지역의 여성실업자들을 위한 올바른 정책수립에 기여하기 위한 것이다.

본인은 이러한 문제시각을 가지고 마산과 창원 지역의 여성실업현황과 실업대책의 문제점을 살펴볼 것이다. 이를 위해 우선, 마산과 창원 지역의 지역사회적 배경 중 고용현황, 실업현황을 성별로 나누어 그 특징을 살펴볼 것이며, 다음으로 마산과 창원 지역의 여성실업현황과 실업대책의 문제점을 검토하려고 한다.

그러나 마산과 창원 지역의 여성실업자나 실직자에 대한 기초적인 자료가 부재하고 그들의 소재파악이 잘 안되는 상태에서 정확한 실태파악은 어려운 실정이다. 다만 현실 반영도는 낮지만 통계청에서 나온 실업통계와 여성노동자운동단체의 조사결과와 상담자료, 마산과 창원의 노동사무소자료, 지역 차원의 실업대책을 위한 사회단체들의 활동사례 등을 활용해 마산과 창원 지역의 여성실업현황과 지방자치단체의 실업대책 문제점을 살펴보려고 한다.

지방자치단체의 실업대책의 문제점은 지방자치단체의 실업대책 활동의 문제점에 초점을 맞추는 것이 아니라 여성 실직과 실업자들이 지방자치단체의 실업대책 프로그램에 참여하고 있는 참여자에 초점을 맞추어 살펴볼 것이다. 왜냐하면 실업대책의 문제점은 실업대책 프로그램에 참여하고 있는 참여자들의 관점에서 파악하면 보다 잘 파악할 수 있기 때문이다.

이를 위해 마산과 창원 지역 실업대책 문제점은 마산창원여성노동자회 내 여성실업대책본부와 본인이 1999년 7월과 8월 사이에 조사한 "여성실업자 생활실태와 구직활동에 관한 조사결과"(응답자 335명)와 마산창원 여성노동자회 내 여성실업대책본부가 1999년 8월 1일에서 9월 8일 사이에 접수한 여성관련 구인표 143건과 1999년 1월에서 8월 사이에 접수된 구직표 199건을 기반으로 통계를 낸 결과 중 구직표 결과를 근거로 실업 여성들이 느끼는 실업대책의 문제점을 중심으로 살펴볼 것이다.

이 글은 지역을 단위로 한 여성실업의 연구가 부재한 상태에서 단지 여성실업의 실태파악을 위한 기술적인 연구이지 분석적인 연구가 아니나, 단지 지역을 단위로 한 여성실업현황을 파악하는 데 그 의미는 있으리라 생각된다.

2. 마산·창원지역 여성고용현황과 여성실업실태

1) 마산과 창원 지역의 지역적 특성

마산과 창원은 행정구역상 오랫동안 한 지역이었고 대한제국과 일제시대에 창원군은 1899년 창원부로 다시 1903년 창원군으로 다시 1906년 창원부로 변경되었다. 창원부는 1910년 마산부로 이름을 변경하여 1913년 마산부에서 창원군으로 분리되었다. 1949년 지방자치법의 제정과 시행으로 마산부는 마산시로 바뀌고, 1955년 창원군의 진해읍이 진해시로 분리되었다.

1973년 도농통합 이전 창원시 구역이었던 창원군의 지역을 마산시에 편입하고 1974년 이 지역의 대부분을 산업기지개발구역으로 지정하였다. 이 지역개발을 위해 1976년 경상남도의 창원지구출장소가 설치되었고, 1980년 4월 창원지구출장소 지역에 창원시가 설치되었다. 1995년 창원군의 구역을 마산시와 창원시에 통합하는 도농통합이 이루어져 현재 마산시, 창원시, 진해시로 행정상 독립되었다(『마창지역연구』, 25쪽).

마산시의 경우는 한일합섬과 1970년대 수출위주의 공업화정책에 따라 설치된 수출자유지역을 중심으로 한 제조업이 지역경제에 차지하는 비중이 높으나 역사적으로는 상업과 항만이 발달한 도시이다. 1970년 초 기술이전, 외화가득, 역외가공을 통한 지역경제발전의 기여를 목적으로 수출

자유지역이 설치되어 마산은 공업도시로서의 성격도 강하다. 그러나 1980
년대 말에서 1990년대로 넘어가면서 마산시에 소재하고 있던 행정기관들
이 창원으로 이전하면서 산업·행정 도시로서의 기능은 약화되고 상업·항
만·교육 중심 도시로서의 특징이 강하다.

　따라서 마산시는 도시화·공업화 과정을 거치면서 1989년 인구 50만 5
천 명을 넘었으나 점차 감소하여 현재 약 42만 명이다.

　반면에 창원시의 경우는 종합기계공업의 기지로 출발해 기계공업을 중
심으로 한 산업도시이자 계획도시로 2차산업의 비중이 75%을 차지하고
있는 도시이다. 그리고 경상남도의 주요 행정기관인 도청과 교육청 등이
창원시로 이전하여 자리잡으면서 산업·행정 도시로서 기능이 강해지고
인구가 증가하여, 창원시는 1980년 당시 11만 1천 명에 지나지 않았던 인
구가 증가하여 현재 약 50만 명으로 마산시 인구를 상회하고 있다.

2) 고용현황

　〈표 1〉, 〈표 2〉에서 나타나듯이 경남지역의 경제활동인구를 성별로 보
면, 1999년 9월중 남자 845천 명, 여자 588천 명으로 1998년 9월과 비교
해 남자는 42천 명(5.2%), 여자 6천 명(1.0%)으로 증가하였다. 남자에 비해
여자의 증가율은 낮지만 경제활동인구는 1%로 증가하고, 취업률은 남자
7.2%, 여자 0.5%가 증가하였다. 취업률에 있어서도 여자가 낮게 나타났
다. 실업률을 〈표 2〉에서 보면, 남자 실업률은 1998년 9월 현재 4.7%에서
1999년 9월 현재 3.9%로 감소된 반면에 여자 실업률은 2.6%에서 3.1%로
증가하였다.

　여성의 경제활동인구도 증가하고 취업률은 증가하는데 실업률은 감소
하지 않고 있는 것은 일자리를 원하는 여성들은 계속적으로 늘어나고 있
는 데 반해 여성들의 일자리는 계속적으로 줄고 있다는 것을 알 수 있다.
또한, 여성들의 취업은 임시직이나 계약직과 같은 고용이 불안정한 비정
규직으로 흡수되어 취업률의 증가를 가져오지만 실업률은 감소되지 않는
것이라고 설명해볼 수 있다.

〈표 1〉 경남지역 IMF 이후 15세 이상 경제활동인구 추이 (단위: 천 명, %)

	1998. 9	1999. 9	전년 동월 대비
전체	1,385(60.9)	1,434(62.3)	3.5 증가
여성	582(49.2)	588(49.1)	1.0 증가
남성	803(73.6)	845(76.7)	5.2 증가

자료: 통계청, 「1999년 3월 및 1/4분기 고용동향」.

〈표 2〉 경남지역 IMF 이후 성별 취업 및 실업현황 (단위: 천 명, %)

		1998. 9	1999. 9	전년동월대비
전체	취업자	1,320(53.6)	1,378(58.0)	4.4 증가
	실업자	65(4.7)	56(3.9)	0.8 감소
여자	취업자	567(2.5)	570(3.0)	0.5 증가
	실업자	15(2.6)	18(3.1)	0.5 증가
남자	취업자	753(46.8)	807(54.0)	7.2 증가
	실업자	50(6.2)	38(4.5)	1.7 감소

자료: 〈표 1〉과 동일.

〈표 3〉 창원지역 고용현황(IMF관리체계 직전인 97년 10월과 98년, 99년 9월)

연 도	남	여	계
1997년 10월	68,196	8,620	76,816
1998년 9월	63,987	7,210	71,197
1999년 9월	62,861	7,295	70,120
감소율('98/'99)	6.2%/7.8%	16.4%/15.4%	7.3%/8.7%

자료: 동남관리공단.

　　마산창원지역 제조업 노동자들의 인원감소 현황 중 창원지역의 여성노동자 감소비율이 1997년 10월과 1998년 9월, 1999년 9월을 비교했을 때 (즉, IMF 이전과 IMF 이후를 비교했을 때), 남성이 6.2%에서 7.8%로 고용감소율이 증가한 데 비해, 여성은 16.4%에서 15.5%로 고용감소율이 감소하였다. 그러나 여성의 고용감소율이 남성에 비해 두 배에 이르고 있다. 가동업체의 증가에 따른 고용인원의 증가를 고려해볼 때 실질적인 여성고용 감소폭은 더 심하다고 할 수 있다.

<표 4> 마산수출자유지역 고용현황

시 기	1987	1990	1993	1995	1997	1998. 1	1998. 12	1999. 8
남	8,389	5,799	5,198	5,123	5,329	5,334	4,838	4,762
여	28,022	13,187	10,555	9,613	9,353	9,278	8,211	8,084
계	36,411	19,616	15,743	14,736	14,682	14,612	13,049	12,846

자료: 산업자원부 수출자유지역 관리소(1999), 『마산수출자유지역현황』, 8월.

　<표 4>에서 나타나듯이 마산지역의 제조업 고용동향을 수출자유지역의 경우를 통해서 보면, 1997년 중반기부터 환율상승에 따른 일시적 호황으로 고용인원이 증가했다 다시 감소하고 있다. 또한, 1997년과 1998년 12월말, 1999년 8월말 사이의 남성과 여성의 고용감소를 대비해보면, 여성은 1998년 12월 현재 19,811명이 감소되었으며(감소율: 70.7%), 1999년 9월 현재 19,938명(감소율: 71.2%)이 감소되었다. 이에 비해 남성은 1998년 12월 현재 3,551명(감소율: 41.3%)이 감소되었고, 1999년 9월 현재 3,627명(감소율: 43.2%)이 감소되어 여성이 남성보다 고용의 감소율이 거의 두 배에 달한다.

　또한, IMF 관리체제 이전과 이후인 1997년과 1999년 9월 현재를 비교해보면, 남성은 667명(감소율 :12.5%)이 감소되었고, 여성은 1,269명(감소율: 13.5%)이 감소되어 고용감소가 상대적으로 낮다. 또한, 남성과 여성의 감소율에 큰 차이를 보이고 있지 않아 외자기업의 입주비율이 높은 수출자유지역은 한국의 경제위기가 고용에 큰 영향을 주지 않고 있음을 알 수 있지만[3] 1987년 이후 지속적으로 고용이 감소되어왔고 고용감소율이 여성이 남성보다 높아 여성고용의 불안정을 나타내준다.

---

[3] 수출자유지역의 고용감소는 첫째, 1987년 노동조합설립 이후 외국자본들의 경영전략변화나 노동통제의 어려움을 이유로 몇몇 기업이 자본철수나 자본이동을 하였고, 둘째, 수출자유지역의 물량을 역외 하청기업으로 충당해 자연감원을 해왔으며, 셋째, 입주업체 중 기술수준이 낮은 노동집약적 산업들은 사양화하여 휴업과 자본철수를 하여 고용감소가 지속적으로 진행되어왔다(졸고, 1997 참고).

3) 여성실업실태

(1) 정부통계상의 여성실업현황[4)

통계청이 발표한 1999년 9월 고용동향에 의하면, 1997년 12월 IMF 이후 구조조정과 경기침체로 인한 여성실업은 급증하여 1997년 12월 2.9%(23만 8천 명)에서 1998년 1월 3.9%(31만 6천 명), 1998년 6월 5.6%(49만 5천 명), 12월 6.9%(57만 8천 명), 1999년 1월 7.2%(59만 1천 명)로 실업률이 최고로 높았다가 경기회복과 더불어 1999년 6월 5%(44만 6천 명)로 감소되고 있는 추세이다. 통계청의 고용동향에서 나타나듯이 1998년 9월 현재 전국적인 여성실업자수는 50만 1천 명으로 실업률 5.8%에 이르는 것으로 나타났고, 이 수치는 전년동월에 비하여 3배 이상 증가한 것이다.

경남 통계청이 발표한 1999년 고용동향자료에 의하면, 경남지역의 경우도 1998년 상반기 여성 실업률 2.4%(1만 7천 명)에서 1998년 12월 실업률 5.2%(2만 7천 명), 1999년 상반기 5.6%(2만 8천 명)로 증가하고 있다. 이에 비해 남성 실업률은 IMF 이후 1998년 상반기 6.2%(4만 9천 명), 1998년 하반기 6.7%(5만 2천 명), 1999년 상반기 6.9%(5만 3천 명)로 그 증가폭이 완화되고 있고 1999년 하반기에 들어서면서 실업률이 감소되고 있다.

1998년 9월 현재 전체실업자수는 6만 5천 명으로 중 여성실업자가 1만 5천 명, 실업률 2.6%로 전국수준보다 낮지만, 전체 실업자의 약 23%이고, 1999년 9월 현재 전체 실업자 5만 6천 명 중 1만 8천 명이 이 여성으로 약 32%가 여성실업자이다. 즉, 실업자 3명 중 1명이 여성인 셈이다. 1998년도 9월과 대비하여 본다면 실업률 2.6%에서 3.1%로 남성은 24% 감소한 데 비해 여성 실업률은 20%가 증가하였다.

그러나 실제 대다수의 여성노동자들이 취업의사와 능력을 갖고 있음에도 일자리를 찾기 어려워 구직활동을 포기함으로써 실망실업자로 분류되거나 무급가족 종사자로 위장되어 있어 통계상 정확히 잡히지 않고 있다.

---

4) 경남 통계청이 발표한 고용통계자료는 도 단위로 되어 있고 시·군 단위로 되어 있지 않아 마산과 창원지역의 실업실태는 여성노동자운동단체의 조사를 근거로 할 수밖에 없음을 밝혀둔다.

<표 5> 1998년 이후 경남지역 실업자 및 실업률   (단위: 천 명, %)

	1998. 9	1999. 9	전년 동월 대비
실업자	65	56	13.8% 감소
여자	15	18	20% 증가
남자	50	38	24% 감소
실업률	4.7	3.9	0.8% 감소
여자	2.6	3.1	1% 감소
남자	6.2	4.5	0.5% 감소

자료: <표 1>과 동일.

이에 여성실업자수는 실제로 정부의 통계치보다 훨씬 더 많은 것으로 추정되고 있다.

(2) 여성노동자운동단체의 조사를 통해 본 여성실업현황

가. 구직자에 관한 통계결과: 1999년 1월~1999년 8월

구직자의 연령별 분포를 보면 <표 6>에서 30~40세대가 65.8%로 전체 구직자의 3분의 2를 차지하여 중·장년층의 여성실업의 심각성을 알 수 있다. 기혼여성이 전체의 85.7%이며 그 중 등본상 여성가장이 46.2%이므로 약 절반이 여성가장으로 가정의 생계를 책임지고 있다. 여성가장이 아닌 경우도 남편의 실직과 사업부진으로 인하여 취업이 불가피한 경우가 대부분이어서, 실질적인 여성가장 여부의 현실적인 파악은 등본상만으로는 파악이 잘 안되는 실정이다.

학력별 분포를 보면, 구직신청자들 30%가 중졸 이하의 학력을 가지고 있으며 전체 고졸 이하가 84.6%이다. 또한, 주거형태는 무응답으로 일부 밝히기를 꺼리는 경우도 있었으나 <표 10>을 보면 전체의 49.7%가 전·월세로 약 절반이 자기 집을 소유하지 못한 경우이다.

또한, <표 11>을 보면 실업기간이 1년 미만인 경우가 전체의 81.4%로 구직신청자 대부분이 IMF로 인한 실직자임을 알 수 있었다. 그러나 구직자들 중에서 정부 실업정책의 수혜현황을 살펴보면 공공근로 참여가 전

〈표 6〉 연령별 분포

나이	19세 이하	20대	30대	40대	50대	60대 이상	합계
건	2	40	80	51	20	6	199
%	1.0	20.1	40.2	25.6	10.1	3.0	100

〈표 7〉 여성가장 여부

여성가장	무응답	무	유	합계
건	61	46	92	199
%	32.7	23.1	46.2	100

〈표 8〉 혼인상태

혼인상태	미혼	기혼	무응답	합계
건	28	169	2	199
%	14.1	84.9	1	100

〈표 9〉 학력별 분포

학력	무학	초졸	중졸	고졸	전문대졸	대졸 이상	무응답	합계
건	2	23	34	107	15	15	3	199
%	1.0	11.6	17.1	53.8	7.5	7.5	1.5	100

〈표 10〉 주거형태

주거형태	무응답	자가	전세	월세	기타	합계
건	56	33	41	58	11	199
%	28.1	16.6	20.6	29.1	5.5	100

체 199명 중 29명만이 참여를 하였다고 답변을 하였다.

고용보험에 가입한 회사를 다닌 경험이 〈표 13〉을 보면 11명에 불과하고 그 중 실업급여를 받아본 경우는 3명에 불과하였으므로 고용보험 대상 업체가 확대 강화되었다고는 하나, 여성실업자 대다수가 고용보험이나 실업급여의 혜택을 받지 못하는 것으로 나타났다. 그리고 정부 실업정책에 대한 질문에 전체적으로 무응답이 많은 이유는 여성 구직자들이 실업정

〈표 11〉 실업기간

실업기간	1년미만	3년미만	3년이상	합계
건	162	21	16	199
%	81.4	10.6	8.0	100

〈표 12〉 공공근로 참여 여부

공공근로	무응답	유	무	합계
건	102	29	68	199
%	51.3	14.6	34.2	100

〈표 13〉 고용보험 여부

고용보험	무응답	유	무	합계
건	109	11	79	199
%	54.8	5.5	39.7	100

〈표 14〉 실업급여 여부

실업급여	무응답	유	무	합계
건	114	3	82	199
%	57.3	1.5	41.2	100

〈표 15〉 직업훈련 참여경험

직훈유무	무응답	있다	없다	합계
건	164	34	1	199
%	82.4	17.1	0.5	100

〈표 16〉 직업훈련 참가회수

직훈횟수	한번	두번	무응답	합계
건	33	1	165	199
%	16.6	0.5	82.9	100

〈표 17〉 자격증유무

자격유무	무응답	있다	없다	합계
건	130	65	4	199
%	65.3	32.7	2.0	100

〈표 18〉 자격증 내용

면허내용	운전	기타	합계
건	22	43	65
%	33.8	66.2	100

〈표 19〉 학력별 분포

학력	중졸 이하	고졸	전/대졸	기타 및 미파악	총계
인원	37명	181명	71명/44명	2명	335명
%	11.1	54.0	21.2/13.1	0.6	100.0

책에 대해 잘 모르고 있다는 것으로 추정해볼 수 있다.

직업훈련을 받은 경험을 〈표 15〉에서 살펴보면 직업훈련을 받았던 경험이 있는 경우가 34명(17.1%)이며 무응답이 82.4%로 대다수가 직업훈련에 대한 정보가 없음을 알 수 있다. 이에 실업자들의 재교육의 기회를 제공하는 직업훈련에 대해 여성들이 참여할 수 있는 직종개발과 더불어 적극적인 홍보가 필요함을 알 수 있다.

〈표 17〉, 〈표 18〉을 보면 자격증을 가지고 있는 경우는 65명(32.7%)이나 자격증의 내용에서는 33.8%가 운전면허증이었으므로 정부에서 제공한 직업훈련을 통한 자격증과는 거리가 있음을 알 수 있다.

나. 여성실직자 생활실태 조사결과: 1999년 7월~1999년 8월

마산창원여성노동자회의 여성실업대책본부에서 1999년 7월에서 8월 사이에 여성실업자 생활실태와 구직활동에 관한 조사에서 보면, 마산창원 여성노동자회의 앞선 실업 및 구직 상담자료에 의한 여성실직의 개인적 상황은 유사하다. 정인수의 '고졸 여성청년층의 실업현황과 과제'에서 보면, 고졸 및 대졸 고학력 여성실업자가 급증하는 경향을 나타내듯이, 마산창원여성노동자회 여성실업대책지역본부의 조사결과에서도 마찬가지로 응답자인 여성실업자 335명 중 고졸 54%, 전문대 이상 졸 21.2%로 고졸이상의 여성실업자가 75.2%로 높은 비율을 나타냈다(〈표 19〉 참조).

여성실업자의 유형은 일반적으로 전직실업자, 신규실업자, 비경제활동인구로 있다가 새로이 노동시장에 진입하는 실업자로 나누어볼 수 있다. 전직실업자는 ① 폐업, 부도, 공장이전, 라인폐쇄로 인한 실업 ② 정리해고로 인한 실업 ③ 명예퇴직이나 권고사직으로 인한 실업 ④ 일괄사표 후 선별해고로 인한 실업 ⑤ 지방발령, 대기발령, 결혼퇴직 강요로 인한 실업으로 세분해볼 수 있는데, 여성실업자 중 신규실업자가 차지하는 비율이 높고, 남자보다 여자가 더 높다. 특히, 대졸여성신규실업자의 비율은 더 높고, 새로이 노동시장에 진입하는 실업자는 기혼의 비중이 높은 것이 전국적인 추세이다.

마산창원여성노동자회 여성실업대책지역본부의 조사결과에 의하면, 응답자 335명 중 89.3%가 직장을 다닌 경험이 있고 이 중 직장을 그만 이유를 보면, 정리해고 31.9%, 회사의 부도 및 폐업 6.9%, 임금체불 3.3%, 명예퇴직 6.6%, 정년퇴직 1.2%, 근무여건악화 3%, 상사와의 문제 0.9%, 산업재해 0.3%, 결혼 및 출산·육아 14.3%, 임시고 및 일용고 3%, 개인사정 및 기타 16.4%로, 즉 전직실업자의 비율이 높았다(〈표 20〉 참조).

〈표 20〉 직장경험과 직장을 그만둔 이유

직장경험	%	직장을 그만둔 이유	%
있다	89.3	IMF 구조조정 및 정리해고	31.9
없다	10.7	회사의 부도·폐업	6.9
		임금체불	3.3
		명예퇴직	6.6
		정년퇴직	1.2
		근무여건악화	3.0
		상사와의 문제	0.9
		산업재해	0.3
		결혼 및 출산·육아 문제	14.3
		임시직·일용직	3.0
		개인사정	13.7
		기타	2.7

또한, 우선해고 대상자로서의 경험(우선해고 대상자로 포함되거나 사직을 강요당한 경험)을 보면 23.9%가 경험이 있었고, 해고 사직강요의 이유로 기혼 27.5%, 맞벌이부부 10%, 나이 많음 33.3%, 부양가족이 없는 미혼 8.9%, 사내 커플 4.4%, 장기근속 8.9%, 기타 10%로 기혼이나 고령, 장기근속으로 인한 실업이 높았다. 이 중 신규노동시장에 진입한 실업자는 불과 10.7%였다.

여성들은 남성들과 달리 취업난이 심각한 상황에서 취업할 의사 및 능력이 있음에도 불구하고 구직활동을 포기하는 경우가 있는데, 마산창원여성노동자회 여성실업대책지역본부의 조사결과에 의하면, 응답자 335명 중 23.9%가 구직등록을 하지 않았는데, 이것은 구직을 해도 취업하기 힘들어서 구직활동을 포기한 경우이다.

마산창원여성노동자회 여성실업대책지역본부의 조사결과를 보면, 여성 응답자 335명 중 가족의 생계를 책임지고 있는 경우가 30%로 3분의 1이 여성가장이었다. 이것은 흔히, 남성은 생계책임자, 여성은 생계보조자라는 성별분업을 기반으로 한 성차별이데올로기가 허구라는 것을 반증해주는 것이다.

3. 마산·창원지역 여성실업대책과 문제점

1) 지방자치단체의 남성중심적 실업대책5)

1999년 3월 5일 실업대책을 위한 범국민운동 경남본부 주최 "경남지역 실업정책 무엇이 문제인가?"에 대한 공청회에서 발제한 최평호(경남도청 지역경제과장)의 "경상남도의 실업정책 방향"이란 발제문에 나타난 경상남도의 실업대책의 내용은 실업대책을 고용유지, 고용창출, 직업훈련 및 취업알선, 저소득 실업자 생계보호를 위해 부문별로 추진하고 있다고 밝혔다. 또한, 1999년 실업대책은 다음과 같이 두 가지 방향에 초점을 두고 진행한다고 밝혔다.

첫째는 실업자에게 새로운 일자리를 제공하기 위해 공공투자사업, 공공근로사업 등 전분야에 걸쳐 10만 고용창출에 역점을 두어 새로운 일자리 마련과 실업발생 최소화를 위해 중소기업의 경영안정지원과 고용안정사업에 중점을 두었으며, 부산지방노동청과 상호 지원·협조하여 도내 8,524개 기업의 경영자와 노동단체 합동으로 '일자리나누기' 운동을 펼치는 것이다.

둘째는 실직자 재취업 및 보호대책을 마련하여 저소득층 실업자에 대한 생활안정지원으로 사회안전망을 구축하고, 지방노동청의 재취업훈련과 연계한 실업자 고용촉진훈련을 수요자 중심, 우선직종장려 등 훈련시스템을 더욱 내실화하여 경기회복 시기에 취업률을 높일 수 있도록 하고, 실업자의 구직을 위한 창원·진주에 인력은행, 시·군청 취업정보센터, 읍·면·동에 취업상담창구에 종합정보시스템을 구축, 신속·다양한 구인·구직 알선과 구인·구직 만남의 날 행사, 중소기업채용박람회 등을 개최한다는 것이다.

---

5) 마산과 창원 지역의 시 단위 실업대책은 경상남도의 실업대책에 준하여 실시하고 있으므로 경상남도의 경우를 살펴보며, 실업대책의 구체적인 실시내용과 실업대책의 수혜자에 관한 부분보다도 이 글은 실질적인 실업대책의 수혜자의 입장에서 문제점을 살펴보려고 한다.

1999년 경남지역 실업대책을 보면, 앞서 제시되었듯이 경남지역의 남성실업률은 감소하고 있고 여성실업은 증가하고 있음에도 불구하고 여성실업자에 관한 대책 및 여성실직가장에 관한 내용들은 찾아볼 수 없었다.[6] 즉, 경상남도의 실업대책은 현실파악을 위한 자료부재 및 성별분업에 기반한 가족임금이데올로기에 기반한 정책모델의 비현실성과 남성중심적 실업대책 모델임을 알 수 있었다.

성차별이 구조화되어 있는 사회에서 실업대책이나 정책도 성차별적이다. 일반적으로 고용창출이나 직업훈련이나 공공근로사업 같은 실업대책들은 남성중심적으로 운영되어 생계문제가 심각한 여성실직자인 경우에 실질적인 대책이 될 수 없기 때문이다. 이것은 공공근로사업이나 직업훈련사업 등과 같은 실업정책에 참여하고 있는 여성실업자들의 실업대책 문제점 조사결과에서도 잘 나타나 있다.

또한, 여성실업의 올바른 정책수립도 지역 여성실업자나 실직자에 대한 정확한 실태파악이 되어야 가능한 것이다. 그러나 여성 실업과 실직에 관한 기초적인 통계조사도 민간단체인 여성노동운동단체의 조사 이외에 구직활동이나 실업급여를 받는 자를 통한 간접적 실태파악에 의존하고 있어 그 한계가 드러났다.

2) 여성운동단체의 조사를 통한 여성실업대책의 문제점

가. 여성실직자 생활실태조사에 나타난 문제점

경남실업대책의 문제점을 여성실업자를 대상으로 한 질문지를 통한 면접조사(마산창원여성노동자회 여성실업대책지역본부와 본인이 조사)를 통해 구체적인 정책방향에 따른 사업내용의 문제점을, 실업급여, 공공근로사업, 재취업에 관련된 직업훈련과 직업교육의 개선점, 실업 및 여성실업 대책

---

6) 마산시나 창원시의 경우 실직 여성가장을 위한 특별프로그램이 있다. 예를 들면, 실직 여성가장 자영업 지원, 생계비 지원 등이다. 문제는 여성 실직이나 실업자들을 위한 전용창구나 전담자들을 배치하여 이루어지는 것이 아니어서 실질적인 효과를 얻기가 힘든 것이 실업대책의 남성중심성이다.

<표 21> 실업급여의 문제점

구　　　　분	인원	%
수급기간이 짧아 생활에 도움이 되지 않는다	77	23.0
실업급여가 생계에 많은 도움이 된다	15	4.5
고용보험이 전 사업장에 확대 적용되고 있지만 여성의 경우 대부분 일용직으로 일을 하기 때문에 적용받지 못한다	42	12.5
잘 모른다(홍보부족)	64	19.1
실업급여액이 적다	69	20.6

<표 22> 공공근로사업 참가여부 및 이유

공공근로사업의 참가여부 및 참가계획		참가하지 않겠다면 그 이유는	
참가하고 있다	3.9%	보수가 너무 적어서	23.48%
참가신청을 해놓았다	6.3%	일하는 기간이 너무 짧아서	20.1%
참가신청을 할 생각이다	25.7%	일이 너무 힘들어서	5.4%
참가하지 않겠다	54.9%	적성이 맞지 않아서	22.8%
신청은 하였지만 되지 않았다	6.9%	남 보기 창피해서	1.1%
		임시방편에 불과해서	26.6%
		기타	3.8%

의 과제로 나눠 살펴보면 다음과 같다.

첫째, 실업급여를 보면, 응답자 335명 중 실업급여를 받고 있는 경우가 32.5%였고, 실업급여의 문제점으로 실업급여액이 적다 20.6%, 수급기간이 짧아 생활에 도움이 되지 않는다 23%, 고용보험이 전사업장으로 확대되고 있으나 여성의 경우 대부분 일용직으로 일하기 때문에 적용받지 못한다 12.5%, 실업급여가 생계에 많은 도움이 된다 4.5%, 잘 모른다 19.1%로 실제로 실업급여가 생활에 도움이 된다는 경우는 4.5%밖에 되지 않았고 그 외는 급여액의 과소, 수급에서 제외, 생활에 도움 안됨 등 실업급여의 문제점을 드러내주고 있다.(<표 21> 참조)

둘째, 공공근로사업을 보면, 실제로 응답자 335명 중 3.9%만 공공근로에 참가하고 있고 참가하지 않은 이유를 보면, 보수가 적어서 23.5%, 일하는 기간이 짧아서 20.1%, 적성이 안 맞아서 22.8%, 임시방편에 불과해 26.6%, 일이 힘들어 5.4%, 남 보기 창피해 1.1%, 기타 3.8%로 임시방편이라는 것과 보수가 적다는 것이 상대적으로 높으나 일하는 기간의 짧음,

<표 23> 직업훈련과 직업교육 여부

	개선점 1		개선점 2	
	인원	%	인원	%
비용이 너무 비싸다	11	3.3	4	1.2
내용이 다양하지 못하다	82	24.5	34	10.1
장소가 너무 멀다	15	4.5	26	7.8
교육시간이 너무 편중되어 있어 시간이 맞지 않는다	19	5.7	44	13.1
교육기간이 너무 길다	32	9.6	35	10.4
교육을 받아도 취업이 쉽지가 않다	98	29.3	72	21.5
아이를 맡길 곳이 없어 교육을 받기 어렵다	17	5.1	13	3.9
직업훈련에 관한 정보를 얻기 힘들다	20	6.0	44	13.1
교육기간 내에 생계유지가 어렵다	38	11.3	51	15.2
무응답	3	0.9	12	3.6
전 체	335	100	335	100

적성이 안 맞는 것의 문제점이 골고루 지적되었다(〈표 22〉 참조).

셋째, 재취업을 위한 직업훈련과 직업교육을 위한 개선점을 순위별로 보면, 1순위로 개선되어야 할 점으로 교육을 받아도 취업이 쉽지 않다 29.3%로 제일 높고, 내용이 다양하지 못하다 24.5%, 교육기간 내 생계유지가 어렵다 11.3%의 순으로 지적되었다. 2순위로 개선되어야 할 점으로 교육을 받아도 취업이 쉽지 않다 21.5%, 교육기간에 생계유지가 어렵다 15.2%, 직업훈련에 대한 구체적 정보를 얻기 힘들다 15.2%, 교육시간이 편중되어 시간이 맞지 않다 13.1% 순으로 지적되었다. 따라서 현재 취업과 관련된 직업훈련과 교육의 문제점이 직업교육과 훈련이 취업과 연결되지 못한 점과 교육기간 동안의 생계문제로 지적되었다.

넷째, 실업대책의 시급한 과제와 여성실직자를 위한 정부의 대책 중 우선 정부의 실업대책 중 가장 시급한 과제를 순위별로 보면, 1순위로 지적된 것은 고용안정 37.9%, 취업정보망의 확대 및 개선 17.3%, 의료보험, 학자금, 생계비 대부 등의 생계지원 강화 17.0%의 순이었고, 2순위로 지적된 것은 취업정보망의 확대 및 개선 26.3%, 저소득 실업가정에 대한 기초생활보장 20.3%, 고용안정 13.1% 순이었다. 따라서 현재의 실업대책 중 시급한 것은 고용안정이 최우선이었고 그 다음이 취업망의 확대와 개선이었다(〈표 23〉 참조).

〈표 24〉 희망직종

희망직종	무응답	생산직	판매직	단순노무	사무경리	기타	상관없다	합계
건	2	74	16	45	30	29	3	199
%	1.0	37.2	8.0	22.6	15.1	14.6	1.5	100

〈표 25〉 경력직종

경력내용	무응답	생산직	판매직	단순노무 (식당·파출·청소)	사무·경리	기타	합계
건	92	37	15	19	19	17	199
%	46.2	18.6	7.5	9.5	9.5	8.5	100

〈표 26〉 경력기간

경력기간	1년미만	2년미만	3년미만	5년미만	5년이상	합계
건	121	19	15	17	27	199
%	60.8	9.5	7.5	8.5	13.6	100

나. 구인·구직표 조사를 통해 본 문제점

구인표를 중심으로 한 통계조사결과를 통해 본 실업대책의 문제점을 보면, 구직 신청자의 희망직종은 〈표 24〉에 나타나듯이, 생산직과 단순노무직을 포함한 제조업이 59.8%로 가장 많았고 사무·경리순으로 희망하고 있다. 이것은 특별한 기술을 가지고 있지 않은 중·장년층의 취업희망을 반영하고 있다. 그리고 경력 여부에서 무응답이 대부분을 차지하는 것은 구직자 대부분이 특별한 경력이 없이 생산직이나 단순노무직 등의 경험을 가진 경우로 해석해볼 수 있다.

경력기간을 보면, 〈표 26〉과 같이 1년 미만이 60.8%로 경력기간이 짧다는 것은 안정적인 직장을 찾기 힘들어 직장이동이 자주 하였음을 나타낸다.

구직자 희망 근로조건을 〈표 27〉에서 보면 여성구직자 대부분이 상용직을 구하고 있으나 무응답이나 고용형태에 관계없이 일자리를 구하는 경우도 상당히 높으므로 구직자들의 취업의 절박함을 알 수 있다.

희망 임금 부분은 〈표 28〉에서와 같이 50~60만 원대가 37.2%로 가장

<표 27> 희망 고용형태

고용형태	무응답	상용	일용	시간제 상용	시간제 일용	기타	상관없다	합계
건	59	98	10	22	4	2	4	199
%	29.7	49.2	5.0	11.1	2.0	1.0	2.0	100

<표 28> 희망 임금

(만원)	30~40	50~60	70	80	90	무응답	합계
건	15	74	29	8	3	70	199
%	7.5	37.2	14.6	4.0	1.5	35.2	100

<표 29> 희망 상여금

상여금(%)	80	100	200	300	350	400	500	무응답	합계
건	1	1	7	8	2	4	1	175	199
%	0.5	0.5	3.5	5.6	1	2	0.5	87.9	100

<표 30> 희망 노동시간

노동시간	7시간	8시간	9시간	10시간	11시간	11시간 이상	무응답	계
건	16	34	40	41	5	12	51	199
%	8.0	17.1	20.1	20.6	2.5	6.0	25.7	100

높게 나타났다. 그러나 평균 2명 이상의 부양가족을 볼 때는 결코 실질생활임금이 아님을 알 수 있다. 그리고 희망 임금에 대해서 답변을 하지 않는 경우도 35.2% 이상이 되는 것은 희망 임금과 상관없이 우선 일자리 찾는 것이 시급함을 알 수 있다. 또한, 상여금 여부에 대해서는 무응답이 대부분이었으므로 생활이 매우 어렵기 때문에 상여금까지 생각할 여유가 없는 것은 아닌가라고 생각해볼 수 있다.

희망 노동시간에 대해서는 <표 30>에서 근로기준법상 1일 노동시간이 8시간이기는 하지만 구직자들의 57.8%가 8시간 이상에서 10시간의 노동시간을 희망하고 있다.

구인표에 나타난 구인처를 업종별로 분석한 <표 31>에 의하면, 제조업

<표 31> 업종

업종	제조업	도소매업	음식숙박	금융보험	건설업	임대 및 사업서비스	기타	무응답	합계
건	56	16	3	2	4	20	15	27	143
(%)	39.2	11.2	2.1	1.4	2.8	14.0	10.5	18.9	100

<표 32> 규모

규모	4인 이하	5~9인 이하	10~29인 이하	30~99인 이하	100~299인 이하	300인 이상	무응답	합계
건	21	28	31	39	5	5	14	143
(%)	14.7	19.6	21.7	27.3	3.5	3.5	9.8	100

<표 33> 직종

직종	생산직	판매직	단순노무	사무경리	기타	합계
건	30	8	11	65	29	143
%	21.0	5.6	7.7	45.5	20.3	100

<표 34> 모집인원

인원	1	2	3	4	5	6	10	15	20	무응답	합계
건	92	22	7	3	7	2	1	1	1	7	143
%	64.3	15.4	4.9	2.1	4.9	4.1	0.7	0.7	0.7	4.9	100

의 경우가 전체의 39.2%로 가장 많았고, 도소매업을 비롯한 서비스 업종 27.3%이다. 한편 구인을 의뢰하면서도 정확한 업종을 밝히지 않는 경우도 18.9%나 되었다.

사업장 규모는 <표 32>에서와 같이 30인 이하 영세업체가 전체의 56%를 차지하였고, 100인 이하 사업장이 전체의 83.3%로 대부분 중소영세업체에서 구인의뢰가 들어왔음을 알 수 있다.

직종별 모집인원을 살펴보면 <표 33>에서와 같이 사무·경리직이 가장 많았고 생산직과 단순노무직의 제조업체가 많음을 알 수 있다. 모집인원에 대해서도 대체로 1명 모집(64.3%)이고 대부분 업체에서 1~2명을 모집하는 것으로 적은 인원을 모집하고 있다.

모집대상의 학력에 대해서는 <표 35>에서와 같이 고학력을 필요로 하

〈표 35〉 학력

학력	중졸	고졸	초대졸	대졸	상관없다	합계
건	7	83	27	3	22	143
%	4.9	58.0	18.9	2.1	15.4	100

〈표 36〉 나이

나이	20~29세	30~35세	36~39세	40~49세	50~55세	상관없다	무응답	합계
건	62	38	2	18	15	2	6	143
%	43.4	26.6	1.4	12.6	10.5	1.4	4.2	100

는 직종은 상대적으로 적고 대부분 고졸을 원하고 있으나 학력과 무관한 것도 15.4%를 차지한다. 그리고 나이제한에 대해서는 〈표 36〉과 같이 대부분 20대 여성을 뽑는 경우가 45.6%로 가장 많고 30대 초반의 여성이 28%로 나타나므로 35세 이상의 여성들을 구하는 곳은 적다. 나이와 직종을 비교해보면 전체 구인의 사무·경리직이 많았으므로 연령의 제한이 사무·경리직에 따르고 있음을 알 수 있다.

이상과 같이 구직과 구인처의 표본통계를 분석한 결과, 구직 신청자들의 무응답이 많은 것은 상담자의 소홀함도 있지만 대부분 주소, 이름 등 간단히 적고 희망하는 데는 일할 수 있는 곳이면 좋겠다는 것으로 해석해볼 수 있다. 근로조건과 상관이 없이도 구인과 구직이 연결되지 못하는 것은 대부분의 구인은 연령대가 20대에 경리직을 모집하고 여성구직자들은 대부분 30~40대이므로 연령과 직종에서 맞지 않음을 알 수 있다.

구인 상담을 할 경우에는 취업을 알선함에 그 기업체에 대한 모든 것을 파악하여야 됨에도 불구하고 구인처에서 정확한 근로조건을 제시하지 않음으로 인해 실제 파악의 어려움이 있다. 그리고 구직자들을 상담하면서는 실직자들이 정부에서 진행하는 실업정책의 정보를 가장 많이 알고 있어야 함에도 불구하고 정보가 늦다는 것을 알 수 있었다. 결론적으로 구직현황으로 참고로 하면 실업자들의 연령층에 맞는 구인처를 개발해내는 것과 단기간이라도 구제받을 수 있는 실업정책이 마련되는 것이 우선적으로 진행되어야 하겠다.

4. 여성실업대책을 위한 정책적 제언

경남지역 특히, 마산·창원지역 여성실업현황과 여성실업에 관한 기초적인 조사나 실태파악이 되지 않은 상태에서 마산창원여성노동자회 여성실업대책지역본부에서 여성실업자를 대상으로 조사한 결과를 기반으로 현 마산·창원지역 여성실업의 현황과 대책의 문제점은 다음과 같이 정리해볼 수 있다.

첫째, 여성실업자나 실직자에 대한 정확한 실태파악이 되고 있지 못하다는 것이다. 둘째, 고졸 이상의 여성실업자가 75.2%나 된다는 점이다. 셋째, 전직여성실업자가 89.3%이고, 이 가운데 여성이기 때문에 우선정리해고 대상의 경험이 23.9%나 되었다. 넷째, 여성실업자 중 4분의 1이 구직등록을 하지 않았고, 여성가장의 경우가 30%이었다. 다섯째, 여성실업자에게 지급하는 실업급여가 생계에 도움이 되는 경우는 단지 4.5%이었고, 공공근로의 문제점은 일하는 기간의 짧음, 임시방편, 적성이 안 맞음 등이 지적되었다. 여섯째, 재취업을 위한 직업교육이나 직업훈련의 문제점은 교육이나 훈련 후 취업과 연결이 되지 않는 점과 교육기간의 생계문제, 교육내용의 다양화 요구, 일곱째, 구인과 구직 간의 정보교환이 잘 안되고 있다는 점 등이 지적되었다.

또한 마산창원여성노동자회 여성실업대책본부의 여성실직자 생활실태 조사결과에서, 여성실직자를 위해 정부가 수립해야 할 대책 중 시급한 것을 순위별로 보면(〈표 37〉, 〈표 38〉), 1순위로 시급한다고 지적된 것은 실직여성을 우선 채용하는 기업지원 51.3%, 공공근로사업과 교육프로그램에 여성할당제 도입 23.3%, 교육비 및 생활비 지원 10.4% 순이었고, 2순위로 지적된 것은 교육비 및 생활비 지원 32.8%, 여성은 피부양자라는 의식 극복 30.4%, 공공근로사업과 교육프로그램에 여성할당제 도입 14.6%의 순이었다.

따라서 여성실직자를 위한 정부의 대책 중 여성실직자들이 시급하다고 지적된 것은 실직여성 채용에 있어서 우선채용 및 공공근로와 교육프로그램에서의 여성할당제, 그리고 경제적인 것으로 교육비와 생활비 지원이

〈표 37〉 정부의 실업대책 중 시급한 것

	시급 1		시급 2	
	인원	%	인원	%
고용안정	**127**	**37.9**	44	13.1
실업급여의 확충	25	7.5	32	9.6
생계지원(의보, 학자금 생계비 대부)	57	17.0	47	14.0
직업훈련 및 직업교육	18	5.4	36	10.7
취업정보망의 확대 및 개선	58	17.3	**88**	**26.3**
사회적 시설	2	0.6	8	2.4
저소득 실업가정에 대한 기초생활 보장	44	13.1	68	20.3
기 타	4	1.2	12	3.6
전 체	335	100.0	335	100.0

〈표 38〉 정부가 수립해야 할 실업대책

	시급 1		시급 2	
	인원	%	인원	%
실직여성을 우선채용하는 기업지원	172	51.3	7	2.1
공공근로사업과 교육프로그램에 여성비율 할당제 도입	78	23.3	49	14.6
육아비용지원	32	9.6	22	6.6
상담쉼터 개설 등의 정서적 지원	9	2.7	33	9.9
교육비 및 생활비 지원	35	10.4	110	32.8
피부양자라는 의식극복	6	1.8	102	30.4
무응답	3	0.9	12	3.6
전 체	335	100.0	335	100.0

었고, 이와 함께 여성실업대책에 성별분업을 기반으로 한 여성은 피부양자라는 성차별이데올로기의 극복을 지적하고 있다.

이를 토대로 다음과 같은 정책적 제언을 하려고 한다.

첫째, 여성실업에 대한 기초적인 조사와 함께 정확한 실태파악이 필요하다. 여성실업에 대한 기초조사는 기존의 반상회 조직을 이용하면 어렵지 않게 실태파악이 가능하리라 생각된다.

둘째, 실업을 담당하는 부서의 여성실업을 전담하는 전담자 및 여성실업 창구의 개설이 요구된다. 전담자나 전담창구를 통해 여성실업자를 위한 재교육 및 훈련 프로그램의 개발, 여성실업에 대한 기초조사를 통한 정확한 실태파악 등 여성실업에 대한 전문적인 정책수립이 가능하기 때문이다.

셋째, 고용유지 및 창출대책 마련이 시급하다. 근로시간의 단축을 통해 일자리를 공유하든가 공공부문에서의 적극적인 고용창출이 하나의 대안이 될 수 있다.

넷째, 최대한의 해고와 실직을 억제하는 정책이 적극적으로 시행되어야 한다. 이와 함께 부당노동행위에 대한 감독이 강화되고, 또한 이에 대한 행정적 조치도 강화되어야 한다.

다섯째, 취업 가능성 제고를 위한 사회서비스 시설이 확대되어야 한다. 즉, 양육과 관련된 사회서비스 시설의 확대와 모성보호의 사회적 부담이 검토되어야 한다.

여섯째, 고용평등기구의 설치를 통한 여성고용 유지 및 감독이 강화되어야 한다.

일곱째, 여성가장에게 최우선적으로 일자리가 제공되어야 하고, 또한 재취업을 위한 교육 및 훈련 기간 동안의 생계가 보장되어야 한다.

여덟째, 직업훈련이나 교육과 취업과 연계성, 즉 취업알선의 기능이 강화되어야 한다.

아홉째, 여성의 창업지원과 훈련프로그램이 강화되어야 한다. 또한, 여성전용 직업훈련센터나 일하는 여성의 집 설립이 지역적 차원에서 요구된다.

■ 참고문헌

강인순, 1998. 「마산수출자유지역의 고용문제와 노동조합대응」, 《사회연구》
　　　　11, 경남대 사회학과.
경남대 지역문제연구원, 1996. 『마산·창원지역연구』, 경남대출판부.
김유선, 1998. 「정부의 실업정책과 취업알선체제의 문제점 및 이후 방향」,
　　　　인터넷.
김인숙, 1999. 「실직여성가장 대책의 현황과 그 대안」, 인터넷.
김태홍, 1998a. 「구조조정과정에서의 여성고용구조 악화」, 인터넷.
　　　　, 1998b. 「최근 여성실업의 특징과 방향」, 여성실업대책토론회, 인터넷.

나영희, 1998. 「기업의 구조조정과 여성고용문제」, 인터넷.

남춘호·이성호, 1998. 「전북지역의 고용문제와 실업문제」, 《인간과 복지》.

노동부, 1999. 『1999년 종합실업대책 자료집』, 1월.

마산창원여성노동자회, 1999. 『여성실업 극복을 위한 토론회 자료집』.

서울시·한국여성학회, 1999. 「경제위기와 여성」, 공동심포지엄 자료.

실업대책을 위한 범국민운동 경남본부, 1999a. 『실업실태와 올바른 실업대
　　　책 자료집』.

______, 1999b. 『경남지역 실업정책 무엇이 문제인가?』.

______, 1999c. 『실업가정돕기 범국민결연운동 대상자 교육자료집』.

왕인순, 1998a. 「여성고용악화현황과 대응방안」, 인터넷.

______, 1998b. 「IMF 관리체제시대의 실업대책: 여성실업현황과 대책방안」,
　　　인터넷.

전국민주노동조합총연맹, 1999. 『1999년 1/4분기 고용동향 보고서』, 5월.

정강자, 1996. 「여성노동자의 현실과 여성노동정책의 방향」, 인터넷.

정인수, 1998, 「청소년 실업현황과 고용촉진대책」, 노사정위원회 발표문.

조순경, 1998a. 「IMF 관리체제시대의 실업정책: 문제와 대안」, 인터넷.

______, 1998b. 「성차별적 구조조정과 여성고용」, 인터넷.

최명숙, 1998. 「여성우선해고 및 노동조합의 대응현황」, 인터넷.

통계청 경남사무소, 1998. 《고용동향》 1/4, 2/4분기.

______, 1999. 《고용동향》 6월, 8월, 9월.

하종근 외, 1995. 『창원시연구』, 민영사.

한국여성노동자협의회, 1998. 『여성실업대책본부 활동백서』.

마산과 창원 시청의 "실업대책반" 자료.

마산과 창원 지방노동사무소 "고용안정과"의 자료.

일반논문

공간, 정보, 그리고 지역정체성[*]
-충북의 경우-

강희경
(충북대학교 사회학과 교수)

1. 머리말: 지역사회 경계의 약화와 강화의 이중구조

지구 전체를 하나의 무대로 경제, 정치 등을 통합적으로 묶어내는 지구화와, 이러한 변화가 지방단위에서 구체적으로 전개되는 지방화가 몇 년 전부터 활발하게 논의되고 있다.[1] 또한 산업화 이후의 '탈근대화'가 1997년 말 외환위기가 시작되기 전까지 학계의 중심적 개념이 되기도 하였다. 세계화와 산업화(탈근대화는 말할 것도 없고) 과정은 사람들의 구체적인 생활공간인 지역사회를 장기적으로 약화시키고 쇠퇴시킬 것이라는 예측을 불러일으켰다. 산업화에서 촉발되는 도시화, 현금 경제화, 대량생산, 시장의 중앙집중화, 대중매체의 발달 등은 정보를 중앙집중적으로 전달하게 하고, 사회이동과 지리적 이동의 증가를 가져와 지역사회의 경계를 해체시키고 사회조직의 동질화를 유도한다는 것이다. 실제로 특정지역사회의 경계를 넘고, 나아가 국가단위도 넘어서 언어와 가족 구조, 정치제도와 교육제도, 종교관습과 오락관행이 서로 비슷해져 가는 현상을 어렵지 않게 발견할 수 있다(Cohen, 1985: 44). 특히 대중매체와 시장은 지역사회의 경계를 무시하고 활동의 단위를 국가단위와 세계단위로 설정하고 확대한다.

---

[*] 논문 내용 및 소제목에 이르기까지 세심하게 평해 주신 두 분의 논평자께 감사드린다.

[1] 조명래는 지구화와 지방화가 구체적인 장소인 지역을 통해 결합되는 것을 '지구방화'(glocalization)라는 개념으로 표현하고 있다(1996: 92).

세계자본주의의 활동 영향이기는 하지만 몇몇 국가가 실제로 국가단위를 넘어 정치, 경제, 문화적 측면에서 의도적으로 통합을 시도하기도 하였다.[2]

그러나 한편으로 이러한 동질성은 피상적이고 표면적이고 일면적이다. 이 과정은 우리의 적응을 촉구하는 것에 다름 아니다. 우리가 사는 터전을 중심으로 우리의 삶을 재편하려는 독자적인 움직임이 또한 일어나고 있다. 즉, 산업화와 세계화를 외적 변수로 삼아 지역사회에 관한 관심과 논의를 다시 능동적으로 붙들어세우려는 시도가 이루어지고 있다. 특정형태의 구조적 조직을 지역사회에 밀어넣으려는 압력이 가중될수록, 지역사회는 외양과 의미를 '상징적으로' 만들어 그 경계를 거듭 주장한다. 다시 말해 경계의 '구조적' 기반이 모호해질수록 상징적 기반은 강화되고 있다 (Cohen, 1985: 44).

서구라파의 영향이 증대되고 있는 이슬람 세계에서 이슬람 문명을 강조하려는 것이 이에 대한 예가 될 것이다. 한국의 사례로는 광주와 전남이 1980년대에 중앙정부와 대중매체에 의해 다른 지역과의 차이를 없애고 동질화될 것을 요구받자 '민주주의의 성지'와 '예향'과 같은 상징을 만들고 '5월축제'를 벌여 지역정체성을 강화하는 것을 들 수 있다. 국가단위의 하부 지역사회가 열성적으로 의식(儀式)을 계획하고 집행함으로써 지역사회의 경계를 확인하고 나아가 다른 지역사회와의 경계를 생산하고, 재생산한다.[3] 이와 같은 의식의 집행으로 지역사회구조의 기능적 성격과 관계 없이 지역사회의 실체는 지역사회 경계를 상징화하여 지역사회에 대한 사람들의 인식과 감수성을 고조시킨다. 의식(儀式)은 사회적 정체성과 지

---

2) 유럽연합(EU)이 적절한 사례이다. 유럽의 일부 국가들은 경제활동의 기본요소인 화폐 통합을 출발로 장기적으로 국가간 통합을 모색하고 있다. 그리고 유럽은 정치적 이념에서도 유사한 경향을 나타내고 있다. 보수적인 정당이 집권하는 시기가 있고, 진보적인 정당이 권력을 장악하는 시기가 국가마다 비슷하다.

3) 나스카피(Naskapi) 인디언들은 마치 기독교도가 빵과 포도주를 먹음으로써 기독교도의 경계를 확인하는 것처럼 다른 지역사회 구성원들과 구별하기 위하여 카리부(caribou) 골수를 먹는 의식을 치른다(Cohen, 1985: 47). 그리고 최근에 한국에서 지방자치단체장 선거에서 당선된 단체장들이 경쟁적으로 축제를 기획하고, 박람회와 전람회 등을 다투어서 개최하고 있는 것도 지역사회의 경계를 재강화하려는 움직임의 일부이다.

역성 의식을 확인하고 강화시켜 사회적이고 심리적인 결과를 산출한다. 의식은 사람들이 지역사회를 경험하는 중요한 수단이다. 지역사회의 실질적인 경계가 모호해짐에 따라 지역사회의 상징적 표현은 현대사회에서 더 중요해지고 있다.

그러나 또 다른 한편으로 모든 지역사회가 동질적인 것은 아니다. 국가의 하부단위인 지역사회에는 국가의 중심적 기능을 수행하는 지역사회와 그렇지 못한 지역사회로 불가피하게 나누어진다. 우리나라와 같이 과거로부터 중앙집중적인 전통을 갖고 있는 국가는 이러한 현상이 더욱 심하다. 여기에 탈근대화의 구체적인 지표인 정보화는 흔히 정보의 생산과 유통과 분배에 있어 지역적인 편차를 유발한다. 한국의 경우 정보를 생산하는 중심지는 서울(과 수도권)이고, 나머지 지역은 생산된 정보를 가공하거나 유통하고 분배하는 지역이라고 할 수 있다. 정보를 생산하는 지역과 그렇지 않은 지역 간에는 공간적 거리의 장단이 지역정체성 유지의 주요 요인이 된다. 즉, 서울과 가까운 지역은 고유한 지역정체성을 유지하기가 힘들고, 그렇지 않은 지역은 역설적으로 앞서 말한 지역사회의 상징을 생산하는 데 유리하여 지역정체성을 보존하고 유지하고, 나아가 생산한다.

이 글은 정보의 생산 및 유통, 그리고 공간의 문제가 지역사회의 경계와 긴밀히 연관되고 있다는 것에 주목하여 논지를 펼치려고 한다. 구체적으로 정보를 생산하는 지역과의 공간적 거리의 장단이 지역사회 고유의 정체성의 강화와 약화의 일차적 요인이 된다는 것을 논의한다. 먼저 2절에서는 지역정체성과 관련된 개념과 이론적 자원을 살펴보고, 3절에서는 구체적으로 공간과 정보의 생산이라는 측면에서 충북을 하나의 사례로 지역정체성의 유지형태를 대학교수의 충원과 신문구독 유형을 통해 분석한다.

2. 지역사회와 정체성, 그리고 지역정체성

1) 현대사회에서의 지역사회와 정체성의 의미 변화

지역에 대한 과학적 관심을 갖기 시작한 것은 서구의 경우 18세기부터이다. 주로 농경학자나 지리학자들에 의한 초기의 과학적 관심은 지표상의 일정한 권역 내에 있는 지리, 지세, 식생, 취락, 농업적 활동 등에 관한 것이었다. 19세기에 통일국가가 등장하면서 자연지리적 상태였던 지역이 영토적 범주 내에서 국가기구에 의해 통일적으로 규제받는 단위공간으로 기능하게 되었다. 산업화가 본격적으로 진행되면서 경제활동이 사회의 중심 가치가 되고, 그에 따라 지역은 경제활동이 자유롭게 일어나는 입지가 되었다. 20세기에 산업화가 대규모로 진행됨에 따라 지역은 단순한 입지로서가 아니라 경제활동이 공간적으로 집적되고 조직되는 틀이 되었다(조명래, 1996: 93-94).

서구의 정치경제체제는 1970년대 들어 급속도로 변하였다. 서구 자본주의는 위기를 맞게 됨에 따라 기존의 지역공간구조를 전면적으로 재편하였다. 서구 선진자본주의 국가는 기존의 중화학공업 대신에 극소전자혁명과 같은 고도의 기술집약적이고 지식집약적인 산업으로 자본축적의 위기를 돌파하였는데, 이 과정에서 지역은 생산부문의 일부를 특화하고 담아내는 공간으로 바뀌게 되었다. 소위 '노동의 공간적 분화'에 따라 각 지역은 단순히 물리적 실체가 아니라 해당 사회의 사회경제적 변화에 따라 그 속성과 기능이 재규정되었다.[4] 이에 따라 '정체성이 형성되는 지역'이 등

---

4) 리피에츠는 서구 자본주의가 1970년대에 자본축적의 위기를 해소하기 위해 생산과정을 체계적으로 조직하고 재배치함으로써 사회계급의 공간적 변이가 발생하였다고 주장하였다. 그는 구체적으로 고도의 기술적 환경을 갖추고 조사연구와 기술혁신을 담당하는 지역과 숙련 노동자가 밀집하는 지역과 주변지역으로 계급이 공간적으로 분화된다고 주장하였다(Lipietz, 1980: 67-68). 매씨도 생산과정의 분화에 의해 영국이 조사연구와 기술개발 업무를 담당하는 관리자와 기술자가 집결하는 지역과 숙련 노동력이 밀집하는 지역과 저임금 노동력이 모여드는 지역으로 공간적 분화가 이루어진다고 하였다(Massey, 1979: 237-238).

장하였다. 그 동안 주체적 정체성이 박탈된 지방 구성원들은 지역적인 사안에 대해 보다 적극적이고 주체적인 관심과 참여 의식을 가지게 되었다(조명래, 1996: 95). 이제 공간이 더 이상 수동적 상태에 머무르지 않고 스스로 적극적인 발언을 하게 된 것이다.

정체성5)이란 "우리는 누구이고 우리를 둘러싼 세계는 어떠하며 실재하는 것은 무엇인가"와 관련하여 자신을 규정하는 행위이다. 다시 말해 정체성은 자신과 타인들 그리고 자연과의 복잡다기한 관계에 일정한 질서를 부여함으로써 자신과 자신을 둘러싼 관계를 이해할 수 있게 해주고, 이에 따라 자신이 어떻게 행동하고 생각해야 하는가를 방향지어 주는 틀이다. 이러한 면에서 볼 때 정체성은 자신을 이해 가능한, 그리고 질서있는 인간으로 만드는 과정이다.

개인의 정체성에 관한 이론은 철학적 접근에서 시작되었다. 근대사회에 접어들면서 개인의 '진정한 본질'이 무엇인가 하는 데카르트(Descartes) 등의 철학자들의 질문이 그 출발이다. 이들은 의심과 성찰을 통하여 내면의 '진정한 성격'을 발견하는 것이 곧 자아의 본질로 이해하였다. 이러한 입장을 '본질주의'라고 할 수 있다. 이에 대한 반론은 루소(Rousseau)에게 찾을 수 있다. 루소는 변하지 않는 본질적인 자아가 가능한 것인지에 반문하면서 자아란 지속적으로 형성되고 재형성되는 과정으로 인식하였는데, 이를 '형성주의'라 이름 붙일 수 있다. 본질주의의 시각에서는 민족, 국가, 계급, 기타 집단 등이 가지고 있는 고유한 성격이 역사와 문화적인 변화에도 불구하고 남아 있는 것으로 본다. 반면 형성주의 입장은 집단정체성이 사회·문화적 문맥에 따라 형성되고 재생산되고 변화되는 것으로 보고 있다. '자아의 시공간적 일체성', 즉 변함 없는 자아 동일성과 같은 개념

---

5) '나는 누구인가'라는 존재론적 문제제기는 철학의 주요 관심사였지만 '정체성'이라는 용어를 사회과학개념으로 발전시킨 것은 1950년의 에릭슨(Erikson)이 최초이다. 이것은 『국제사회과학 백과사전』(*International Encyclopedia of the Social Sciences*)의 표제어를 통해서도 확인된다. 이 사전 1968년판에는 '심리적 정체성'(psychological identity)과 '정치적 동일시'(political identification)라는 항목이 실려 있지만, 1930년대에 발행된 초판에는 '정체성'이라는 항목은 없고, 지문 감식 혹은 범죄수사 기법을 나타내는 신원 확인(identification)이라는 표제어밖에 없다(설동훈, 1998).

들은 존재하지 않는다는 형성주의의 입장은 본질주의에 바탕을 둔 이론들의 한계를 보충해줄 수 있기 때문에 최근 정체성 이론에서 많이 활용되고 있다(최병길 외, 1998: 266).

근대 이전의 자아정체성은 사회이동과 지리적 이동, 즉 시공간적 변화가 거의 없었기 때문에 주어진 것으로 생각하였다. 따라서 정체성이 위기를 겪는 경우도 매우 드물었다. 그러나 산업혁명 이후에 사회이동과 지리적 이동이 잦아지고, 사람들과의 관계도 다면적으로 되면서 개인의 정체성이 계속 변하고 재구축되고 다차원화되고 있다. 현대사회에서 자신의 정체성을 고정시키는 일은 갈수록 어려워지고 있다. 개인들은 이러한 불안정을 해소하기 위해 안정된 집단정체성을 받아들이거나 아니면 의도적으로 정체성을 형성하려 한다(이정덕, 1998: 106). 이렇게 산업사회 이후에는 정체성에 관한 형성주의의 입장이 더욱 주목받기 시작하였다.

개인이건 집단이건 정체성은 지속적으로 재형성되면서 유지해나가려는 속성을 갖고 있다. 지역사회 구성원들은 지역 내의 전통이나 문화를 유지하기 위해 '내부적 정책'과 '배타적 정책'을 동시에 사용한다. 내부적 정책이란 공동의 언어(사투리), 마을 내 혼인, 친족관계, 공동의 상징을 통하여 집단 내부의 문화를 유지하려는 것이며, 배타적 정책은 지역사회 경계 밖의 집단에 대한 경계를 분명히 하는 가운데 타집단에 대한 부정적 이미지를 강화함으로써 이들 문화의 침입을 방어하려는 것이다(최병길 외, 1998: 267). 한국에는 이 두 가지 정책을 사용하여 집단정체성을 만들어내는 여러 가지 차원이 있다. 성씨, 성별, 연령, 동창, 지역, 민족, 민중, 계급, 시민, 역사적 공동 경험, 다른 지역사회와의 경쟁적 또는 부정적 관계 등의 기제가 그것이다. 이러한 것들이 복합적으로 작동하여 개인을 특정한 집단의 일원으로, 즉 집단정체성을 인식하게 만든다.

지역사회가 다른 지역사회와 분리되었거나 고립되어 있는 경우는 다른 지역사회와의 관계에 의한 정체성보다는 독자적인 고유의 정체성을 형성하는 경우가 많다. 예를 들어 육지와 분리되어 있는 섬, 그 중에서도 규모가 큰 제주도 같은 경우는 지역 주민들에게 하나의 '상상 공동체'로 이해된다. 주민들이 서로의 존재를 모두 알 수는 없지만, 같은 공간에서 살고 있으면서 공동의 정신세계를 나누고 있다고 생각한이다. 그러므로 상상 공동체에서 지역 주민들이 지난 역사 중에서 일정 부분을 '선택'하는 작위적인 과정을 통해 '전통의 재창조'를 도모한다(최병길 외, 1998: 266). 또한 정체성을 표현하는 전략으로 어떤 특징이나 전통을 상징화함으로써 정체성을 보다 확실하게 유지할 수 있다. 상징은 외집단과의 경계를 만들어내면서 내집단의 동질성과 연대의식을 강화시킨다. 이러한 재창조나 상징화과정에서 집단정체성은 정체성을 강화시키기도 하고, 반대로 단편적이 되게 하는 등 상호 모순적인 성격을 갖는다.

2) 현대사회에서의 지역정체성의 의미

집단정체성에 대한 관심은 제2차 세계대전 이후 민족정체성(nationalism)[6]에 관한 연구로부터 비롯되었다. 우리나라의 경우는 집단정체성 중에서 민족이나 민중, 계급이나 시민과 같은 기준보다는 지역을 매개로 한 지역정체성이 주로 형성되었다. 근대적인 국가체제 혹은 정치발전에 필요한 집합적 정체성은 분단과 권위주의적 정치현실에서 금기시되거나 억압되었기 때문에 제대로 발전할 수 없었고 오로지 지역만이 개인을 묶는 집합적 정체성이 형성되었다(한상진, 1990: 361).

---

6) 정체성의 대표적인 유형의 하나가 '출현적 정체성'(emergent identity)이다. 출현적 정체성은 개인이나 민족집단(ethnic group)이 어떤 문화적 속성을 가지고 있다고 하여 자동적으로 정체성을 획득한다고 가정하지 않는다. 오히려 이 개념은 민족집단이 처해 있는 상황, 즉 다른 민족집단들부터 격리되어 살거나 혹은 공통의 직업에 집중해 있거나 하는 구조적 조건들이 민족성을 강화시킨다고 본다. 북한에서 남한으로 넘어온 월남인의 정체성이 출현적 정체성의 대표적인 사례이다. 그들은 북한에서부터 집단적인 정체성을 가지고 있었다기보다는 월남하여 남한사회에서 사회적 관계를 맺게 된 구조적 조건에 따라 정체성을 형성하였다. 말끼(Malkki)는 브룬디 난민 정체성 연구를 통해 물리적으로 고립적이고 통제가 비교적 강한 곳에 정착한 난민들은 '하나의 민족'으로서 자신의 역사를 재구성하여 독특한 집합 정체성을 형성하고 있음을 발견했다. 반면 별로 통제를 받지 않고 살았던 난민들은 코스모폴리탄 정체성(cosmopolitan identity)을 획득하였다. 그밖에도 유목민 정체성(nomadic identity)이 있다. 유목민 또는 방랑자는 '오늘 왔다가 내일엔 떠나는' 사람들로서 어느 사회에도 소속감이나 정체성을 내면화하지 못한다(김귀옥, 1999: 17-18).

한 사회의 문화를 습득하는 과정을 뜻하는 사회화를 진정한 존재론적 정체성을 획득하는 것으로 재규정한다면, 이 과정은 시간적인 것인 동시에 공간적[7]이다. 사회화는 일생 동안 계속됨으로써 시간적 구속을 받지만, 특정 장소와 공간적 맥락에 의해 제약받기도 한다. 개인의 정체성은 공간의 제약을 받는 영토적 사회화의 결과로서 출생 혹은 성장 지역에서 독특하게 형성된 규범과 문화의 영향을 받는다. 사회적 단위로서의 지역은 지역 내의 구성원들에게 공통의 정체성을 불어넣는다. 지역구성원들은 다른 지역과 경쟁하는 가운데 상대적으로 독특한 집단적 정체성, 즉 지역정체성을 갖게 된다. 요컨대 지역은 지역 내 구성원들의 정체성을 집단적으로 부여하는 사회단위이다. 지연주의, 지역주의, 지역감정은 바로 이같은 지역적 수준에서 형성된 '집단화된 정체성'의 구체적인 현상들이다. 지역별로 집단화된 지역정체성은 인간사회 존립의 주요한 바탕이자 조건이 된다. 우리나라의 본관은 지역이란 장소성과 사회적 신분을 결합한 것이다(조명래, 1996: 96-97). 여기서 한국의 지역정체성의 독특한 한 특징이 있으니, 비록 성장하지는 않고 출생하기만 한 지역이나 심지어는 출생조차 하지 않은 지역이라도 부계로 연결된 지역에 대한 과도한 '충성'현상을 보이는 것이다.[8] 르페브르식으로 말하면 '공간의 재현'을 넘어 '재현된 공

---

7) 르페브르(Lefebvre)는 공간의 차원을 실재하는 공간, 공간의 재현(representation of space), 재현된 공간(space of representation)으로 나눈다. 실재하는 공간은 특정 지역이나 장소, 거리를 지칭한다. 지금까지의 공간적 삶은 대체로 이같은 공간에 한정되어왔다. 두번째, 공간적 수준은 실재하는 공간을 재현한 공간이다. 지도나 작품 속의 공간이 여기에 해당한다. 지적 작업이나 담론들을 통해 공간을 재현하는 것은 실재하는 공간을 재해석하고 재의미화한 것이다. 공간적 재현을 통해 실재하는 공간의 물리적 제약을 벗어날 수 있다. 이것이 보다 적극적으로 행동으로 옮겨질 때 재현된 공간이란 세번째 차원이 나타난다. 이 공간은 물리적으로만 주어진 공간이 아니라 기술, 이미지, 가치, 기대, 상징 등을 수단으로 하여 의도하는 공간으로 생산된 것이다. 초공간과 사이버 공간이 이런 공간의 전형적인 예이다(조명래, 1996: 101).
8) 북한에서 월남한 사람의 아들이 고향을 서슴없이 '함경도'라고 말하는 것이 이를 단적으로 말해준다. 또한 민경희와 필자의 조사에 의하면 충북 사람들은 아무리 충북에 오래 살아도 출생해서 고등학교까지 다녔거나 출생하지 않더라도 아버지의 고향이 충북이 아닌 경우는 대체로 충북 사람으로 인정하지 않는다(민경희·강희경, 1995). 이것은 충북에서 태어난 사람들은 다른 지역에 아무리 오래 살아도 그 지역의 정체성을 내면화하지 않

간'을 표현하는 것이다. 그러므로 행정적으로 한 지역사회에 거주하고 있더라도 개인의 지역정체성의 정도는 차이가 많이 날 수 있으며, 심지어는 전혀 적대적인 지역정체성을 갖고 있을 수도 있다.

자본에 의한 공간적 분화의 결과로 지역구조는 내부적으로 특화된 생산관계를 중심으로 지역의 계급구조나 정치적 구조를 갖게 된다. 지역주민의 개별적인 사회계급적 정체성은 지역 내부에서 형성된 생산관계에서 차지하는 위치와 관련된다(조명래, 1996: 98). 예를 들어 노동자계급의 비중이 상대적으로 많은 울산과 그렇지 않은 대전은 지역정체성에서 차이가 있다. 또한 영남의 지역의식과 호남의 지역의식은 지난 30~40여 년 동안 양 지역에 차별적으로 형성된 산업관계나 사회적 관계로부터 파생된 개별화된 계층·계급의식들이 지역수준에서 집단화된 것이라고 볼 수 있다.9) 지역정체성, 지역감정, 지역의식 등의 현상들은 모두 '내가 사는 지역'에 대한 공간적 관심에서 비롯된 것이다. 이러한 공간의식은 과거의 지리적 수준에서(예: 산맥을 경계로 한 호남과 영남) 형성된 지역정체성과는 다르다(조명래, 1996: 100).

물론 지역사회의 정체성은 일정한 지역사회의 경계 안에서 이루어진다. 지역사회 경계 내에서 지역정체성이 자연스럽게 형성되기도 하고 구성원들이 인위적으로 정체성을 생산·변형하기도 한다. 지역사회의 구성원들은 서로 공통되는 어떤 것을 갖고 있는 것과 동시에 다른 지역사회 구성원들과 근원적으로 구별되는 것을 갖고 있다. 지역사회의 정체성에 관한 논의는 지역사회의 '경계'를 구체화시키는 요소를 찾는 것에서부터 시작된다. 정의상 경계는 지역사회의 시작이고 끝이다. 지역사회의 경계는 절대적이기보다는 '관계적'이다. 지역사회의 경계는 다른 지역사회와의 '관계'에서 표현된다. '모든' 지역사회의 사회적 정체성은 집합체건 개인이건 이렇게

는다는 논리로 연결된다. 이러한 현상이 비단 충북만으로 국한되지 않는 것은 물론이다.
9) 정치적 지배의 측면에서 영·호남의 지역주의는 첨예하게 대립하였다. 1997년 말 대통령 선거에서 호남을 대표하는 김대중이 대통령이 됨으로써 지금은 어느 정도 희석되었지만 그 이전까지는 영남의 지역의식은 '패권적 지역주의'로, 호남의 지역의식(또는 지역감정)은 '저항적 지역주의'로 규정되었다. 이의 연장선으로서 충청도의 지역주의는 '반사적 지역주의'로 개념화되었다.

구성된다. 예를 들어 청주와 충주가 충북이라는 지역사회의 경계 내에 있지만, 구체적 상황에 따라서는 전혀 다른 지역사회가 될 수도 있다.[10] 이와 마찬가지로 충북 내의 도시(청주와 충주와 제천)와 농촌 간에도 동일한 지역사회(충북)의 경계에 있기도 하고, 그렇지 않기도 하다.

그러면 지역사회의 구별은 왜 필요한가? 가장 단순한 대답은 지역사회의 경계가 개인의 정체성과 마찬가지로 지역사회의 정체성을 생산하고 확인할 수 있는 단위이기 때문이다. 지역사회의 경계는 지역사회가 이러한 또는 저런 방향으로 구별하고 또는 구별하기를 원하는 실체와 상호작용하는 것으로부터 표현된다. 대체로 지역사회의 경계는 해당 지역사회와 그 구성원들에 달려 있지만 실제로는 국가나 행정 기관이 그 경계를 법령으로 규정하는 것에 많이 의존한다. 행정기관들은 주로 산맥이나 강과 같은 자연적 조건을 따라 지역사회의 경계를 정하지만 때로는 인종이나 종교나 언어와 같은 요인도 경계설정에 작용된다. 그리고 자본에 의한 공간의 분업도 지역사회의 경계설정에 일정하게 작용한다. 그러나 지역사회의 모든 경계 및 '어떤' 경계의 '모든' 구성 요인을 객관적으로 분명하게 제시할 수는 없다. 사람들의 마음속에 존재한다고도 할 수 있다. 사정이 이렇다면 지역사회의 경계는 다른 지역사회에 속하는 사람들뿐만 아니라 같은 경계 내에 있는 사람들에 의해서도 다르게 인식될 수 있다. 이 점에서 지역사회의 경계가 사람들에게 의미하는 것 또는 더욱 정확하게 말해서 사람들이 그것에 부여하는 의미, 즉 지역사회 경계의 '상징적' 측면이 중요하다(Cohen, 1985: 12).

지역사회의 경계를 인식하는 사람들의 의식(意識), 즉 사람들이 지역사회에 부여하는 의미의 수준과 차원은 매우 다양하다. 어떤 사람들이 인식하는 지역사회의 경계는 다른 사람들에게는 완전히 미세한 것이 될 수 있

---

10) 사안에 따라 '관계적' 지역사회가 형성되는 적절한 사례를 들어보면, 1990년대 초 청주에 사활적 이해관계로 핵심적 쟁점이 되었던 고속전철 본선역 유치 운동에 있어 충주는 고속전철 통과와 관련하여 아무런 실익이 없었다. 그러나 충북 도의회에서 결의문을 채택할 때 명의를 빌려주지 않을 수도 없었다. 자연 충주 입장에서는 내부적으로 상당한 불만을 갖게 되었다.

다. 그러나 지역사회의 수준이 내려갈수록 구체성을 띠는 것은 분명하다. 유럽공동체를 지역사회로 간주할 때보다는 영국을 지역사회라고 말할 때가 더 구체적이다. 한국을 지역사회로 생각하는 것보다는 충청북도를, 충청북도보다는 단양군을 지역사회라고 지칭하는 것이 훨씬 구체적이다. 후자에는 바로 친족과 친구와 이웃이라는 실체가 그리고 이들과 다른 지역사회구성원과의 경쟁과 질투 등의 감정이 내포되어 있어 구체적으로 지역사회를 인지할 수 있기 때문이다. 지역사회의 경계가 차이점보다는 유사성으로 구별된다는 점에서 이 점은 분명하다(Cohen, 1985: 15).

지역사회가 구체화될수록 주민들은 축제와 같은 의식(儀式)의 집행으로 지역사회를 상징화하여 자신의 지역에 대한 정체감을 강화시킨다(이정덕, 1998: 118). 현대사회에서는 정체성을 유도하는 요소 중에서 성별이나 성씨와 같은 귀속적 요인의 중요성은 감소하는 대신 축제와 같은 인위적 요인의 중요성은 증대되고 있다. 지역사회는 축제를 통해 지역의 역사성이나 문화유산을 의도적으로 찾아내고 새로운 상징을 만든다. 지역사회의 역사와 문화를 책으로 발간하거나 특정물품을 지역의 대표상품으로 내세우거나 지역의 박물관을 건립하여 지역사회의 상징을 보존하고 재생산하여 주민들의 통합수단으로 사용한다. 축제는 구체적인 경험과 상상의 범주 작용을 통해 서로 같은 집단에 속한다는, 그래서 어느 정도 공동체적인 운명을 공유하고 있다는 느낌을 강화시킨다.

3. 공간과 정보의 생산·유통

시간과 공간의 제약으로부터 자유로운 사회현상은 없다. 지역정체성도 마찬가지이다. 일정한 경계 내에 있는 특정지역사회의 역사라는 시간이라는 변수와 더불어 지역사회와 지역사회 간의 공간적 거리(지역사회의 경계)가 지역정체성의 형성에 근원적인 영향을 미친다. 지금까지는 대체로 시간의 변수만이 논의되었다. 지역사회의 특성은 주민들간의 장기간에 걸친 상호작용을 통해 주민 공동의 경험으로 축적된다. 지역정체성 형성이 사회적 상호작용을 통한 역동적인 과정이라는 점에서 지역의 특성이 주민들에게 내재화되고 개인의 주관적인 인식으로 자리잡기 위해서는 상당한 시간의 경과가 필요하다(전성표, 1999: 176). 국가단위로는 역사(歷史)가, 지역사회에는 향토사(鄉土史)가 그 경계 내에 거주하는 사람들에게 정체성을 불어넣어주는 역할을 한다.

1) 수도권과의 거리와 지역정체성

시간이 지역정체성 형성에 영향을 미치기 위해서는 긴 기간이 필요하지만, 공간은 비교적 즉각적인 반향을 불러일으킨다. 지역사회는 그 자체로 독자적으로 존재하기보다는 다른 지역사회와 공간적으로 관계를 맺으면서 존재한다. 그리고 한 지역사회는 다른 지역사회와 부분집합의 관계를 맺을 수도 있다. 즉, 지역사회는 경계 내[11]에 중심지역 또는 중심권이 있는 것이 일반적이다. 중심지역은 하나일 수도 있고 여러 개일 수도 있다. 예를 들어 충북에는 청주가 중심권이지만 문화적으로는 충주도 중심권이라고 할 수 있다. 단위를 확장하여 충청도 전체로 보면 대전이 영향력과 흡인력이 가장 큰 중심지역이고 청주가 이에 버금가는 지역이다. 중심권과 인접한 주변지역은 주변지역 고유의 정체성을 보유하고 있을 수도 있지만 중심권과 인적·물적 교류가 계속되기 때문에(사실은 교류의 대부분이 중심권으로부터의 일방적인 전달이다) 주변지역은 고유의 정체성을 유지하기보다는 중심권의 정체성과 혼유될 가능성이 많다. 그리고 중심권의 집중도가 클수록 인접지역은 고유의 정체성을 유지하기가 힘들다. 지역사회의 경계의 외연을 넓혀서 국가를 한 단위로 설정하면 정보를 생산하고 유통시키는 기능을 갖고 있는 한국의 서울은 다른 중심권과 비교할 수 없는 거대한 흡인력을 갖고 있는 중심지역이다. 다른 광역시보다 대등하거나 앞선 경기도와 인천도 서울의 흡인력 앞에서는 고유의 정체성을 유지하

---

11) 지역사회의 경계는 일반적으로 행정적 경계를 제일 많이 사용하지만 분석 목적에 따라서는 경제적 경계와 문화적 경계로도 나눌 수 있다.

지 못하고 있는 것이 이의 한 사례이다.[12]

　중심권과 주변지역의 교류에서 가장 중요한 변수는 거리이다. 경기도와 인천이 고유의 정체성을 확보하는 데 어려움을 겪고 있는 것도 바로 서울과의 거리가 가깝기 때문이다. 제주도의 정체성이 육지의 그것과 매우 다른 독특한 특징을 띠고 있는 것도 공간과 관련되는 현상이다.[13] 즉, 어떤 지역의 정체성의 유지는 중심권과의 거리에 반비례한다고 볼 수 있다. 여기서 중요한 것은 지역사회와 지역사회, 그리고 지역사회의 중심권과 다른 지역사회의 중심권의 규모에 따라서 두 지역간의 교류 확대가 정체성을 강화시키기도 하고 반대로 약화시키기도 한다는 것이다. 서울처럼 다른 광역행정기관이 대적할 수 없을 정도로 규모가 압도적으로 크면 교류의 증진이 오히려 교류하고 있는 지역사회의 정체성을 약화시킨다. 규모가 크다는 것은 비단 인구가 많다는 것만을 뜻하는 것이 아니다. 지역사회에서 독자적으로 정보를 생산할 수 있는 능력이 크다는 것이 더 중요하다. 지역정체성의 유지가 중심권과의 거리에 반비례한다는 명제는 사실 여기에 해당한다. 그러나 두 지역사회간의 규모가 비슷하여 한 지역사회가 상대방 지역사회를 압도하지 못하고, 원래 비슷한 고유의 정체성을 갖고 있는 두 지역사회간의 교류는 많으면 많을수록 정체성을 강화시켜 주는 요인이 된다. 예를 들면, 부산과 경남, 대구와 경북, 경북과 경남, 광주와 전남, 전남과 전북, 대전과 충남, 충북과 충남이 여기에 해당하는 사례

---

12) 정보를 생산하는 역할을 하는 대학과 방송국을 살펴보면 이 점은 보다 분명히 드러난다. 인천에 방송국이 생긴 것은 최근의 일이다. 그런데 이 방송국은 인천 고유의 정체성 확보에 어려움을 겪어서인지, 아니면 이익을 내기 위해서인지 전국방송을 모색하고 있다. 그리고 인천과 경기도에는 국립대학이 한 군데도 없다. 교육대학도 경기도에는 없어서 다른 지역에서 배출된 교대생들이 많이 진출하고 있다.

13) 제주도 사람들은 외부 사람들에 대해 배타적 정서를 공유하고 있다. 제주 섬은 정치적으로나 사회적으로 왕권정치나 귀족정치 혹은 왕권사회나 귀족사회가 존재하지 않는 공간(지역)이었다. 이러한 현상은 문학에도 반영되어 제주 섬에는 궁중문학이 존재하지 않았고 서민문학의 결정이라고 할 수 있는 민요나 설화 등의 구비문학이 융성하였다. 제주 섬의 민요는 지역고유의 지역성을 강하게 투영하고 있다(최병길 외, 1998: 276- 277). 한편 제주도에는 순응과 반발의 의사를 표출시키지 않으려는 기회주의적 성향도 상당하다. 제주도 선거의 중요한 특성인 무소속 선호 경향이 이의 단적인 표현이다(김석준, 1997). 이러한 경향은 중앙권력의 일방적인 집행의 역사인 4·3사건과 깊은 연관이 있다.

<표 1> 대전·충북·충남의 전입자(시도간)의 5년 전 거주지별 분포(1995)와
전출자(시도간)의 5년 전 거주지별 분포(1995)　　　　　(단위: %)

5년 전 거주지	전입자(현거주지)			현 거주지	전출자(5년 전 거주지)		
	대전	충북	충남		대전	충북	충남
전국	100.0	100.0	100.0	전국	100.0	100.0	100.0
서울	22.0	27.1	28.3	서울	24.6	23.4	22.0
부산	4.0	4.0	3.6	부산	2.2	2.6	1.1
대구	2.8	2.8	2.0	대구	3.0	2.3	0.8
인천	3.0	5.0	6.5	인천	4.7	5.5	8.3
광주	1.3	0.9	1.1	광주	1.5	0.7	0.6
대전	-	5.8	10.5	대전	-	16.7	27.2
경기	12.1	22.7	22.7	경기	21.4	25.7	25.6
강원	3.1	8.9	3.8	강원	1.9	4.5	1.5
충북	9.7	-	5.6	충북	9.5	-	5.2
충남	26.9	8.0	-	충남	19.1	6.8	-
전북	5.5	2.2	5.1	전북	3.8	1.5	2.9
전남	2.1	1.9	3.1	전남	1.3	1.2	0.8
경북	3.4	5.6	3.4	경북	3.5	5.4	1.7
경남	3.8	4.5	4.1	경남	3.3	3.3	2.2
제주	0.3	0.4	0.3	제주	0.3	0.3	0.2

자료: 통계청(1997: 26-27)에서 작성

일 것이다. 이들 지역간에는 역사적으로나 문화적으로 동질적인 정체성을 갖고 있을 뿐만 아니라 어느 한 지역이 다른 지역을 압도할 만큼 강력하지도 않다. 이러한 경우에는 거리가 가까울수록 사람이나 물류 교류가 활발하고 이에 따라 원래 갖고 있었던 동질적인 정체성이 더욱 강화된다.

인접 지역간의 인적 교류를 <표 1> 의 5년간 전출입 상황을 중심으로 살펴보기로 하자. 1995년을 기준으로 5년 전인 1990년과 비교하여 인구 유입을 살펴보면, 광역시를 둘러싼 인접 도에서 광역시로의 전입이 가장 많이 이루어지는 것을 알 수 있다. 서울의 총전입자 중 경기도 전입자들의 비율이 35.9%, 부산의 총전입자 중 경남 전입자들의 비율은 43.6%, 대구에 대한 경북의 경우는 51.2%, 인천에 대한 경기도의 경우는 29.5%, 광주에 대한 전남의 경우는 56.2%, 그리고 대전에 대한 충남의 경우는 26.9%로서 인접하지 않은 다른 광역자치단체의 전입자 비율보다도 훨씬 높다. 이 반대의 경우도 마찬가지이다. 즉, 경기도 총전입자 중 서울 출신의 비율은 68.1%, 경남의 총전입자 중 부산 출신의 비율은 54.7%, 경북과 대구의 경우는 37.1%, 전남과 광주의 경우는 29.2%, 그리고 충남과 대전의 경우는 10.5%이다(통계청, 1997: 61).

위의 여러 경우에서 유독 대전과 충남(또는 충남과 대전)의 경우는 다른 광역시와 인접 도와의 관계에 비해 독특하다. 대전과 충남의 경우는 광주와 전남, 부산과 경남, 대구와 경북의 전입비율과는 말할 것도 없고 인천과 경기도의 그것보다도 낮은 비율을 나타내고 있다. 대전의 총전입자 중 충남 출신이 26.9%로 제일 많지만 이에 못지 않게 22.0%의 사람들이 한국에서 가장 흡인력이 큰 서울로부터 전입하고 있으며, 경기도 출신도 12.1%나 되고 있다. 충남의 총전입자 중 대전 출신의 비율은 10.5%에 지나지 않는 데 비해 서울 출신은 28.3%, 경기도 출신은 22.7%로서 대전 출신 비율은 3위에 그치고 있다. 이것은 대전이 과학연구단지의 설립으로 서울에 근거를 둔 사람들이 전입해 오기 때문이기는 하지만 서울과 수도권과의 거리가 부산이나 대구와 광주와 같은 광역시에 비해 가깝다는 것이 더 큰 영향을 미치고 있다고 보아야 한다. 분명한 것은 대전과 충남 간의 인적 교류의 농도는 다른 광역시와 인접 도에 비해서 짙지 못해 대전과 충남은 원래 갖고 있었던 비슷한 고유의 지역정체성을 강화시키지 못한다고 할 수 있다.

초점을 충북에 맞추면 충북은 이보다 더하다. 충북은 충남이나 대전보다도 서울의 자력권에 더 가까이 닿아 있다. 충북은 경기도 다음으로 서울과의 거리가 가까워 통근이 가능하다. 매일 통근은 아니더라도 주초에 직장으로 가서 주말에 돌아오는 주단위 통근은 가능하다. 통근까지는 아니더라도 마음만 먹으면 언제라도 서울에 갈 수 있는 거리이다. 이 점이 충북이 대전이나 충남과 같은 충청도이기는 하지만 충청도로서의 정체성을 강하게 갖고 있지 못하는 이유이다.[14] 충북은 수도권에서 인구가 유입

---

14) 정치적으로 보아서도 충북은 대전이나 충남과 같이 자민련과 김종필에 대한 헌신·몰입의 정도가 높지 못하다. 김대중에 대한 전북의 헌신의 정도가 광주와 전남과 같은 농도는 아니지만 거의 차이가 없을 정도로 높은 반면에, 김종필에 대한 충북의 헌신은 대전과 충남에 비해 현저히 낮다. 1987년 제13대 대통령선거에서 김대중은 광주에서 94.2%, 전남에서 90.3%, 전북에서 83.8%의 압도적 지지를 받았다. 전북이 광주나 전남보다 다소 낮은 지지율을 보였으나 큰 차이는 아니다. 반면에 김종필은 충남에서 45.0%를 얻었

해 들어오는 비율이 점점 증가하고 있다. 인구유입을 1995년을 기준으로 5년 전과 비교하여 살펴보면, 충북의 총전입자 중에서 가장 많이 전입해 온 지역은 서울과 경기도로서 각각 27.1%와 22.7%이다. 다음이 강원도로 8.9%이다. 충남과 대전은 8.0%와 5.8%로서 예상과 달리 큰 비중을 차지하지 못한다. 전출지를 살펴보아도 충북에서 경기도와 서울로 전출한 비율이 각각 25.7%와 23.4%로서 제일 많고, 다음이 대전으로 16.7%이고 충남은 6.8%에 지나지 않는다. 전입과 전출 모두 충북과 관계가 많은 것은 서울과 경기도 등 수도권(거의 절반이고 인천까지 합치면 절반을 넘는다)이고 충북에서 전출한 경우만 대전이 3위를 차지했을 뿐이다. 충북과 충남 모두 수도권과 대전으로 전출하는 사람이 제일 많지만, 충북은 충남과 달리 대전보다는 수도권으로 더 많이 전출한다. 이처럼 인구이동면에서 충북과 관련이 있는 지역은 인근지역인 대전이나 충남이 아니라 수도권이다. 즉, 인적 교류 측면에서 충북은 같은 충청권과의 관계가 미약하여 충북 나아가 충청도 고유의 정체성이 약화될 소인을 갖고 있다. 그리고 충청도 지역과 수도권 지역간의 인적 교류의 활발함은 각 지역, 특히 정보를 생산하지 못하는 충청도 지역 고유의 정체성의 유지와 재생산에 긍정적 효과를 유발하지 못한다는 점에서 주목해야 될 현상이다. 실제로 충북은 수원을 비롯한 수도권 지역처럼 독자적인 정체성의 생산과 유지의 측면에서 취약조건을 갖고 있다.[15]

으나 충북에서는 13.5%만의 지지만을 획득하여 충남과 충북의 지지율 차이가 상당하다(당시 대전은 광역시가 아니었다). 이러한 현상은 최근 이 지역에 지역주의가 더욱 강화됨에 따라 옅어지기는 하였으나 지금까지 계속되고 있다.

15) 수원의 경우를 보면 이 점이 보다 분명해진다. 수원은 서울의 위성도시로서, 또 경기도의 행정중심지로서 인구의 유동이 심하다. 1990년 인구 센서스 자료에 의하면 수원시민 중에서 수원에서 태어나서 계속해서 수원에 거주하고 있는 토박이는 24.5%이며 나머지는 수원 이외의 지역에서 출생하여 수원으로 이주한 이주민들이다. 이 수치는 전국평균 37.2%에 비해 매우 낮다(최진호, 1996: 49). 이주민의 73%가 경기도의 타 시·군과 서울에서 전입하고 있다. 그리고 수원 이외의 지역으로 통근하는 사람들도 많다. 수원시 거주 취업자의 64.2%만이 수원 시내의 직장으로 통근하고 있으며 나머지는 서울(9.6%), 화성군(7.7%), 용인군(5.4%) 등으로 출근하고 있다(최진호, 1996: 62). 이와 같이 인구의 유동 성향이 심하고 특히 경제적으로 서울에 종속되어 있으면 지역 귀속의식과 지역정체감은 약화되기 쉽다.

〈표 2〉 광주지역 종합 일간지 현황(1991)

신문사	창간·복간일	지역별 판매율
광주일보	1980. 12. 1	중앙 5%, 지방 95%
전남일보	1989. 1. 7	중앙 1.5%, 지방 98.5%

자료: 한국언론연구원, 『한국신문방송연감』(1992: 164-177), 문석남·정근식·지병문 (1994: 265)에서 재인용.

2) 정보와 지식의 생산·유통과 지역정체성

한국의 배타적인 중심권인 서울과 가까운 지역일수록 독자적인 지역정체성을 유지하기 어렵다는 것은 이들 지역이 스스로 정보를 생산하지 못하고 일방적으로 서울의 정보 영향권 안에 있기 때문이다. 이 글은 이것을 신문구독 유형과 대학교수 충원 유형의 지역간 차이로 확인하려 한다.

먼저 서울에서 수도권 다음으로 가까운 충북(청주)과 이보다 약간 먼 충남(대전)과 상당히 떨어져 있는 전남(광주)의 신문구독 유형의 차이를 살펴보기로 한다. 가장 좋은 방법은 위 세 지역 가정의 중앙지와 지방지 구독비율을 비교하는 것인데 지역 전체로 이러한 자료를 구하는 것이 어렵기 때문에 청주와 대전은 아파트 밀집지역을 표본조사하였고, 광주는 한국언론연구원에서 발간한 『한국신문방송연감』 자료 중 일부를 참조하였다. 〈표 2〉에서 보는 것처럼 광주와 전남의 경우(대부분 광주가 대상이다) 중앙지의 판매율은 1.5%와 5.0%에 지나지 않는다. 다시 말해 적어도 광주와 전남 지역 신문의 경우 정보의 생산과 유통을 서울에 의존하지 않고 자체 생산·유통시키고 있다.16) 그러나 청주의 경우 사정은 이와 전혀 반대이다. 청주시 흥덕구 개신동 소재 현대아파트 총 511세대를 조사(1997년 10월 21일)한 바에 따르면 신문마다 다소 차이가 있지만 지방지 구독은 3% 미만이고 중앙지 구독은 95%가 넘는다. 511세대 중에 ㅈ 일보는 180부(입주자의 35.2%)를 보고 있으며, 다른 ㅈ 일보는 138부(27.0%)를

---

16) 물론 중요 뉴스의 기본적 소식원을 연합통신에 의존하는 것은 어느 지역이나 마찬가지이지만, 그래도 뉴스의 가공(편집) 자체와 지역소식의 취재가 신문 지면에 반영된다는 점에서 지역신문의 판매비중의 차이는 중요한 의미가 있다.

〈표 3〉 대전 둥지아파트와 엑스포아파트의 신문 구독 비율　　(단위: %)

둥지 아파트	중앙 일간지			지방 일간지		계
	1,070(81.7)			240(18.3)		1,310 (100.0)
	ㄷ 일보	ㅈ 일보	다른 ㅈ 일보	ㄷ 일보	ㅈ 일보	
	390(29.8)	420(32.1)	260(19.8)	180(13.7)	60(4.6)	
엑스포 아파트	중앙 일간지			지방 일간지		계
	1,700(87.2)			250(12.8)		1,950 (100.0)
	ㄷ 일보	ㅎ 신문	다른 ㅈ 일보	ㄷ 일보	ㅈ 일보	
	520(26.7)	480(24.6)	700(35.9)	200(10.3)	50(2.6)	

구독하고 있다(각 지국장의 말). 청주에서 발간되는 지방지(《중부매일신문》, 《충청일보》, 《동양일보》)는 다 합쳐도 3% 미만(15부)에 불과하다(ㅈ 신문 지사장의 말). 그러나 1997년 10월 22일 아침에 실제로 배달원을 상대로 조사한 것에 의하면 다른 ㅈ 일보는 73부(14.3%)로서 지국장의 말과 큰 차이가 났다. 그리고 ㄷ 일보는 124부(24.3%)였는데 여기에는 무가지도 포함되어 있다. 지방지인 ㅈ 신문은 12부(2.3%)였다.[17] 지국장의 말과 실제 조사에서의 중앙지의 신문구독 비율은 차이가 났지만 중앙지와 지방지의 구독비율의 차이는 없었다.

　대전의 신문구독률은 둥지아파트와 엑스포아파트[18]를 표본으로 조사하였다(1998년 2월). 이 결과를 〈표 3〉을 통해서 보면 대전은 유형적으로 광

---

17) 청주시 흥덕구 개신동에 있는 현대아파트의 주민들은 계층적으로 중층과 중상층에 속한다. 아파트 평수가 27평과 32평과 45평으로 고루 분포되어 있다. 신문의 구독유형은 같은 중앙지라도 아파트 평수와 연령과 지역에 따라 다르다. 아파트 평수가 25평 이상에서는 대체로 ㅈ 일보를 많이 보고, 24평 이하에서는 또 다른 ㅈ 일보를 많이 구독하고, 임대아파트 등에서는 선물을 많이 주는 신문 등을 주로 본다(ㅈ 일보 지국장의 말). 연령적으로는 50대 이상이 ㅈ 일보를, 30대는 다른 ㅈ 일보를 많이 본다(다른 ㅈ 일보 지국장의 말). 그리고 상대적으로 중앙지는 가정에서 많이 보고, 지방지는 상가에서 많이 본다. 지금은 많이 줄어들었지만 지방지는 주민계도용 신문인 시행정직보(대상은 통장, 반장, 미화원, 정화요원, 새마을 위원 등인데, 어느 신문이 통장에게 배부하면 다른 신문은 반장에게 배부하는 형식으로 조정한다)를 통해서 구독하기도 한다(ㅈ 일보 지국장의 말).

18) 대전시 서구 둔산동에 소재하고 있는 둥지아파트는 1994년에 입주를 시작한 군인공제아파트이나 실제로는 군인들이 거주하지 않고 30~40대의 젊은 세대들이 주로 거주한다. 그리고 유성구 전민동에 소재하는 엑스포아파트는 1993년 대전 엑스포 개최 이후에 분양하였고, 주로 연구단지 종사자들의 거주 비율이 높다. 이 자료는 서울대 이재열 교수가 수집·제공한 것이다.

〈표 4〉 청주의 ㅊ대, 광주의 ㅈ대, 대전의 ㅊ대 교수의 지역연고 비율(고교 졸업 기준)
(단위: 명, %)

청주 소재 ㅊ 대학교	사회대 교수	35	충북 연고 교수	2(5.7%)
	경영대 교수	26	충북 연고 교수	1(3.9%)
	합계	61	합계	3(4.9%)
광주 소재 ㅈ 대학교	사회대 교수	43	광주·전남 연고 교수	26(60.5%)
	상대 교수	44	광주·전남 연고 교수	35(79.5%)
	합계	87	합계	61(70.1%)
대전 소재 ㅊ 대학교	문과대 교수	201	대전·충남 연고 교수	77(38.3%)

* 1997년 11월 20일 기준, 대전 소재 ㅊ대는 1998년 2월 기준임.

주와 청주의 중간쯤에 있다. 3개 중앙 일간지를 제외한 나머지 중앙지와 2개 지방지를 제외한 3개 지방지(대전매일, 동양일보, 국도일보) 등은 파악이 불가능하였으나 중앙지와 지방지를 구독하는 유형을 알아보는 데에 장애는 없었다. 두 아파트 모두 중앙지의 구독률은 80%를 넘을 정도로 높고 지방지의 구독률은 10~20% 사이이다. 지방지 구독률이 20% 미만에 그치고 있지만 청주의 지방지 구독률보다는 높다. 정보의 생산과 유통을 지역사회 자체적으로 완결하느냐의 여부가 지역사회 고유의 정체성의 생산과 유지를 측정하는 지표라고 한다면 광주는 지역사회의 고유한 정체성을 확보하고 있는 셈인 데 비하여 청주는 이와 극단의 위치에 있고 대전은 청주 쪽에 상당히 가까운 중간유형이라고 할 수 있다.

지역사회 고유의 정체성의 유지는 정보의 생산과 유통뿐만 아니라 지식의 생산과 유통에 의해서도 영향받는다. 이것은 청주와 대전과 광주에 소재하는 세 국립대학교의 지역출신 교수충원비율(〈표 4〉)을 통해 확인하기로 한다. 청주에 소재하는 ㅊ 대학교와 광주에 위치하고 있는 ㅈ 대학교와 대전에 있는 ㅊ 대학교 교수들의 충원유형을 고등학교 졸업을 기준으로 살펴보기로 한다. 청주 소재 ㅊ 대학교는 광주의 ㅈ 대학교에 비해 상대적으로 역사가 짧아 교수를 외부에서 충원하지 않으면 안되는 특수성이 있지만 두 학교의 전체적인 유형을 비교하는 데 큰 무리는 없다. 청주 소재 ㅊ 대의 충북지역 연고 교수충원비율은 1997년 11월 현재 23.3%이

242 일반논문

다.[19] 반면에 ㅈ 대 교수의 지역연고 비율은 청주 소재 ㅊ 대와 비교할 수 없을 정도로 대단히 높다. ㅈ 대의 전체 자료는 구할 수 없었고 상대와 사회대의 자료만 입수하였는데, 이 자료(1997년 11월 현재)에 의하면 이 대학이 교수의 지역연고 충원비율은 70.1%에 달한다. 동일한 대학의 경우 청주의 ㅊ 대가 4.9%라는 점에 비추어 보아 양교의 차이는 매우 대조적이다.[20] 광주와 전남은 충북에 비해 교수충원의 지역적 자원이 많다고 할 수도 있으나, 이것을 감안하더라도 두 지역의 교수충원유형의 차이는 상당하여 청주의 ㅊ 대는 교수충원에 있어 지역적 연고가 크게 작용하지 않는다. 충북에서는 지식의 생산과 유통의 유형에 있어 서울의 영향을 직간접적으로 많이 받고 있다. 이것이 결국 충북 지역사회의 고유의 정체성을 유지하고 재생산하는 데는 긍정적 역할을 하지 못한다. 한편 대전의 ㅊ 대(문과대학, 경상대학, 법과대학, 사회과학대학) 교수의 지역연고 비율은 1998년 2월 현재 38.3%로 청주의 ㅊ 대의 충북연고 교수비율보다는 높고, 광주의 ㅈ 대의 연고 교수비율보다는 상당히 낮아 충북과 광주의 중간형태를 보이고 있으나 청주 쪽에 가깝다. 이러한 사실 역시 중심권인 서울과의 거리에 반비례하여 지역사회가 고유의 지식생산거점을 갖고 있다는 것을 확인시켜 준다.

물론 충북과 대전(충남)에 비해 광주(전남)가 상대적으로 고유한 지역정체성을 유지하고 재생산하고 있는 것이 서울과의 공간적 거리의 반비례나 정보의 생산거점이라는 것에만 비롯된 것은 아니다. 분명히 이 이외의 다른 요인이 상당한 영향을 미친다. 서울에서 공간적으로 먼 지역은 비교적 인구이동이 적고 명확하게 구분되는 지리적 경계 속에서 긴 세월 동안 축적된 생활을 해왔다. 그리고 이들 지역의 역사적 경험(예: 광주의 1980년

---

19) 앞서 말한 것처럼 청주 소재 ㅊ 대는 특수성이 있다. 의대가 설립된 지 10년이 되었는데, 충북지역에 의대가 전혀 없었던 관계로 교수들이 주로 외부에서 충원되었다. 따라서 충북지역의 지역적 연고를 알아보기 위해 의대 교수를 빼놓고 계산하는 것도 합리적이다. 의대 교수를 제외하면 충북지역 연고 교수비율은 26.1%(541명 중 141명)가 된다. 대전의 ㅊ 대 자료는 서울대 이재열 교수가, 광주의 ㅈ 대 자료는 전남대 정근식 교수가 수집·제공하였다.

20) 충북대 사회대와 경영대는 역사가 1997년 현재 18년으로 특별히 짧지도 않다.

민주화항쟁, 대구·경북 세력의 최근 30여 년에 걸친 집권 등)이 지역사회 주민들의 결집력을 높이고, 지역에 대한 정체감을 강화시킬 수 있다. 이러한 연유로 이들 지역의 주민들은 집단이 위기에 처했을 때 공동의 이익을 보호하기 위해 강하게 뭉칠 수 있는 가능성이 있으며, '우리'와 특성을 공유하지 않는 외집단을 포용하지 않으려는 배타적인 특성을 보이기도 한다(전성표, 1999: 188). 반면에 충북과 대전(충남)은 지역사회를 응집시키는 그들만의 역사적 사건을 적시하기가 어려우며, 서울(경기도)은 조선조부터 정치나 경제적 이유로 여러 지역의 사람들이 혼합되어 생활하였기 때문에 고유의 독자적인 지역정체성을 산출하기가 쉽지 않았다. 그러나 이러한 경험적 자료로부터 정보를 생산하는 지역과 공간적으로 가까우면 가까울수록 두 지역간의 인적 교류는 지역사회 고유의 정체성을 확보하는 것을 용이하게 하지 않는다는 것은 분명히 확인할 수 있다.

4. 맺음말: 지역정체성의 후속 연구를 위하여

세계화와 산업화 과정은 사람들의 구체적인 생활공간인 지역사회의 정체성을 약화시키고 쇠퇴시킬 것으로 예측되어 왔고 또한 실제로 그렇게 되고 있기도 하다. 도시화와 시장의 중앙집중화와 그리고 대중매체의 발달은 정보를 중앙집중적으로 집적시키고 생산하여 지역사회의 경계를 해체시키고 사회조직의 동질화를 유도한다. 그러나 한편으로 동질화된 구조적 조직을 지역사회에 밀어넣으려는 압력이 가중될수록, 지역사회는 지역사회의 특징을 축제와 같은 형식으로 만들어 지역정체성을 유지하려는 움직임을 강하게 표출한다. 경우에 따라서는 지역정체성의 위기가 닥치거나 지역사회 구성원들의 응집력을 필요로 할 때는 축제는 아니지만 새로운 상징을 만들어 대처한다. 김영삼 정부가 집권후반기에 당시 여당 대표 최고위원이었던 김종필을 정치적으로 무력화하려 하자 충청도 사람들이 '핫바지론'과 '녹색'(김종필이 탈당하여 자민련을 창당하였고 당 색깔을 녹색으로 정했다)으로 충청도를 상징화하여 지역사회의 경계를 분명히 한 것이 이러한 사례이다. 이렇게 지구화와 지방화가 동시에 진행되는 지금의 이 시대는 한편으로 동질화와 다른 한편으로 이질화 현상이 교직하여 나타나고 있다.

여기에 공간 자체가 자본의 논리에 따라 변형되고 있다. 울산이 가장 전형적인 사례에 속하는데, 울산은 수출대체형 공업화전략의 최적의 입지로서 바다를 끼고 있는 임해지역으로 자본에 의해 특화되어 전국으로부터 사람들이 유입되는 지역이다.[21] 자본의 논리는 이에 그치지 않고 정보를 집중시키는 역할도 수행하여 정보의 생산과 집적이 이루어지는 지역과 그렇지 못한 지역으로 지역을 분리시키고 있다. 이 글이 주목하는 것은 바로 지역정체성과 정보의 생산과의 관련이다. 정보를 생산하는 지역과 공간적으로 반비례하는 것이 지역정체성의 유지와 재생산에 긍정적이라는 것이 이 글의 주장 가운데 하나이다. 한국에서 거의 독점적으로 정보를 생산하는 서울과 공간적으로 가까운 충청도, 그 중에서도 충북은 고유의 정체성이 약화되고 있다. 물론 이것을 촉진시키는 변수 중의 하나가 수도권과의 활발한 인적 교류이다. 원래 비슷한 지역정체성을 갖고 있는 두 지역간의 인적 교류의 활성화는 지역정체성을 강화시키지만, 그렇지 않은 두 지역간의 인적 교류는 고유의 지역정체성을 약화시킬 뿐이다. 앞서 말한 울산과 충북이 여기에 해당한다. 확실히 충북은 같은 충청도에 속하는 대전과 충남에 비해 충청도 전체에 대한 정체성과 충북 '지역사회'에 대한 정체성의 강도가 약하다. 이것은 충북과 충남(대전)과의 인적 교류보다는 정보를 생산하는 서울(수도권)과의 인적 교류가 더 활발하기 때문이다. 내각제를 연말까지 유보하겠다는 김종필의 주장에 대해 충남과 대전의 일부 의원들이 강력하게 반발하고 있지만, 충북 출신 의원들은 그렇지 않은 모습을 나타내고 있는데, 이것이 같은 충청도라 해도 충북과 충남(대전)이 다르다는 것을 보여주는 좋은 사례이다.

그러나 이 명제가 항상 맞는 것은 아니다. 서울과 공간적으로는 다 같

---

21) 울산의 이러한 특징은 정치적 경향에서도 차이를 드러낸다. 울산은 대구와 부산과 같은 영남권이기는 하지만 노동자들이 지원하는 후보가 구청장에 당선되기도 하며, 울산 시장은 야당으로 당선되었지만 탈당하여 여당에 입당하였다.

이 멀리 떨어져 있지만 부산과 울산(공간적 거리는 대구보다도 더 떨어져 있다)이 대구보다 지역정체성이 더욱 강력하다고 말하기 어렵다. 이것은 정보생산지와의 공간적 거리의 반비례가 단순히 지역정체성의 형성에 긍정적이라는 말은 아니다. 부산과 울산과 같은 광역시, 특히 울산은 계급적으로 공간적 분화가 이루어진 지역이다. 울산은 상대적으로 다른 지역에서 충원된 사람들이 많이 살게 됨으로써 고유의 정체성이 약화되고 있다. 이와 같이 한 가지 변수만이 지역정체성의 강화 또는 약화 요인은 아니다. 지역정체성과 관련된 변수는 대단히 복잡하다. 지역사회의 거주 여부가 지역정체성의 결정 근거도 아니며, 공간적으로 서로 가까이 있다고 비슷한 지역정체성을 갖게 되는 것도 아니다. 즉, 상징화된 지역사회의 경계가 물리적 공간보다 더욱 중요하게 작용할 수도 있다.[22] 이 글은 이 중에서 단지 정보의 생산과 공간이라는 변수에 주목하여 대학교수 출신지역비율과 지방지 구독유형 등을 경험적 자료로 제시하여 지역정체성의 강화 또는 약화 요인을 찾아본 것이다. 이를 바탕으로 지역정체성에 영향을 미치는 요인을 구체적인 사례를 통해 분석하면 지역정체성에 관한 보다 정확한 이론을 만들 수 있을 것이다.

[22) 남한강 수계 상류에 위치한 경북 상주군은 온천(용화 온천과 문장대 온천)을 개발하려 하고, 하류에 자리한 충북 괴산군은 저지하려는 최근의 분쟁(법원 소송)도 이 점에서 주목할 사안이다. 두 지역이 공간적으로 인접해 있고 주민들간의 교류도 원활하였지만 이해관계에 기인한 분쟁이 발생하자 지역사회의 경계(광역 행정기관)에 기반한 지역주의를 상징화하고 이것이 지역감정으로까지 발전하였다. 만약에 같은 지역사회의 경계 내에 있었다면 이렇게까지 갈등이 첨예하지는 않았을 것이다.

■ 참고문헌

강희경, 1996. 「청주시 발전에 대한 청주 시민과 중간 조직의 의식」, 《충북 지역사회 연구》 5, 13-35쪽.

김귀옥, 1999. 「정착촌 월남인의 생활 경험과 정체성: 속초 '아바이 마을'과 김제 '용지농원'을 중심으로」, 서울대학교 대학원 사회학과 박사학위논문.

김석준, 1997. 「제주 지역의 선거(1948-1992): 개괄적 검토와 재해석」, 《탐라문화》 제17호.

문석남·정근식·지병문, 1994. 『지역사회와 사회의식: 광주·전남 지역 연구』, 문학과지성사.

민경희·강희경, 1995. 『지방자치와 주민 생활에 관한 연구』, 충북대학교 사회과학연구소, 1-158쪽.

민경희·강희경·배영목·최영출, 1996. 「청주 지역사회의 권력 구조에 관한 연구」, 《한국사회학》 제30집 봄호. 187-226쪽.

설동훈, 1998. 「사회의식과 지역정체성」(미발표 논문).

이정덕, 1998. 「지역 축제와 지역정체성: 풍남제와 춘향제의 사례를 통해」, 전남대학교 사회과학연구소·지역사회학회, 『축제, 민주주의, 지역 활성화』, 105-120쪽.

이진경, 1997. 『근대적 시·공간의 탄생』, 푸른숲.

전성표, 1999. 「지역사회에 대한 공업 도시 주민들의 의식」, 지역사회학회 편, 《지역사회학》 창간호, 167-204쪽.

정근식, 1997. 「지역사회와 지역의식, 지역정체성」, 성경륭 외 편, 『지방자치와 지역 발전』, 민음사, 283-322쪽.

_____, 1998. 「5월 '행사'에서 '축제'로」, 전남대학교 사회과학연구소·지역사회학회 편, 『축제, 민주주의, 지역 활성화』, 139-155쪽.

조명래, 1996. 「지역정체성과 지역 운동」, 한국공간환경학회 편, 《공간과 사회》 7호, 91-108쪽.

최병길·권귀숙·강상덕·김현돈·한석지·박찬식, 1998. 『제주 섬 정체성 변화에 관한 연구』, 1998년 후기사회학대회 발표문 요약집, 264-291쪽.

최진호, 1996. 「인구 구조와 사회적 특성」, 아주대학교 사회과학연구소 편, 『수원 지역의 현황과 과제』, 39-62쪽.

통계청, 1997. 『1995년 인구주택총조사 최종 표본집계결과』.

한상진, 1990. 「탈지역 정치의 잠재력과 민주 발전: 학습 이론의 관점에서」, 한국사회학회 편, 『한국의 지역주의와 지역 갈등』, 357-369쪽.

Alba, Richard D., 1990. *Ethnic Identity: The Transformation of White America*, Yale University Press, New Haven and London.

Cohen, Anthony P., 1985. *The Symbolic Construction of Community*, Routledge.

Houriham, K., 1987. "Local Community Involvement and Participation in Neighbourhood Watch: A Case Study in Cork, Ireland," *Urban Studies* 24, pp.129-136.

Jenkins, Richard, 1996. *Social Identity*, Routledge.

Lipietz, A., 1980. "Structuration of Space, the Problem of Land and Spatial Policy," in Carney, J. R. and R. Hudson and J. Lewis(eds.), *Regions in Crisis: New Perspectives in European Regional Theory*, Croom Helm Ltd.

Massey, D. B., 1979. "In What Sense a Regional Problem?," *Regional Studies* 13.

부마항쟁과 79-80년 레짐

정근식
(전남대학교 사회학과)

1. 간과와 과대평가 사이에서

부산과 마산은 이승만 독재정권을 무너뜨린 4월혁명의 진원지이고 유신정권을 쓰러뜨린 항쟁의 현장이었다. 한국의 민주화에서 이 지역의 시민들만큼 많은 역할을 한 사례를 찾기란 쉽지 않다. 그러나 부마항쟁이 발생한 지 20년이 지난 오늘날, 부마항쟁이 민주화운동의 역사에서 매우 중요한 의의를 가지고 있음에도 불구하고, 사건의 진상은 충분히 밝혀져 있지 않으며, 그 경험 또한 제대로 계승되고 있다고 말하기 어렵다.

부마항쟁 20주년 기념식과 심포지엄[1]이 잘 보여주듯이, 김영삼 정권이 김대중 정권으로 바뀐 이후, 이 지역의 시민들은 부마항쟁의 역사적 의의를 재평가하고, 새로운 지역정체성을 추구하고 있다. 실패한 문민정부의 기억과 부담을 떨쳐내면서 '민주화의 도시'라는 지역정체성을 회복하려는 노력은 마산에서의 시민의 날에 관한 논의(김종덕, 1999)나 부산에서의 민주기념관의 건립을 통해 잘 드러나고 있다. 그러나 이러한 역사적 전통의 회복을 위한 노력들은 지역주민 내부의 지역정체성에 대한 이견, 그리고 타 지역주민들의 이해의 부족 등에 의해 충분히 인정받고 있다고 말하기

---

1) 부마항쟁 20주년 기념 심포지엄은 1999년 10월 15일 부산에서, 10월 18일 마산에서 독립적으로 개최되었다. 이 글의 초고는 마산에서 열린 심포지엄에서 발표되었다.

어렵다.

지역 내부에서 부마항쟁에 관한 일반적 견해는 그 역사적 중요성에도 불구하고, 제대로 평가받지 못하고 있다는 것이다. 이를 구체적으로 분석해본다면, 부마항쟁에 대해 관심이 너무 적다는 '무관심론', 전국적 의의를 갖는 것임에도 불구하고 특정지방의 일로 치부되고 있다는 '지방적 사건론',[2] 광주항쟁으로 인하여 그 의의가 상대적으로 축소되고 덮여졌다는 '차단론' 등 다양하다. 『부산민주운동사』에서는 "신군부의 등장에 의해 그 성과가 오염되었고, 권력중심의 역사관으로 민중항쟁사가 제대로 부각되지 못했다"고 썼다(부산민주운동사편찬위원회, 1998: 430).

부마항쟁 간과론의 역작용으로 과대평가론이라고 할 수 있는 견해가 형성되기도 했다. 부마항쟁을 4월혁명 이후 최대 도시민중봉기이며, 유신체제를 무너뜨린 역사적 사건으로 보는 것이다. 이러한 적극적 인식은 때때로 광주항쟁과는 달리 지역감정과 무관한 '순수한 민중항쟁'이라는 신화적 인식에 의해 뒷받침된다. 그것을 '순수'하다고 보는 견해의 기저에는 광주항쟁은 지역감정과 결부되어 있는 것이 아니냐는 회의적 관점이 깔려 있다. 우리는 여기에서 부마항쟁의 역사적 중요성을 재인식하고 동시에 정당한 평가를 할 필요가 있다.

간과론과 과대평가론이 지역 내부에서의 부마항쟁의 평가에 관한 것이라면, 더더욱 착종된 현실을 보여주는 것이 부마항쟁의 '두 얼굴론'이다. 부마항쟁은 한편으로 유신체제를 붕괴시킨 것으로, 주민의 민주적 긍지의 원천으로 작동한다. 부마항쟁은 3·15와 더불어 이 지역이 '민주성지'[3]라

---

2) 이러한 사례로 『부산민주운동사』에 있는 "심지어 민주화운동사에서조차 지방에서 발생한 운동은 제대로 평가를 받지 못하고 있다"(부산민주운동사편찬위원회, 1998: 433)는 표현을 들 수 있다.

3) 민주성지라는 용어는 1990년대 광주에서 출현하였다. 그것은 성과 속의 이분법, 그리고 과거와 현재의 유기적 결합에 의해 가능해진다. 즉, 성지라고 표현할 정도의 역사적 희생이 큰 규모로 존재할 것, 그리고 현재의 민주화나 민족통일이라는 과제의 수행에서 해당 지역의 주민들이 최전선에 서서 투쟁할 것 등의 조건을 충족시켜야 한다. 따라서 과거의 역사적 전통만으로 민주성지가 되는 것이 아니며, 현재의 지형만으로 되는 것도 아니다. 또한 한 번 민주성지가 되었다고 해서 영원히 지속되는 것도 아니다.

고 표현할 때(마산시, 1997: 227; 박철규, 1999: 176), 그 근거로 제시된다. 그러나 동시에 10·26사건으로 죽은 박정희 대통령은 '해방 이후 가장 훌륭한 지도자'였다는 견해도 폭넓게 수용되고 있다. 1997년 이른바 박정희 신드롬(정해구, 1997)은 이러한 이미지를 강화시켰다. 부마항쟁에 대한 긍정적 평가와 박정희에 대한 긍정적 평가는 모순적으로 양립하고 있다. 여기에는 동질적인 사건을 지역이라는 프리즘으로 바라보는 기제가 작동한다. '우리 지역'의 사건은 긍정적으로, '다른 지역'의 사건은 부정적으로 보는 것이다. 똑같이 국가에 의해 '불순분자의 난동'으로 규정되었음에도 불구하고 부마항쟁은 '순수한 민중항쟁'으로 규정하면서, 광주항쟁은 '불순분자의 난동'이나 '색깔이 이상한 사건'으로 보는 분위기(박철규, 1999: 173)가 존재한다.

이러한 현상의 배후에는 한국의 정치현실을 규정하는 지역주의가 작동하고 있다. 부마항쟁에 대한 모순된 평가 또는 비일관적 기준의 적용은 왜 이루어지는가. 첫째, 부마항쟁이나 광주항쟁 모두 사건사적으로만 접근했기 때문이다. 1980년 광주항쟁의 충격이 너무 커서 이 사건에 대한 성찰이 사건사적 접근으로 이루어지도록 유도했고, 이러한 자세가 1987년 이후 강화된 지역분열에 의해 반사적으로 부마항쟁 연구에 반영되었다. 그러나 한국현대사에서 부마항쟁과 광주항쟁은 하나의 국면의 시작과 끝을 이룬다. 즉, 박정희 일인지배로 표현되는 '유신정권'이 몰락하고 성립한 '지도자 없는 유신체제', 즉 이 글에서 '79-80년 레짐'이라고 표현하는 유동적이고, 과도적이었던 국면이 부각되어야 한다. 둘째, 올바른 역사적 인식을 위해서는 우리가 일상적으로 사용하는 '유신체제'라는 개념을 재구성할 필요가 있다. 부마항쟁으로 인해 변화한 것과 변화하지 않은 것을 보다 명확히 인식할 수 있는 개념이 필요하다. 그것은 보다 장기적인 시간지속에 해당하는 '체제'라고 말하기보다는 레짐이나 정권이라고 부르는 것이 적절하다. 대의민주주의를 완전히 부정하고 일인 종신집권체제를 만든 유신헌법과 이를 강압적으로 지속하기 위한 하위규정으로서의 1975년 선포된 긴급조치 9호가 유신정권의 법적 기초였다. 부마항쟁은 이러한 유신정권에 대한 대규모 시민항쟁이었는데, 그 결과는 박정희의 죽음, 긴급조치의 해제, 유신헌법의 존속으로 나타났다.

이 글에서는 부마항쟁을 바라보는 시각과 함께, 항쟁의 전개과정, 부마항쟁의 귀결 등을 검토하면서 왜 역사는 '79년 부마, 80년 광주'와 같은 진행을 보였는가, 또한 79-80년 레짐의 역사적 의미는 무엇이었는가, 지역균열의 상황에서 부마항쟁의 올바른 계승은 무엇인가 등을 생각해볼 것이다.

2. 연구사와 분석틀에 관한 논의

1) 부마항쟁의 개념사

어느 사건이나 그렇듯이 부마항쟁 초기에는 이 사건에 대한 주체들의 자기 명칭보다 국가권력 및 권력의 시각으로 사물을 바라보기를 강요당했던 언론이 부여한 명칭이 먼저 존재했다. 1979년 10월 16일 부산에서 시위가 발생하자 당시 언론들은 일부 불순좌경세력에 의해 소요가 발생했다고 보도했다. 이러한 표현은 국가의 시각이었을 뿐 아니라 체제의존적인 언론의 시각이기도 했다. 항쟁 당시 지방언론사인 《경남매일》 기자들이 작성한 사건보고서에는 이 사건이 '부산지방 대학생 소요사건', '경남대학교 소요사건'으로 표현되어 있다. 그러나 10월 18일의 취재자료부터 사건을 바라보는 시각이 바뀌어 '제2의 3·15'로 표현된다. 비공식적으로 기자들은 이를 1960년의 사건과 견주기 시작했다. 그러나 공식언론보도에는 이러한 변화가 나타나지 못했으며, 여전히 '불순분자의 책동'이라고 표현되었다(부마항쟁기념사업회, 1989: 172).

국가의 이 사건에 관한 공식규정은 10월 18일 부산에 계엄을 선포하면서 발표한 담화에 표현되었다. 대통령은 '부마사태'를 난동과 소요로 규정했고, 사건이 종료된 후 부산시경도 이 규정을 따랐다. 여기에는 항쟁의 정치적 원인을 공화당 장기집권에 대한 염증, 김영삼 총재 제명과 의원들의 의원직 사퇴를 들고 있으며, 발생원인으로 서울지역 학생운동의 간접

영향과 '체면유지' 데모를 해야 한다는 잠재의식, 불온유인물 살포를 직접 원인으로 들었다. 시위가 시가지로 확대된 것에 대하여 교내시위에 대한 과잉진압, 경찰의 시가지 데모진압에 대한 경험부족 등을 들었다. 부마항쟁은 1980년대 전반기까지만 해도 '부마사태'로 불렸다.[4]

1980년대 중반부터 사건의 명칭은 민중론에 영향을 받았다. 박영주(1985)는 '부마민중항쟁'이라는 용어를 사용했다. 그는 이를 부산민중항쟁과 '10·18마산민중항쟁'으로 구분했고, 특히 사건의 전개과정을 "학생시위의 민중항쟁으로의 발전"으로 요약했다. 항쟁참여주체들은 사건에 대한 회고와 성찰을 하면서 자신의 기준에 따라 명칭을 사용했다. 부산에서는 부산대에서의 시위 첫날을 상징화하여 '10·16부마항쟁'으로 불렀고, 동아대는 '10·17'로, 경남대는 '10·18'로 불렀다.

1987년 6월항쟁을 경험하고 난 이후 '부마사태'는 '항쟁'으로 자리잡혀 갔다. 이러한 일환으로 1988년 '부마 10월항쟁'이라는 용어가 《한겨레신문》에 의해 사용되었다. 이 시기는 한국현대사에 관한 연구가 급진전되는 시기였고, 이에 따라 혁명, 항쟁, 봉기 등의 용어가 다양하게 사용되었다. 1989년 부마항쟁 10주년에 이르면, 사건이 발생한 지역과 지향, 그리고 성격 등이 고려되어 '부마민주항쟁'으로 정립되었으며, 시가지 시위에서의 노동자층의 참여사실이 강조되면서 주체가 '민중'이라고 하는 주장이 강력히 대두되었다.

아울러 부마항쟁이 광주항쟁의 직접적인 정치사회적 조건을 형성하는 주요계기였다는 지적(황한식, 1990)이 있었다. 1997년 이후 부마항쟁의 구체적 전개과정이 다시 정리되었고, 다른 사건들과의 비교의 관점이 도입되었다. 『부산민주운동사』(1998)에서는 1979년 10월 16일의 교내시위와 시가지 진출, 도심지 민중항쟁과 확산·종결에 관하여 정리하였다. 6월항쟁 10주년을 맞이하여 유영국(1997)은 6월항쟁과 부마항쟁을 비교했다. 그의 연구는 부마항쟁을 항쟁의 배경과 계기, 항쟁의 성격과 특징, 항쟁의

---

4) 1985년 《월간 조선》 5, 6월호에서도 '부마사태'라는 용어가 사용되었고 이에 대한 반박 기사를 실은 《부산대 신문》(1985. 6. 3)에도 '10·16 부마사태'로 표현되고 있다.

의의와 한계로 구분하고, 항쟁의 성격과 특징을 항쟁의 목표, 주체세력과
리더십, 투쟁방법, 항쟁의 결과로 나누어 분석하고 있다(유영국, 1996:
193-194).[5] 박철규(1999)는 5·18민중항쟁과 부마항쟁을 비교[6]함으로써 인
식의 지평을 확대하였다. 그는 부마항쟁과 5·18민중항쟁을 발생 계기와
배경, 항쟁의 성격과 특징, 역사적 의의와 한계로 나누어 비교·고찰하고
있다. 여기에서는 항쟁의 목표, 주체와 지도부, 투쟁양상 등이 체계적으로
기술되어 있다. 한편 이은진의 연구(1998)는 마산에서의 항쟁을 독립적으
로 검토하였다. 이 글에서는 마산의 항쟁을 집합행동의 시각에서 발생조
건, 진행과정, 결과로 나누어 고찰하고 있다. 그는 노동자 밀집구조나 김
영삼 제명이 시위로 이어지는 과정에서의 시민들의 해석과정, 미국의 이
중정책에 대한 세계체제론적 해석을 과제로 지적했다.

　역사적 사건에 대한 새로운 평가나 연구는 언제나 연구가 이루어지는
현재적 지평을 무시하기 어렵다. 부마항쟁에 관한 최근의 연구들이 비교
의 틀을 채택하고 있는 점은 흥미롭다. 비교의 관점은 자기 성찰의 출발
이면서 연구의 진전을 나타내는 것이다. 그러나 일국 내 역사적 사건들은
시간적 선후관계 속에서 일정한 영향을 미치고 있다는 점이 고려되어야
한다. 동일한 지역적 맥락에 있는 사건은 물론이고, 다른 지역에서 발생한
사건들의 경우에도 선행사건은 후속사건에 영향을 미치며, 동시에 '발생
하지 않은 사건'에도 작용을 한다. 따라서 '독립된 개별사건'에 머무르지
않고 '일련의 연속된 국면'을 상정해야 한다. 사건들은 하나의 국면을 구

---

5) 여기에서 그는 빈부격차와 부정부패, 유신정권의 구조적 억압성을 배경으로 하고, 1979
　년의 지역경제와 반동적 정치탄압을 계기로 설정하였다. 항쟁의 목표는 반독재 민주항
　쟁, 주체의 측면에서는 민중, 투쟁은 자구적 대응, 항쟁의 결과는 미완의 항쟁으로 정리
　하였다. 항쟁의 의의로 '70년대 운동'의 한계를 뛰어넘어 '80년대' 대규모 민주항쟁을
　예고하는 것이었으나 유신정권의 완결적 붕괴 아닌 형식적 붕괴만을 가져왔다는 한계도
　명확히 지적되고 있다(유영국, 1996: 190-200).
6) 부마항쟁을 5·18광주민중항쟁과 연결시켜 파악하려는 문제의식은 1990년 5·18광주민
　중항쟁동지회(5항동)에서 펴낸 『부마에서 광주까지』에 나타난다. 여기서 광주민중항쟁이
　"부마항쟁과 결코 떨어질 수 없는 연관관계"를 갖고 있으며, 광주항쟁에 비하여 부마항
　쟁은 "상대적으로 여러 현상적·실체적 의미가 제대로 접근되지 못했다"고 보았지만, 분
　석상의 유기적 연결은 제대로 이루어지지 못했다.

성하며, 몇 개의 국면은 보다 장기적인 구조를 이룬다고 보아야 한다.

지난 20년간의 부마항쟁의 개념사와 연구사에서 변화하지 않은 하나의 사실은 사건의 명명에서 부마라는 지역을 나타내는 기호를 꼭 사용한다는 점이다. 광주 5월운동의 경험을 준거로 한다면 사건의 명칭은 계승운동의 주체들이 어떤 맥락에 놓여 있는가에 따라 전략적으로 선택되는 측면이 있다. 이러한 점에서 보면 부마의 경우는 '전국화'의 필요성을 그만큼 덜 느꼈다는 것을 의미한다. 또한 부마항쟁의 경우, 항쟁과정에서 두 도시의 시민들은 같은 지향을 가지고 투쟁했지만, 동시투쟁을 전개한 것은 아니다. 부마항쟁이 두 도시에서 이루어진 일련의 연속적 사건이었다는 점은 오늘날의 기념사업 또한 별도의 조직으로 움직이게 하는 원천이기도 하다. 그럼에도 불구하고 사건의 명칭에서 부마가 병행적으로 사용되는 것은 해당 범주를 넘어선 타지역과의 차별성을 무의식으로 받아들이기 때문이다.

2) 사건사와 국면사

1979년의 부마항쟁, 그리고 79-80년 레짐의 성격을 총체적으로 이해하기 위해서는 우선 구조와 국면, 그리고 사건에 관한 입체적 시각이 필요하다. 지금까지 우리는 부마항쟁이나 광주항쟁을 주로 사건사적 시각에서만 접근함으로써 양자의 관계, 부마항쟁이 광주항쟁에 미친 구조적 영향과 부마항쟁의 미완의 과제가 어떻게 광주항쟁에서 다시 나타났는가를 보지 못했다는 반성을 할 수 있다. 사건사적 시각은 개별사건을 원자화하고 사건과 사건끼리 비교하도록 유도한다. 그러나 사회운동은 각 지역에서 개별적으로 표출되는 경우에도, 연속되고 계승되는 측면이 존재한다. 중기적으로 보면, 국면사, 장기적으로 보면 구조사가 사건사와 함께 추구되어야 개별사건들의 연속과 단절이 뚜렷하게 드러난다.

한편 부마항쟁과 광주항쟁을 연구의 대상으로 할 때, 우리는 1945년 이후의 세계적 질서와 동북아시아 체제라는 거시적 수준, 분단체제와 이의한 구성요소로서의 유신정권의 형성과 위기, 그리고 현대 한국사회에서의 지역적 맥락을 종합적으로 고려하여야 한다. 이 사건은 그것의 형성배경이나 원인뿐만 아니라 그것의 결과라는 측면에서도 동북아지역 냉전체제, 남북분단체제, 한국에서의 산업화를 수행하는 주체로서의 권위주의적 유신정권과 소외된 다수 대중들 간의 대립, 지역주의적 정치지형의 문제들과 한데 얽혀 있으며, 동시에 이러한 체제와 각 수준의 관계들의 변동을 가져온 역사적 계기였기 때문이다.

한국의 분단체제는 체제형성기의 열전을 거쳐 1953년 이후 구조화되었다. 분단체제는 남북한의 시종일관된 고강도의 동원체제간의 상호대립과 기능적 상호의존으로 특징지어진다. 분단체제가 1945년 이후 지금까지 변화하지 않은 '초장기적 구조'라면 이 속에는 1961년부터 1992년까지 지속된 군부권위주의체제라는 '장기구조'가 존재한다. 이 장기구조로서의 군부권위주의체제는 강력한 안보국가, 시민적 자유의 억압을 특징으로 한다. 이 체제는 1961년부터 1979년 10월까지의 전기 레짐[7]과 1979년 11월부터 1980년 5월까지의 과도기 레짐, 1980년 6월부터 1992년까지의 후기 레짐으로 구성된다. 부마항쟁과 이로 인해 야기된 10·26사건은 바로 이 전기 권위주의 레짐을 종식시키고 과도적인 '1979-80년 레짐'을 만들어냈다.

전기 레짐에 속하는 유신정권은 분단체제 안에서 해외의존적 자본주의 성장전략을 추진하기 위한 국가주의적 체제로, 그것의 정치사회적 특징은 첫째, 박정희를 정점으로 하는 권력의 극단적 집중, 둘째, 유신헌법으로 표현되는 자유민주주의적 원리의 부정, 셋째, 총력안보로 표현되는 군부 및 정보기구를 통한 강압적 지배, 넷째, 반북·반공 이데올로기를 동원한 시민적 활성화의 억압, 다섯째, 새마을운동으로 표현되는 위로부터의 주민동원, 여섯째, 차별적 국토이용전략과 영남지역을 기반으로 한 정치적 보호·수혜 전략 등을 특징으로 한다.

---

7) 박정희 정권을 제3공화국과 유신체제로 나누는 문제의 이론적 의미에 관해서는 이광일(1997)을 볼 것. 이런 구분은 지배형태에 주목하는 것으로, 이런 시기구분은 박정권에 대한 단절적이고 파편적인 인식을 재생산하는 데 기여한다고 보고 있다(이광일, 1997, 132).

한국에서의 사회운동은 그 수준에 따라 분단체제 자체에 대한 저항과 민주적 절차를 문제삼는 시민적 저항으로 구분된다. 유신정권에 대한 저항세력은 남한의 국가를 부정하거나 분단체제를 극복하려는 체제적 저항세력과 분단체제 내에서의 절차적 민주주의를 회복하려는 정권적 저항세력으로 구분된다. 1950년 한국전쟁의 영향과 이후의 철저한 반체제세력에 대한 탄압으로 반체제세력은 1970년대 후반기에 이르면, 거의 사회적 영향력을 상실한 상태였다. 유신정권은 정치적 저항세력을 분리시켜 통제하였다. 실제로는 반체제라고는 할 수 없으나 정권에 의해 '반체제'로 규정된 세력이 재야로 명명되었다. 이들과 제도권 야당은 분리되었다. 이들 사이에는 국면에 따라 협조와 경쟁, 그리고 반목이 교차했다. 유신정권은 체제 내 민주주의적 저항세력 중 강력하고 뿌리깊은 강경파를 반체제세력으로 몰아갔으며, 온건파만 제도권 내에서의 활동을 허용했다.

유신정권에 대한 저항세력들간의 협조는 1978년부터 뚜렷하게 형성되기 시작하였다. 유신체제의 비민주성에 대한 정치적 도전이 급속하게 확대되었고, 정권유지비용도 급속하게 증가되고 있었다. 1978년 말에 치러진 총선거에서 야당이 여당보다 더 많은 득표를 하면서 제도권 내의 긴장과 갈등이 가시화되었다. 1977년부터 표면화된 유신정권에 대한 학생들의 저항은 1979년에 더욱 뚜렷해졌다. 노동조합을 실질적으로 인정하지 않았던 억압적 노동정책도 과도한 정권유지비용과 연관이 있다. YH 여공들의 저항은 제도적 정치권 내의 저항으로 연결되었다. 이들은 농성장소로 야당 당사를 택했으며, 이로써 언론의 주목을 받을 수 있었다. 부마항쟁과 같은 대규모 시민적 저항은 이처럼 사전의 정치적 고양을 필요로 했다.

부마항쟁은 기본적으로 정권의 정당성 자체를 문제삼고 있는 대규모 투쟁이었다. 유신정권은 자유민주주의의 기본원리마저 봉쇄하고 있었다. 불만은 치밀한 감시망으로 인하여 쉽사리 표출되지 못했다. 대학에서만 간간이 정권비판의 목소리가 들렸다. 이에 따라 자조적인 목소리와 함께 유언비어가 많이 생성되었다. 여기에 경제적 요인이 부가되었다. 제2차 오일쇼크에 의한 세계경제의 불황은 중공업으로의 급속한 전환을 꾀했던 정부정책의 실패를 전면적으로 드러냈다. 불황은 노동집약적 공업에 종사하는 노동자와 그러한 산업체가 집중되어 있는 지역들을 우선적으로 강타했으며, 부산과 마산 지역도 그 중 하나였다.

3) 복합적 맥락

현대 한국사회 어디에서 발생하는 사건이든 모든 역사적 대사건은 국제적 맥락, 일국적 맥락, 그리고 지역적 맥락에 놓여 있다. 이들은 이 세 가지 맥락에서 발생하는 힘들의 복합으로 바라보아야 한다. 각각의 맥락은 경제적 조건과 정치적 계기, 그리고 사회운동적 계기들로 분석될 수 있을 것이다. 역사적 사건이 발생한 지역에 매몰될 경우 독립된 개별사건만 보이며, 지역 내의 선행하는 사건이나 후속된 사건의 계열을 절대화하기 쉽다. 이것은 지역전통을 과도하게 강조하는 오류를 낳는다.

일반적으로 현대 한국사의 역사적 사건들은 항상 국제적 맥락에서 발생하지만, 사건 발생 당시에는 이 맥락은 별로 의식되지 않으며, 사건 이후에 점차로 자신의 모습을 드러낸다. 세계체제를 움직이는 지배적 힘은 항상 무대의 뒤에서 작동하기 때문이다. 부마항쟁의 국제적 맥락은 세계체제 속에서의 동북아 정치와 국제분업체제의 영향을 의미한다. 사건의 배경에 국제석유시장의 동향, 국제분업의 구조적 변동이라는 경제적 요인이 작동하고 있다. 세계경제분업체제에 깊숙이 포섭되어 있을수록 국제경기 변동에 큰 영향을 받았다. 노동집약적 산업이 집중된 곳일수록 타격이 크다.

이와 함께 1970년대 후반의 세계정치, 특히 미국의 제3세계에 대한 정책에서 카터의 인권외교로 표현되는 국제정치적 요인이 작용했다. 1970년대 후반기는 카터의 인권외교[8]와 박정희의 독자적 군사전략이 갈등을

---

8) 카터는 1979년 6월 한국을 방문하여 박정희 대통령에게 한국의 인권상황에 관해 항의했으며, 10월에는 주한 미국대사를 불쾌감의 표시로 소환하였다. 부마항쟁이 진행되고 있을 때, 브라운 국방장관은 다시 인권탄압을 완화해달라는 카터의 서한을 박대통령에게 전했다.

빛고 있었다. 카터 정권은 형식적 민주주의의 회복을 강력히 요구하면서
한국정치에 개입하였으며, 이는 체제 내부의 저항세력에게도 힘이 되었
다. 미국은 한국의 권위주의정권의 지속이 제2의 베트남화를 초래하지 않
을까 우려했다. 미국은 한국의 정치 민주화를 요구했고, 이를 받아들이지
않을 경우 미군을 철수할 것을 통보했다.9) 카터의 공공연한 압박에 대하
여 박정권은 인권과 국방의 분리를 주장하면서 독자적인 핵 개발 프로젝
트를 추진하였다. 핵 발전소의 도입을 둘러싼 미국이나 캐나다, 프랑스와
한국의 지배층과의 협상과 갈등이 여기에 작용하였다. 이 시기에 일본은
한국정치와 미군철수를 연계시키는 것에 대해 소극적이었다. 일본정부는
한국에서의 급격한 변화를 피하고자 했으며, 따라서 권력을 잡고 있는 집
단을 옹호하는 현상유지정책을 지속하였다.

부마항쟁은 1970년대 말의 사회운동적 맥락에서 검토될 수 있다. 그것
의 하나는 서울을 중심으로 전개된 학생운동이었고, 다른 하나는 기독교
나 가톨릭을 배경으로 하는 민중운동이었다. 학생운동은 다분히 서울대를
중심으로 지하이념서클 주도로 전개되었는데, 1979년 9월에 이르면 대학
생 시위가 대담해지기 시작했으며, 이것이 서울이나 지방의 여러 대학에
파급되고 있었다. 1979년 10월에는 이화여대, 전남대 등지에서 시위가 공
공연히 이루어졌다. 특정대학에서의 시위는 다른 대학의 시위를 부추겼
다. 군부권위주의에서 대학들은 일종의 저항의 참호 네트워크였다. 또 하
나의 저항의 참호들은 종교적 배경을 가진 조직들이었다. 가톨릭 농민회,
기독교 학생회, 도시산업선교 조직 등이 그러했다(정철희, 1995). 또한 이
시기에 발생한 남민전 사건은 명백히 지하조직의 재건을 시도했다는 점
에서 학생들이나 사회·재야운동에 매우 큰 충격을 주었다. 그러나 대규모
의 민주화운동을 바라볼 때 서울 중심적 시각에서 벗어날 필요가 있다.

---

9) 카터의 인권외교와 박정희 정권의 '자주국방' 노선의 갈등은 한국에서의 핵무기 개발과
원자력 시장을 둘러싼 미국 및 서구 무기산업체간의 경쟁과 밀접히 연관되어 있다. 주
한미군철수 정책은 미국 내에서도 오류라는 인식이 있다. 미군철수와 한국안보의 취약
화가 어떻게 한국의 인권을 신장시키는가에 관한 설명이 없었기 때문이다(글라이스틴
1999: 48).

서울이 사회운동의 중심으로서 기능하지 않는 것은 아니나, 부마항쟁이나 광주항쟁처럼 국가적 수준의 권력의 향배가 지방의 투쟁을 매개로 결정된다는 점을 염두에 두어야 하기 때문이다.

　역사적 사건의 설명에서 시간의 문제는 항상 설명하기 어렵다. 왜 1979년 10월이었는가. 1979년 10월의 시점은 한국사회의 여러 지역에서, 다양한 집단들에 의해 저항이 독자적으로 계획된 흔적이 있다. 억압적 체제에서의 저항행위는 비용·이득의 틀에서 이루어진다기보다는 역사적 소명의식으로부터 출현하는 것이다(Hirsch, 1990). 유신정권에 대한 저항은 예상되는 엄청난 고통과 수난을 감수하고 이루어지는 고위험(McAdam, 1986) 저항행위였다. 그러나 다른 지역에서의 선행하는 저항이 정치적 억압을 감내하는 임계점(Granovetter, 1978)을 낮추고, 저항을 행동으로 표현하는 정치적 기회를 증가시켰다. 1979년 8월과 9월의 정치적 사건들이 정치적 불만을 증폭시켰고, 저항이 발생하는 날의 상징적 의미가 여기에 부가되었다. 매년 10월 17일은 10월유신 선포의 날이었고, 학교나 각 기관들은 기념식을 행했는데, 이 동원된 기념행사는 학생들에게 수치감을 증폭시켰다.[10]

3. 부마항쟁의 분석

1) 항쟁의 지역적 배경

　역사적 사건의 지역적 맥락은 일반적으로 지역의 산업구조나 지역정치, 그리고 지역운동의 전통 등으로 구성된다. 왜 부마지역이었는가라는 질문

---

10) 마산의 경남대에서의 연극반 리더인 학생이 학생들이 모인 공간, 즉 도서관에서 반어적으로 행한 "10월유신 선포기념식"은 학생들에게 자극을 주었다. 그는 술 취한 상태에서 애국가를 불렀는데, 이것은 가장 국가주의적인 상징이지만 동시에 '진정한 국가'를 상기하는 자극제였다. 의례적 시공간을 벗어나 애국가를 부르는 것은 일종의 시위선동행위였다. 애국가는 시위과정에서 많이 불려졌고, 때때로 태극기와 함께 사용되기도 한다.

에 대하여 첫째, 지역산업의 특수성론, 둘째, 야당지도자 김영삼의 정치적
핍박론이 가능한 답으로 제기되었다. 1998년의 『부산민주운동사』에서는
부마항쟁을 "전국적으로 가장 열악한 경제환경으로 고통을 받던 부산시
민들이 이 지역출신의 야당지도자 김영삼에 대한 터무니 없는 박해에 대
하여 느끼던 정치적 반감 속에서 당시 부산지역의 대학가를 중심으로 형
성된 사회과학계열의 서클 멤버들이 주축이었던 민주운동 그룹의 활약으
로 촉발되었던 대사건"(부산민주운동사편찬위원회, 1998: 434)으로 규정했
다. 명백히 지역 경제적 조건과 정치적 요인의 결합, 그리고 절대적 박탈
을 가정하고 있다.

부마지역은 한편으로 한국의 1960년대 공업화에서 서울과 함께 가장
먼저 출발한 지역이며, 소시민층이 광범하게 형성되어 있었다. 특히 마산
의 수출자유지역은 노동집약적 공업들이 집중된 지역이었다. 1970년대
중반이후 산업구조개편의 필요성이 일찍부터 제기될 정도로 만성적인 노
동문제가 잠재해 있었고, 특히 1978년부터 시작된 세계경기의 불황에 상
대적으로 민감한 지역산업구조를 가지고 있었다. 한 가지 지적해야 할 사
항은 부마항쟁에 관한 연구들은 거의 예외 없이 부마지역이 매우 열악한
경제적 조건에 놓여 있었음을 강조한다는 것이다. 당시의 지역간 분업체
제를 고려할 때 이 규정은 문제가 없지 않다. 이것은 보이지 않게 경제결
정론으로 설명을 유도한다.

산업구조 특수성론은 사실 저항운동의 발생에 관한 기계론적 설명이라
는 의혹을 피하기 어렵다. 이러한 점에서 절대적 박탈론은 설명력이 약하
다. 당시 부산·마산의 산업과 노동자들의 상태를 정확하게 말하기는 쉽지
않지만, 분명한 것은 공업화의 수준에서는 가장 진전된 지역의 하나였다.
그 공업시설은 수출경제에 깊숙이 포섭되어 있었다. 노동력은 주로 경남
농촌에서 공급받았으나 전남 동부지역도 주요 공급지였다. 이 지역경제에
서 수출부문이 차지하는 비중이 크다는 것은 그만큼 경기불황에 더 민감
하다는 것을 의미한다. 당시 수출증가율이 전국평균 18.4%였던 데 비해
부산은 10.2%를 기록하고 있었다(《한겨레신문》, 1988). 마산은 9월 당시
24개 업체가 휴폐업했고, 5천 명 가량이 일자리를 잃었다. 상대적 박탈론

에 대한 반론도 가능하다. 1979년 9월은 경기가 호전국면으로 돌아서서 (부마항쟁기념사업회, 1989: 91) 불황의 체감지수가 낮았다는 증언도 있다.

이러한 지역경제적 변수가 중요하다면, 이는 시위의 발생보다는 시민들의 시위참여와 시위의 대규모화에 작용한 것으로 보아야 한다. 시위는 대학에서 시작되었다. 대학생들의 시위의 조직화에 지역경제적 요인이 작용한 것은 분명하나 이것보다는 다른 요인이 더 많이 작용했다고 볼 수 있다. 경제적인 요인은 정치적인 요인을 매개로 하여 집합적 행위에 작용한다. '김영삼 변수'는 항상 부마항쟁의 해석에서 뜨거운 감자이다. 정치적으로 보면 동남해안지역은 제3공화국 및 유신정권을 떠받치는 권력핵심들을 배출한 지역이지만, 동시에 제1야당의 지도자인 김영삼의 정치적 지지기반을 이루는 지역이었다. 정권에 대한 지지나 불만, 저항에는 정책의 계급성뿐 아니라 지역적 연고주의가 작용한다. 당시 유신체제에서 김영삼은 야당총재로 언론에 실명과 사진, 동향이 대중들의 시선에 나올 수 있는 '합법적 지위'를 가진 인사였다. 더 많은 탄압과 감시를 받던 무수한 이름과 얼굴이 없는 '재야'인사들이 많았지만, 대중적 시민저항은 대중들의 시선이 항상 닿는 곳에서 가능하다. 김영삼은 이 지역 출신의 대중적 지도자였다. 전반적으로 학생운동 주도자들은 김영삼 변수를 중요하지 않은 것으로 간주하거나(부마항쟁기념사업회, 1989: 91), 이를 드러내고 싶지 않았던 것으로 보인다. 그러나 시민들의 정서와 행동의 동원에는 이 변수가 상당히 중요하게 작용한 것임에 틀림없다. 부산의 16일 시민이 가세한 시위에서 "김영삼 총재 제명을 철회하라"(부마항쟁기념사업회, 1989: 141)는 구호가 나왔고, 학생들이 이를 만류했다. 김영삼 변수는 박정희에 대한 반감과 관련이 있다. 시위대는 파출소를 파괴하고 대통령 사진을 불태웠다. 박정희에 대한 반감은 '독재자'라는 것으로부터 기인하였다. 1970년대 민주화운동과 부마항쟁의 관계에 대해 일부는 이를 연결하여 생각하는 반면, 이를 단절적으로 보는 견해도 존재한다(부마항쟁기념사업회, 1989: 213). 단절론은 김영삼의 제명을 항쟁의 직접적인 계기로 본다.

박철규는 부마항쟁에는 지역감정이 없었는데, 그럼에도 불구하고 부마항쟁을 특정지도자와 연결시켜 생각하는 현상은 "민중항쟁의 성과를 가로채면서 지역감정을 노골적으로 이용하여 정권을 잡은 집단들의 집요한 선전 때문"(박철규, 1999: 199)이라고 보았다. 이러한 주장은 일리있는 것이나 조금은 일방적인 것이다. 부마항쟁에서 지역감정이 없었다는 것은 시위군중들에 의해 이 지역을 배경으로 하는 실질적 권력자 박종규가 비판되었다는 사실로부터 증명된다. 그렇지만 제도정치권의 대결이나 권력투쟁이 모두 특정지역을 연고로 하는 권력자들 사이에서 이루어지고 있었기 때문에 구조적으로 지역감정이 드러날 필요가 없었으며, 이것은 유신정권의 권력기반이 그만큼 협소했다는 것을 의미한다. 결국 김영삼 변수는 당시 운동의 틀 정렬과정(Snow and Benford, 1988)에서 숨겨진 것이나 실제로는 항쟁의 형성에 크게 작용하였다.

2) 항쟁의 전개과정

부산이나 마산은 한국 민주화의 역사에서 강력한 운동 전통을 갖고 있었지만, 1970년대 유신정권이 작동하는 기간에는 친정권적 흐름이 강했던 지역이다. 이 지역출신 인물들이 권력블록의 핵심으로 활동했고, 주요 재벌들의 출신지이기도 했다. 부산지역의 중심대학인 부산대와 동아대는 1974년 이후 시위가 발생하지 않은 학생운동의 불모지였다.[11] 다만 부마항쟁이 발생하기 직전인 1978년부터 대학 내 이념서클의 형성이 시작되고 있었고[12] 결국 이것이 미시적 동원 맥락(MaAdam, 1988)으로 기능했다. 그러나 대규모 시위의 발생은 운동의 전통이 축적된 곳뿐 아니라 반대로 운동이 전혀 발생하지 않은 곳에서도 이루어질 수 있다. 전국적 지형에서

---

11) 김석준이 유신정권하에서 민주화운동의 발생빈도를 지역별로 분석한 것(1999)에 따르면, 서울이 83.4%를 차지하고, 호남이 6.8%, 영남이 6.0%였는데, 영남 내에서는 부산·경남의 비중이 대구·경북보다 오히려 적었다.

12) 부마항쟁 전야인 1970년대 말에 이르면, 부산의 민주화운동세력은 학생운동세력과 '종교계를 기반으로 형성된 비판적 청년집단 및 사회운동기구'(부산민주운동사편찬위원회, 1998: 394) 두 갈래로 성장하고 있었다. 부산대에서 성장하고 있던 이념지향의 학생서클 성원들은 부마항쟁의 출발을 알리는 부산대에서의 유신철폐 시위를 주도했고, 이것이 부산의 민중적 시민들의 호응을 받으면서 대규모 도시 시위로 발전했다.

볼 때 현저하게 운동이 발생하지 않은 곳에서는 그런 현상에 대한 반성적 역작용이 존재하기 때문이다.[13] 그런 반성은 과거의 영광과 현재의 보잘 것 없음이라는 대비를 통해 극화된다. 이 경우, 1960년 3·15부정선거를 규탄했던, 그래서 이승만 독재정권을 무너뜨린 자랑스런 민주 전통이 반성의 '거울'로 작용했다. 마산의 경우 시내의 3·15기념탑의 존재는 이러한 거울의 물질적 근거였다. 또한 시위가 발생하지 않은 지역은 탄압역량의 중심인 경찰 또한 진압경험이 적으며, 이에 따라 적절한 조치를 취하지 못할 수도 있다. 부산시경의 자체 분석에서도 이 요인이 시위확대에 작용한 것으로 나타난다(부마항쟁기념사업회, 1989: 72).

1979년 10월 15일 부산대에서는 서로 다른 학생집단에 의해 「민주선언문」과 「민주 투쟁선언문」이라는 두 종류의 유인물이 살포되었다. 이 민주선언문[14]과 민주투쟁선언문은 자유민주주의, 경제적 민족주의, 유신헌법철폐를 내세웠다. 본격적인 시위는 10월 16일 오전에 이루어졌으며, 시위주도 학생들은 대학에서 성장하고 있던 지하서클 성원들이었다. 이날의 「선언문」은 별다른 이름을 붙이지 않고 작성되었으며, 여기에는 동학농민전쟁에서 표현된 '폐정개혁안'이라는 개념을 빌어, 유신헌법철폐, 안정성장정책과 공평한 소득분배, 학원사찰중지, 학도호국단폐지, 언론·집회·결사의 완전한 자유와 보장, 반윤리적 기업주 엄단, 전국민에 대한 정치적 보복중지 등이 천명되어 있다. 이 세 가지 유인물에서 YH사건의 영향은 직접 나타나 있는 반면 김영삼 총재의 문제는 표현되고 있지 않다.

학생들은 학내시위를 하다가 오후에 접어들어 시내로 진출했다. 오후

---

13) 당시 부산대는 1974년 이후 한 차례의 시위도 발생하지 않아 '유신대학'이라고 조롱받았으며, 이 때문에 일부 운동권 학생(아카데미라는 서클 성원들)들은 이화여대 학생들이 가위와 남자 성기를 그려 보내왔다는 학생들의 자존심을 자극하는 말들을 유포시켰다(부마항쟁기념사업회, 1989: 89). 당시 부마항쟁 참여자들의 구술에 따르면, 부산지역의 많은 학생들은 이것을 사실로 받아들이고 있었음을 알 수 있다. 마산의 경우도 유사했다. 과거 유신헌법을 전국에서 유일하게 지지하여 전국대학생연합회에도 가입하지 못하고 있다는 것이 학생들에게 수치로 받아들여지고 있었다(부마항쟁기념사업회, 1989: 170).

14) 여기에는 1980년대에 확실히 구별되는 한 가지 사항이 표현되어 있다. "독재집권층의 퇴진이 통일의 첫걸음이요, 승공의 길"이라는 표현은 분단체제 성립기 이후 지속된 것이나, 이후 학생들의 민주화운동에서 사라진다.

시위에는 부산대 학생들뿐 아니라 동아대 학생들이 합세했으며, 저녁에 이르면 시민들이 합세하여 폭동의 형태로 나아갔다. 이때 핵심구호는 유신철폐, 독재타도, 언론 자유보장 등이었고 간간이 김영삼 제명 철회도 거론되었다. 이러한 진전은 학생시위 주동자들도 전혀 예상하지 못한 것이었다. 시위는 시내 중심가[15]에서 이루어졌고, 경찰서나 파출소 등이 습격받아 파괴되었다. 항쟁은 이튿날에도 지속되었다. 10월 17일은 10월유신 선포일이어서 그 7주년 기념행사가 부산시민회관에서 열려 여기에 2,500명이 참석하고 있었다. 그러나 이날의 시위는 전날보다 더 강렬했다. 정부는 18일 비상계엄을 선포하고 공수부대를 진압군으로 파견하여 강력하게 진압했다.

정권에 반대하는 시위는 마산으로 옮겨갔다. 경남대 운동권 학생들은 10월 22일경에 시위할 것을 치밀하게 준비하고 있었다. 시국선언문이 준비되었는데 여기에는 유신과 장기집권의 부당성, YH사건, 김영삼 제명 사건 등 일련의 탄압사례와 마산의 민주도시로서의 전통, 경남대의 명예회복 등을 담기로 했다(부마항쟁기념사업회, 1989: 179). 그러나 이미 휴교령이 내려지고 학생시위가 시작되었기 때문에 이 유인물은 빛을 보지 못했다. 그러나 16~17일 부산에서의 시위 소식에 접하면서 18일 교내시위를 앞당겨 실시하였다. 마산에서도 학내시위로부터 시작하여 시내 가두투쟁의 형태로 발전했고, 시민들의 대거 참여로 이어졌다. 마산의 가두시위는 분명하게 3·15기념탑을 매개로 이루어졌다.[16]

한 가지 흥미로운 것은 이 시기에도 학생들이 행위적 동원을 생각할 때 심리적으로 공단 노동자들이나 소상인들에 의존하고 있었다는 사실이다. 부산에서의 국제시장 상인들이나 마산에서의 공장 노동자들의 존재는 학

---

15) 때때로 부산역이 학생들의 집결지로 거론되었으나 당시 부산에서의 가두 데모의 집결지는 남포동이라는 인식이 형성되어 있었다(부마항쟁기념사업회, 1989: 102).

16) 부산에서의 시내 시위에서 중심지가 암암리에 형성되어 있었다는 것, 그리고 마산에서는 보다 분명하게 3·15기념탑이라는 시위의 중심이 있었다는 것은 우리에게 많은 시사를 준다. 의도적인 계획과 고지를 통해 장소를 알려야 하는 도시구조에 비해 별다른 약속이 없어도 집결하거나 목표가 되는 상징적 장소를 갖고 있는 도시구조는 도시투쟁의 설명에서 상당히 중요하다.

생들의 준거틀에서 중요한 역사적 주체로 형성되어 있었다. 마산에서의 시위계획이나 실제 시위에서 학생들은 수출자유지역을 행진의 경로에 포함시켜 노동자들의 자발적 참여를 기대했다. 노동자들은 조직적이 아니라 익명적 존재로, 그리고 비공식적 네트워크를 통해 참여하였다. 밤이 되면서 시위규모가 커지고 과격화되었다. 시위군중들은 파출소들을 파괴했고, 여당이었던 공화당사를 공격했다. 시위가 매우 폭력적으로 전개되었기 때문에 통행금지 조치는 앞당겨 실시되었다. 경찰병력으로 시위진압에 실패하자, 정부는 진압을 위해 공수부대를 파견했고, 20일 마산에도 위수령을 발동하였다.

3) 항쟁의 성격

엄중한 통제체제 아래에서 이에 대해 저항하는 시위의 시작은 거의 학생들의 몫이었다. 유신정권 아래에서는 시위를 조직할 수 있는 최소한의 정치적 공간도 허용되지 않았지만, 학생이라는 집단은 배움의 과정에 있기 때문에 사회에서 적용되는 법률규정으로부터 자유롭다는 작고 보이지 않는 틈새를 가지고 있기 때문이다. 당시 대학생들에게는 정치적 저항의 이념적 선택 폭이 극히 제한되어 있었고, '의식화'가 학생운동권의 최대의 화두였다. 대학 외부에서는 목사, 변호사, 교수 등 이른바 재야인사들로 구성된 교회나 양서조합 등이 이를 지원할 수 있는 집단들이었다. 학내시위는 주동자 외에 동원된 학생들에 의해 이루어졌는데, 이들은 1차적으로 학내 비공개 서클의 성원들이었고, 2차적으로 학과나 동문회 별로 동원된 학생들이었다(부마항쟁기념사업회, 1989: 145).

가두시위는 초기에는 학생들에 의해 주도되었으나 점차 시민들이 중심이 되어갔으며, 특히 야간시위에서는 하층시민들이 주축을 이루었다. 시위는 구호제창과 투석전이 주였지만, 경찰차가 화염병에 의해 불타기도 했다(부마항쟁기념사업회, 1989: 128). 시위대에는 대학생뿐 아니라 고등학생이 끼어 있었고, 특히 시위대 속에 불량배들이 끼어 있었다는 사실을 당국은 주목했다. 부산시경 자료에는 때밀이, 식당 종업원, 공원, 구두닦

이 등이 포함되었다고 분석하고 있다. 이 시기에 시위에 고등학생이나 하층시민이 참여했다는 것은 상당히 사태가 심각함을 의미하는 것이다.

우리는 여기에서 항쟁의 주체로 민중이라는 개념을 사용할 것인가의 문제에 직면한다. 사회운동분석에서 민중개념은 모호하고 다루기 어려운 것이다. 민중은 많은 경우 경험적 개념으로 사용되지만, 그것보다는 출현적 개념으로 사용하는 것(최정운, 1999)이 더 설득력이 있다. 후자의 측면에서 본다면, 민중은 일상적·경험적 범주가 아니라 새로운 사회를 지향하는, 일상적·계급적 존재를 넘어서서 새로운 역사창조에 동참하는 존재들이다.

시위대의 공격대상은 첫째, 경찰서와 파출소, 둘째, 공화당사, 셋째, 시청과 법원, 넷째, 언론기관, 다섯째, 유신 핵심권력블럭에 속했던 박종규[17]의 집, 마지막으로 밤에 불을 끄지 않은 주택이나 상가들이었다. 시위에서 당시 여당 의장에 대한 비판이 이루어진 것으로 보아 신민당 국회의원 사퇴서 선별수리방침에 대해 시민들이 불만을 갖고 있었음에 틀림없다.

부마항쟁에서 시위는 주로 밤중에 폭력적으로 전개되었으며, 시위대는 소등을 요구했다. 소등을 하지 않은 상점을 공격하기도 했다. 당시 언론에 대한 불신이 심하여 기자들은 시위대에게도 따돌림을 받았고, 진압경찰에도 따돌림을 받았다(부마항쟁기념사업회, 1989: 117). 시위대는 '관제언론'을 공격했다. 방송국이 목표물이 되었다. 기자나 사진작가들까지 카메라를 뺏기는 경우가 있었다. 당시 정보부와 경찰은 시위 참여자들의 사진을 찍은 후 사건이 가라앉은 후에 주동자나 참여자를 가려냈기 때문에 시위 참여자들은 사진 찍히는 것을 두려워했다. 이에 대한 공포는 최소한의 시위의 자유조차 박탈당한 상황을 여실히 보여준다. 이것은 전체주의적 감시망이 극심했음을 의미하는 것이다.

부마항쟁에서의 구호는 주로 유신철폐, 독재타도였고 간혹 언론자유보장, 김영삼 제명 철회 등이 포함되었다. 그러나 후자는 시위현장에서도 민

---

17) 그는 박정희 정권의 핵심 스탭이었지만, 동시에 마산의 핵심권력자로 군림했다. 특히 그가 소유한 대학의 확장과정에서 많은 주민들이 불이익을 당했기 때문에 그에 대한 불만이 상당히 광범하게 형성되어 있었다.

감한 의제이기 때문에 시위대 내에서조차 그런 구호가 나오는 것을 억제하려는 분위기가 있었다. 시위문화의 측면에서 하나의 특징은 「애국가」, 「아침이슬」, 「선구자」, 「우리의 소원은 통일(자유)」 등 몇 개의 노래로 한정되었다는 점이다. 부산이나 마산 시민들은 항쟁의 과정에서 "함께 어깨 동무하고 노래부르면서 '동료의식'을 느끼고 있었다"(부마항쟁기념사업회, 1989: 156). 아울러 이들은 자신들의 시위가 "틀림없이 전국적으로 확산될 것이다"는 생각을 하고 있었다(부마항쟁기념사업회, 1989: 157). 시민적 공동체 의식은 국제시장에서의 상인들의 행위를 통해 확인되었고, 이 체험된 동료의식은 항쟁에 대한 기억을 이상화시키면서 오랫동안 지속되도록 만들었다.

당시 국가에서는 학생시위를 공공질서 파괴행위로 규정하고 안보차원에서 다스린다고 발표했다. 학생소요는 '북괴'를 돕는 결과를 빚는다는 것이었다. 《국제신문》에는 유언비어 유포죄로 구속한 사실과 함께 평양 군중대회개최 사실을 나란히 실음으로써 항쟁의 색깔을 연상시켰다. 광주항쟁에서 보인 심리전과 마찬가지로 군부독재에 대한 저항은 언제나 '불순분자론' 분단이데올로기를 동원하여 왜곡시켰다.

공수부대의 진압작전 투입 후 20대 초반의 사람들은 무차별 구타의 대상이 되었다. 부마항쟁에서 공수부대들은 잔인하게 폭력을 휘둘렀다. 이것은 광주항쟁 초기에 재연된 광경으로 시민들은 공포로 떨었다. 부마항쟁에서 보여준 '전시적(demonstrative) 폭력'을 통한 진압은 성공적이었다.[18] 신군부의 입장에서 볼 때, 부마항쟁에서의 실험이 성공적이었다는 점은 광주항쟁에서 다시 공수부대를 동원하여 야수적 폭력으로 진압할 것을 고무하지 않았을까 하는 추측을 할 수 있다. 사후적이지만, 부마에서는 왜 광주항쟁처럼 공수부대에 대한 전시민들의 저항이 이루어지지 못하고 시위가 수그러들었는가라는 의문이 제기될 수 있다. 인권을 유린하는 동물적 국가폭력은 때때로 공포를 통한 침묵을 낳고, 때때로 강력한 저항을 낳는

---

18) 항쟁진압에서 나타나는 공수부대의 폭력성에 대해 최정운은 "훈련의 스트레스, 직업군인들이 갖는 전통적인 사회에 대한 열등감과 질시, 나아가 '비싼 돈 주고 대학 다니는 놈들'에 대한 계급적 적대감"에서 기인한다고 보았다(최정운, 1999: 251).

데, 이러한 차이를 발생시키는 요인은 여전히 모호하다.

부마항쟁의 평가에서 쟁점 중의 하나는, 최초의 시위주동자들의 예상을 넘어서는 대규모 저항이 일시적이고 우발적이었는가, 아니면 잘 조직된 계획의 결과였는가에 관한 것이다. 마산의 경우 시위주모자들은 사전에 자신들의 시위를 철저하게 교내시위로 한정시킬 것을 결정했으며, 이것이 혐의사실의 축소, 나아가 부마항쟁의 우발성으로 오인되는 빌미를 제공했다(부마항쟁기념사업회, 1989: 180). 실제로 당시 시위에 참가한 한 학생은 10년 후에도 부마항쟁을 '자연발생적·비조직적' 시위로 인식하고 있었다(부마항쟁기념사업회, 1989: 188). 그러나 마산의 경우 상당한 정도의 계획이 존재했던 것은 사실이다. 박정권은 초동진압 실패의 책임을 물어 시경국장을 곧바로 경질하였다. 뒤에서 보겠지만, 정보기구와 경찰은 시위의 배후를 찾는 데 치중했다. 그것은 대규모 시위가 저항세력에 의해 조직된 것이 아닌가 하는 우려를 반영하고 있는 것이다.

4. 부마항쟁의 귀결과 계승

1) 부마항쟁과 10·26

부마항쟁은 1979년 9월 20일 이후 인근도시로 연속될 상황이었다. 10월 18일 부산의 비상계엄령과 20일 마산의 위수령에 의해 공수부대가 진주하면서 부산이나 마산에서 더 이상의 시위는 없었다. 부산이나 마산 항쟁에서 주도적으로 활동했거나 투쟁현장에서 활동했던 사람들은 투쟁현장이나 사건종료 후 연행되었다. 부산에서는 19일, 마산에서는 21일부터 "강요된 평온"(부마항쟁기념사업회, 1989: 99)으로 빠져들어갔지만, 이 불길은 대구로 옮겨 붙었고, 대전, 광주로 번질 기세였다. 대구 영남대는 23일 휴교령이 내려졌고, 계명대 학생들은 24일에 약 2,000명이 참가하는 학내 시위를 감행했다.[19] 서울에서도 폭발할 수 있는 상황이었다.[20] 그러나 이 불길은 10·26으로 일단 잡혔다.

유신체제는 1979년 10월 부마항쟁에 의해 종식되었는가. 이것은 부마항쟁과 10·26의 관계, 그리고 10·26의 정확한 의미를 묻는 것이다. 중앙정보부장은 부산 계엄령 선포 후 직접 부산에 내려와 사태를 확인하고, 이를 "불순세력의 조종에 의해 일어난 사건이 아니라 유신체제에 대한 도전, 현정권에 대한 불신임, 물가고에 대한 반발, 조세불만의 표현"이라고 보고했다. 또한 데모의 양상을 "데모하는 사람과 시민들이 완전히 의기투합"했다고 말했다(김재홍, 1994: 153). 시위는 다른 대도시로 확산될 것이라고 전망했다. 이때 박대통령은 서울에서 그러한 데모가 일어난다면 자신이 직접 발포명령을 내리겠다고 말했다(김재홍, 1998: 91). 김재규는 비공개 법정진술에서 부마항쟁에 대한 대통령의 발포명령 언질에 큰 충격을 받았다고 진술했다. 재판기록에 따르면(김재홍, 1998: 92), 정보부장은 경호실장 차지철이 "캄보디아에서는 300만 명의 반체제 인물을 죽였는데, (부산·마산에서) 1~2만 명 죽이는 것은 문제가 안된다"고 말했으며, "전차로 쓸어버린다"고 표현했다(김재홍, 1994: 70). 중앙정보부장은 대통령의 발포명령이 실제로 이루어질 가능성이 있다고 판단했다. 당시 권력의 핵심블록은 신민당에 대한 정치공작[21]을 둘러싸고, 입장이 나뉘어져 있었다. 이러한 상황이었기 때문에 10·26은 국민을 향한 발포명령이 나오기 전에 그 명령자를 침묵시켜버린 사건(김재홍, 1998: 48)이라고 표현할 수 있었다. 그러나 김재규의 재판과정에서 드러난 박대통령의 부마항쟁 평가는 매우 오랫동안 비밀에 부쳐졌다.

---

19) 계명대의 경우 1979년 9월 4일 약 1,500명의 학생들이 유신철폐를 요구하며 가두시위를 한 경험이 있었다.

20) 10월 23일 윤보선, 김대중, 함석헌이 이끄는 '민주주의와 민족통일을 위한 국민연합'에서는 비상계엄령 즉각 철회, 국군의 정권안보이용 반대 성명을 발표했다. 이날 치안본부에서는 부산에서의 시위가 있었던 직후인 10월 19일부터 22일까지 4일간 전국에서 4,207명을 검거했다고 발표했다. 이 중 52%는 서울에서 검거되었다. 총검거자 중 313명이 구속되었는데, 이 중 41%가 서울에서 이루어졌다. 이를 통해 당시 정부는 전국적 시위를 예방하기 위한 조치를 취하고 있었음을 알 수 있다.

21) 이는 신민당 총재 김영삼을 끌어내리고 대신 정운갑을 권한대행으로 앉힌 공작을 말한다. 신민당 국회의원들은 김영삼의 제명에 항의하여 의원직 사퇴서를 제출했는데 공화당 의원들 사이에서 일괄반려가 아닌 선별수리론을 주장하여 큰 반발을 불러일으켰다.

　김재규는 10·26의 목적을 자유민주주의 회복, 국민희생 미연방지, 적화 방지, 미국과의 관계회복, 독재국가로서의 이미지 불식이라고 주장했다(김 재홍, 1998: 56). 10·26의 원인은 대통령의 사생활 문란으로 인한 판단력 마비와 그것에 대한 측근들의 환멸감(김재홍, 1998: 20), '야당탄압', 강경 진압방침에 대한 측근의 불안과 반대 등이 복합되어 있었다.

　미국의 한국정치에 대한 직접적 개입문제는 부마항쟁 직후에 발생한 10·26사건의 진상을 둘러싸고 쟁점화되었다. 미국과의 공모설 내지 사주설 등이 널리 유포되었으며 특히 반유신세력이나 심지어 미국 하원의원까지 도 이를 믿었다(글라이스틴, 1999: 96).[22] 이은진(1998)은 비교적 분명하게 부마항쟁시 미국의 입장을 이중적인 것이었다고 보았다. 즉, 과도한 독재 를 견제하고 동시에 과도한 민주화도 경계했다는 것이다. 부마항쟁이 발 생하기 이전에 미국은 명백히 박정희 독재체제를 견제했고, 특히 인권을 매개로 압력을 행사했다. 그러나 항쟁이 발발한 이후 미국은 노동자층이 항쟁에 참여하는가에 관해 민감했고, 이들이 내거는 근본적인 민주화 요 구를 경계했다. 부마항쟁이 가지고 있던 국제적 맥락은 김영삼 총재 국회 제명이 이루어지자 미국정부는 주한 미국대사를 본국으로 소환했다는 점 (글라이스틴, 1999: 88), 부마항쟁이 종료된 직후, 주한 미국대사가 고위 관 료나 정치가들을 차례로 면담하고, 김영삼 총재도 만날 계획을 발표했다는 점에서 감지된다. 카터 인권정책의 이미지적 효과는 전국적 수준의 정치투 쟁과 체제저항에 일정한 힘으로 작용하였고, 이는 다시 밑으로부터 오는 지방적 맥락의 요인들과 결합되었다. 미국의 실제 정책과 카터 인권정책이 가진 이미지의 차이는 광주항쟁 이후에야 뚜렷하게 인식되었다.

　명백히 부마항쟁은 핵심권력층을 분열시켜 권력의 정점이 사라지고 일 시적으로나마 권력의 공백을 일시적으로 창출했다. 그러나 이것이 곧 유

---

22) 당시 주한 미국대사였던 글라이스틴은 자신의 회고록에서, 미국의 노력, 예컨대 양국 정상회담이 "반대파에 용기를 주어 최후의 심판날짜를 앞당겼을지는 몰라도 박대통령 의 죽음을 직접 초래하지는 않았다"고 밝혔다(글라이스틴, 1999: 100). 자신은 9월 26일 김재규와 만났으며, 10·26에는 그를 만나지 않았다고 밝히고, 12·12 이후 신군부가 미 국음모론을 갖고 있었다고 주장했다.

신'체제'의 붕괴를 의미하는 것은 아니었다. 박정희 사망 후에도 유신헌법이 그대로 살아 있었다. 대통령을 선거하는 통일주체국민회의와 유신정우회로 표현되는 임명제 국회의원이 활동했다. 박정희의 죽음과 더불어 발효된 계엄령은 지속되었다. 유신정권 유지의 기반이었던 정보기구는 일시 활동이 정지되었으나 군부와 군부 내 정보기구는 오히려 권력이 강화되었다. 다만 유신정권의 작동을 위한 대통령긴급조치들이 해제되었다. 재야로 불리던 정치인들의 활동영역이 일부 확보되었고, 학생운동으로 구속되었던 집단이 부분적으로 풀려났다. 반체제 인사들은 여전히 구속상태에 놓여 있었다. 이렇게 본다면 부마항쟁은 유신체제를 무너뜨린 것이 아니라 유신정권의 정점인 대통령 개인의 제거를 촉발시킨 셈이다. 유신정권이 최종적으로 민중이나 시민의 손에 의해서가 아니라 권력 내부의 암투로 인한 최고권력자의 제거 방식으로 이루어졌다는 것은 새로운 단계의 운동과 항쟁을 필요로 하게 됨을 의미한다.

부마항쟁과 10·26의 관계는 이것으로 끝나는 것이 아니다. 여기에서 박정희의 죽음과 이에 대한 의례의 형식, 즉 '국장'의 문제가 재조명될 필요가 있다. 10·26 직후에 벌어진 권력투쟁에서의 김재규의 패배는 박정희의 죽음이 '비극적 죽음'으로 만들어질 수 있는 기회를 제공했으며, 동시에 부마항쟁의 '진실 파묻기'에 작용했다. 부마항쟁의 정당성은 10·26에 따른 박정희의 장례를 국장으로 치룸으로써 부인되었다. 박정희의 사생활이나 각종 비리가 드러나지 않음으로써 그에 대한 긍정적 이미지가 지속될 수 있게 했으며, 유신체제를 진정으로 넘어설 수 있는 기회를 박탈했다. 긴급조치 9호는 해제되었지만, 유신헌법의 기본원리는 그대로 유지되었다. 10·26 이후 최고권력자가 사라졌는데도 박정희 시대가 종결되지 않은 것은 개인을 넘어선 체제와 구조가 자리잡고 있었고, 유신체제의 상속자인 '신군부'가 살아 있었기 때문이다. 유신체제는 형식상 유신헌법에 의해, 내용상으로는 정보기구와 군부에 의해 지탱되었다.

부마항쟁에서 아직도 밝혀지지 않은 문제 중의 하나가 항쟁기간중에 사망자가 있었는가이다. 당시 기자들의 취재수첩이나 《뉴욕타임즈》의 보도에도 이 점을 의문시하고 있다. 당시 3명이 사망했다는 '미확인' 소문이 있었으며, 부산시장은 "학생과 노동자 6명이 부상하고 경찰 73명도 부상했다"는 믿을 수 없는 발표를 하였다(《뉴욕타임즈》 1979. 10. 20). 부산시경은 시위의 격화에는 "학생 수명이 죽었다"는 유언비어가 작용했다고 분석했고, 유언비어를 유포한 사람으로 2명이 계엄포고령 위반으로 구속되었다. 그러나 정성기는 자료집을 전거로 하여 시위과정에서 행방이 묘연한, 사망으로 의심할 만한 세 명의 사례가 있다(정성기, 1996: 87)고 주장했다.

부상자도 매우 많았으나 정확한 집계가 이루어지지 않았다. 부산시위에서의 부상자는 미상으로 나와 있고(부마항쟁기념사업회, 1989: 36), 10월 19일의 마산시위에서 신문사 취재자료에는 경찰측 부상 25명으로 집계되었으나 시위대의 부상자는 집계불능으로 표현되었고(부마항쟁기념사업회, 1989: 47), 다른 자료에는 환자 13명이 발생한 것으로 보고되었다(부마항쟁기념사업회, 1989: 64).

계엄당국에 의해 연행된 사람은 부산에서 1,058명, 마산에서 505명 등 총 1,563명으로 집계되었으며 학생은 약 30%였다. 이 중 792명은 훈방되었고, 651명은 즉심에 넘겨졌다. 31명은 일반 검찰에, 89명은 군 검찰에 송치되었다(부산시, 1990: 518). 계엄군법회의는 11월 28일 군 검찰에 송치된 사람들에 대해 선고공판을 열고 67명을 석방하고 20명에게 소요, 방화, 긴급조치위반, 포고령 위반 등을 적용하여 실형을 선고했다.

연행자들에 대한 수사는 배후세력을 파악하는 것이 핵심이었고, 이를 위해 고문을 자행했다. 수사팀은 연행자들에 대하여 코에 물 붓기, 잠 안 재우기, 거꾸로 매달기, 멍석말이(부마항쟁기념사업회, 1989: 146) 등 많은 고문을 했다. 구속된 사람들에 대한 취조과정은 당시 당국이 이 사건을 어떻게 바라보고 있었는가를 잘 보여준다. 이들은 구속자들을 하나의 지휘체계 속에 넣어 조직사건으로 포장하려는 시도를 하였다(부마항쟁기념사업회, 1989: 145). 최성묵 목사나 경남대 정인권의 경우 취조 초기에는 간첩혐의를 씌웠다. 그것이 인정되지 않으면, 야당 지도자, 재야인사, 그리고 학원침투간첩 등과의 회동 여부를 차례로 추궁했다(부마항쟁기념사업회, 1989: 153, 174). 경찰에서는 배후로 김영삼을 설정하고 주로 이와의 연결

가능성을 심문한 반면, 보안대나 중앙정보부에서는 남민전과 연결시키려 했다(부마항쟁기념사업회, 1989: 115).[23] 연행된 사람은 세 등급으로 분류되어 A급은 구속되었다.

부마항쟁에서 구속된 사람들은 10·26에 의해 일찍 석방될 수 있었다. 최규하의 대통령 취임 직후인 12월 8일에 유신정권 운용의 한 축이었던 긴급조치 9호가 해제되어, 교내시위 도중 연행된 자는 12월 9일 석방되었다. 그러나 시내시위 도중 체포되었거나 구속된 자는 소요죄, 계엄법 위반죄로 실형을 선고받았고, 1980년 3월에 석방되었다(부마항쟁기념사업회, 1989: 116).

2) 부마항쟁과 광주항쟁

10·26 이후부터 1980년 6월 신군부가 전면에 등장하는 시점까지를 하나의 국면으로 파악한다면, 그것은 '79-80 레짐'으로 개념화할 수 있을 것이다. 이 레짐은 전기 군부권위주의 레짐과 후기 군부권위주의 레짐의 중간에 존재했다. 1979년의 부마항쟁은 전기 레짐에 종식을 고하고, 79-80년 레짐을 여는 것이다. 79-80년 레짐은 매우 불안정한 것이었고, 유신정권을 유지해온 세력과 이에 저항해왔던 세력간의 갈등과 투쟁, 나아가 한국 내 여러 집단뿐 아니라 전후 분단체제에서 작동해온 미국의 개입이 더욱 활성화된 시기였다. 이 레짐은 사실상 광주항쟁으로 종식되었다. 광주항쟁은 민주화세력의 최후의 패배를 알리는 것이었으나, 후기 레짐의 정당성의 아킬레스 건을 잡고 있는 패배였다. 우리는 여기에서 79-80년 레

---

23) 이런 현상은 10·26 이후 사건수사에서도 재현되었다. 10·26 사건 후 김계원의 심문과정에서 군 검찰관은 '부마사태의 배후'에 대해 질문하면서, 차지철은 신민당이 배후조종한 것으로 주장했고, 김재규는 남조선민족해방전선을 의심했다고 말한 것이 사실이냐고 물었다. 실제로 당시에 연행된 사람들을 중앙정보부 요원들이 수사할 때, 그 배후로 여러 '가상 적'들이 거론되었는데, 거기에는 김영삼, 남민전 등이 포함되었다. 당시 남민전 사건은 1979년 10월 9일 내무부에 의해 발표되었는데, 주요 관련자 20명이 검거되었고, 이어 16일 25명이 추가 검거되었으며, 11월 13일 다시 32명이 검거되어 총 78명이 검거되었다.

짐의 역사적 의의, 그리고 1979년의 부마항쟁, 1980년의 광주항쟁이라는 순서를 질문할 수 있다.

첫째, 장기간에 걸친 한국의 사회체제의 민주화에서 이 국면이 가진 의의는 무엇인가. 이 국면은 한반도와 동아시아에서의 기득권을 가진 미국이 어떻게 커다란 손실없이 한국에서의 지위를 유지하는가, 유신정권을 떠받치고 있는 군부와 독점적 재벌그룹들이 자신들의 이해를 유지하기 위한 대안을 확보하는가, 그리고 정치적 반대세력이 정치권력을 장악하는가, 보다 급진적인 학생과 민중들이 자신의 처지를 개선하는가를 둘러싼 치열한 경쟁과 투쟁의 연속이었다. 미국은 박정희가 제거된 후 한편으로는 군부권위주의를 유지하려는 "우익 강경노선을 견제하고 또한 오랜 투쟁으로 단단해진 과격 반정부세력"을 억누르면서 최규하 과도정부를 통해 점진적 민주화를 실천하려고 노력했다. 주한 미국대사의 회고대로 미국의 한국정부에 대한 영향력은 79-80년 레짐의 초반, 즉 10·26에서부터 12·12에 이르는 7주간에 가장 강력했다(글라이스틴, 1999: 119). 그러나 12·12사태 이후 미국은 "새로운 권력층에 대한 강력한 제재 욕망과 강력한 제재가 몰고 올지 모르는 미국의 정치적 손실 위험 사이에서" 딜레마를 겪고 있었고(글라이스틴, 1999: 120), 결국 신군부를 용인하는 길을 밟았다. 전두환을 위시한 신군부는 미국에 대한 회피전략을 통해 현실을 인정시키는 방법을 택했다. 미국은 민주화세력을 과격한 세력으로 규정했지만, 야당지도자나 재야지도자를 완전히 외면하지는 않았다. 그러나 민주화운동 집단에게는 미국의 전략이 권위주의체제의 관성(조대엽, 1995)을 과도하게 설정된 것으로 보였다.

두번째 문제와 관련하여 우리는 1979년의 부마와 1980년의 광주의 관계를 다시 질문하게 된다. 김재규는 공판과정에서 최규하 과도정부가 민주화 일정을 지연시키면, 1980년 봄에 틀림없이 민주회복운동이 크게 일어나고, 걷잡을 수 없는 사태가 벌어진다는 것을 예견했다. 이를 두고 후일 많은 사람들이 그가 '서울의 봄'과 '광주항쟁'을 예견했다고 평했다.24)

---

24) 김재규는 1980년 5월 20일 대법원의 상고기각으로 사형선고가 확정되었고, 불과 나흘

사실 부마항쟁과 광주에서의 학생 및 시민들의 활성화 사이에는 1979년 12월 초의 긴급조치해제, 1980년 3월 초의 재야지도자의 정치적 복권, 학교에서 추방된 학생들의 복귀 등을 통한 민주화 기대의 전반적 상승이 존재한다. 1980년 봄의 학생운동권의 활성화와 정치인들간의 경쟁양상은 정치적 영향력에서 거의 배제되어 있던 계급적·지역적 집단들의 활성화를 엄청나게 촉진시켰다. 1980년 초 사북노동자들의 항거나 호남에서의 민주화 기대의 급속한 상승이 그것이다. 신군부의 정치공작의 결과이기도 하지만 1980년 초의 상황은 민주화를 기대할 만하게 전개되었다. 그러나 저항세력 중 학생들의 활성화가 시민사회나 민중부문보다 앞섰다. 서울의 봄에서 성장하고 있던 학생들의 힘은 1980년 4월의 전두환 장군의 부상을 계기로 본격적인 대결국면으로 전환하였다. 다른 한편으로 전국민적 염원인 계엄령해제와 유신헌법철폐, 새로운 민주헌법제정은 자꾸 지연되었다. 민주화의 속도와 이에 대한 요구의 차이가 커져갔다. 이러한 상황에서 민주화운동을 지향하는 힘은 최종적으로 광주에서 이를 막으려는 신군부와 부딪쳤다. 1979년 10월 부마에서 선보였던 공수부대와 학생, 시민의 대결은 1980년 5월 광주에서 재연되었다. 1980년 5월 18일 아침 계엄확대와 휴교조치에 대하여 미리 학생운동지도부에서 결정했던 항의시위 방침에 따라, 광주는 물론이고 서울이나 부산에서도 소규모 시위가 있었다. 부산대에서도 산발적 시위가 있었고 무차별적 연행이 있었다(부산민주운동사편찬위원회, 1998: 434). 그러나 광주를 제외하고는 모두 수그러들었다. 광주항쟁의 제1국면은 부마항쟁의 양상과 유사했다. 민주주의를 내건 시민적 항쟁과 공수부대의 잔인한 탄압은 재연되었다. 그러나 광주에서는 도심지 투쟁에서 무장항쟁으로 나아갔다.

결국 79-80년 레짐의 정치적 현실을 분석할 때 유신정권하에서의 지역간 분할통치와 정치인들의 분할관리체제를 주목해야 한다. 유신정권의 권력블록은 핵심영역과 주변영역으로 구분된다. 핵심영역이 정보기구와 군

후인 5월 24일 사형이 집행되었다. 한참 5월 광주광쟁이 진행되는 기간에 그는 처형되었다. 비록 이들의 상호관계는 드러난 바 없지만, 신군부는 김재규에 대한 사형집행과 광주에 대한 탄압을 연결시켜 바라보고 있었음이 틀림없다.

부였다면, 당, 관료, 관변단체들이 주변영역을 구성한다.[25] 최고권력자는
이들을 분리시키고 경쟁시켰으며, 군 또한 내부에 핵심집단을 육성하여
관리하는 방식을 취했다. '하나회'로 지칭되는 군내 사조직은 유신정권의
적자였다. 이 정권에서 정치적 탄압은 복합적이고 다중적 수준에서 이루
어졌다. 군부권위주의를 둘러싸고 있는 분단체제는 근본적으로 체제유지
세력과 반체제세력으로 구분되며, 후자는 시민사회에서 배제된다. 이 영
역은 존재하지만 전혀 보이지 않는 영역이며, 전쟁의 수준으로 투쟁이 고
양될 때만 나타난다. 일상적으로 정치사회는 다시 제도적으로 비판이 허
용되는 공간과 허용되지 않는 공간으로 분할되었다. 유신정권하에서 권력
블록은 자신에 대해 도전할 수 있는 집단들을 제도적 비판이 허용되는 정
치사회적 공간과 실제로 반체제는 아니나 반체제로 몰리는 저항공간, 즉
재야로 불리는 영역으로 나누었다. 정치적 비판은 제도권 내에서 이루어
지지만, 이러한 비판이 저항으로 전화되는 국면은 야당이 재야와 협조관
계를 이룰 때이다. 언론을 통해 항상 가시적으로 보이는 영역은 권력블록
과 반대가 허용되는 제도적 영역으로 한정된다. 재야의 영역은 제도언론
에서는 그림자만 어른거린다. 유의미한 대중투쟁은 이 제도적 영역에서
촉발되며, 투쟁이 고양되면, 보이지 않았던 영역이 가시화되기 시작한다.
이 과정에서 시민들은 민중으로 전화된다. 민주화란 이러한 복합적이고
다중적인 영역이 하나의 동질적인 차원으로 통합되는 것을 의미한다.

부마항쟁 이전에 발생한 정보기구의 정치공작은 야당이 재야와 협조하
여 강력하게 도전 그룹을 형성하는 것을 방지하려는 것이었으며, 그것의
절정이 김영삼 총재 제명과 총재직 가처분신청이었다. 그러나 정보기구의
이 정치공작은 여의치 않았고, 최소한의 대의제를 파괴하는 야당탄압은
대중들의 정치적 불만을 직접 표출할 수 있는 기회를 크게 증폭시켰다.
이러한 분할되고 엄중하게 통제되는 구조 속에서는 가장 억눌리고 있던
집단이 곧바로 체제저항에 나설 수 없으며, 가장 억눌리고 있는 정치인이

---

25) 10·26 이후 정치과정에서 '유신잔당론'이 대두하게 되는데, 유신잔당은 유신본당에 대
비되는 용어로 공화당을 구성하고 있던 그룹이나 관변집단 성원들을 지칭한다.

곧바로 정치현실을 바꾸는 대중 활성화를 낳기 어렵다. 이러한 분할은 정치노선과 지역을 경계로 이루어졌다. 구조적 모순은 자연적으로 발현되는 것이 아니라 특정 국면과 계기에서 발생하며, 이것은 대중들이 주시하고 있는 영역에서의 갈등으로부터 비롯된다. 제도정치권이 대중들의 운동과 투쟁에서 차지하는 의의는 과소평가될 수 없다. 또한 민주화의 이행기에 발생하는 대중적 활성화와 투쟁은 정치인을 매개로 발생한다.

강한 억압이 일상화되어 있을 때, 저항은 모순이 가장 심화되어 있는 장소에서 발생하는 것이 아니다. 오히려 저항과 탄압 역량의 상대적 배치의 불균형이 중요하다. 중앙 집중화되어 있고 정치사회적으로 잘 통합된 사회에서 모순과 불만은 어디에나 존재하지만, 이것이 저항으로 표면화되는 것은 주변부일 가능성이 크다. 운동의 발생은 모순의 축적 못지 않게 정치적 기회구조가 중요하다. 광주항쟁은 부마항쟁이 미완의 과제로 남겨 두었던 것의 완전한 실현을 위한 투쟁이었다. 부마항쟁을 통해 이들이 열어놓은 민주화의 작은 공간에서 광주시민들은 숨을 쉬었고, 보다 완전한 민주화를 요구했다.

3) 역사적 경험의 계승과 기념

지역주민의 역사적 경험과 기억은 집단적 심층세계를 구성하며, 새로운 정치적 환경을 해석하는 기초가 된다. 뿐만 아니라 새로운 정치지형은 과거의 역사적 사건을 재해석하도록 고무한다. 부마항쟁이 지역주민의 집단적 심층세계의 구성에 미친 영향은 무엇인가. 첫째, 부산·마산 시민들이 한국의 민주화에 커다란 역할을 했다는 자긍심, 그리고 이 지역의 집단적 저항은 정권교체로 이어진다는 자기 확신을 심어주었다. 둘째, 부마항쟁을 통해 지역주민들은 김영삼이라는 정치지도자와의 동일시가 강하게 이루어졌고, 정치지형을 지도자의 눈으로 바라보는 시각 전도의 유혹이 있었으며, 아울러 다른 정치인들은 불신하게 되는 집착현상이 발생했다.

부마항쟁은 단기적으로 10·26을 몰고왔고, 광주항쟁으로 가는 디딤돌을 놓았다. 부산의 사회운동은 비록 광주항쟁기에는 소강상태였지만, 광주항쟁을 겪고 난 이후 다시 활성화되었다. 1980년대 초 부산의 민주화운동에서 큰 의미를 지닌 것이 부림사건이었다. 이 사건으로 부산의 재야운동권이 형성되는 계기가 되었다. 부산 미국문화원 방화사건은 1980년대 한국의 사회운동, 특히 '반미자주화운동'의 전개에서 큰 비중을 갖는 것으로 광주항쟁이 부산지역에 강한 영향을 미치고 있음을 실증한 것이다.

1987년의 6월항쟁은 전국적으로 전개되었지만, 부마지역에서도 매우 강력하게 전개되었다. 부마항쟁의 경험이, 6월항쟁이 이 지역에서 광범하게 전개되는 데 어떻게 작용했는지는 분명하게 밝혀진 바가 없지만, 커다란 자산이 된 것만은 틀림없다. 6월항쟁의 와중에서 지역주민은 부마항쟁이 재연되는 느낌을 갖게 되었을 것이다. 6·29선언은 부산이나 마산 시민들이 들고 일어나면 정권이 바뀐다는 인식[26]을 강화시키고, 자기 정당성에 대한 확신을 강화시켰다. 이러한 자기 확신은 1992년 문민정권의 수립의 원동력이 되었다.

부마항쟁기념사업은 1989년 항쟁 10주기를 앞두고 본격화되었다. 이 기간은 6월항쟁의 감격이 채 가시지 않은, 민주화 상승기의 국면이었다. 이를 통해 부마항쟁은 적극적으로 되살려질 수 있었고, 연구도 진전될 수 있었다. 이전에 비해 훨씬 진전된 자료수집과 연구도 이와 함께 진전되었다. 주요 참여자에 대한 인터뷰와 함께 역사적 사건의 진실규명을 위한 노력들이 이루어졌다.

그러나 우리는 여기에서 부마항쟁의 경험이 1987년 후반기부터 진행된 지역간 분열, 그리고 민주운동권의 분열과 어떤 관계를 맺고 있는가를 조심스럽게 제기해볼 필요가 있다. 광주에서 5·18의 경험이 부분적으로 당사자주의로 왜곡 계승된 측면이 있고, 이것이 시민사회의 개방적 형성이나 타 지역과의 연대에 부정적으로 작용했듯이, 부마항쟁의 경험이 타지역의 상이한 역사적 경험이나 고뇌를 충분히 이해하고 공감하는 폭을 넓히기보다는 자기 경험을 절대화하는 방향으로 나아간 측면이 없지 않기

---

26) 부마항쟁 20주년 심포지엄에서 한 참석자가 이런 인식이 실재함을 보여주었다.

때문이다.

1990년대에 접어들면 사건에서 표출된 지향이나 주체를 명칭에 포함시킬 것인가가 해결하기 곤란한 문제였기 때문에 간략하게 부마항쟁이라는 용어가 일반적으로 사용되기 시작했다. 그러나 부마민주화운동 집단에게 실질적인 어려움은 1990년 3당합당으로부터 왔다. 부마항쟁의 이념을 계승했다고 생각되는 정치세력과 부마항쟁에서 타도의 대상이었던 정체세력과의 연합은 역사의식의 혼동을 가져왔다. 지역주민들의 다수는 반호남 지역연합을 1992년의 선거에서 추인했다. 이를 통해 성립한 문민정권은 한편으로는 민주화의 '반 걸음' 정도의 진전이었지만, 다른 한편으로 역사의식은 다시 한 번 헝클어지게 되었다. 부마항쟁 기념사업이나 진상규명을 위한 집합적 노력은 침체되었다. 항쟁 당시에 사망자는 있었는가, 부상자는 얼마나 되었는가, 잔인한 진압명령은 어떤 과정을 거쳐 시행되었는가는 사회적 쟁점으로 부각되지 못했다. 항쟁의 참여자들에게 씌워진 '폭도론'은 본격적으로 해결되지 않고 문민정권을 세웠다는 주민들의 자긍심 속에 묻혀버렸다. 역사적 재평가는 '빨리 다가온' 정치적 승리 속에서 유예되었다. 그러나 이 승리는 '적대적 블록'에 대한 것이 아니라 잘못 설정된 경쟁자에 대한 것이었다.

이러한 상황에서 부마항쟁은 다시 두 얼굴을 갖게 되었다. 물론 그것의 기원은 항쟁 당시에 배태되어 있었다. 부마항쟁이 곧바로 10·26으로 이어졌고, 곧 이어 12·12, 서울의 봄, 광주항쟁으로 이어지는 숨가쁜 권력투쟁의 와중에서 부마항쟁에 대한 진실규명과 역사적 재평가가 충분하지 않았다. 특히 10·26에서 보여지는 최고권력자의 '비극적 죽음'은 부마항쟁을 제대로 평가할 수 있는 기회를 박탈했다. 또한 부마항쟁보다 훨씬 더 큰 비극이 광주에서 발생했다는 사실도 여기에 작용했다. 그러나 더 큰 요인은 다른 데에 있다. 한국현대사에서 역사적 대사건들에 대한 인식은 어느 지역에서나 그렇듯이 지배이데올로기들, 즉 분단체제를 재생산하는 반공이데올로기와 지역주의에 의해 왜곡되어 있었다. 자기 지역의 경험은 일반적으로 '절대화'되는 반면 타지역의 경험은 폄하되거나 아예 이질적인 것으로 간주되는 경향도 있었다. 정치적 고립 속에서 '광주'가 현실적으로 절대화되었다면, '부마'는 그 반대방향에서 관념적으로 절대화되기 시작했다. '민주항쟁'에 대한 강조는 체제 안의 정당한 투쟁임을 과시하려는 숨은 의도의 발로였을까.

이러한 딜레마를 벗어날 수 있는 기회는 1995년에 왔다. 김영삼 대통령의 12·12 및 5·18의 주역인 두 전직 대통령의 문제를 역사의 평가에 맡기자고 하자 정의의 실현을 옹호하는 전국민적 저항이 이루어졌다. 5·18 책임자 처벌운동에 부산과 마창지역의 시민단체들은 적극 참여했다. 5·18 책임자 처벌, 대통령 선거자금 공개를 요구하는 가두시위를 했다. 사실 5, 6공 정권은 직접적으로는 광주시민을 짓밟고 태어난 정권이지만, 간접적으로는 부마항쟁의 정신을 실종시킨 신군부의 정권이었다. 주지하다시피 전두환 장군은 부마항쟁이 종료된 지 불과 열흘 만에 공식적인 정치무대에 얼굴을 내밀었다. 이들과 연합하여 태어난 문민정권의 자기 모순이 1995년을 계기로 폭발한 것이다. 마산에서의 역사바로세우기는 명백히 1960년 3·15의 경험에 정당성의 근거를 찾고 있지만, 동시에 문민정권하에서의 고뇌를 표현하는 수단이기도 했다.

문민정권하에서 역설적으로 이루어진 전·노 두 전직 대통령의 처벌은 잠시 잠자고 있던 부마항쟁의 올바른 계승을 위한 노력들을 고무했다.[27] 이러한 흐름은 6월항쟁 10주년을 맞아 제기된 '민주화운동의 지역적 전통'의 회복 노력으로 나타났다. 부산·마산지역에서 1960년 3·15의거와 부마항쟁, 1987년의 6월항쟁으로 이어지는 전통이 새삼 강조되었다. 이를 통해 부마항쟁 기념공원 조성사업 계획을 구체화했고, 이것은 1999년 10월에 실현되었다. 그러나 이것은 '부마항쟁의 현재적 위기'와 함께 진행되었다. 1997년 문민정부의 실패와 함께 급속히 부상한 '박정희 신드롬'은 1990년대에 이룩한 민주화의 성과에 대한 회의와 맞물려 있다. 이것은 불가피하게 패권적 지역주의 대 민주주의 간의 역사적 기억을 둘러싼 갈등과 투쟁을 야기시킨다.

---

27) 이것의 표현이 바로 정성기(1996)의 글로 나타났다. 그는 여기에서 부마항쟁이 어떻게 인식되고 있는가를 교과서나 공식 지역사를 검토함으로써 밝혀냈다. 아울러 항쟁의 실상을 10·26과 연관하여 밝히고 바로 세워야 할 현재적 과제를 제시했다.

5. 맺음말

1945년 이후의 현대 한국사회의 역사적 사건들은 분단체제라는 구조사적 시간 속에 놓여 있다. 분단체제라는 구조는 인간의 삶에서 가장 중요한 인간적 존엄성과 자주성, 그리고 민주주의를 항상적으로 왜곡시키는 틀로 인식된다. 여기에서 군부권위주의체제가 만들어졌고, 이의 한 구성요소로 이른바 유신정권이라는 전기 군부권위주의 레짐이 존재했다. 이 전기 레짐의 종말에 결정적으로 작용한 것은 부산·마산 시민들의 대규모 항쟁이었다.

부마항쟁은 4월혁명으로부터 광주항쟁, 6월항쟁으로 이어지는 민주운동사의 주요한 지점이다. 그것은 1970년대 민주화운동의 정점이었고, 군부권위주의체제를 불식하고 사회 전체를 민주화시켜 가는 과정의 제1보였다. 그것은 79-80년 레짐을 만들어냈다. 이 국면은 한국의 전기 군부권위주의체제가 5, 6공으로 불리는 후기 군부권위주의체제로 넘어가는 과도기였다. 전기 군부정권과 후기 군부정권의 연결고리는 유신체제의 적자인 신군부였다.

부마민주항쟁은 시기적으로나 지역적으로 정치경제적 요인들이 복합되어 발생했다. 부마항쟁은 민주주의에 대한 대중적 염원을 표출시켰다. 부산·마산의 시민들의 시위에 대하여 유신정권은 공수특전단이라는 정예 군사력을 동원하여 진압하였다. 그러나 시위진압 방식을 둘러싸고 권력블록 내부에서 분열이 발생했다. 10·26은 부마에서의 진압방식을 둘러싼 권력핵심들간의 시각의 차이가 상호갈등으로 비화하여 온건파가 강경진압을 주장하는 핵심인물들을 제거한 사건이다. 10·26사건으로 불리는 최고권력자의 암살은 거의 예상할 수 없었던 문제해결 방식이어서 체제위기 탈출효과는 상당히 컸다. 유신정권의 핵심이었던 권력의 1인 집중 현상에 너무 몰두하여 박정희의 죽음이 곧 유신'체제'의 종말이라고 생각한 오류를 대부분의 국민들이 범했다. 부마항쟁에 의한 유신'체제' 붕괴론은 무엇이 남아 있고, 무엇이 없어졌는가에 대한 불철저한 인식을 유도한 측면이 있다. 유신정권의 종식이 최종적으로 권력 내부의 암투로 인한 최고권력자의 제거방식으로 이루어졌다는 것은 더 큰 항쟁과 희생을 필요로 하게 된다는 것을 의미했다. 그 희생은 광주에서 치렀다. 그렇지만 앞에서 보았 듯이 1979년의 부마 없이는 1980년의 광주가 불가능했다.

부마항쟁이 일어난 지 20년이 지난 지금에도 항쟁의 진상은 완전하게 드러난 것이 아니고, 피해자 배상이나 명예회복 등의 조치도 없었다. 뒤늦 게 기념사업들이 결실을 거두고 있지만, 부산과 마산 사이의 사회적 거리, 그리고 지방정부와 시민사회 간의 거리 또한 만만치 않다. 더 큰 문제는 부마항쟁이 전국적 위상을 확보하지 못하고 지역적 의미만을 갖는 사건 으로 전락되어 있다는 점이다. 1980년 이래 강화된 지배이데올로기로서 의 지역주의의 영향이 타지역 주민들의 부마항쟁관에, 그리고 부마시민들 의 다른 지역의 역사적 사건을 바라보는 시각에 영향을 미치고 있다.

부마항쟁의 영향은 매우 복합적이었다. 부마항쟁의 경험은 이 지역주민 들에게 자기 긍지의 원천으로 작용했는데, 점차 지역경쟁의 구도에 이끌 려 들어가면서 시민들은 이 경험을 절대화했다. 경험의 절대화는 정당성 의 자기확신을 낳아 성찰의 기회를 제한하며,28) 정치적 지역주의의 재생 산에 기능적으로 작용한다. 이것은 부마항쟁이 낳은 비의도적 효과였다.

부마항쟁의 경험은 이 지역주민들의 광주항쟁관에도 모순적 영향을 미 쳤다. 부마지역의 시민들은 자신의 경험에 기초하여 '완전히 고립된 광주 에서 무슨 일이 벌어졌는가'를 쉽게 짐작할 수 있었다. 부마항쟁에서의 탄압방식과 탄압의 논리는 광주항쟁에서 재연되었다. 광주항쟁에서의 신 군부의 행동방식을 부마항쟁은 미리 보여준 셈이었다. 그러나 광주항쟁의 두번째 국면이나 세번째 국면의 경험은 부마에서는 없었다. 즉 '해방광주' 와 '생존과 진실 사이에서 미래를 향해 기꺼이 자기희생을 선택하는 역사 적 결단과 그 과정에서의 고뇌' 경험은 쉽게 이해되지 않고 또 공감하기

---

28) 이러한 현상은 광주에서도 발견된다. 1989년 5월, 광주항쟁에 관한 최초의 심포지엄이 전남대에서 열렸을 때, 한국전쟁 이후의 최초의 무장투쟁에 관한 토론이 있었다. 이 자 리에서 박현채 선생은 '광주'를 너무 미화하거나 과대평가하지 말 것을 주문했다. 이것 은 당시에 무장투쟁 자체에 대한 평가에 관한 것으로 받아들여졌지만, 현재의 시점에서 본다면, 바로 광주 경험의 절대화에 대한 경고이기도 했다.

도 어렵다. 이것은 부마와 광주의 경험 사이에 정치적 지역주의가 끼여들 여지를 남겨두었음을 의미한다.

우리는 이러한 논의를 통하여 지역의 절대화, 운동경험의 절대화를 경계해야 한다는 교훈을 얻게 된다. 또한 한국에서 민주주의와 지역문제의 균형된 인식이 얼마나 어려운 것인가를 새삼 인식하게 된다.

■ 참고문헌

5·18광주민주항쟁동지회, 1990.『부마에서 광주까지』, 샘물.
경남대학보, 1985.「10·18 마산민중항쟁」, 6월 6일자.
______, 1984.「70년대 유신체제의 성립배경과 그 전개─10·18 5주년에 즈음하여」, 10월 25일자.
김석준, 1999.「박정희 시대 민주화운동에 대한 고찰」,『박정희 정권과 한국민주주의』(부마항쟁 20주년 기념 학술심포지엄 자료집), 부산민주항쟁기념사업회.
김재홍, 1994.『박정희 살해사건 비공개진술』(상), 동아일보사.
______, 1998.『박정희의 유산』, 푸른숲.
김종덕, 1999.「지역사의 재해석과 축제」, 정근식 편,『축제, 민주주의, 지역활성화』, 새길.
동아대학보, 1985.「부마항쟁, 그 바른 인식을 위한 모색─10·17부마사태 6주년에 정리해보는 '역사의 장'」, 10월 21일자.
마산시, 1997.『마산시사』.
박영주, 1985.「10·18마산민중항쟁의 전개과정」,《마산문화》4호.
박철규, 1997.「한국현대사의 전개과정과 부산지역의 사회운동」, 부산민주항쟁기념사업회 편,『한국민주주의와 부산의 6월항쟁』.
______, 1999.「5·18민중항쟁과 부마항쟁」, 한국학술단체협의회 편,『5·18은 끝났는가』, 푸른숲.
부마항쟁기념사업회, 1989.『부마항쟁 10주년 기념자료집』, 부마항쟁기념사업회.
부산대 총학생회, 1985.「부마민중항쟁의 전개과정」,『거역의 밤을 불사르라─10월 부마민중항쟁사』.

부산민주운동사편찬위원회, 1998. 『부산민주운동사』, 부산광역시.

부산시, 1990. 『부산시사』.

유영국, 1997. 「6월항쟁과 부마항쟁 비교연구」, 부산민주항쟁기념사업회 편, 『한국민주주의와 부산의 6월항쟁』.

______, 1998. 「유신체제하 1970년대 부산지역 민주화운동」, 부산민주운동사편찬위원회 편, 『부산민주운동사』.

이광일, 1997. 「'박정희체제론' 비판」, 《정치비평》 3, 푸른숲.

______, 1998. 「'반체제운동'의 전개과정과 성격」, 한국정치연구회 편, 『박정희를 넘어서』, 푸른숲.

이은진, 1998. 「구조냐 행위주체냐: 10·18 마산민주항쟁의 해석」, 《사회연구》 11, 경남대 사회학과.

정성기, 1996. 「제2의 3·15, '부마민주항쟁'과 역사바로세우기」, 《3·15의거》 2호, 3·15의거기념사업회.

정철희, 1995. 「한국민주화운동의 사회적 기원」, 《한국사회학》 제29집, 가을호.

정해구, 1998. 「박정희 신드롬의 양상과 성격」, 한국정치연구회 편, 『박정희를 넘어서』, 푸른숲.

조대엽, 1995. 「한국의 사회운동과 조직유형의 변화에 관한 연구: 1987-94」, 고려대 박사학위논문,

조희연, 1990. 『한국사회운동사』, 죽산.

최정운, 1999. 『오월의 사회과학』, 풀빛.

한국기독교 사회문제연구원, 1983. 『1970년대 민주화운동과 기독교』.

황한식, 1990. 「부마항쟁과 광주항쟁」, 『역사와 현장』 1, 남풍.

Gleysteen, W. H., 1999. *Massive Entanglement, Marginal Influence: Carter and Korea in Crisis*(황정일 역, 1999. 『알려지지 않은 역사』, 중앙 M&B)

Granovetter, M., 1978. "Threshold Models of Collective Behavior," *AJS* 83.

Hirsch, E. L., 1990. "Sacrifice for the Cause," *ASR* 55.

McAdam, D., 1986. "Recruitment to High-Risk Activism: The Case of Freedom Summer," *AJS* 92.

McAdam, D., 1988. "Micromobilization Contexts and Recruitment to Activism," *International Social Movement Research* 1.

Snow, D. and Benford, R., 1988. "Ideology, Frame Resonance and Participant Mobilization," *International Social Movement Research* 1.

연구노트

지역 정보산업화와 지역발전
―전주 소프트웨어지원센터 사례―

박재규
(전북대학교 사회과학연구소)

1. 문제제기

20세기 후반 컴퓨터와 통신기술의 급격한 발전과 융합에 따른 사회변동에 관심을 가졌던 일부 학자들은 앞으로 도래하게 될 사회를 '탈산업사회', '정보사회', '지식사회', 혹은 '전자기술사회' 등 다양한 개념으로 기술하기 시작하였다(Bell, 1973; Kumar, 1995; Martin, 1995). 이들 개념들이 함유하고 있는 공통적인 내용은 현대사회의 변화를 주도하게 될 주체는 바로 정보, 지식, 그리고 기술체계이며, 그리고 이들 사회변동 매개체가 중심적인 위치를 점유하게 될 미래사회는 이전 산업사회(industrial society)와는 여러 가지 차원에서 커다란 차이를 보일 것이라는 점이다. 예를 들면, 산업사회가 표준화된 상품을 향한 대량생산과 대량소비 체제였다고 한다면, 정보화사회 혹은 지식사회(information or knowledge society)는 창의적인 아이디어와 특화된 전문기술을 토대로 소비자의 다양한 욕구에 부응하는 다품종 소량생산 체제를 특징으로 하며(최종원, 1997; 박길성, 1998), 또한 산업사회가 자본과 노동을 기초로 양적인 경제성장을 최우선으로 추구한 반면, 정보화사회는 정보와 지식이 기초가 되어 사회변동과 발전을 유도하게 될 것이라는 전망이다.[1]

---

[1] 정보사회와 산업사회에 관한 보다 자세한 차이점 비교는 다니얼 벨(Bell, 1984)의 다음

　지식과 정보, 그리고 기술의 결합체인 정보산업은 21세기 뉴 밀레니엄을 주도할 새로운 물결로 인식되고 있다. 정보산업은 컴퓨터와 주변기기를 포함한 기기산업과 메모리 반도체를 비롯한 부품산업, 그리고 컴퓨터를 작동시키는 데 필요한 소프트웨어산업으로 구분할 수 있다. 그러나 최근 컴퓨터와 가전, 통신산업 분야가 융합되는 기술발전 추세에 따라 멀티미디어 산업이 출현하였고, 그 결과 정보(통신)산업은 멀티미디어 산업과 동일하게 인식되기 시작하였다. 오늘날 정보산업(혹은 멀티미디어 산업)이 21세기 뉴 밀레니엄을 주도할 핵심산업으로 뿐만 아니라 국제사회의 헤게모니(hegemony) 장악·유지를 위한 수단으로 부각됨에 따라 각국은 정보산업의 하부구조(infrastructure)인 정보고속도로 구축과 이를 운영하는 데 필요한 소프트웨어 개발을 장기적 전략으로 추진하고 있다.

　정보산업의 한 축을 구성하고 있는 소프트웨어는 컴퓨터 시스템에서의 작업을 수행하기 위해 인간의 지적 활동을 통해 생산된 프로그램과 이와 관련된 모든 문서 및 그 사용법, 그리고 컴퓨터를 통해 나타나는 유형·무형의 정보처리방법들을 의미한다. 소프트웨어산업은 처음 하드웨어 산업에 종속되어 있다가, 1960년대 하드웨어와 분리되어 독자적인 시장을 구축하기 시작하였고, 1990년대에 이르러 하드웨어에 버금가는 세계적 시장으로 발돋움하였다. 그 결과 과거 하드웨어 상품생산에 주력해왔던 많은 기업들이 더 높은 이윤과 성장력을 보장해주는 소프트웨어산업으로의 전환을 서두르고 있고, 소프트웨어산업에서 국제경쟁력을 확보하기 위한 투자와 노력이 기업 차원에서'뿐만 아니라 국가 차원에서 다각도로 진행되고 있다(박준식, 1998).

　우리나라 정보산업의 하부기반구축은 정보통신부가 담당하고 있는 반면, 소프트웨어산업 진흥은 정보통신부가 지원하는 소프트웨어관련 산하단체들이 담당하고 있다. 소프트웨어산업의 진흥과 관련된 여러 단체들 가운데 가장 대표적인 단체는 한국소프트웨어진흥원[2]이며, 진흥원 산하

　　작품을 참조할 것. 『정보화사회의 사회적 구조』, 이동만 역, 한울.
2) 한국소프트웨어진흥원은, IMF 경제위기를 맞아 정부가 추진하고 있는 구조조정과정에 부응하여, 기존의 한국 소프트웨어지원센터(1996. 9. 발족), 한국 컴퓨터프로그램보호회

지역 소프트웨어지원센터와 창업지원센터가 진흥원의 정책적 지원하에서
한국 소프트웨어 기술개발을 선도하고 있다.

　따라서 본 연구는 전주시가 1998년 지역발전의 차원에서 유치한 전주
소프트웨어 지원센터를 중심으로 소프트웨어산업의 성장과정과 지역발전
전망을 간략하게 조망하고자 한다. 좀더 구체적으로 본 연구는 ① 한국
소프트웨어산업의 발전과정 ② 전주 소프트웨어지원센터의 유치과정 및
입주업체의 특성 ③ 지원센터 유치에 따른 지역경제 파급효과 및 이를 극
대화시킬 수 있는 개선안 등을 검토하고자 한다.

2. 한국의 소프트웨어산업

　소프트웨어 시장이 1990년대 초반 연평균 약 70% 가까운 고속성장을
거듭하면서 소프트웨어산업은 하드웨어 산업에 버금가는 세계적 시장으
로 발전하였고, 가까운 시일내 하드웨어 산업규모를 능가할 뿐만 아니라
미래의 핵심산업으로 부상할 것으로 전망되고 있다. 그런 까닭에 중심부
국가들은 이미 소프트웨어산업에 막대한 예산을 투자하여 전략적인 산업
으로 육성하였고, 그 결과 미국과 유럽은 오늘날 세계 소프트웨어 시장을
각각 42%와 33% 정도 점유하고 있다. 이들 국가들이 세계 소프트웨어
시장을 독점하고 있는 것과 달리, 우리나라 소프트웨어산업은 1996년도
세계 소프트웨어 시장의 1.1%밖에 점유하지 못하는 매우 낙후/저발전된
상태에 머물러 있다(통신개발연구원, 1997). 최근 우리 정부는 낙후된 소프
트웨어산업을 육성하기 위해 자금지원 및 환경조성 등 다양한 노력을 강
구하고 있다. 예를 들면, 정부는 1997년도에 소프트웨어산업 육성을 위해
430억 원을 투자하였고, 이듬해인 1998년에는 약 40% 증가한 594억 원
을 투자하였고, 그리고 계속해서 막대한 재원을 투자하여 소프트웨어산업

(1994. 12. 설립), 그리고 한국 멀티미디어컨턴트지원센터(1997. 4. 설립)를 통합하여 1998
　년 10월에 발족하였다.

을 집중 육성할 계획이다(정보통신부, 1998).

소프트웨어산업은 패키지 소프트웨어(package software), 컴퓨팅 서비스(computing service), 그리고 멀티미디어 컨텐츠(multimedia contents) 등으로 분류된다(정보통신부, 1998). 패키지 소프트웨어는 시스템 소프트웨어(운용체계 유틸리티 및 시스템관리 소프트웨어), 개발용 소프트웨어(프로그래밍 언어), 그리고 응용 소프트웨어(게임/오락용, 가정용, 사무용, 그리고 응용 소프트웨어) 등으로 구성된다. 컴퓨팅 서비스는 전문서비스(자문 및 기획, 시스템 설계 등), 정보처리 서비스(데이터 처리 및 DB 분야, 네트워크 관리 등), 그리고 유지보수 서비스(하드웨어 구성물 수리, 교체, 컴퓨팅 재해 복구 등) 등으로 구성되며, 그리고 멀티미디어 컨텐츠는 교육용 소프트웨어 멀티미디어 출판물, 디지털 영상물, 게임 등으로 이루어져 있다.

세계 소프트웨어 시장의 지속적인 팽창과 우리 정부의 소프트웨어산업 육성 노력에 부응하여, 최근 한국 소프트웨어산업은 매우 빠른 속도로 급성장하고 있다. 예를 들면, 국내 소프트웨어 시장규모는 1996년 약 3조 원에서 1998년 4.5조 원으로 약 50% 급성장하였고, 생산규모도 1996년도 약 2.7조 원에서 1998년 4.3조 원으로 약 60% 증가하였다. 그러나 이러한 국내의 시장규모와 생산규모의 증대에도 불구하고, 한국 소프트웨어산업의 낙후성은 국제무역에서 막대한 무역적자로 나타났다. 즉, 1996년도 한국은 170억 원 정도의 소프트웨어 관련 상품을 수출한 반면, 소프트웨어 상품 수입으로 2,820억 원을 사용하여 무려 2,650억 원의 무역적자를 기록하였고, 그 이후에도 무역적자는 줄어들지 않고 계속해서 막대한 적자를 기록하였다(KISDI, 1998).[3]

21세기 정보사회에서 소프트웨어산업의 저발전은 새로운 종속을 초래하게 될 것이라는 우려 속에 각국은 소프트웨어산업 육성에 심혈을 다하

[3) 정보통신부의 무역전망에 의하면, 국내 소프트웨어 산업이 급성장하여 2001년도부터는 막대한 무역흑자(예를 들면, 2003년에 2.3조 원 흑자 예상)를 기록하여 한국수출산업의 효자 종목이 될 것이라고 한다(정보통신부, 1998). 이러한 주장은 한국 정부의 소프트웨어 진흥정책이 결실을 맺었을 때 가능한 일이다. 소프트웨어 상품 수출증가와 수입증가를 비교해보면, 1996~98년 동안 수입은 27.66% 증가한 반면, 수출은 무려 558.82% 증가하였다. 이런 추세가 계속된다면, 정부의 주장이 허구가 아닐 수도 있을 것이다.

고 있으며, 우리 사회도 예외는 아니다. 최근 지방의 소프트웨어산업체를 대상으로 한 조사결과에 의하면, 전체 대상업체 가운데 무려 51.1%가 창업단계 수준에 머물고 있어 한국의 소프트웨어산업이 아직도 걸음마 단계에 불과하다는 것을 단적으로 보여준다. 더욱이 이들 업체들 가운데 총 종업원 규모가 5명 이하인 업체가 45.8%에 이르며, 10인 이하인 업체는 무려 78.3%로 영세성을 면치 못하고 있는 실정이다(한국소프트웨어진흥원·광주 소프트웨어지원센터, 1998). 이처럼 낙후된 한국의 소프트웨어산업을 육성하기 위해 한국정부는 최근 다양한 진흥정책, 재정지원과 환경조성정책을 추진해왔으며, 본 연구는 정부의 다양한 노력 가운데 전주시의 소프트웨어지원센터 사례를 중심으로 지역발전 가능성과 그에 따른 문제점을 검토하였다.

3. 지역 소프트웨어산업과 지역발전

1) 전북지역 소프트웨어산업의 현실

앞에서 언급하듯이, 한국정부는 최근 선진국에 비해 매우 낙후된 소프트웨어산업을 육성하기 위해 다양한 지원정책을 마련하여 추진하고 있다. 그러나 정부의 지원정책은 과거 권위주의정부에 의한 한국 산업화정책과 마찬가지로 서울을 중심으로 한 일부지역에 편중되어 지방의 첨단산업인 소프트웨어산업은 발전의 전기를 찾지 못하고 있는 실정이다. 그 결과 지방의 소프트웨어산업은 규모와 재정 면에서 영세하고 걸음마 단계를 벗어나지 못하고 있는 실정이다. 이러한 사실은 최근 실시된 일련의 경험조사에서 잘 드러나고 있다.

예를 들면, 전북대학교 특성화영상산업사업단은 최근 산학교류를 위한 자료축적(DB)을 목적으로 전북지역 내 소프트웨어산업 관련 업체에 공문을 보내 자료를 수집하였는데, 대학과 산학교류를 희망하면서 자료수집에 응한 업체가 단지 41개에 불과하였다. 이들 41개 업체를 대상으로 전북지역의 소프트웨어산업에 관한 몇 가지 특성을 분석해보았는데, 먼저 고용 인력 면에서 5인 이하 업체가 41.5%를 차지하였고, 여기에 10인 이하까지 확대하면 무려 73.2%로 높게 나타났다. 설립년도를 기준으로 전북지역 내 소프트웨어산업의 연륜을 보면, 1990년대 이전에 설립된 업체는 겨우 3개에 불과하였지만, 반대로 1995년 이후 설립된 업체는 무려 58.5%로 과반수 이상이 최근에 설립되어 산업활동에 종사하고 있다. 그리고 업체의 재정상태를 보면, 자본금 1억 미만의 업체가 무려 68.3%로 대다수가 영세성을 벗어나지 못했고, 연간매출액 5억 이상을 기록한 업체는 겨우 24.4%(10억 이상은 14.6%)에 불과하였다. 이러한 결과는 최근 한국소프트진흥원과 광주 소프트웨어지원센터가 공동으로 조사한 전라지역 연구에서도 그대로 나타나 전북지역의 소프트산업이 얼마나 영세하며 걸음마 단계에 머물러 있음을 잘 보여준다. 이처럼 열악한 산업환경에서 전주시는 최근 지역사회발전을 위한 전략으로서 영상산업도시로의 전환을 발표하였고, 이를 실현하기 위한 기초작업으로서 소프트웨어지원센터를 전주에 유치하는 결실을 맺었다. 그러나 아래에서 검토하였듯이, 소프트웨어지원센터 유치는 단지 전주의 영상산업도시로의 전환을 위한 단초에 불과하며 여기에도 많은 문제들이 산적해 있어 낙관하기는 아직 이른 편이다.

2) 전주 소프트웨어 지원센터 유치와 업체 개관

한국의 소프트웨어산업 진흥을 담당하고 있는 한국소프트웨어진흥원은 서울시, 5개 광역시(부산, 대구, 인천, 대전, 그리고 광주), 그리고 전주시 등 전체 7개 지역에 지역소프트웨어지원센터를 가지고 있다(그 후 계속해서 울산광역시, 강릉, 그리고 안산에도 소프트웨어 지원센터 설립을 지원하였다). 특히, 지역별 소프트웨어 지원센터 설립은 그 동안 중앙 편중적이며 지역 간 불균형발전의 피해를 치유하고, 지역 소프트웨어산업을 육성하여 지역경제를 활성화시키는 동시에 다가오는 21세기 국가경쟁력을 강화시키려는 목적에서 추진되었다.

전주시의 지역소프트웨어지원센터 유치는 전주첨단영상산업도시 구축을 위한 이전 단계로서 1998년 상반기부터 추진되었다. 1998년 4월에 전주시는 전주·전북 소프트웨어산업육성 기본계획을 수립하였고, 5월에 전주 소프트웨어지원센터 육성계획을 구체화시켰고, 7월에 「전주시 소프트웨어지원센터 지정」 협조의뢰 공문을 정보통신부에 발송하였다. 그리고 1998년 8월에 정보통신부는 전주시에 지역소프트웨어지원센터 설치계획을 승인한다는 공문과 함께 추진일정을 한국소프트웨어진흥원(당시는 한국 소프트웨어 지원센터)과 협의를 걸쳐 협약체결 등 필요한 조치를 취하도록 고시하였다(전주시 내부 공문 참조).

정보통신부의 전주 소프트웨어지원센터 설치승인에 따라 전주시는 1998년 8월에 한국소프트웨어진흥원과 협약을 체결하면서 설비공사와 함께 필요한 장비를 도입하고, 입주업체를 모집/선발하여 1998년 11월 28일에 개소식을 가졌다. 개소식과 함께 14개 업체(1999년 말 현재 22개 업체로 증가함)가 2년 계약으로 지원센터에 입주하여 기술개발(소프트웨어 프로그램)활동을 시작하였다. 14개 입주업체 가운데 12개 업체는 도내 창업 예비업체 및 기존 소프트웨어 종사업체였고, 나머지 2개 업체는 전북지역 외 창업예비업체 및 기존업체였다. 지원센터에 입주한 14개 업체에 52명의 연구원이 기술개발 및 연구활동에 종사하고 있으며, 이들 14개 입주업체 가운데 창업준비를 하는 예비업체가 8개(31명)로 기존에 활동하고 있는 업체(6개, 21명)보다 많아 고용효과를 어느 정도 높이고 있었다.

14개 입주업체 인력의 기술수준을 보면, 전체 52명 가운데 중급 이하의 기술력을 가진 사람이 42명으로 대다수를 차지하고 있어 다소 아쉬운 점으로 남는다. 그럼에도 불구하고, 나머지 12명에 대한 기술수준을 창업예비업체와 기존활동업체로 구분해보면, 먼저 특급기술을 가진 연구자 전체 10명 가운데 창업예비업체에 속한 사람이 6명으로 기존활동업체 4명보다 많았고, 고급기술을 가진 사람은 2명인데 2명 모두 창업을 준비하는 업체에 속했다. 이점은 바로 지원센터의 본래 취지인 우수인재 발굴에 어느 정도 일치한 것으로 볼 수 있다.

3) 전주 소프트웨어지원센터의 지역발전 효과

1960년대 이후 한국 산업화과정은 경제적 고도성장과 함께 지역간 불균형발전으로 요약될 수 있다. 그 동안 지역간 불균형발전과 관련하여 많은 논의가 진행되어왔듯이, 서울과 부산, 그리고 그 주변지역은 산업시설의 집중으로 지속적인 발전을 거듭하였지만, 반면에 호남을 비롯한 일부 지역은 산업시설의 부재로 저발전 지역으로 계속 잔존하였다. 그 중에서도 특히 전북지역은 변변한 산업시설이 거의 부재한 까닭에 지역발전 및 고용창출에 어려움을 겪었고, 여기에 더욱 심각한 문제는 우수한 인적자원의 지속적인 도외 유출에 따른 지역 내 우수한 인재부족으로 지역발전이 더욱 지연되어왔다는 점이다. 다시 말해, 전북지역은 우수한 인적 자원 유인과 축적에 실패하면서 지역의 저발전 극복에 어려움을 겪고 있다. 결국 저발전 지역으로서 전북은 저발전과 인재부족의 악순환 고리를 끊지 못한 채 저발전의 심화를 경험하였고, 반전의 기회가 마련되지 않는 한 더욱 심화될 가능성이 높다.

전북과 전주 지역의 경제적 낙후성을 극복하고, 그리고 전주지역을 환경친화적인 정보산업도시로 전환시키려는 노력이 민선 자치단체의 출범과 함께 시도되었다. 전주시의 이러한 노력은 시민들로부터 긍정적인 찬사를 받고 있다. 예를 들면, 최근 조사된 전주시 시정활동 평가에 의하면, 전주시의 지역경제발전을 도모하기 위한 가장 중요한 사업으로 전체응답자 가운데 절반 정도(47.3%)가 대규모 공장유치(12.6%)나 대규모 공단조성(7.1%)보다는 벤처기업 육성을 지적하고 있었다(전북대학교 지방차지연구소, 1999). 벤처기업 육성에 대한 지적은 전문가집단 조사에서 더욱 높게 나타났다. 즉, 전문가 면접응답자 가운데 무려 63.2%는 전주지역발전 방향으로 벤처기업 육성을 지적하였다. 그리고 전문가집단은 또한 전주시가 가장 잘하고 있는 사업으로 전주 소프트웨어지원센터 유치(18.7%) 실적을 지적하였다(전북대학교 사회과학연구소, 1999).

전주시민과 전문가집단은 전주시의 정보산업도시로의 전환, 좀더 구체적으로 전주 소프트웨어지원센터 유치에 긍정적인 찬사를 보내고 있다.

그런데 1998년 11월 28일에 개소식을 가진 전주 소프트웨어지원센터는 현재 1주년 정도밖에 경과하지 않았기 때문에 구체적인 지역발전 효과를 논의하기에는 아직 시기상조인 듯싶다. 그런 까닭에 본 연구는 전주 소프트웨어지원센터 유치에 따른 전주·전북 지역경제에 예상되는 실제적·심리적인 파급효과를 중심으로 논의를 전개하고자 한다.

먼저 가장 중요한 파급효과는 한국사회의 내부 모순 가운데 가장 심각한 문제인 지역간 불균형발전을 시정하는 데 기여할 것으로 보인다. 그동안 지역불균형 발전전략에 따라 소외되어왔던 전주가 소프트웨어지원센터를 유치함으로써 정보산업도시로 전환하는 데 도움이 될 조그마한 단초를 마련하였다는 평가이다. 이 점은 전주시가 1998년 당시 울산광역시보다 먼저 그리고 중소도시로서 유일하게 소프트웨어지원센터를 유치하였다는 사실에서도 잘 드러난다. 다시 말해, 각광받기 시작한 소프트웨어산업을 육성하기 위해 많은 자치단체들이 지원센터를 앞다퉈 유치하려고 했지만 전주시가 5대 광역시 다음으로 소프트웨어지원센터를 유치하게 된 것은 전북산업과 지역경제의 낙후성에 따른 정책적 배려를 배제하고는 쉽게 설명되지 않을 것이다. 그런 까닭에 전주의 소프트웨어지원센터는 지역경제의 활성화, 특히 지역 소프트웨어산업 발전에 전진기지적 역할을 할 것이라는 것이 일반적인 중론이다.

소프트웨어지원센터가 이러한 역할을 수행할 수 있다고 기대하는 것은 무엇보다도 지원센터가 지역의 유망한 소프트웨어 개발업체 및 유망 창업자에게 프로그램 개발에 도움이 될 공간제공과 장비지원, 그리고 개발비용절감으로 가격경쟁력을 강화시켜 줄 것이며, 그리고 지역 내 소프트웨어 기술개발을 위한 공동기술개발 및 투자환경조성, 재정적 지원을 제공함으로써 기술경쟁력 증가에 도움이 될 것이라는 사실 때문이다. 그리고 지원센터가 중심이 되어 지역 소프트웨어 개발수급을 촉진함으로써 지역업체의 성장기반을 조성하는 데 기여할 것이다.

예를 들면, 최근 입주업체들 가운데 사이버메틱과 바이오피아는 사이버 세계에서 의술을 펼친다는 사이버메딕, 기능적 전기자극기(FES)인 '워킹맨'을 국내 최초로 개발하였으며, 바이오토피아 업체는 컴퓨터 이용으로 생기는 스트레스를 감지해 색채, 음향, 향기로 사용자의 스트레스를 풀어주는 제품의 완성을 눈앞에 두고 현재 마무리 작업중이라고 한다(《중앙일보》 2000. 1. 12). 이처럼 소프트웨어 지원센터에 입주한 업체들의 연구활동이 결실을 맺음으로써 소프트웨어산업뿐만 아니라 지역경제의 활성화에도 크게 이바지할 것으로 기대된다.

둘째, 지역 소프트웨어 개발업체들의 생산성과 마케팅 향상에 중추적인 역할을 할 것이라는 지적이다. 그 동안 전주·전북지역 내 소프트웨어산업체들은 그 영세성으로 말미암아 소프트웨어산업의 구심점·통합력 없이 독자적으로 프로그램을 개발하여 판매해왔기 때문에 그 생산성(판매실적)은 매우 저조하며, 그리고 개발상품의 경쟁력 확보에도 어려움을 겪었다. 그러나 전주 소프트웨어지원센터는 지역 소프트웨어 종사자들을 하나로 묶어줄 수 있는 구심적 장소가 되었고, 더욱이 소프트웨어 개발상품에 대한 지역공동브랜드화 전략과 공동마케팅 전략모색의 장으로 활용될 수 있다. 왜냐하면 지역 소프트웨어 종사자들은 전주 소프트웨어지원센터를 정점으로 서로 간의 의견교환 및 공동판매전략을 모색할 수 있는 공간을 확보하게 되었기 때문이다. 소프트웨어지원센터 관리자에 의하면, 실제로 전주지역 내 소프트웨어 종사자들이 수시로 지원센터를 직접 방문하거나 혹은 전화상담으로 소프트웨어 제품개발과 상용화 등을 문의해 오고 있으며, 이러한 상담은 계속 증가하는 추세라고 한다. 이러한 사실은 바로 전주지역의 소프트웨어산업이 지원센터를 구심점으로 활성화되고 있음을 단적으로 반영해주고 있다.

셋째, 전주시가 구상하고 있는 전주영상산업을 육성하는 데 인큐베이터의 역할을 할 것이라는 전망이다. 사실 전주는 '이씨조선의 발상지'이자 '판소리의 본고장', 그리고 '음식문화의 본고장' 등 매우 다양한 문화유산을 가지고 있기 때문에 그 어떤 지역보다 멀티미디어 컨텐츠 개발 잠재력이 높다. 따라서 전주 소프트웨어지원센터는 취약한 지역 소프트웨어업체들에 대한 다양한 지원을 통해 전주·전북지역 소프트웨어 업체들을 육성하고, 그 결과 후자는 전주시가 구상하고 있는 전주첨단영상산업화를 주도하는 데 중추적인 역할을 수행할 것이다. 예를 들면, 휴먼제품공학연구

소는 전북 남원의 상징인 춘향을 캐릭터로 만든 사이버 춘향을 2002년 월
드컵에 맞춰 선보일 계획이며, 다른 업체들도 판소리, 비빔밥 등 전북지역
내 산재한 풍부한 문화유산을 이용한 지역적 컨텐츠 개발에 전념하고 있
다(《중앙일보》 2000. 1. 12).

마지막으로 전주 소프트웨어지원센터 유치에 따른 고용 파급효과이다.
현재 전주 소프트웨어지원센터에는 14개 업체 52명이 소프트웨어 프로그
램을 개발중에 있다. 전주보다 일찍 소프트웨어 지원센터를 개소한 지역
에서는 이미 2년간의 기술개발 활동을 끝내고 졸업하여 창업한 사례가 많
다. 예를 들면, 서울에서 38개 업체가, 부산에서 7개 업체, 대구에서 2개
업체, 그리고 광주에서 5개 업체 등 55개 업체가 이미 지역별 소프트웨어
지원센터에서 기술개발을 성공적으로 마치고, 지역사회에서 창업하여 활
동 중에 있다(한국소프트웨어진흥원, 1999). 이들 창업 업체들은 지역사회에
서 자립·독립적으로 기업활동을 이끌어나갈 만한 기술축적과 경험을 가
지고 있기 때문에 지역경제와 고용에 크게 기여하고 있었다. 전주 소프트
웨어지원센터는 이제 시작에 불과하기 때문에 입주업체가 졸업하기까지
는 많은 시간이 요구되지만, 타지역의 경험적 사례처럼 지역사회의 고용
및 지역경제 발전에 파급효과가 매우 클 것으로 예상된다. 더욱이 전주시
는 계속해서 전주 소프트웨어지원센터의 규모를 확대해나갈 계획에 있어
그 고용효과가 배가될 것으로 예상된다. 예를 들면, 최근 전주시는 지원센
터 내 창업지원센터를 새롭게 단장하여 8개 업체에 기술개발공간을 제공
해주었으며, 2002년 개원을 목표로 멀티미디어 지원센터를 건축 중에 있
다(전주시 내부자료, 1999).[4]

---

4) 전주 소프트웨어지원센터 유치과정에 깊숙이 관여했던 공무원과의 면접에 의하면, 전주
   소프트웨어지원센터의 유치는 지역인재에게 취업의 기회를 제공하게 될 것이며, 그 규
   모는 대략 1,000여 개의 일자리 창출효과가 있을 것이라고 전망한다. 특히 전주시는 대
   학졸업자들에게 소프트웨어지원센터와 창업지원센터에서 기술개발에 몰두할 수 있는
   공간을 더욱 확대하려는 계획을 가지고 있다고 한다.

4) 지원센터 운영방향과 지역발전

소프트웨어지원센터 유치는 다양한 측면에서 전주·전북 지역경제발전에 많은 파급효과를 낳을 수 있을 것으로 예상되지만, 이를 위해서는 몇 가지 문제점이 먼저 해결되어야 할 것이다. 왜냐하면 행정기관의 소프트웨어산업 발전과 프로그램 개발에 대한 생각과 실제 기술개발 참여자의 생각 사이에는 많은 괴리가 존재하기 때문이다. 즉, 전주시는 연구활동에 필요한 공간과 설비만 제공해주면 나머지 연구결과물은 시간문제라고 생각한 반면, 입주업체들은 행정기관의 현실성 이해부족을 강도 높게 비판하였다.[5]

전주 소프트웨어지원센터에 입주한 업체들은 전주시가 제공한 연구공간에서 연구활동과 한국소프트웨어진흥원이 제공해주고 있는 전용 인터넷 라인(T1급전용선) 및 설비 등에 비교적 만족감을 나타내고 있었다. 비록 초기단계이기 때문에 아직까지 기업으로부터 소프트웨어 프로그램 요청이나 수요가 발생한 것은 아닐지라도, 정부가 간접지원하는 소프트웨어지원센터에 입주했다는 사실 자체만으로도 그들은 사회로부터 어느 정도 '공신력'을 획득했다는 생각을 가지고 있었다. 그러나 이러한 만족감에도 불구하고, 입주업체들은 정부 및 진흥원의 정책 및 지원제도에 상당한 불만과 아쉬움을 함께 가지고 있었다.

첫째, 입주업체의 영세성에 따른 재정적 지원책이 마련되어야 할 것이다. 비록 전주시와 한국소프트웨어진흥원은 입주업체에게 재정적 지원으로 금융기관의 융자를 알선해주고 있지만, 14개 입주업체 가운데 지금까지 중소기업창업자금이나 기술신용보증기금을 받은 업체는 5개 정도에 불과하다. 더욱이 이들 5개 업체가 금융지원을 받을 수 있었던 것은 다음 2가지 조건 가운데 하나를 충족시킬 수 있었기 때문에 가능했다고 한다. 첫째, 기술신용보증기금으로부터 개발 및 운영 자금을 받을 수 있는 업체

---

5) 전주 소프트웨어지원센터 입주업체의 연구활동 만족도와 요구사항은 현재 연구활동을 하고 있는 입주자와의 직접면접을 통해 얻은 자료를 간략하게 정리한 것이다.

는 기존활동업체로서 기술력을 인증받은 경우이다. 기술적 매출이라는 결과물이 담보가 되어 금융지원을 받을 수 있었던 것이다. 다음은 입주업체 자신이 보증인이나 담보를 제공할 수 있는 능력을 가진 경우이다. 다시 말해서, 전주 소프트웨어지원센터에 입주했다는 사실 자체는 결코 금융지원을 받을 수 있는 보증수표가 되지 못한다고 한다. 따라서 기술력이나 매출실적이 없는 예비창업자, 그리고 사회생활과 마찬가지로 담보 및 보증인을 제공할 능력이 없는 업체에게는 정부의 '재정지원'이 공허한 메아리에 불과하였다. 이러한 상황을 한 입주업체들은 다음과 같이 매우 비관적으로 묘사하였다. "현재 가장 시급한 것은 재정지원이다. 그런데 정부는 씨만 뿌리고 곧 바로 열매가 열리기를 기대한 것 같다. 현재와 같은 상황이라면 돋아난 싹마저 열매를 맺기 전에 모두 고사해 죽을 수밖에 없을 것이다. 만일 입주업체들이 2년 동안 성공적인 연구활동을 끝내지 못하면 정부가 기대하는 지역발전 및 한국 소프트웨어산업에 대한 파급효과는 기대하기 어려울 것이며, 정부의 소프트웨어 진흥정책 또한 실패한 정책으로 기록된 가능성이 높다."

둘째, 정부는 한국 소프트웨어산업을 진흥시키고자 한다면 양적인 업적보다는 질적인 측면을 중시해야 할 것이다. 정부는 생색내기식의 입주 업체수 늘리기보다는 입주업체들이 효과적인 연구활동을 할 수 있도록 지원해주는 데 관심을 가져야 할 것이다. 특히 전주 소프트웨어지원센터에 입주한 업체들은 영세하기 때문에 연구활동에 필요한 소프트웨어를 모두 구입하는 데 어려움이 있다. 더욱이 소프트웨어 지원센터에 입주한 업체 모두가 비슷하거나 혹은 똑같은 프로그램을 각자가 구입해서 사용한다는 것은 국가적으로도 매우 비효율적이고 낭비적이다. 이 점은 정부 당국(소프트웨어진흥원)이 재음미해볼 필요가 있다. 왜냐하면 앞으로 많은 업체들이 입주하고 떠나는 과정을 계속해서 되풀이하게 될 텐데 그때마다 모든 업체가 같은 프로그램을 반복해서 구입한다는 것은 비효율적이다. 그리고 현재 사용하는 소프트웨어는 국산보다는 외국제품이며 그 가격도 비싸 외화유출을 조장하고 있는 셈이다.6) 그런 의미에서 입주업체들이 계속해서 사용하게 될 기본적·공통적 프로그램은 제작사와 '특허사용협정(예를 들면, 동시연결 사용 라이센스)'을 통해 이용하는 것이 바람직한 방안이 될 것이다.

　마지막으로 지역적 차원에서 소프트웨어지원센터 입주자들이 가지고 있는 불만과 요구사항이다. 소프트웨어지원센터는 서울시와 5개 광역시를 제외하면 중소도시로서 유일하게 전주에만 설립된 것으로 전주지역 소프트웨어 종사자들에게는 매우 중요한 의의를 갖는다. 그러나 입주업체의 요구수준은 전주시의 지원 및 지역환경 수준을 넘어서고 있다. 입주업체들은 전주시가 직할시 수준의 재정 및 설비 지원을 해줄 것을 원한다. 더욱이 전주 소프트웨어지원센터는 타지역보다 늦게 출발하였고, 그에 따른 지역간 기술격차가 심하기 때문에 이를 극복하고, 그리고 소프트웨어산업 발전에 의한 지역산업구조의 고도화를 위해서라도 전주시는 타지역보다 좀더 적극적이며 실제적인 지원을 할 필요가 있을 것이다. 여기에 이를 지원해줄 수 있는 지역 여론주도집단(opinion leader group)의 강화, 그리고 소프트웨 산업 및 첨단기술산업을 활성화시키는 데 도움이 되는 세미나의 유치, 소그룹 모임, 그리고 여론 확산 등이 요구된다.

4. 요약 및 결론

　오늘날 지식과 정보, 그리고 기술의 결합체인 정보산업은 21세기 미래 사회를 주도할 새로운 물결로 인식되면서 세계 모든 나라들은 정보산업으로 전환을 서두르고 있다. 정보산업 중에서도 1990년대 들어 새로운 각광을 받고 있는 분야가 바로 소프트웨어산업이다. 왜냐하면 초기 하드웨

---

6) 전주 소프트웨어지원센터 입주자들은 최근 정부의 불법복제품 단속도 같은 맥락에서 매우 비판적이다. 우선 불법복제를 단속하기 전에 소프트웨어 제품에 대한 정상적인 가격 형성이 필요하다고 한다. 왜냐하면 현재 소프트웨어는 너무 비싸기 때문에 소비자들에게 불법복제를 부추기는 결과를 가져왔다고 한다. 다음으로 불법복제 단속이 정부가 주장하는 국내 소프트웨어산업과 업체의 진흥에 기여할지는 미지수라고 한다. 왜냐하면 불법복제단속에 따른 혜택은 국내업체보다는 외국업체들에게 훨씬 크기 때문이라고 한다.

어에 종속되어왔던 소프트웨어산업은 1990년대 들어 하드웨어에 버금가는 시장규모로 성장하였고, 미래에 보다 많은 이윤과 성장을 담보해줄 것이라는 기대 때문이다. 소프트웨어산업의 미래사회 주도 가능성 때문에 중심부 국가들은 일찍부터 소프트웨어산업에 집중투자하여 세계시장을 독점하고 있다. 중심부 국가와 달리 한국 소프트웨어산업 경쟁력은 세계시장에서 매우 허약한 편이다. 이러한 약점을 극복하며 21세기를 선도하는 중심국가로 부상하기 위해 한국정부도 최근 소프트웨어산업 발전과 진흥책을 마련하고 있다. 그 가운데 하나가 한국소프트웨어진흥원과 진흥원 산하 지역별 소프트웨어지원센터 설립이다. 그런 의미에서 본 연구는 전주 소프트웨어지원센터를 사례로 지역사회 정보산업화와 지역발전에 관해 검토하였다.

소프트웨어지원센터는 전주시의 지역발전과 지역산업의 고도화 노력의 일환으로 서울시와 5개 광역시 다음으로 중소도시로는 처음으로 전주에 설립되었다는 데 그 의의가 크다. 전주시의 지역발전 방향과 노력은 전주시민과 전문가집단으로부터 긍정적인 지지를 받고 있다. 소프트웨어지원센터에는 창업을 준비하는 예비업체 8개(31명)와 기존업체 6개(21명) 등 14개(52명) 업체가 입주하여 기술개발 및 연구활동을 하고 있다. 소프트웨어지원센터의 전주 유치는 여러 가지 차원에서 지역발전에 기여할 것으로 예상된다. 우선 전주 소프트웨어지원센터는 지역 소프트웨어 업체들의 경쟁력 제고를 위한 전진기지적 역할과 함께 업체들의 경쟁력 향상에 기여할 것이며, 한국사회의 모순점인 지역간 불균형발전을 시정하는 데 도움이 될 것으로 기대된다. 다음으로 소프트웨어지원센터는 지역업체들의 생산성과 마케팅 향상에 중추적 역할을 하며, 전주영상산업단지 육성의 산실이 되고, 또한 지역의 고용확대에 기여할 것이라는 예상이다.

그러나 소프트웨어지원센터가 진정으로 지역발전에 기여하기 위해서는 몇 가지 문제가 먼저 해결되어야 할 것이다. 무엇보다도 재정적 지원이 실질적으로 이루어져야 한다는 것이다. 창업을 준비하는 업체나 기술개발에 몰두하는 업체들은 현재 재정적 지원을 절실히 요하는데, 재정적 지원에 접근하는 일이 입주 업체들에게 상당히 어렵다는 점이다. 입주업체들은 우리 사회에서와 비슷한 관행이 소프트웨어 진흥정책에서도 답습되고 있다면서 못내 아쉬워한다. 따라서 재정적 지원문제가 좀더 현실적인 차원에서 모색될 필요가 있다. 다음으로 정부는 양적인 업적(입주업체 늘리기)추구보다는 입주한 업체들을 효과적으로 지원할 수 있는 방안을 좀더 신중하게 모색할 필요가 있으며, 더욱이 '전주'라는 지역적인 차원에서 입주업체에 대한 지원책이 마련될 필요성도 제기된다.

　산업사회와 정보사회가 교차하는 '패러다임의 전환기'에 퇴보하거나 안주하는 지역사회나 국가는 다가오는 21세기 미래사회를 선도하기보다는 경제적 식민지로 전락할 가능성이 높다. 정보사회로의 진행은 단순한 정보통신지식의 축적과 정보화의 산업 및 기술 발달만을 의미하지 않는다. 정보사회를 진정으로 주도하는 것은 정보사회의 내용물인 소프트웨어산업의 발전이다. 소프트웨어는 바로 사회·문화적 내용, 인간의 정신적 산물을 담아내고 있다는 점에서 바로 정보사회의 핵심적 위치를 차지하고 있다. 그럼에도 불구하고, 지금까지 우리 사회는 정보산업 기간구조의 확충과 하드웨어의 확립에만 몰두해온 나머지, 문화적 내용물을 담아낼 수 있는 소프트웨어산업 발전에 다소 등한시하였다. 그러나 다행스럽게도 최근 정부는 소프트웨어산업의 중요성을 인식하고 다각도로 진흥책을 모색하고 있다. 정부의 소프트웨어산업 진흥책이 결실을 맺었을 때 비로소 우리나라도 진정한 의미에서 정보사회로 진입할 수 있고, 나아가서 21세기를 선도할 수 있는 국가로 부상할 수 있을 것이다.

■ 참고문헌

김동원, 1997. 「한국사회의 지역정보화와 문화」, 강원대 사회과학연구소 편, 『지구화와 지방화시대의 문화발전』.

박길성, 1998. 「정보통신산업」, 정보사회학회 편, 『정보사회의 이해』, 나남.

박준식, 1998. 「정보기술의 발전」, 정보사회학회 편, 『정보사회의 이해』, 나남.

소프트웨어재산권보호위원회, 1999. 『올바른 소프트웨어 관리 및 사용을 위한 지침서』.

손연기, 1996. 「정보화를 통한 지역사회경쟁력 제고 방안」, 《정보화동향》 제4권, 4호.

전주시 내부 공문 자료.

전북대학교 사회과학연구소, 1999. 『전주시 행정실적 평가보고서』.

전북대학교 지방자치연구소, 1999. 『전주시정활동에 대한 시민만족도 조사』.

전북대학교 특성화영상산업사업단, 1998. 『산학연 교류를 위한 영상산업연구자총람』.

정보통신부. http://www.mic.go.kr/

최종원, 1997. 「정보산업론」, 전석호 외, 『정보정책론』, 나남.

통신개발원, 1997. 『정보통신산업 동향』.

한국소프트웨어진흥원. http://www.software.or.kr/

______, http://www.venture.software.or.kr/

한국소프트웨어진흥원·광주소프트웨어지원센터, 1998. 『'98 광주·전라지역 소프트웨어산업 실태조사 연구』.

Bell, Daniel, 1973. *The Coming of Post-industrial Society*, New York: Basic Books (이동만 역, 1984. 『정보화사회의 사회적 구조』, 한울).

Kummar, Krishan, 1995. *From Post-Industrial To Post-Modern Society*, Cambridge: Black- well.

Martin, Williams, 1995. *The Global Information Society*, Hampshire: Aslib Gower.

지역사회학회 회원 명단 및 주소

강신표(인제대 인문사회과학연구소 교수)
(621-749) 경남 김해시 어방동 607 인제대 인문사회과학연구소
강인순(경남대 사회학과 교수)
(631-701) 경남 마산시 월영동 449번지 경남대 사회학과
강희경(충북대 사회학과 교수)
(360-763) 충북 청주시 개신동 산 48 충북대 사회학과
고경표(제주대 무역학과 교수)
(690-756) 제주시 아라1동 1 제주대 무역학과
공유식(아주대 사회학과 교수)
(441-749) 경기 수원시 팔달구 원천동 산 5 아주대 사회학과
공제욱(상지대 교양학부 교수)
(220-702) 강원도 원주시 우산동 산 41 상지대 교양학부
국민호(전남대 사회학과 교수)
(500-757) 광주광역시 북구 용봉동 300 전남대 사회학과
김두식(대구대 사회학과 교수)
(713-714) 경상북도 경산군 진량면 내리리 산15 대구대 사회학과
김병관(아주대 사회학과 교수)
(441-749) 경기 수원시 팔달구 원천동 산 5 아주대 사회학과
김석준(부산대 사회교육과 교수)
(609-735) 부산시 금정구 장전동 산 30 부산대 일반사회교육학과

김석준(제주대 사회학과 교수)

    (690-756) 제주시 아라1동 1번지 제주대 사회학과

김석훈(경상대 사회학과 교수)

    (660-701) 경남 진주시 가좌동 900번지 경상대 사회학과

김선건(충남대 사회학과 교수)

    (305-764) 대전시 유성구 궁동 220번지 충남대 사회학과

김성국(부산대 사회학과 교수)

    (609-735) 부산시 금정구 장전동 산 30 부산대 사회학과

김영래(아주대 행정학과 교수)

    (441-749) 경기 수원시 팔달구 원천동 산 5 아주대 행정학과

김영정(전북대 사회학과 교수)

    (561-756) 전북 전주시 덕진동 1가 664-14 전북대 사회학과

김영화(경북대 사회복지학과 교수)

    (702-701) 대구시 북구 산격동 1370 경북대 사회복지학과

김원동(강원대 사회학과 교수)

    (200-701) 강원도 춘천시 효자2동 192-1 강원대 사회학과

김익기(동국대 사회학과 교수)

    (100-715) 서울시 중구 필동 3가 26 동국대 사회학과

김종덕(경남대 사회학과 교수)

    (631-701) 경남 마산시 월영동 449 경남대 사회학과

김현희(한신대 사회학과 교수)

    (447-791) 경기도 오산시 양산동 411 한신대 사회학과

나간채(전남대 사회학과 교수)

    (500-757) 광주광역시 북구 용봉동 300 전남대 사회학과

남춘호(전북대 사회학과 교수)

    (561-756) 전북 전주시 덕진동 1가 664-14 전북대 사회학과

노중기(한신대 사회학과 교수)

    (447-791) 경기도 오산시 양산동 411 한신대 사회학과

노진철(경북대 사회학과 교수)
> (702-701) 대구시 북구 산격동 1370 경북대 사회학과
민말순(경남개발연구원 연구원)
> (641-060) 경남 창원시 신월동 101-1 경남개발연구원 도시정책실
박재규(전북대 사회과학연구소)
> (561-756) 전북 전주시 덕진동 1가 664-14 전북대 사회학과
박재묵(충남대 사회학과 교수)
> (305-764) 대전시 유성구 궁동 220 충남대 사회학과
박정위(인제대 사회복지학과 교수)
> (621-749) 경남 김해시 어방동 607 인제대 사회복지학과
박준식(한림대 사회학과 교수)
> (200-702) 강원도 춘천시 옥천동 1 한림대 사회학과
설광석(동아대 사회학과 교수)
> (602-103) 부산시 서구 동대신동 3-1 동아대 사회학과
성경륭(한림대 사회학과 교수)
> (200-702) 강원도 춘천시 옥천동 1 한림대 사회학과
양종회(성균관대 사회학과 교수)
> (110-740) 서울 종로구 명륜동 3가 53 성균관대 사회학과
윤일성(부산대 사회학과 교수)
> (609-735) 부산시 금정구 장전동 산 30 부산대 사회학과
윤정로(과학기술대 교양학부 교수)
> (305-345) 대전시 유성구 신정동 160-1 한울아파트 103동 1002호
이기홍(강원대 사회학과 교수)
> (200-701) 강원도 춘천시 효자2동 192-1 강원대 사회학과
이남복(청주대 사회학과 교수)
> (360-764) 충북 청주시 상당구 내덕동 36 청주대학교 사회학과
이병혁(서울시립대 도시사회학과 교수)
> (130-743) 서울 동대문구 전농동 90 서울시립대 도시사회학과

이상철(제주대 사회학과 교수)

    (690-756) 제주시 아라1동 1 제주대 사회학과

이선이(아주대 사회학과 교수)

    (441-749) 경기 수원시 팔달구 원천동 산 5 아주대 사회학과

이성균(울산대 사회학과 교수)

    (680-749) 울산광역시 남구 무거2동 산 29 울산대 사회학과

이성철(창원대 사회학과 교수)

    (641-773) 경남 창원시 사림동 9 창원대 사회학과

이시재(가톨릭대 사회학과 교수)

    (422-743) 경기도 부천시 원미구 역곡2동 산 43-1

        가톨릭대 부천교정 사회학과

이시화(경남개발연구원 연구원)

    (641-060) 경남 창원시 신월동 101-1 경남개발연구원 도시정책실

이영환(경원대 지역개발학과 교수)

    (461-701) 경기도 성남시 수정구 복정동 산 65 경원대 지역개발학과

이우배(경남개발연구원 연구원)

    (641-060) 경남 창원시 신월동 101-1 경남개발연구원 도시정책실

이은진(경남대 사회학과 교수)

    (631-701) 경남 마산시 월영동 449 경남대 사회학과

이재열(서울대 사회학과 교수)

    (151-742) 서울시 관악구 신림동 산 56-1 서울대 사회학과

이창걸(한국인물정보연구소)

    (427-010) 경기도 과천시 중앙동 주공아파트 1009동 305호

임정근(성공회대 아시아 NGO연구소 연구원)

    (152-716) 서울 구로구 항동 1-1 성공회대 아시아 NGO연구소

장원호(서울시립대 도시사회학과 교수)

    (130-743) 서울 동대문구 전농동 90 서울시립대 도시사회학과

전성표(울산대 사회학과 교수)

    (680-749) 울산광역시 남구 무거2동 산 29 울산대 사회학과

정근식(전남대 사회학과 교수)

    (500-757) 광주광역시 북구 용봉동 300 전남대 사회학과

정병대(경남대 보험학과 교수)

    (631-701) 경남 마산시 월영동 449 경남대 보험학과

정상철(충남대 경영학과 교수)

    (305-764) 대전시 유성구 궁동 220 충남대 경영학과

정철희(전북대 사회학과 교수)

    (561-756) 전북 전주시 덕진동 1가 664-14 전북대 사회학과

조경만(목포대 인류학과 교수)

    (530-380) 전남 목포시 용해동 산 43 목포대 인류학과

조돈문(가톨릭대 사회학과 교수)

    (422-743) 경기도 부천시 원미구 역곡2동 산 43-1 가톨릭대 사회학과

조성을(아주대 사학과 교수)

    (441-749) 경기 수원시 팔달구 원천동 산 5 아주대 사학과

조형제(울산대 사회학과 교수)

    (680-749) 울산광역시 남구 무거2동 산 29 울산대 사회학과

조효래(창원대 사회학과 교수)

    (641-773) 경남 창원시 사림동 9 창원대 사회학과

최태룡(경상대 사회학과 교수)

    (660-701) 경남 진주시 가좌동 900 경상대 사회학과

한규석(전남대 심리학과 교수)

    (500-757) 광주광역시 북구 용봉동 300 전남대 심리학과

한상진(울산대 사회학과 교수)

    (680-749) 울산광역시 남구 무거2동 산 29 울산대 사회학과

황석만(창원대 사회학과 교수)

    (641-773) 경남 창원시 사림동 9 창원대 사회학과

황익주(강원대 인류학과 교수)

    (200-701) 강원도 춘천시 효자2동 192-1 강원대 인류학과

-총 66명

《지역사회학》은 지역사회학회가 연 1회 봄에 정기적으로 발간하는 전문학술지입니다. 1993년 10월에 지역사회 연구모임으로 탄생되어 1998년 10월에 학회로 전환한 지역사회학회는 1999년 10월까지 11회에 걸친 학술대회를 개최해 왔습니다.

《지역사회학》은 지역사회학회 학술대회의 연구성과뿐만 아니라 지역사회학계의 창의적인 연구 결과들을 싣고자 합니다. 한국의 지역사회와 관련된 이론적, 경험적 연구들을 200자 원고지 100~150매 분량으로 많이 보내 주십시오.

《지역사회학》에 게재되는 논문들은 수시로 접수하며 심사위원 3인 이상의 엄격한 심사를 거치게 됩니다. 원고를 제출하실 곳은 아래와 같습니다.

우편번호 680-749
울산광역시 남구 무거2동 산 29
울산대학교 사회학과 한상진 교수 연구실
전화: 052-259-2813, 팩스: 052-277-1720
전자우편: sjhahn@uou.ulsan.ac.kr, sangjinhahn@hanmail.net

《지역사회학》을 구입하실 분은 각 서점 및
도서출판 한울(02-326-0095)로 문의하시기 바랍니다.

지역사회학 제2호
정보화와 지역발전

ⓒ 지역사회학회, 2000

엮은이／지역사회학회
펴낸이／김종수
펴낸곳／도서출판 한울

초판 1쇄 인쇄／2000년 4월 20일
초판 1쇄 발행／2000년 4월 25일

주소／120-180 서울시 서대문구 창천동 503-24 휴암빌딩 3층
전화／편집 336-6183(대표) 영업 326-0095(대표)
팩스／333-7543
전자우편／newhanul@nuri.net
등록／1980년 3월 13일, 제14-19호

Printed in Korea.
ISBN 89-460-2742-8 93330

* 책값은 겉표지에 쓰여 있습니다.